KB063676

몽·려전쟁기의 살리타이와 홍복원

주 채 혁 지음

혜안

주 채 혁 周采赫 Chu, Chae-hyok

1942년 옛 목천 모산 출생
1962~1985년 연세대학교에서 학사 · 석사 · 박사과정 졸업
1979~2008년 강원대학교 및 세종대학교 교수
1990년 초대 한국몽골학회장
2009년 현재 몽골 후레정보통신대학교 교수 및
몽골연구소장 국제몽골연구협회(I.A.M.S) 한국측 집행위원

논저
『원조관인층 연구』(1986), 『몽골사회제도사』(1990), 『순록치기가 본 조선 · 고구려 · 몽골』(2007), 『순록
유목제국론-고조선 · 고구려 · 몽골제국의 기원 연구』(2008), 『"선(鮮)"의 고려(高麗)와 "소산(小山)"의 순
록(馴鹿) 연구』(2003), 『몽골-貊高麗, 유목형 고구려 世界帝國考』(2006) 외 다수

몽 · 려전쟁기의 살리타이와 홍복원
주 채 혁 지음

초판 1쇄 발행 | 2009년 12월 30일

펴낸이 | 오일주
펴낸곳 | 도서출판 혜안

등록번호 | 제22-471호
등록일자 | 1993년 7월 30일

주소 | (우)121-836 서울시 마포구 서교동 326-26번지 102호
전화 | 3141-3711~2 팩시밀리 | 3141-3710
E-Mail | hyeanpub@hanmail.net

ISBN | 978-89-8494-378-0 93910

값 | 25,000원

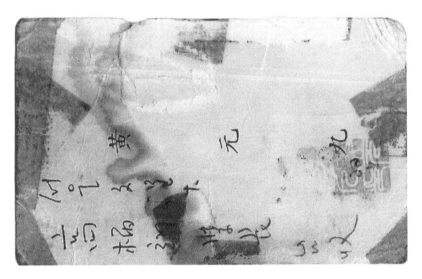
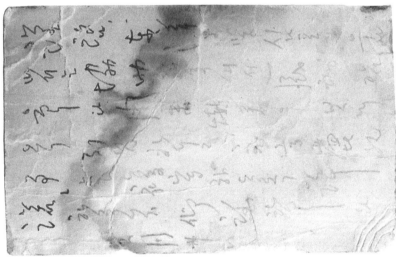

1960년대 말, 황원구 교수님이, 고병익 교수님께 저자의 논문지도를 부탁드리는 글

論文題目：元朝 官人層의 社會身分 分 研究

中國의 征服王朝인 蒙古族의 元帝國은 中國을 統治하는 過程에서 採用한 官僚를, 元朝의 中國統治에서 支配層을 形成하였는데, 이 支配層의 構成이 餘他王朝期의 支配層과 그 樣相을 달리 하였다.

따라서 元朝 支配層의 構成을 分析하여, 그 構造와 性向을 찾아 보는 일은 中國에서 가장 典型的인 征服王朝라고 云謂되어온 元帝國의 性格과 被征服民인 漢族對策을 理解하는 데도 하나의 緊要한 課題이다.

本論文은 이러한 觀角에서 元代의 史籍中에 收載된 列傳人物 3,400餘名을 標出해서 時期上, 種族上, 社會身分上으로 統計分析함으로써, 前期부터 中期를 거쳐 後期에 이르는 變動狀況을 細密히 考察하여, 蒙古·色目人들의 地位維持를 顯出하여 주었을 뿐만 아니라 漢族등——특히 疎外된 南人系의 狀況도 例示해 주었다. 이에 元朝社會史 乃至 元朝支配構造의 研究

— 1 —

에서 從來 별다르게 具體化되지 못했던 官人層의 社會身分問題를 探究하여 元朝支配層의 構造的 側面에서 相當한 獨創性을 보여 주는 成果를 거두기도 했다.

그러나 標出人物數가 갖는 制約性과 計量史學이 갖는 意味端的인 意義에 대한 細心한 商索에서 未洽한 點이 아쉽다. 고 하지나, 앞으로 이를 補完하면 훨씬 좋은 結果가 있을 것을 믿는다.

如何間에 이 論文은 大體로 博士學位論文으로서 그 水準을 지녔다고 思料되어, 審査委員 全員이 同意를 얻어, 文學博士學位論文으로 認准하는 바이다.

一九八五年 六月 日

審査委員長 閔 泳 珪

— 2 —

1985년 저자의 박사학위 논문심사평을 마지막 손질하신 지도교수 민영규 교수님의 肉筆痕

몽골硏究

제 1 호

몽골학회

1999

1990년 북아시아 유목권 개방 이후 문헌사학에서 스텝·타이가·툰드라
현지 답사 위주의 사학으로 一轉하며

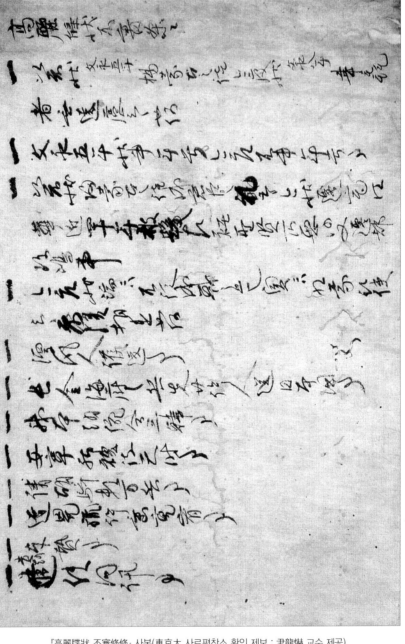

『高麗牒狀 不審條條』 사본(東京大 사료편찬소 확인 제보 : 尹龍爀 교수 제공)

Lichen Road[이끼(蘚)의 길] : 바이칼호 북극해권[순록·양유목 ⓐ]/
훌룬부이르호 태평양권[순록·양유목 ⓑ]/ 백두대간권[농·목권 ⓒ]

글을 시작하며

　지금이라면 아마 대만주권 역사인식의 독자성 탐색을 시도하는 연구를 했을 것이다. 1960년대 저자는 사학도로서 만주의 한국독립운동사를 연구하려 했다. 냉전체제하의 사회주의권을 드나들어야 하는 이런 연구는 당시의 남한 국적의 저자에게는 불가능한 것이었다. 그래서 시대를 올려 잡고 석사학위논문을 쓰게 되었다. 몽골·원대의 遼藩 지역사였다.

　여기까지는 민영규 교수님의 지도를 받았으나, 구체적인 이 시대 전공자는 당시에 고병익 교수님뿐이었다. 당시에는 서울대학교 문리대학장으로 계셨지만, 원래는 1950년대 연세대학교 사학과에서 교직에 몸을 담기 시작하셔서 학연도 있고, 또 전공분야도 같아서 황원구 교수님의 소개로 고병익 선생님의 자상한 지도로 석사학위논문을 쓰게 되었다. 빛바랜 학위논문 원본은 물론 謄寫原紙에 철필로 긁어 써서 등사잉크로 인쇄한 초라한 책자이지만, 그 속에 저자의 20대 젊은 시절의 애환이 고스란히 배어나 있어서, 이를 다시 정리하면서 남다른 감회를 느껴 금시라도 울컥 눈물이 솟을 것만 같았다.

　이 책은 그 석사학위논문을 다시 손질해 발간한 것이다. 당시에 연세대학교 박물관 조교로 일하며「거북신앙과 處容歌」라는 논문도 함께 썼지만, 이는 場을 달리해 출간하려 한다. 연구 초보생의 서툰 티가

줄줄 흐르는 면도 있었지만, 당시에도 인정받은 대로 고증의 치밀성은 지금도 별 부끄러움이 없다는 느낌이 든다. 거대 담론을 염두에 두지 않는 것은 아니지만, 그에 앞서 述而不作의 자세로 史料의 철저한 고증이 있어야 한다는 생각에는, 40년 세월이 흐른 지금에도 별로 달라진 것이 없다. 종교나 이데올로기는 한 목숨 제대로 살리는 데 소용되는 마스코트 같은 것이라며 우상숭배를 경계하시는 가운데, 특별히 은사 西餘 선생님께서 물려주신 소중한 유산이라 여기어 깊이 감사드린다.

책의 제목을 굳이 『몽려전쟁기의 살리타이와 홍복원』이라고 지은 것은, 고려를 정복 鎭守하는 征東總司令官 몽골元帥 權皇帝 살리타이(撒禮塔, Sartai) 휘하의 探馬赤 鎭守軍部隊의 左手蒙古軍萬戶 예수데르(也速迭兒, Yesüder)와 管領歸附高麗軍民萬戶 洪福源을 총체적으로 함께 파악해서이다.

이른바 정보화시대에 들어 IT가 삶의 공간을 크게 넓혀주었다면 BT는 삶의 시간을 매우 깊게 해주었다고 할 수 있다. 홍복원 일가의 世系를 굳이 문제삼은 것은 BT를 활용해 족보자료를 역사복원의 전면에 좀 더 적극적으로 끌어올려보자는 문제의 제기 차원에서다. IT가 생태사의 復元에 관여한다면 BT는 생명자체의 역사 복원에 직관된다고 보아서다. 지연이나 학연보다 생산과 국방 면에서 모두 혈연이 더 중요한 비중을 점하는 광역소수 유목생태사권역의 전통을 이어받아서인지 푸른 보자기에 족보를 싸서 지니고 다니는 전통관행을 전승해 온, 상당히 세련된 한민족의 족보자료 편찬도 이에 눈을 돌리게 하는 요소였다. 이 시대 새로운 사료로 부각되고 있는 생명공학이 제공하는 유전정보가 인류역사 복원에 상상을 초월하는 기여를 하리라는 기대감도 영향을 주었다.

석사학위논문을 마친 이후에는 국내에서 더 지도받을 여유가 없어서 타이완대학으로 가서 잠깐 대학원 청강생으로 있으면서, 박사학위 논문 제목을 정하고 사료를 수집해왔다. 1970년대 말의 이야기다. 그 후 세종대학교에 취임해 훈장노릇을 하다가 1980년 신군부의 등장과 더불어 해직생활 근 7년을 하면서, 해직교수로서 박사학위논문을 썼다. 암담한 현실 속에서 무덤의 비문에나 기록해 남기고 그 앞에 바칠 글을 썼다. 『원조관인층 연구』(정음사, 1986)다. 그 후 몽골과 색목 관인층의 역사사회적 배경 연구에 미흡한 점이 너무 많아 현지답사를 갈구했으나, 엄혹한 냉전체제하인 당시로서는 어림도 없는 일이었다.

해직 중에 마음을 잡기 위해서, 박영재 교수가 미국유학 중에 수집해 준 민속사료를 정리, 번역해 『몽골민담』(정음사, 1984)을 내면서 몽골스텝 현지를 처음으로 – 미국에나 있는 줄 알았던 버터가 몽골에도 있는데 놀라며 – 간접체험하면서 뒷골목 동네 꼬마들의 스타로 슬며시 떠올랐다. 1987년에 들어 강원대에 다시 취직하면서 베.야. 블라디미르초프의 책을 번역해 『몽골사회제도사』(대한교과서주식회사, 1990)로 출간했다. 그런데 정말 뜻밖에도 그 철옹성만 같던 북방사회주의권이 열렸다. 그러나 몽골어는 물론 러시아어로 된 학술서적조차도 거의 전무하던 판에 원고뭉치가 이리저리 밀리다 겨우 출간된 내 책이 크게 빛을 받게 되었다.

초대 몽골대사로 부임하는 권영순 대사님이 책 서문에 소개된 박교수의 주소를 통해 시골학교 훈장인 저자를 찾았고, 서울역 앞 대우재단 연구실을 빌어 윤독회 모임을 갖던 김정위, 정수일, 이희수 교수님을 비롯한 서북 및 동북아시아 연구자들 중 남상긍, 박원길과 저자를 비롯한 몽골사 연구자들이 주도해 '몽골비사학회'에 이어 '한국몽골학회'를 만들게 되었다. 그리고 권대사님의 주선으로 가을에 오치르바트 몽골대통령의 訪韓을 한 달여 앞두고 1991년 8월에 마침내 문화사절단 형식으로 우리 학회팀의 첫 訪蒙이 이루어졌다.

그 후 근 20년 세월, 몽골·시베리아·만주 원주민지역 현지답사를 하면서 발로 쓴 연구보고서가 바로 "朝鮮人은 순록유목민이고 高麗(Qori : 弓)族은 「활겨레」순록치기"[후속 논문에서 수정]라는 奇想天外의 주장을 담은 『순록유목제국사』(백산, 2008 : 책제목 命名은 정재승 所長)다. 몽골관인층의 역사·사회적 기원을 추적하다가 빨려 들어간 연구 분야다. 북방개방 후의 저자의 研究足跡은 아주 재미있게도, 박영재 교수가 미국유학 중 수집해 준 당시 중공의 민속자료 한 권, 그것을 1980년 참담한 해직교수 생활 중에 옮겨 간행한 『몽골민담』이 인연이 된 뒤, 繼起的으로 점점 증폭되어 빚어진 결과물들이었다.

그간 한눈 팔지 않고 오로지 저자에게 제기되어 온 연구주제의 눈치만 보며 살아와 도리어 이 시대의 우리 대학 현실에서 소외된 감이 있는, 근 30년 세월을 되돌아보며 萬感이 交叉한다. 그런데 그 심층 밑바탕에는 1970년 전후 외줄타기 인생으로 보내던 내 20대 후반기의, 40년 전 몽골사학계 초기 데뷔논문이 빛바랜 반석으로 깔려 있었다.

끝이 보이지 않는 1218~1273년, 55년간 흑암의 전쟁 터널 속에서 마음을 달래며 경전의 字句들을 하나하나 刻版해 새기는 당시 禪僧의 佛心으로, 암담하기 짝이 없는 기나긴 해직교수살이의 숨막히는 순간 순간을 마음 달래는 숨고름(調息)으로 글자들을 찍고 가다듬어 지난 수십 년 빛바랜 세월들을 소생 부활시켜냈다. 내일을 모르고 너와 나를 헤아릴 수 없는 世態 속에서의, 이런 섬세한 글손질과정은 그대로 철지난 내 인생의 重生살이 자체였는지도 모른다. 마음의 목숨도 '게 놈'처럼 지내온 수많은 時層들의 속알이 유기적으로 상호작용하며 우러난 결실이라면, 그 망각의 시간들을 불러내어 달래 돌려보내주는 축제는 深奧한 심령의 치유행위일 수 있음에서다.

기약 없는 세월 속에 버려지는 뭇 영혼을 보듬어 안고, 이런 조촐한 축제의 굿판을 차려준 귀한 분들에게, 특별히 마당에 멍석을 펼 수 있게 배려해준 도서출판 혜안의 오일주 사장님을 비롯한 여러분께 축복이 함께 하기를 빈다. 교정은, 근 20년 만에 되돌아와 한여름에 몽골과학원 역사연구소 고대사연구실에서 보았다. 5월 28일 국립몽골대학교 몽골학연구센터에서 몽골사학에 입문한 이래 40여 년간의 총연구 결산의 하나인 저자(I.A.M.S 한국측 집행위원)의「몽·한 할하오복 – 弓族分族考」를 발표하고 초록을 7월 4일 은사 손보기 교수님의 米壽 잔치상에 선물로 올릴 수 있었던 기쁨을, 20여 년 지기인 동학 선배 베. 수미야바타르 교수를 비롯한 갈망이 있는 모든 분들과 함께 나누고 싶다.

2009년 초여름
다시 몽골고원으로 떠나며
저 자

목 차

제1장 撒禮塔 2~3차 침공기의 高麗 內地 達魯花赤 置廢 문제

Ⅰ. 머리말

초기 몽골·고려전쟁기에 다루가치를 고려 내지에 置廢했던 문제는 몽골군의 정복지구 통치형태와 이에 대한 고려의 대응전략을 살피는 데는 물론, 몽골장군 살리타이(撒禮塔, Sartai)가 고려를 3차[1]로 침략하게 된 직접적인 동기를 찾는 데도 중요한 연구 대상이 된다. 여기서 撒禮塔의 2차 침공(1231년)이라 함은 1218년(몽골 태조 13, 高麗 高宗 5)

---

1) 周采赫, 「洪福源一家와 麗·元關係(1)」, 『사학연구』 24, 한국사학회 1970 및 주채혁, 『麗·元間에 있어서의 洪福源一家의 구실과 그 位置』, 연세대학교 대학원 사학과 석사학위논문, 1970, 107~134쪽 참고. 여기서 3차 고려침공이란 고종 19년(1232년) 8월에 있었던 살리타이(撒禮塔, Sartai)의 來侵을 가리킨다. 이에서 Sartai(살리타이)라 함은 당대 몽골어 원음을 되찾아 쓴 것이 아니고 단지 漢字로 이렇게 音寫된 것에 대한 야나이 와다루의 로마자 표기를 따라 적었을 뿐이다(箭內亙, 「蒙古の高麗經略」, 『滿鮮地理歷史研究報告』 4, 東京帝大, 1918, 227~273쪽). 당시에 수십 명의 조교를 데리고 滿鐵 현지에 나가 연구하던 연구자들은, 다량의 연구 인력을 동시에 확보해 삽시간에 큰 연구를 수행하는 효용성도 있었으나, 그 조교들의 시각과 실력차 등의 다양성을 고려치 않아 매우 많은 오류를 범하고 있음을 쉽게 간파해낼 수 있다. 군국주의에 복무하기 위해 동원된 일선의 연구첨병들이 갖는 자기 한계였다고 하겠다.

에 있었던 강동성 전역시의 몽골 부원수 잘라(札剌, Djala)[2])와 그로부터 13년 후인 1231년(몽골 태종 3, 고려 고종 18) 8월 28일에 원수로 진급해 고려에 침공하는 몽골군의 총지휘를 맡고 왔던 살리타이(撒禮塔, Sartai)를 동일인[3])으로 보고, 전자를 撒禮塔 1차 침공으로 하고 후자를 撒禮塔 2차 침공으로 부른 것이다. 그는 1232년(몽골 태종 4, 고려 고종 19) 12월 16일에 고려 處仁部曲에서 金允侯 스님에게 사살되는데, 이를 撒禮塔 3차 침공이라 부르기로 했다.

本章에서 우리가 주로 문제 삼아야 할 점은 고려의 특이한 抗蒙戰鬪의 형태다. 羊草가 자라 몽골羊의 유목이 용이한 개활지 스텝에서는 주로 몽골輕騎兵의 전격적인 공습력을 종횡으로 구사하여 각각 짧은 기간 내에 실로 광범위한 지역을 제패하곤 했던 몽골군이, 고려반도에 들어와서는 현지의 인력과 물력을 확보하면서 현지의 생태환경을 활용해 각 시기 각 지역에서 주로 어떤 형태의 전투를 벌였으며, 고려는 이에 어떤 형태의 항전으로 각각 주로 대응했는가 하는 문제다. 막강한 몽골군의 침공을 받은 고려측은 정규적인 대규모 陣地戰보다는 주로 산악과 海島의 천험의 요새를 근거로 해서 지휘체계가 일원화하지 않은 지구적인 비정규 遊擊抗戰을 벌인 것으로 보인다. 자기들 나름의 전통적인 항전체질을 가진 당시의 고려 軍民들이 몽골군 정복지 통치형태의 하나인 몽골 다루가치의 고려 內地 배치에 관해서는 어떻게 대처했었는가도 주목된다.

지금까지의 연구결과로는 몽골이나 고려측의 다루가치 置廢에 관한 사료는 대체로 그대로 믿을 수 없는 것이라고 부정되어 왔다. 고려가

---

2) 高柄翊, 「蒙古·高麗의 兄弟盟約의 성격」, 『백산학보』 제6집, 백산학회, 1969. 6/ 고병익, 『동서교섭사의 연구』, 서울대학교 출판부, 1970, 136~183쪽 재수록.
3) 周采赫, 「札剌와 撒禮塔」, 『史叢』 제21·22합집(姜晉哲교수화갑기념한국사학논총), 고려대 사학회, 1977. 10, 283~302쪽 참조.

元의 치하에 있을 때 그들의 감시하에 쓰인 高麗 史官의 사료가 주로
채택되어 왔기 때문이다. 물론 이런 상황하에서 그 사료 자체가 사실
을 은폐하려는 의도가 담긴 것일 수밖에 없음은 자명하다.[4] 뿐만 아니
라 이에 관해 쓴 한두 편의 논문마저도 당시의 구체적인 전황을 전반
적으로 고려하지 않은 채로 단편적이고 피상적으로 이 문제를 다루는
데 그쳤다.[5]

　이에 본장에서는 사료 자체에 대한 근본적인 치밀한 비판을 가하여,
당시에 있었던 몽골과 고려 쌍방의 전황 속에서 다루가치 치폐문제를
고찰하고 이것들이 어떻게 유기적으로 상호작용했는가를 꼼꼼히 살펴
보려 한다. 다만 본장은 어디까지나 1231년(몽골 태종 3, 고려 고종 18,
撒禮塔(Sartai) 2차 고려침공)~1232년(몽골 태종 4, 고려 고종 19, 撒禮
塔 3차 고려침공)의 고려 내지 다루가치 치폐에 관한 문제제기를 위주
로 하는 小考에 그치는 것임을 밝혀 둔다. 여기서 제기되는 제반 문제
들에 관한 상세한 고찰은, 저자의 공부가 아직 未洽한 터라 뒷날의 연
구로 미루어 두려는 것이다.

II. 1231~1232년의 몽골의 고려침공과
高麗 內地 達魯花赤 置廢

　다루가치 치폐 문제를 본격적으로 다루기에 앞서 이를 전후한 당시
의 총체적인 전황에 관해서 살펴보기로 한다.

　몽골元帥 살리타이, 곧 1218년(몽골 태조 13, 고려 고종 5) 12월경부

---

4) 本章 4절 참조.
5) 예컨대 池內宏, 「高麗に駐在いた元の達魯花赤について」, 『東洋學報』 18-2,
　1929. 12, 277~283쪽을 들 수 있다.

터 이듬해인 1219년 2월에 걸쳐 있었던 江東城 戰役과 撒禮塔 1차 고려침공에서의 몽골 副元帥 잘라(札剌, Djala)는 1231년(몽골 태종 3, 고려 고종 18) 8월 28일에 고려에 재차 침공해 왔다(撒禮塔 고려 2차 침공).[6] 1225년(몽골 태조 20, 고려 고종 12) 연초에 있었던 몽골사신 著古與 피살 사건이 빌미가 되어 이를 침략의 구실로 내세우고 자행된 무력침공이었다.

이때 몽골군은 고려에 진격해 이내 北界諸城을 일제히 전격적으로 기습하여 고려의 병력을 성내에 고착시키는 한편, 일부의 예하부대 정예병력에게 王京을 直衝케 해서 먼저 고려왕을 慴伏시키고 나서, 그 고려왕을 움직여 아직 항복하지 않은 難攻不落의 北界 산성 요새를 싸우지도 않고 모두 장악하는 전략과 전술로 마침내 戰勝을 거두게 된다.[7]

그런데 고려의 정작 중요한 대몽작전은 바로 1231년 12월 23일에 몽골·고려간에 정식으로 講和가 이루어진 이후부터 비롯된다. 和戰兩面作戰이 상호간에 집요하게 전개되기 시작한 것이다. 『高麗史』 및 『高麗史節要』에 나타난 이즈음 고려의 몽골에 대한 事大外交와 逆襲作戰 상황의 전개를 간추려보면 아래와 같다.

> 1231년(몽골 태종 3, 고려 고종 18) 12월 1일 : 阿土 洪福源 등이 使臣으로 옴.
>
> 1231년 12월 2일 : 阿土 洪福源 등이 고종을 謁見함.
>
> 1231년 12월 5일 : 淮安公 侹을 보내 講和를 청함.

---

6) 周采赫, 「札剌와 撒禮塔」, 『史叢』 21·22합집, 고려대 사학회, 1977, 283~302쪽 참조. 여기서 1218년의 副元帥 札剌가 바로 그간 언젠가 元帥로 승진해 1231년에 다시 쳐들어온 撒禮塔 그 사람임을 밝히고 있다.

7) 주채혁, 「初期麗·元戰爭과 北界四十餘城 問題」, 『史學會誌』 합본 2집, 연세대 사학연구회, 1970, 209~212쪽 참조.

1231년 12월 10~16일 : 사신이 來往하고 고려가 몽골측에 貢物을 보내는 등의 강화교섭이 진행됨.

*1231년 12월 10~23일 : 昇天府 副使 尹繗과 錄事 朴文樣이 江華島로 피난할 것을 崔瑀에게 권하였다. 이에 사람을 보내어 그곳의 사정을 살피려다가 中途에서 몽골병에게 구속됨.

1231년 12월 23일 : 將軍 趙叔昌과 살리타이(撒禮塔)가 보낸 몽골使者 9인이 文牒을 가지고 王京에 이르렀다. 三軍陣主가 정식으로 安北都護府 權皇帝 撒禮塔 屯所에 나아가 투항함.

1232년(몽골 태종 4, 고려 고종 19) 1월 1일 : 몽골使者가 옴.

1232년 1월 2일 : 內殿에서 연회를 베풂.

1232년 1월 11일 : 몽골병이 귀환하므로 淮安公 侹, 金就礪와 奇允肅이 이를 慰送途.

1232년 1월 19일 : 朴敦甫를 동북면병마사로, 劉俊公을 서북면병마사로, 崔林壽를 知西京留守로 삼음.

1232년 1월 22일 : 京城에서 戒嚴이 해제됨.

1232년 2월 1일 : 三軍이 班師하고 三領軍이 留戍함.

1232년 2월 17일 : 淮安公 侹과 몽골사자 都坦 및 上下節 24인이 옴.

*1232년 2월 20일 宰樞가 典牧司에 모여 都邑을 옮길 것을 논의함.

1232년 2월 26일 : 都坦이 고려를 都統하러 왔다면서 갖은 행패를 다 부림.

1232년 3월 24일 : 몽골사자 6명이 먼저 돌아감.

1232년 3월 14~30일 : 몽골의 청에 의해 船 30艘와 水手 3,000인을 몽골에 보냄.

1232년 4월 12일 : 조숙창과 薛愼을 몽골에 보내 上表稱臣하고 貢物을 바침.

*1232년 5월 22일 : 宰樞가 宣慶殿에 모여 몽골을 방어할 것을 의논함.

*1232년 5월 24일 : 4品 이상이 또 회의를 했는데 모두 城守拒敵할 것을 주장했으나 오직 宰樞 鄭畝와 大集成 등만이 遷都 避亂할 것을 주장함.

1232년 5월 30일 : 北界의 龍岡과 宣州에 몽골 다루가치 9인이 옴.

1232년 6월 15일 : 宋得昌이 池義深의 行李에서 도망해 와서 이들이 拘留된 것을 알림.

*1232년 6월 16일 : 崔瑀가 왕(高宗)을 협박해서 강화에 遷都함.

*1232년 6월 17일 : 崔瑀가 三領軍을 징발해 江華島에 궁궐을 經營하기 시작함.

1232년 7월 1일 : 몽골사자 9인이 와서 왕이 宣義門 외에서 몽골황제의 詔書를 영접했는데 이들은 4일간 머물고 돌아갔다. 金仲龜와 金仁鏡을 王京 留守 兵馬使로 삼아 八領軍으로서 鎭守케 함.

*1232년 7월 3~6일 : 內侍 尹復昌을 北界諸城에 보내서 다루가치의 弓矢를 빼앗았는데 그는 宣州에 이르러서 곧 다루가치에게 사살되고 말았음.

*1232년 7월 6일 : 왕이 開京을 출발해 昇天府로 行次함.

*1232년 7월 7일 : 왕이 江華島 客館에 入御함.

*1232년 8월 1일 : 西京巡撫使 大將軍 閔曦와 司錄 崔滋溫 및 密使將校 등이 다루가치를 살해하려 모의했는데 이 정보가 새어나감.

*1232년 8월 14일 : 西京의 附蒙勢力에 의해 민희 등의 쿠데타가 流産됨.

  (이상에서 *표가 붙은 사료들은 고려의 대몽역습작전 추진에 관한 史實을 적은 것들이다.)

이상의 사료들에 의하면 몽골·고려간에 정식으로 강화가 이루어지는 것은 대체로 三軍陣主가 안북도호부 權皇帝 살리타이(撒禮塔, Sartai)의 屯所에 나아가 투항한 1231년 12월 23일이라 할 수 있다.[8] 이에 살리타이는 즉시 淮安公 侹에게 慈州城 등, 이즈음 아직 의연하게 항전을 치열하게 벌이고 있던 城들을 降附케 하라고 요구했음을 본

---

8) 『고려사』 권23, 고종 18년 12월 23일조에 "三軍陣主 詣降權皇帝所"라고 기록되어 있다.

다.9) 따라서 이때는 이미 강화조약이 구체적으로 맺어지고 바야흐로 조약이행의 단계에 이르렀음을 알 수 있다.

그런데 여기서 그 조약내용이 구체적으로 무엇이었는지는 알 수 없지만, 대개 어떤 나라가 몽골에 降附하게 될 경우에 항부와 동시에 반드시 그 항부국이 짊어져야 했던 이른바 '六事'가 아니었나 짐작된다. 六事의 내용은 경우에 따라 한 두 항목의 出入은 있었지만 納質 · 籍編民 · 置郵 · 出師旅 · 傳輸糧餉 · 補助軍儲 내지 置達魯花赤10) 등으로 구성되어 있었다. 이 당시 고려에 대한 경우는 그 뒤의 조약이행과정에서 나타난 史實로 보아 다루가치를 두는 일까지를 포함하는 위의 모든 조건이 다 들어 있었던 것으로 보아야 할 것이다.

특히 살리타이가 이즈음에 아직 확고하게 장악하지 못했던―그가 고려를 장악하는데 가장 중요한 거점으로 점찍고 있었을―北界諸城의 民戶에 대하여 '俱集見數'를 星火같이 재촉했을 것은 물론, 이 지역에서 京城(松都)에 이르는 요지에 다루가치를 두어 정복된 고려 내지의

---

9) 『고려사절요』 권16, 고종 19년 夏4월조, "先是 蒙古 圍慈州 椿命 率吏民 固守不降 國家畏撒禮塔誥責 遣內侍郞中宋國瞻 諭降 椿命 閉門不對國瞻 罵而還 及三軍將帥 降于撒禮塔 撒禮塔謂淮安公曰 慈州不降 宜遣使諭降 俟遣後軍陣主大集成與蒙古官人 到慈州城下曰 國朝 及三軍已降 宜速出降……".

10) 「六事」에 대해서는 『元高麗紀事』(國學文庫第43編 ; 據廣倉學窘叢書重印) 世祖 中統 3년(1262) 10월 29일조에 몽골에서 고려 원종에게 보낸 詔書에 "凡遠邇諸親附之國 我祖宗有一定之規則 必納質而籍編民 置郵而出師旅 傳輸糧餉 補助軍儲……"이라 했는데 여기서는 '置達魯花赤'문제가 생략돼 있다. 至元 4년에 元 世祖는 安南에 內屬國의 의무를 열거하는 詔書를 내렸다. "至元 4年 9月……未幾 復下詔 諭以六事 一君長親朝 二子弟入質 三編民數 四出軍役 五輸納稅賦 六仍置達魯花赤統治之"(『원사』 권209, 「安南傳」 지원 4년 9월조)가 바로 그것인데, 여기에서는 다루가치 설치문제를 다루고 있다. 元宗時의 고려의 경우는, 이 당시 高麗軍民의 민심 동요 때문에 대체로 다루가치 문제는 공식상으로는 제외되었던 것 같다.

제반 행정을 떠맡게 했으리라는 것을 능히 짐작해 볼 수 있다.

그리고 이런 일들은 이즈음 살리타이 휘하에서 점령지구 민간인에 대한 軍政을 담당하고 있었던, 지원부대인 예수데르(也速迭兒, Yesüder) 부대와 洪福源 일가를 비롯한 附蒙 高麗人들에 의해서 합동으로 추진 되었을 것으로 생각할 수 있다. 작전시에도 그랬지만 이들 附蒙 고려 인들은 일종의 鄕間으로 저들의 침략전쟁과 정복지 통치문제를 諮問 해 주며 보조해 주는 입장에 있었기 때문이다. 특히 이들은 강화조약 이 체결된 후에 같은 지역에 거의 같은 임무를 띠고 함께 근무하고 있 었던 것이다.[11]

이처럼 고려는 표면적으로는 강화조약을 이행하는 굴욕적인 조건하 에서 忍辱包羞의 事大外交를 펼쳤지만 내면적으로는 이즈음 고려에 잔류해 있던 몽골다루가치 및 예수데르 휘하의 探馬赤部隊 또는 홍복 원 일가 등의 附蒙 고려세력에 대한 역습을 감행하기 위하여 모든 힘 을 다 기울이고 있었던 것을 알 수 있다. 곧 위에 나열한 역사사실들은 고려가 和戰양면전법을 동시에 구사해 몽골침략에 대응하고 있었음을 말해 준다.

실로 고려는 몽골세력에 대한 역습계획을 세우기 위하여 일련의 작 전회의를 續開하고 있었으며, 이에 따라 암암리에 몽골의 눈을 피해가 며 교묘히 역습을 수행해 오다가 마침내 1232년(몽골 태종 4, 고려 고 종 19, 撒禮塔 3차 고려침공) 6월 16일에는 江華에로의 遷都를 단행하 고, 7월 7일에는 왕이 강화도의 客館에 入御하는 등의 항몽전투태세를 가다듬고부터는 본격적인 反蒙抗戰 기치를 치켜들게 되었던 것이다.

특히 고종 19년(1232) 7월 1일에 고려에 北方 隣國 東眞國의 蒲鮮萬 奴 征討軍을 징발하러 왔던 것으로 보이는 몽골사자 9명이 開京에 와

11) 주채혁, 「洪福源一家와 麗・元關係(1)」, 『사학연구』 24, 한국사학회, 1970, 19 ~30쪽 참조.

서 4일 동안 머무르고 가는 일이 있은 직후 아니면 거의 동시에, 내시
尹復昌의 다루가치 무장해제 사건이 있었던 것은 주목할 만한 일이다.
그리고 이를 전후해서 北界諸城民을 海島나 深山窮谷으로 피난케 하
고, 왕 자신이 그 달 7일에 江都로 入御했던 사실이나, 윤복창의 다루
가치 무장해제 계획이 중도에서 좌절되자 약 1개월 후에 고려에 주둔
하던 몽골세력권의 본거지인 西京에서 閔曦 등이 反蒙 쿠데타를 일으
키는 등 고려의 역습이 노골적인 武力抗戰으로 발전되었음을 보게 된
다. 이에 관해서는 章을 바꾸어 다시 자세히 고찰하기로 한다.

이상에서 고려가 몽골에 降附해 굴욕적인 강화조약을 체결·이행하
면서 사대외교를 폈던 사실은 다만 그들이 시간을 벌음으로써 작전상
유리한 지형을 확보하고 이로운 시기를 기다려 再擧하려는, 전투태세
를 가다듬기 위한 하나의 전술전략에 지나지 않았던 것이었음을 알 수
있다.

Ⅲ. 京府·北界 諸城 達魯花赤 72인과 也速迭兒·洪福源 두 萬戶의 背景武力

다시 본장의 주제로 돌아가서 이 딩시 고려 내지 몽골 다루가치[12]
置廢問題에 대해서 살펴보기로 하자.

遂承制置京府及州縣達魯花赤七十二人 以也速迭兒 帥探馬赤軍 留
鎭之(『新元史』, 札剌亦兒台豁兒赤傳)

---

12) 몽골 다루가치에 관한 연구는 村上正二, 「元朝の達魯花赤に關する一考察」,
『史學雜誌』88(3), 53-7, 1974. 7 ; 丹羽友三郞, 「達魯花赤に關する一考察 - 特
に任務と設置の理由について」, 『三重法經』25-38.5, 三重短期大學法經學會,
1956. 1 등 참조.

위에 보는 바와 같이 몽골·고려간에 강화가 이루어지자마자 살리타이(撒禮塔, Sartai＝札剌亦兒台, Djarairtai)는 이내 制命을 받아 京府 및 州縣에 다루가치 72명을 배치하고 예수데르에게 探馬赤軍을 거느리고 이곳에 머물러 지키게 했던 것이다.

그런데 다루가치 세력권 그 자체이거나 아니면 이를 뒷받침해주는 무력 배후세력이었을 예수데르는 언제 고려에 파견돼 왔던 것일까?

　　此外　在先派去征討主兒扯惕(女眞)　莎郞合思(高麗)等處的帶弓箭的 札剌亦兒台　需要後援　至是　再派帶弓箭的也速迭兒往　後援進征　就便 任命爲探馬赤鎭守該地(『蒙古秘史續編』 권2, 제27절[13])

위에서는 札剌亦兒台(Djarairtai) 곧 살리타이(撒禮塔, Sartai)가 女眞과 高麗 等處를 정벌하면서 후원을 요청하므로 이에 예수데르를 파견하여 探馬赤軍의 지휘자로 임명했던 것으로 기록하고 있다.

　　先命札剌亦兒台征遼東　哥不靄走死　乃進征高麗　且遣也速迭兒　爲 札剌亦兒台後援　高麗平(『新元史』 권134, 열전 제31 蒲鮮萬奴傳)

그런데 위의 사료에서는 哥不靄가 전사하고 札剌亦兒台(Djarairtai)가 高麗에 진군함과 동시에 예수데르가 札剌亦兒台를 후원해 왔고 그래서 고려가 討平됐다고 했다. 따라서 이는 고종 18년(1231) 8월 18일에 있었던 살리타이 2차 고려침공때의 일을 기록한 것임을 알 수 있다.

그렇다면 다루가치와 함께 같은 지역에 남아 있으면서 정복지를 다스렸던 예수데르 휘하의 探馬赤軍은 어떻게 편성돼 있으며 그 임무는

---

13) 姚從吾·札奇斯欽,「漢字蒙音 蒙古秘史 新譯幷註釋」,『文史哲學報』 제9·10·11期, 國立臺灣大學, 1938～1940.

무엇이었을까 하는 문제를 고찰해 보지 않을 수 없다.[14]

> 初有蒙古軍 探馬赤軍 蒙古軍皆國人 探馬赤軍則諸部族也(『元史』
> 권98, 兵志 제46 兵1)

위의 기록에 의하면 探馬赤軍이란 우선 몽골군 이외의 여러 부족들로 편성돼 있음을 알 수 있다. 따라서 이때에 고려 내지에 진격해 왔던 예수데르 휘하부대인 探馬赤軍은, 몽골군의 전략전술에서 거의 일관하여 주류를 이루고 있는 以夷制夷의 원칙을 고려한다면, 대체로 契丹, 女眞과 漢兒 등의 동북아시아 諸民族이 아니었을까 한다. 그런데 『輟耕錄』「氏族表」에 보면 漢人 8種中에 거란과 고려가 무두 참렬해 있다. 이와 같은 종래의 관념으로 보아 다루가치 · 探馬赤軍과 함께 같은 지역에서 거의 비슷한 임무를 수행했던 홍복원 휘하의 降附高麗軍民도 대체로 探馬赤部隊에 함께 편성됐을 가능성도 있다.[15]

契丹, 女眞과 漢兒 등이 고려 내지에 남겨진 일은 비단 이때뿐이 아니었다. 江東城의 戰役이 끝난 뒤 고려 고종 6년(몽골 태조 14, 1219, 撒禮塔 1차 고려침공) 2월경에 哈眞(Khajin)과 札剌(Djala)-撒禮塔(Sartai)가 귀환할 때 그들의 義州에 남긴 40여 인도 東眞人이었다.

> 都坦本契丹人也(『高麗史』 권23, 고종 19년 3월 6일條)

라고 한 것으로 보아, 1232년(고려 고종 19, 몽골 태종 4) 2월 27일에 자칭 고려를 都統하러 왔다는 都坦이 바로 거란인이었음을 알게 된다.

---

14) 護雅夫,「元初の'探馬赤部族'について」,『北亞細亞學報』127-205. 3, 1944. 10 참조.
15) 周采赫,「洪福源一家와 麗·元關係(1)」,『사학연구』24, 한국사학회, 1970 참조.

이에서 당시 고려에 체류한 몽골족 이외의 여러 부족이 대체로 探馬赤
부대에 속해 있었던 것으로 보아, 그 역시 예수데르 휘하 일인이 아니
었을까 짐작된다.

 ……況今所論如此 敢不抵禀 其邊封每城留置達魯花赤接遇之事 亦
 ——承命 但前來 契丹·漢兒等回送途事 本不多人耳……(『東國李相
 國集』, 고종 19년(壬辰) 2月條의 「國銜行苔蒙古書」)

위에서 다루가치의 接遇에 관한 일과 함께 다루어지고 있는 契丹·
漢兒 等을 回送한 사건에 관한 기록은 이 당시 이곳에 다루가치 72인
과 함께 남겨졌던 예수데르 휘하의 探馬赤軍에 관한 것임을 알 수 있
다. 그리고 이와 같은 國書가 오고 간 바로 그해인 1232년 2월에 고려
조정에 들렀던 몽골사자 都坦이 고려 정부에 대하여 모욕적인 행패를
마구 부린 것은 바로 자기의 소속부대인 探馬赤軍－契丹·漢兒 等의
회송에 대한 일련의 보복행위였으리라는 것도 짐작이 간다.
 그런데 몽골이 몽골인 이외의 여러 부족으로 편성된 探馬赤軍을 이
곳에 留鎭시킨 사실은 대체로 이들과 고려를 離間시켜 서로간에 연합
전선을 편성치 못하게 하려는, 이른바 以夷制夷策에서 기인되는 것이
라 하겠다. 宋나라에 대하여 異民族인 色目人을 직접 통치자로 내세
운 일례만 보더라도[16] 이런 그들의 내심을 이내 간파해 낼 수 있다. 물
론 몽골군의 고려에 대한 견제책은 이에서 그치지 않았다. 다시 이들
探馬赤軍과 함께 홍복원 휘하의 고려군민을 동시에 같은 지역에 배치
함으로써 저들과의 상호견제를 겨냥했으며, 降附고려군민의 鄕間 내
지는 행정적 走狗로서의 역할을 강조함으로써 降附하지 않은 高麗軍

---

16) 高柄翊, 「이슬람敎徒와 元代社會」, 『동서교섭사의 연구』, 서울대학교출판부,
 1970, 348~407쪽 참조.

民과의 상호 離間 및 牽制를 노렸다.

그리고 이와 같은 2중 또는 3중의 이간·견제를 위한 제도적 장치를 조종하는 총지휘자는 몽골족 이외의 여러 부족이 아닌 바로 몽골인 예수데르라는 점은 주목할 만한 일이다.[17] 아울러 이러한 조직을 총체적으로 管轄하는 몽골 다루가치 72인이 京府 및 北界 여러 州縣에 다시 배치됨으로서 몽골인을 정점으로 하는 二元的인 정복지 통치체제를 갖추고 있었던 것이 아닌가 한다.

이상에서 살펴온 바와 같이 이즈음의 北界 여러 城과 王京 등처에는 72인의 다루가치와 예수데르 휘하의 探馬赤軍 부대 및 홍복원 휘하의 항부고려군민이 함께 이곳에 주둔하면서 고려 내지의 통치에 임하고 있었다.

그런데 홍복원이 이 무렵에 고려측에서 除授한 '西京郎將' 벼슬과 몽골측에서 제수한 '降附高麗軍民萬戶' 벼슬을 동시에 맡고 있었던 것으로 보아,[18] 그는 휘하에 상당한 숫자의 고려군민을 거느리고 있었으리라고 생각할 수 있다. 아울러 여기다 당시의 左手蒙古軍萬戶[19] 예수데르 휘하의 探馬赤軍을 더하면 그 병력의 숫자가 대단히 많았을 것으로 보인다.

따라서 당시에 이른바 '72명'의 몽골 다루가치는 최소한 이러한 무력 배경을 가지고 이즈음에 北界諸城과 王京 等處를 장악하고 있었다고 할 수 있다.

---

17) 錢大昕,『元史氏族表』권1(『二十五史補編』 6卷, 開明書局), 蒙古 札剌兒氏編 也速迭兒條에는 "左手蒙古軍萬戶 河南行省平章政事 集賢大學士"라 하여, 그가 몽골인이며 좌수몽골군만호를 지낸 사실을 알려주고 있다.

18) 주채혁,「洪福源一家와 麗·元關係(1)」,『사학연구』24, 1970 참조.

19) 본장 주 7) 참조. 錢大昕,『元史氏族表』권1(『25史補編』 6권, 開明書局), 蒙古 札剌兒氏編 也速迭兒條에는 "左手蒙古軍萬戶……"라고 기록해 있다.

　己酉 北界 龍岡 宣州 蒙古 達魯花赤 四人來(『高麗史』 권23, 고종
　19년 5월 30일조)

　위의 기록을 통해서, 龍岡과 宣州 2城에 몽골다루가치 4인이 왔다
는 것으로 보아, 대체로 1城에 2인의 다루가치가 와 있었다는 것을 알
수 있다. 그런데 위에서 하나 문제가 되는 점은 그 전년인 몽골 태종 3
년(고려 고종 18)인 1231년(撒禮塔 2차 고려침공) 12월 23일 몽골과 고
려간에 강화가 이루어진 다음, 즉시 몽골이 다루가치 72인을 京府 및
北界諸城에 배치해 놓고 갔는데, 1232년(몽골 태종 4, 고려 고종 19, 撒
禮塔 3차 고려침공) 5월 다시 몽골 다루가치가 파견돼 왔다는 점이다.
이는 고려의 역습으로 인한 다루가치의 缺損을 보충하거나 아니면 이
지역이 특히 고려를 제압하는 데 문제점이 많은 중요한 곳이어서 다루
가치세력을 보완해 증강시킨 것이 아닐까 한다. 이로부터 약 2개월 뒤
인 7월 3~6일 사이에 內侍 尹復昌이 북계제성의 다루가치에 대한 무
장해제를 추진해 가다가 이곳 宣州에서 다루가치세력에 의해 좌절된
사실은, 자못 우리의 관심을 끈다. 문맥상 이에 관해서는 이 글의 뒤쪽
에서 다시 언급하겠다.

　甲辰 副達魯花赤 焦天翼曰……(『高麗史』 권27, 원종 12년 冬10월
　조)

　그런데 龍岡과 宣州의 경우 그것이 다루가치의 세력을 특별히 증강
시키기 위해서 취해진 조치이어서 그 숫자가 1개 城에 2인이 배치되었
던 것이라고 하더라도, 위의 사료에서 正다루가치와 副다루가치가 함
께 편성되어 있는 예가 보이는 것으로 보면, 1개 성에 2인의 다루가치
가 배정되는 것이 그 완전한 편제라는 것은 거의 틀림이 없는 사실이

라 하겠다.

이에 이르면 龍岡과 宣州 2城에 배치된 4인의 다루가치를 각각 그 城의 正·副 다루가치로 짐작해 볼 수도 있다.

그렇다면 正·副를 포함한 다루가치 72인을 각각 正·副 다루가치를 1組로 삼아 2分하면 王京과 北界諸城의 경우에 36개조의 다루가치가 36개 성에 배치됐다는 계산 결과가 나온다.[20] 따라서 이들 북계제성 다루가치가 앞에서 언급해온 대로 가령 홍복원과 예수데르라는 2명의 萬戶가 거느린 병력을 무력적 배경으로 가졌다손 치더라도 이는, 고려를 무력으로 장악하는 데 결정적으로 중요한 요새지인 北界諸城을 수비하기에는 결코 충분한 숫자가 못된다.

그러므로 살리타이는 이에 그치지 않고 곧 이어서 이들 다루가치와 예수데르 부대 및 홍복원 휘하의 항부고려군민들을 시켜 북계제성민을 星火와 같이 '俱集見數'케 함으로써 이들을 고려의 北方 隣國 東眞國의 蒲鮮萬奴 征討軍으로 組織 訓練해 만주 벌판으로 내어몰려 했다. 이 또한 본장 뒷부분에서 해당 관계 사실을 다룰 때에 상술해 볼 생각이다.

이렇게 함으로써 몽골이 자체의 병력결손을 덜 내고 고려의 北方 隣國 東眞國의 蒲鮮萬奴를 정벌할 수 있을 뿐만 아니라 이에 따라 그 자체의 무력을 고려의 北方 隣國 東眞國의 蒲鮮萬奴軍 征討에 소모해버린 고려는 저절로 몽골 침략에 대한 항전능력을 상실케 되기 때문이다.[21] 뿐만 아니라 한 걸음 더 나아가서는 고려와 고려의 北方 隣國

---

20) 주채혁,「初期麗·元戰爭과 北界四十餘城 問題」,『史學會誌』합본 2집, 연세대 사학연구회, 1970, 209~212쪽에서는 北界諸州縣 또는 北界諸城은 약 40여 성으로 통칭되고 있다는 점을 밝혔다. 여기서 京府까지 합하면 그 성수에 비해 72인 곧 완전편제에서의 36개조의 다루가치는 결코 많은 숫자가 될 수는 없다.

21) 이는 아래의 史例로서 이를 추측해볼 수 있다.

東眞國의 蒲鮮萬奴 부족이 서로 싸워 離間·反目케 함으로써 그들이 서로간에 연합전선을 펴고 反蒙抗爭을 할 가능성마저 근본적으로 粉碎할 수 있었던 것이다. 사태가 이처럼 진전될 경우 고려의 北方 隣國 東眞國의 蒲鮮萬奴軍 征討에서 자체의 武力을 去勢당한 고려가 그 후에 고려의 北方 隣國 東眞國의 蒲鮮萬奴軍의 침공을 받게 되면 고려는 몽골에 請兵하지 않을 수 없게 되며, 이러한 군사원조를 받는 과정에서 고려는 점점 더 몽골에 예속돼 갈 수밖에 없게 되는 터였다. 이 것이 상투적인 몽골의 以夷制夷 전략임은 두말할 나위가 없다. 그리고 이런 몽골군의 전략이 遊牧的 少數로 農耕 내지는 農牧的 多數의 세계각국을 점령, 지배하는 한 要諦이었음도 의심할 여지가 없다.

"……於今 不若嚴兵假道於高麗 以取日本爲名 乘勢可襲高麗 定爲郡縣 按撫其民 可爲逆取順守 就用本國器械軍旅 兼守南宋之要路 缺日本往還之事情 此萬全之勢也 今遲之 恐聚兵於島嶼 積糧於海內 廣被固守 不能搖矣"(『元高麗紀事』(國學文庫 第43編 ; 據廣倉學窘叢書重印} 至元 6年 11月 2日 條에 馬亨이 元 世祖에게 上奏한 '征高麗計略' 中에서).

여기서 고려에게 일본 정벌을 위한 길을 빌리는 목적이 이를 핑계삼아 고려를 기습 장악하려는데 있었던 점은, 본문에서 고려의 병력을 빌어 고려의 北方 隣國 東眞國의 蒲鮮萬奴軍을 정벌하려는 것이 고려를 더욱 완전히 확보하려는데 그 목적이 있었다는 사실과 잘 對比된다. 또한 고려의 모든 군비를 南宋의 要路를 수비하는데 동원함으로써 고려의 武力을 去勢시키려던 이러한 계략도, 고려 軍民과 軍備를 고려의 北方 隣國 東眞國의 蒲鮮萬奴軍 征討에 동원함으로서 고려의 항전력을 스스로 소모케 해 고려를 보다 쉽게 장악하려 했던 살리타이의 전략과 同軌의 것이라 하겠다. 여기서 몽골이 노리는 것은 고려·송·일본 3국을 서로 離間·反目시키려는 또 하나의 의도가 있는 바, 고려와 송에 대하여 일본의 반목을 유도하는 몽골의 계략은 뒤에 큰 성과를 거두었다. 그러나 후자의 경우에 고려의 北方 隣國 東眞國의 蒲鮮萬奴部族과 고려의 이간·반목을 유도하는 몽골의 계략은 고려의, 그 北方 隣國 東眞國의 蒲鮮萬奴 정토군 파병 거절로 좌절됐다.

IV. 몽골의 蒲鮮萬奴 征討軍 파병요청 거부
ㅡ'盡殺' 達魯花赤와 江華遷都

그런데 고려는 몽골의 이런 계략에 말려들어 萬奴征討兵을 출정시키기는커녕 오히려 이를 핑계삼아 고려 내지의 몽골세력권 곧 다루가치와 예수데르 휘하의 探馬赤軍 부대 및 홍복원 휘하의 항부고려군민들에 대한 치명적인 역습을 감행했다. 몽골의 고려에 대한 예속화 전략을 교묘하게 역이용하여 그들의 침략세력을 타도하는 한편, 북계제성민을 海島로 피난시키고 항몽투쟁의 기치를 듦으로써, 적이 이용할 수 있는 일체의 인적 물적 조건들을 제거해버리는 이른바 淸野戰術로 고려는 몽골침략에 대비했다.

여기서는 1231년(몽골 태종 3, 고려 고종 18, 撒禮塔 2차 고려침공) 12월 23일에 몽골·고려간 강화가 이루어진 이후부터 세조 中統 2년(고려 원종 2, 1261) 고려 원종이 원 세조에게 자진해서 入朝出陸을 請할 때까지 30여 년간에 걸쳐 양국간에 오고 갔던 文牒들의 내용을 중심으로, 고려 내지에서 일어난 몇몇 사건들을 우선 다루어보려 한다. 이를테면 몽골 다루가치 살해사건, 예수데르 휘하의 探馬赤軍 回送 및 殺害事件, 몽골사자 포박사건, 홍복원 휘하의 항부한 고려의 북계 제성민 妄殺 사건, 萬戶·千戶·官員人 등에 대한 살해모의 사건들이 그것이다. 이를 일련의 계기적인 상호관계 속에서 함께 다루면서 고려 駐在 몽골세력권에 대한 역습상황을 체계적으로 살피고, 이에서 지금까지 제기되어 온 제반문제들을 좀 더 구체적으로 파악해가려는 것이다.

    咸新鎭 報曰 國家 若遣舟楫 我當盡殺留城蒙人小尾生等 然後 卷城
乘舟如京 乃命金永時等 三十人 具舟楫以送 果殺蒙人幾盡 小尾生

先覺亡去 副使 全僩率吏民入保薪島 後僩摯家乘舟還京 溺死(『高麗
史節要』권16, 고종 18년 冬10월 1일~10일조)

위에서 城에 머물러 이곳을 鎭守하던 蒙人 小尾生 등이란 이즈음
蒙兵이 기왕에 점령한 咸新鎭에 남아있던 예수데르 휘하의 探馬赤軍
들이라고 보아도 될 것 같다. 따라서 蒙人이라기보다는 오히려 契丹·
女眞·漢兒人으로 구성된 兵員들이라 해야 할 것이다.

여기서 蒙人 小尾生 등의 鎭守軍을 거의 다 죽이고 還京하려던 副
使 全僩이란, 이로부터 약 한달 전인 이해 몽골 太宗 3년(고려 고종
18, 1231, 撒禮塔 2차 고려침공) 8월 28일에 咸新鎭에서 防守將軍 趙
叔昌과 모의해서 맨 처음에 몽골군에게 투항했던 사람이다.[22] 이때 부
사 全僩은 小尾生 등과 함께 몽골군의 점령지인 咸新鎭을 鎭守하고
있다가 몽골군의 주력이 이미 고려 내지로 깊숙이 진격해 내려가고 그
先鋒이 平州에까지 이르게 되어 적인 몽골군의 깊숙한 후방지역인 咸
新鎭에 그 영향이 덜 미치게 되자 기회를 보아 叛旗를 들고 적 후방을
攪亂했던 것이다.

그런데 몽골은 몽골·고려간에 강화조약이 이루어지자 곧 이 사건
의 주동자를 잡아 보낼 것을 요청했다.

……又於趙兵馬處所囑[屬]當義州民戶檢會物色事 已曾行下其界兵
馬委令根究則告以城守與民戶等 乘桴逃閃 因風沒溺 故便不[未]得顯

---

22) 『高麗史節要』권16, 고종 18년 8월조, "蒙古元帥撒禮塔 將兵圍咸新鎭曰 我
是蒙古兵也 汝可速降 否則屠城無遺 副使全僩懼 與防守將軍 趙叔昌謀曰…
…叔昌謂蒙人曰 我趙元帥之子也 吾父 曾與貴國元帥 約爲兄弟……". 여기
서 부사 全僩과 방수장군 조숙창이 함께 고종 18년 8월에 살리타이軍에게 투
항했던 것을 알 수 있다. 구체적인 투항날짜에 대해서는 주채혁, 「洪福源一
家와 麗·元關係(1)」, 『사학연구』24, 한국사학회, 1970, 11~12쪽 참조.

驗 請照悉之……(『高麗史』권23, 고종 19년 夏 4월 12일조)[23]

여기서 城守와 民戶 등이 뗏목을 타고 도망하다가 風浪 때문에 익
사했다는 사실은 앞에서 副使 全僩이 小尾生 등을 타도하고 나서 吏
民을 거느리고 還京하다가 溺沒했다는 기록과 대체로 일치된다. 따라
서 바로 그 사건이 있었던 義州 民戶를 檢會物色하는 일이란 몽골 태
종 4년(고려 고종 19, 撒禮塔 3차 고려침공, 1232) 夏 4월을 전후하여
그 사건의 실상을 규명하려는 몽골측의 추구를 말해주는 것이라 하겠
다. 결국 이러한 사실은 몽골군이 점령지에 일정한 鎭守軍을 배치했었
다는 것을 말해 주며, 아울러 그것은 降附한 고려군민과 함께 편성되
어 점령지 통치를 맡게 했다는 사실을 단편적으로나마 알려주고 있는
것이라 하겠다. 또한 여기서 몽골군의 세력이 덜 미칠 경우에는 이를
뒤엎고 일어서려는, 그들에게 정복된 고려지역 주민들의 동향도 간파
해낼 수 있다.

그러면 講和가 이루어지고 나서 몽골군이 귀환한 고종 19년(1232)
정월 11일을 전후하여 이로부터 줄곧 일어났던 고려측의 고려 내지에
주둔하는 몽골세력권에 대한 본격적인 역습에 관해 살펴보기로 하자.

……況今所論如此 敢不抵棄 其邊封每城留置達魯花赤接遇之事 亦
一一承命 但前來 契丹·漢兒等回送事 本不多人耳 其罪早合誅庚 以
子不忍之心 留置京師 因年年饑饉疾疫 物故者過半 或其中 屢有逋逸
者 捕送海島 亦皆飢死 唯有些小餘類 今聞大國之入境 妄意其本國兵
馬謀欲逃去 依附其辜 負我豢養之恩 在所不忍 己皆誅戮 唯此不如所
教 惺恐萬萬 惟閣下恕之言如餙也 天其鑒之……(『東國李相國集』, 고

종 19년 壬辰 2월조의「國銜行苔蒙古書」)

대략 그 내용을 살펴보면 이러하다.

其邊에 封해 있는 每城의 다루가치를 접대하는 일은 하나하나 모두 명을 받들어 이행했다. 다만 지난번에 와 있었던 契丹·漢兒 등의 回送事는 본래 그 숫자가 많지 않다. 그 죄로 말하자면 벌써 誅殺했어야 마땅할 것이로되, 친자식을 생각하는 차마 하지 못하는 어버이의 자애로운 마음으로 그래도 이들을 京師에 留置해 두었는데 해마다 닥쳐오는 기근과 疾疫으로 죽은 자가 반이 넘고, 혹은 그 가운데 도망하는 사람이 있었으므로 섬으로 보냈더니 또한 모두 굶어 죽었다. 요즈음에 듣건대, 다만 몇몇 남은 무리가 대국의 境界에 들어가 망령되이 그 본국 병마사와 음모하며 도망해 죄를 피하려 하므로 견디다 못해 이들을 모두 쳐죽여 버렸다. 다만 이것이 下敎한 것에 어그러지는 바 惶恐萬萬이로다.

문제는 이런 엄청난 사건이 몽골군이 귀환한 1232년(몽골 태종 4, 고려 고종 19, 撒禮塔 3차 고려침공) 정월 11일에서 불과 1개월여 사이에 일어났다는 점이다. 이 문첩이 이해 2월조에 실려 있기 때문이다. 비록 "其邊에 封해 있는 每城의 다루가치를 접대하는 일은 하나하나 모두 명을 받들어 이행했다"고 했으나 이들의 武力的인 배경인 예수데르 휘하의 探馬赤軍-萬戶 휘하의 병력이었으므로 상당한 숫자에 달하는 병력을 거의 모두 제거해 버린 셈이다. 이는 당연히 이곳의 다루가치 세력을 송두리째 뿌리 뽑으려 했던 것이라 해야 할 것이다. 여기서 "唯有些小餘類 今聞大國之入境"이라 한 표현으로 보아 몽골로 살아 돌아간 契丹·漢兒 등의 探馬赤軍은 극소수에 지나지 않았고, "이들을 京師에 留置해 두었는데 해마다 닥쳐오는 기근과 疾疫으로 죽은 자가 반이 넘고, 혹은 그 가운데 도망하는 사람이 있었으므로 섬으로 보냈더니 또한 모두 굶어 죽었다. 또 남은 무리가 대국의 境界에 들어가 망령되이 그 본국 병마사와 음모하며 도망해 죄를 피하려 하므로 견디다 못해 이들을 모두 쳐 죽여 버렸다"고 하였으니 결국은 '盡殺'했다는 이야기다. 이러한 정세 하에서 다루가치나 홍복원 휘하의 附蒙고려군민이 어떠했겠는가는 不問可知의 일이라 하겠다.

　　暾盡殺朝廷所置達嚕噶齊七十二人以叛　遂率王京及諸州縣民竄海島(『元史』 권208, 고려전, 태종 4년 6월조)

　결국 이러한 상황 속에서 고려 고종(暾)이 다루가치 72명을 모두 죽이고 마침내 王京과 여러 州縣의 군민을 이끌고 海島로 피난했다는 몽골측의 기록이 존재하게 됐던 것이라 하겠다.
　다 아는 대로 몽골은 그들이 고려에 주둔시키고 간 몽골세력권을 통해 고려의 民戶를 '俱集見數'해 이를 이내 고려의 北方 隣國 東眞國의 蒲鮮萬奴軍 정벌전에 내어몰려 했으므로, 이를 눈치 챈 고려가 몽골군의 귀환과 거의 동시에 이들에 대한 과감한 반격을 치열하게 개시했던 것으로 보인다.

　　爾之境內 西京金信孝等所管十數城 應有人民 依奉朝命 計點見數悉令安業住坐(『元高麗紀事』(國學文庫 第43編 ; 據廣倉學窘叢書重印) 太宗 五年(1233) 4월 24일조의 고려 고종에게 보내진 이른바 '責五罪'의 詔書에서 拔引).

　위 사료는 몽골이 태종 4년(고려 고종 19) 가을에 고려가 다루가치를 모두 죽이고 다시 항전한 것을 트집잡아 살리타이가 3차로 침입했다가 그해 12월 16일 處仁部曲에서 스님 金允侯에게 사살된 후, 그 이듬해인 1233년(고려 고종 20, 몽골 태종 5) 4월경에 고려 고종에게 보내진 문첩이다. 따라서 여기서 말하는 몽골의 명을 받들어 민호를 '計點見數'한 이른바 "爾之境內 西京金信孝等所管十數城 應有人民"이란 몽골 태종 3년(고려 고종 18) 12월 23일 아직 고려가 전면적으로 몽골군을 역습하기 이전에, 그러니까 다루가치 및 探馬赤軍이 아직 고려의 역습을 치명적으로 받기 이전에 그들과 홍복원 휘하 附蒙高麗勢力에 의해서 이미 '計點見數'해 버렸던 城들로 보인다. 이것이 고려 내지 몽골세력권의 본거지인 西京에 남아 있던 것으로 보아, 이는 고려가 가능한 한 몽골을 자극하지 않는 가운데 교묘하게 몽골세력권을 제거하고 후일에 그 발뺌할 구실을 남기기 위하여 눈감아 두었던 城들로 보인다.

그런데 『고려사』 「지리지」 및 『동국여지승람』 北界조에 보면 거의 모든 성의 인민들이 고종 18년(1231)에 몽골병을 피해서 섬으로 들어갔다가, 그 후 元宗 2(1261)~3년(1262) 사이에 다시 出陸했던 것으로 기록돼 있다. 무려 30여 년에 걸친 기간 동안이나 피난 또는 抗戰 섬생활을 한 셈이다. 그렇다면 북계제성민들은 이미 몽골군이 침공한 후 일정한 시기부터 그들의 눈을 피해 그들 스스로, 아니면 고려정부와의 유기적인 관계를 가지면서, 몽골군의 약탈을 피해서 또는 몽골 침공에 대적할 수 있는 전투기지를 작전상 유리한 지역에 새로이 구축하기 위해서 저마다 海島로 들어갔던 것을 생각해 볼 수 있다.

그러다가 강화가 이루어지고 이에 따라 몽골 다루가치와 探馬赤軍 및 附蒙高麗軍民의 세력이 점차 이들에게 미치게 되자, 1232년(몽골 태종 4, 고려 고종 19) 정월 11일에 몽골군이 귀환하자마자 이들 스스로 또는 고려 정부의 慫慂에 의해 이들 또한 고려 주둔 몽골세력권에 대한 역습에 가담함으로써, 몽골세력의 간섭을 적극적으로 물리쳤던 것으로 짐작된다.

앞에서 살펴온 대로 이런 사실을 눈치 챈 몽골은 1232년(몽골 태종 4, 고려 고종 19) 2월을 전후해 이미 이에 대한 문책을 했고, 이어서 1232년 3월에는 通事 池義深과 錄事 洪巨源 등이 使臣으로 갔다가 전에 문책한 사실을 해명하지 않았다 하여 살리타이에게 拘囚됐는가 하면,[24] 5월 30일에는 北界의 龍岡과 宣州 2城에 몽골 다루가치 4인이 增派됐다.[25]

그런데 아래에도 다시 서술되거니와 대체로 이러한 일들은 몽골에서 고려의 北方 隣國 東眞國의 蒲鮮萬奴 정토군을 징발하러 오려는 기미가 보이거나, 또는 이미 그런 임무를 띤 몽골사신이 고려에 이르렀을 때에 주로 이루어졌다. 결국 고려의 강화도에로의 遷都라는 노골적인 무력항쟁 태세의 정비도 이런 분위기 속에서 이루어졌던 것이다.

　　五月 帝 以將征蒲鮮萬奴 遣使九人 徵兵高麗(『新元史』 권132, 열전 제29 札剌亦兒台豁兒赤傳)

몽골에서 고려에 北方 隣國 東眞國의 蒲鮮萬奴軍 征討를 위한 派兵을 요청하는 임무를 띤 사자 9명을 파견한 것은, 1232년(몽골 태종 4,

---

24) 이에 대해서 『고려사』 권23, 고종19년 3월조에 "蒙使六人先還 遣通事池義深 錄事洪巨源等 賫國贐寄書于撒禮塔……"이라고 기록하여 池義深 등이 살리타이에게 書牒을 전한 것이 보이고, 다시 『고려사』 권23, 고종19년 6월 15일조에는 "甲子 校尉宋得昌 自池義深行李逃來云 義深到撒禮塔所 撒禮塔怒曰 前送文牒內事件 何不辨來 執送義深于帝所 餘皆拘囚"라 하여 이들이 拘囚된 소식을 전해 준다. 여기서 文牒內의 사건에 대해서 밝히지 않은 것에 대하여 살리타이가 크게 노했다는 사실로 보아, 이때 이미 심상치 않은 일들이 벌어지고 있었음을 짐작할 수 있다.

25) 『高麗史』 권23, 고종 19년 5월 30일조, "己酉 北界 龍岡 宣州 蒙古 達魯花赤 四人來".

고려 고종 19) 5월이다.

　蒙古使九人來　王迎詔于宣義門外　留四日而還(『高麗史』권23, 고종 19년 秋7月 庚辰朔條)

위의 사료에는 이들 몽골사자 9인이 고려의 北方 隣國 東眞國의 蒲鮮萬奴軍萬奴 征討軍 징발을 위해 파견됐다는 내용이 없다. 다만 왕이 宣義門 밖에서 몽골황제의 조서를 영접했다는 것뿐으로 그 조서의 내용도 알 길이 없다. 그런데 몽골과 고려 곧 카라코룸(和林)과 開京의 거리가 멀어 그 당시로는 오가기에 상당한 시간을 요구했다. 더군다나 당시 이 지대의 군사나 정치적 상황으로 보아 내왕이 지극히 어려운 여건이었으므로, 몽골에서 5월에 떠난 사자 9인이 7월 1일에 몽골황제의 조서를 받들고 고려의 개경에 비로소 도착했을 가능성은 충분히 있다고 하겠다. 그 사신의 숫자가 9인으로 서로 일치한다는 점을 보아, 이를 5월에 고려의 北方 隣國 東眞國의 蒲鮮萬奴軍 정토군 파병을 고려에 요청하는 조서를 가지고 몽골을 떠난 9인의 몽골사자와 동일한 使行으로 보려는 것이다. 같은 해에 몽골이 고려에 北方 隣國 東眞國의 포선만노군 정토군 파병 요청을 했던 기록도 몽골측 사료에 분명히 존재하기 때문이다.

　於壬辰年　令隨從撒禮塔征討萬奴　爾等　卽欲違背　遷入海島……(『元高麗紀事』(國學文庫 第43編 ; 據廣倉學窘叢書重印) 己酉 8월 15일조 고려 고종 36년인 1249년에 皇后太子가 고려 고종에게 보낸 詔書 중에서)

1232년(고종 19, 壬辰年)에 살리타이를 따라 고려의 北方 隣國 東眞

國의 蒲鮮萬奴를 征討하라고 명령했지만 고려는 도리어 이를 위배하고 海島로 遷入해 叛旗를 들었다는 것이다. 뿐만 아니라 태종 5년 4월 24일에 고종에게 보낸 '責五罪'의 詔書 중에도

　　朕命汝征討萬奴 爲何逗遛不進 此汝之罪三也(『元高麗紀事』 太宗 5년(1233) 4월 24일조의 고려 고종에게 보낸 이른바 '責五罪'의 詔書에서 拔引)

이라 하여, 이때 몽골 태종이 직접 고려에 蒲鮮萬奴 정토군 파병을 요청했었던 소식을 엄연히 전해주고 있다.

　분명한 사실은 고려의 고려 내지 주둔 몽골 다루가치에 대한 본격적이고도 노골적인 역습은 바로 이들—蒲鮮萬奴 정토군 파병 요청의 임무를 띠고 고려에 파견됐던 것이 거의 틀림이 없는 몽골 사자 9인—이 1232년 7월 1～4일에 다녀가는 동안에 감행됐다는 것이다. 내시 尹復昌을 北界에 보내 다루가치의 화살을 뺏는 등으로 그들을 무장해제해 나가다가 宣州에 이르러서 윤복창 집단이 몽골 다루가치의 반격을 받아 사살되는 사건이 바로 1232년 7월 3～6일에 걸쳐 일어났다. 그 날짜가 서로 중첩돼 이 사건이 이들 몽골사자 9인이 아직 開京에 머물러 있거나 아니면 막 출발하면서 일이난 일임을 알 수 있다.

　　又稱 達魯花赤交死卽死 留下來 如今你每拿縛者事 右達魯花赤 其在京邑者 接遇甚謹 略不忤意 大國豈不聞之耶 又於列城委令厚對 其間容或有不如國敎者 予不能一一知之 惟上國明考焉 其拿縛上朝使人 無有是理 後可憑勘知之(『東國李相國集』, 고종 19년 壬辰(1232) 9월조의 「荅蒙古官人書」 중에서)

이를 抄譯해 보면 다음과 같다.

또한 이른바 "다루가치를 (너희들이) 죽인 자는 죽이고 남겨진 자는 돌아오고 지금 너희들이 拿縛해 있는 것 같은 일"[26]이란 이들 다루가치에 대해서는 京邑에 있는 자에게는 대우를 잘 하여 뜻을 어긴 일이 없으니 大國이 어찌 이를 듣지 못했으랴. 또 列城을 책임맡아 있는 자들도 푸대접하지는 않았으나, 그동안 혹 國敎(몽골 태종 오고데이의 敎旨)와 같지 못한 것이 있었는지도 모른다. 그러나 이러한 일들은 내가 하나하나 그것을 모두 알지 못하니 오직 上國에서 밝히 살펴 주시오.

이는 『동국이상국집』 고려 고종 19년(몽골 태종 4, 壬辰) 2월조의 「國銜行荅蒙古書」의 내용과 별로 다를 것이 없다. 고려에 주둔해 있던 몽골세력권에 대한 고려의 역습은 繼起的으로 일어나면서 더욱 치열해졌기 때문이다. 다만 1232년 9월에 몽골군이 다시 쳐들어와서 몽골이 고려 주둔 몽골 다루가치 세력권에 대한 역습사건에 관하여 구체적으로 추궁한 점과, 고려가 이에 대하여 잘 모르겠다는 식으로 얼버무려 대답한 사실은, 암암리에 내지 다루가치세력권에 대한 고려의 역습이 있었음을 보여준다. 그런데 몽골사자에 대한 拿縛事件은 새롭게 제기되는 문제로 고려가 이를 완강히 부정하고 있음에도 불구하고 은연중에 그 사건의 실상을 엿볼 수 있게 하는 측면이 분명히 있다.

俄又聞 北界一二城逆民等 妄諭其城達魯花赤殺戮平民 又殺臣所見內臣 此人 是候上國使佐値行李則迎到京師者也 而乃殺之 因以作亂 聲言大國兵馬來也(『高麗史』 권23, 고종 19년 11월조의 「荅沙打官人書」 및 『東國李相國集』 권28, 고종 19년 壬辰 11월조의 「同前狀」)

---

26) 이에 대한 해석 및 池內宏, 「蒙古の高麗征伐」, 『滿鮮地理歷史報告』 10, 1924, 145쪽에 실린 이케우치 히로시의 誤譯에 대한 批判은 주채혁, 「洪福源一家와 麗·元關係(1)」, 『사학연구』 24, 한국사학회, 1970, 34쪽 참조.

위 사료는 1232년 9월에 고려가 몽골에 보낸 문첩에 이어서, 몽골측의 問責에 대해 같은 해 11월에 보낸 고려측의 咨書다.

여기서 "다루가치가 평민을 죽이고 臣(고종)이 보낸 內臣을 죽였다"고 허위보고를 했다는 것은, 그 내용으로 보아 몽골 사자 9인이 돌아갔던 1232년 7월 4일을 전후해 고종이 내시 윤복창을 보내어 北界諸城 다루가치의 弓矢를 빼앗아 무장해제해 갔던 사건에 대한 몽골측의 추궁에 발뺌하는 고려측의 답변으로 보아야 할 것이다. 여기서 살육된 평민이란 대개 윤복창을 따라 이들 北界諸城 주둔 몽골다루가치 세력들을 거세시키는데 동원되었던 고려의 평민으로 볼 수 있고, 이런 일들은 내시 윤복창이 다루가치에게 사살되고 反다루가치 세력권이 다루가치 세력권에 의해서 제압되는 과정에서 일어났던 것으로 보인다. 따라서 위의 사료에서 거론한 '北界一二城'에는 宣州를 내포하는 것임을 알 수 있다.

또 한 가지 주목되는 점은 바로 이런 逆民들이 몽골사자를 살해했다는 사실을 고려측이 자인했다는 것이다. 여기서 살해된 몽골사자란 대체로 1232년 7월 초에 고려의 北方 隣國 東眞國의 蒲鮮萬奴軍 정토군 파병 요청차 고려에 왔던 것으로 보이는 몽골 사자 9인으로 볼 수 있다. 고려가 1232년 9월에 몽골측에 보냈던 「答蒙古官人書」에서는 몽골사신 拿縛 사실까지도 부정하던 고려측이, 같은 해인 1232년 11월의 「答沙打官人書」에서는 몽골사신의 살해 사실까지 시인하고 있는 점은 놀라운 일이다. 이해 11월경에는 몽골군이 고려 전국을 휩쓸고 있을 때이므로 사실대로 탄로난 급박한 상황 속에서 이와 같은 일이 추진될 수밖에 없었을 것으로 짐작된다. 여기서는 몽골의 問罪에 대하여 발뺌하기 위하여 그 책임을 애매모호하게도 北界一二城逆民 등 곧 몽골에 降附하지 않고 저항하던 고려軍民에게 돌리고 있다.

그러나 몽골의 蒲鮮萬奴 정토군 파병 요청을 거절할 것을 이미 결

46

심한 고려였다. 그러므로 고려가 당시에 抗蒙의 분위기로 어수선했던
고려의 형편을 모두 살피고 돌아가는 이들 몽골 사신들을 비밀리에 처
치해버림으로써, 滅口를 기도했을 가능성이 많다.

이와 같은 고려의 강력한 反蒙抗爭 과정에서 抗蒙高麗人들은, 필연
코 당시에 고려의 軍民을 '計點見數'하여 고려의 北方 隣國 東眞國의
蒲鮮萬奴軍 征討에 조직·동원하는 일을 周旋하기에 바빴던 현지 주
둔 몽골 다루가치와 探馬赤軍 및 附蒙고려군민에 대해서 집중적인 반
격을 加하지 않을 수 없게 되었다.

> 又令汝等民戶俱集見數 爾稱若出城計數 人民懼殺 逃入海中 爾等
> 嘗與天兵協力征討 將爾等民戶誘說出城 推稱計數 妄行誅殺 輒敢如
> 此妄奏 此汝之罪五也……(『元高麗紀事』太宗 5년(1233) 4월 24일조의
> 고려 고종에게 보내진 이른바 '責五罪'의 詔書에서 拔引)

여기서 고려가 萬奴 정토군을 징발한다고 附蒙고려군민을 꾀어내어
오히려 이들을 海島로 몰아넣고 이곳을 모두 비워 淸野戰術로 몽골군
의 재침공에 대비하는 한편, 이 과정에서 이에 반항하는 附蒙고려군민
에 대해서는, 실로 무자비하게 誅殺을 감행했던 것을 알 수 있다.[27] 이
러한 조건 하에서 몽골 다루가치나 探馬赤軍 및 附蒙고려군민에 대한
고려의 대처가 어떠했겠는가는 불을 보듯 뻔하다. 그러니까 몽골이 고

---

27) 『高麗史』 권130, 열전 崔坦傳, "是 蒙古使 脫朶兒 來在此城 問其故 坦等 詭
言曰 高麗卷土將入海島 盡殺北界諸城人 故吾等殺諸城守 欲入告上國"이라
한 기록이, 이런 상황을 상기시켜 준다. 元 世祖 至元 6년(고려 원종 10,
1269) 겨울 10월에 반란을 일으킨 후에 최탄이 몽골 사자 脫朶兒로 하여금
당시에 고려가 거의 '北界諸城人을 盡殺'하다시피 치명적으로 附蒙勢力을
족치고 海島로 들어간 일을 想起케 하여 그를 격분케 했던 사실도, 이를 미
루어 짐작케 한다(『高麗史節要』 권18, 元宗 順孝大王 己巳 冬十月條).

려를 이용하려던 계략을 고려가 도리어 완전히 역이용해 고려에 발을 붙이고 있던 몽골세력을 討滅해 갔던 것이다.

그런데 이에 앞서 내시 윤복창이 1232년 7월 3~6일에 걸쳐 북계제성 다루가치에 대한 무장해제를 추진해가다가 宣州에서 몽골 다루가치 세력에 의해 좌절당한 문제를 다루었지만, 이는 고려의 고려 내지 몽골세력에 대한 일련의 역습과정에서 있었던 핵심이 되는 중요 사건의 하나로 파악돼야 할 것이다. 그 후 윤복창의 다루가치 무장해제 사건이 있은 지 한 달이 채 못 되어 1232년 8월 1일에 몽골 다루가치나 探馬赤軍 및 홍복원 휘하 附蒙고려군민 세력권의 심장부라고 할 수 있었던 西京에서 일대의 반몽 쿠데타 모의가 진행되고 있었다. 西京巡撫使 大將軍 閔曦와 司錄 崔滋溫 및 密使將校 등의 擧事計劃이 바로 그것이다. 이는 바로 在高麗 몽골세력권의 본거지인 西京에서 있었던 다루가치 살해모의였던 만큼 아주 그들의 세력권을 一網打盡하려 했던 결정적인 圖謀이었음을 알 수 있다.

그런데 이러한 정보가 미리 새어나가자 反쿠데타 세력인 몽골세력권 하의 軍民들은 이에 정면으로 맞서게 된다. 마침내 이로부터 13일 뒤인 1232년 8월 14일에는 몽골세력권 하의 군민이 일어나 崔滋溫을 잡아 가두자 留守 崔林壽와 判官 分臺御使 六曹員 등이 모두 楮島(安岳)로 도망해 숨게 된다. 이렇게 해서 閔曦 등의 쿠데타 모의는 流産됐고 西京은 다시 몽골 세력권 아래에 놓이게 됐다.

> 西京巡撫使大將軍閔曦 與司錄崔滋溫密使將校等 謀殺達魯花赤 西京人聞之曰 如是則我京必如平州 爲蒙兵所滅 遂叛 壬戌 執滋溫囚之 留守崔林壽及判官 分臺御使 六曹員等 皆逃竄于楮島(『高麗史』, 세가 권23, 고종 19년 8월 己酉朔條)

위의 기록이 이 사건의 전모를 적은 사료다. 이런 일들은 생각건대, 1232년 8월이라는 같은 달에 곧 이어 쳐들어왔던 몽골군 재침공(撒禮塔 3차 고려침공)의 諜報가 항간에 흉흉하게 나돌고 있는 그런 분위기 속에서 이루어졌음에 틀림이 없다. 그러니까 고려 주둔 현지 몽골세력권이 이런 막강한 몽골군의 위력을 등에 업고 있었던 것이라 하겠다.

윤복창의 북계제성 다루가치에 대한 무장해제 사건에 이어서, 바로 在高麗 몽골세력권의 핵심부인 西京에서 이런 사건이 있었다는 사실은 당시에 있어왔던 일련의 단호한 고려의 반몽항쟁과 연결시켜볼 때 실로 重且大한 의미를 갖는다고 하겠다. 고려 주둔 몽골세력권의 심장부인 西京이 이러할 때 여타 지역의 다루가치에 대한 고려의 역습상황은 능히 짐작할 수 있기 때문이다.

이 사건이 당시의 몽골·고려관계사 상에서 그만큼 중요한 의미를 갖는 것이기 때문에, 몽골은 그 후 이 사건의 진상 규명에 대한 추궁을 몽골 태종 4년(고려 고종 19, 1232) 8월에 이 사건이 있은 이후부터 그 후 원 世祖 中統 2년(고려 元宗 2, 1261)~원 세조 중통 3년(고려 원종 3, 1262) 사이에 다시 入朝出陸하기까지 근 30년간에 걸쳐 끈질기게 계속했다.

> ……將爲首始謀萬戶 千戶官員人等 仰捉拏發遣前來 爾等旣稱一國 一國之中 豈有此事 彼處被刦落後流移人數 盡數 刷集分付 如將行刦之人 不行捉拏發遣 及將流移民戶 故不起發 豈爲出力供職之事 如爾等敎令殺掠 故不捉拿 若不曾敎令 必捉拿分付(『元高麗紀事』 太宗 12년(1240) 5월조의, 몽골이 고종에게 보낸 詔書 중에서 拔引)

이 무렵 洪福源의 직위는 '고려군민萬戶'요, 예수데르의 직위는 '좌수몽골군萬戶'이었다. 따라서 위의 기록에서 萬戶란 곧 당시 西京에

주재하고 있었던 홍복원과 예수데르를 가리키는 것이라 하겠다. 이즈
음에 降附한 고려군민을 모두 거느리고 있었던 홍복원이 예수데르와
더불어 北界諸城의 정치와 군사의 중심지인 西京에 본거지를 두고 있
었음은 물론이다. 특히 홍복원의 경우, 몽골 태종 5년(고려 고종 20,
1233) 12월쯤에 崔瑀가 家兵 3,000명을 북계병마사 閔曦와 함께 보내
단행한 북계토벌로 遼瀋지방으로 쫓겨 들어갈 무렵에 西京에 그의 근
거지를 두고 있었던 점이나, 그가 당시에 고려측에서 除授받고 있었던
직위가 西京郞將이었다는 사실은 이를 잘 傍證해 주고 있다고 하겠다.

또한 여기서 千戶나 官員人이란 다루가치나 이들 萬戶 밑에 있었던
벼슬아치로, 探馬赤軍을 포함하는 것이었던 것 같다.

이러한 당시의 정황들로 보아 이는 민희 등의 다루가치 謀殺事件에
해당하는 그런 기록일 수 있다. 특히 그 사건이 모의로 끝났다거나 그
대상이 總頭領級에 미치고 있다는 점에서 그러하다. 당시에 고려의 고
관이 주도한 이처럼 본격적인 큰 사건은, 민희 등의 다루가치 살해모
의사건이 그 대표적인 것이어서도 그러하다.

在高麗 몽골세력권의 根幹을 이루는 西京의 다루가치를 고려의 고
관이 주도하여 살해하려 모의했다거나, 그 통솔을 맡았을 萬戶를 도모
하려 했다는 것은, 그 밖의 다른 휘하 몽골세력권에게는 이미 치명적
인 타격을 가했다는 것을 암시해 준다. 결국 이런 일련의 계기적인 고
려의 항몽역습 사건들을 치르는 과정에서 몽골 다루가치가 대부분 고
려에서 죽거나, 고려측에 사로잡히거나, 몽골을 향해 도망치는 사태가
벌어졌던 것이다.[28] 결국 이러한 몽골측의 기록이니

　　　敵盡殺朝廷所置達魯花赤七十二人(『元史』, 高麗傳 태종 4년 6월조)

---

28) 『東國李相國集』, 고종 19년 壬辰(1232) 9월조의 「荅蒙古官人書」 참조.

이라 한 다루가치 72인을 '盡殺'했다는 기록들은 모두, 在高麗 몽골세
력권에 대한 고려측의 끈질기고도 맹렬한 역습풍경을 묘사해낸 것이
라 하겠다.

本國叛 殺各縣達魯花赤 率王京及諸州郡人民竄於海島拒守 洪福源
集北界四十餘州縣失散人民保聚 俟天兵來援(『元高麗紀事』, 太宗 4년
6월조)

이 또한 당시 북계의 사정을 잘 설명해 주는 기록이라 하겠다. 몽골
다루가치와 探馬赤軍은 대부분이 살해됐거나 아니면 高麗軍民에 의
헤 拿捕됐다가 형벌이나 배고픔과 질병으로 죽어갔고, 몇몇은 겨우 목
숨을 부지하여 본국으로 도망쳤으며, 오직 몽골의 고려인 走狗인 홍복
원 일가만이 40여 성의 失散人民들을 이끌고 고려 北界에서 殘命을
이어가며 몽골군이 재침해오기만을 기다리고 있었다.[29]

결국 홍복원만이 뒤에 남아 북계40여 성의 실산인민들을 이끌고 잔
명을 부지하며 몽골군이 재침해 오기를 기다렸다는 것은, 고려 내지에
서 모든 몽골 자체의 세력 곧 다루가치 및 예수데르 휘하의 探馬赤軍
부대들은 이에 이르러 일단 모두 거세되었다는 말이 된다. 따라서 그
형태가 어떤 것이든 고려 안에 있었던 저들 자체의 인원들은 일단 거
의 모두 제거됐으므로 다루가치 72인도, 북계제성인[30]도 '盡殺'이라는
표현이 가능했을 것으로 짐작된다.

---

29) 홍복원은 몽골 태종 4년(고려 고종 19, 1232) 8월경에 있었던 살리타이 3차 침
   공이 실패로 돌아간 이후에도 꼭 같은 임무를 맡아 고려 내지에 남게 된다.
   주채혁, 「洪福源一家와 麗・元關係(1)」, 『사학연구』 24, 1970 참조.
30) 『高麗史』 권130, 열전 崔坦傳, "……坦等 詭言曰 高麗卷土將入海島 盡殺北
   界諸城人 故吾等殺諸城守 欲入告上國".

V. 李齊賢의 達魯花赤 置廢 否定,
그 견해의 시대성과 자기 한계성 문제

그런데 1231~1232년 撒禮塔 2~3차 침공기에 이렇게 엄존했던 고려 내지 몽골 다루가치 치폐 사실 자체를 부정하는 몇몇의 견해도 있다. 왜 그런 견해들이 나오게 되었을까?

먼저 益齋 李齊賢의 견해[31]를 살펴보자.

　……又言 太宗三年 遣撒禮塔等討之 其王又降 置京府縣七十二達魯花赤而班師 四年盡殺達魯花赤 叛保海島云 其所爲達魯花赤 朝廷之所命也 將帥承制自置者也 府縣之小卽不論 一京達魯花赤必非微者 亦不書名何也 且以達魯花赤若是之多 其置之與殺之 非細事也 國史旣無其文 聞之遺老 亦莫之知 此尤可惑者也 竊求其所以然 是時天子在北庭 去我有萬里之遠 事之虛實有不及知 撒禮塔擁兵遼左 與洪大宣 貪其虜掠 掩我之功 誣我以罪 激怒朝廷 以肆侵伐耳 虞公考之 有不詳也.

여기서 우선 "遺老에게 물어봐도 모르더라" 하는 것은 당시인 1231~1232년경의 고려의 교묘한 역습작전을 살펴보면 스스로 밝혀질 문제다. 이제현이 산 시기는 1287~1367년에 걸치는 시기다. 따라서 그는 몽골의 오랜 정복전쟁이 다 종료된 뒤 이런 큰 사건이 일어난 당시와는 전혀 판이한 시대상황 속에서 활동했으며, 그가 이 글을 기록한 것도 당시로부터 거의 1세기는 지나고 나서라고 볼 수 있다. 그런데다가 당시 다루가치의 置廢는 몽골의 작전행위와 직관되는 사실로, 몽골군이 철수하자마자 고려의 역습으로 去勢되어 갔던 것을 보면 이는 오히

---

31) 『益齋集』,「櫟翁稗說」 前集 第1 所載.

려 당연한 일이라 볼 수 있다. 이때는 다루가치조차도 군복을 입었을 가능성이 많고 보면, 이때에 와서 遺老가 모르는 것이 이상할 이유가 없다는 것이다.

그리고 國史에 이런 중대한 사건에 대한 기록이 없다는 문제는 『高宗實錄』 자체가, 고려가 기왕에 元에 잘 降附했던 史實을 내세워 고려가 그 당시에도 이미 元에 상당히 충성했었다는 것을 주장하지 않을 수 없었던, 元朝 치하에서 편찬되었던 점을 생각하면 별로 이상할 것이 없다. 실은 몽골침략 당시 몽골군에 의한 엄청난 양민학살 사건을 당대 사료에 구체적으로는 기록하지 못했던 것도 이 때문이었을 것이다. 그리고 본장에서 다루어온 북계제성민 戕殺사건, 고려가 몽골의 東眞國 蒲鮮萬奴 征討軍 파병요구를 거부했던 사건, 천호·만호·官員人에 대한 謀殺 사건 등 살리타이 2차 침공 이후에 몽골과 고려간에 오갔던 文牒들에 일관되어 오르내렸던 이런 사실들은 모두 뒤집어 읽어보면 다루가치 謀殺사건과 直關되었던 것으로, 다만 위장된 사료의 내용들에서 이런 사실을 읽어내지 못했을 뿐이라 하겠다.

이제현이 "이때 천자가 북정에 있었으므로 고려와 멀리 떨어져 있었고 따라서 그 虛實을 잘 알지 못했을 것이다. 그러므로 살리타이가 遼左에 있으면서 洪大宣[32]과 같이 고려를 노략하기 위해서 고려의 功을 덮고 고려를 誣告해 조정을 격노케 함으로써 고려를 침벌하려 했던 것 같다."라고 한 것 또한 그렇다. 그는 당시에 燕京에서 오랫동안 머물러 있으면서 충선왕을 도와 對元外交를 벌여오던 터였다. 그런 그가 몽골과 고려가 서로 수교해온 이래로 고려가 몽골에 충성을 다해온 점을

---

32) 洪福源의 아버지의 初諱다. 『고려사』, 『고려사절요』, 『동국통감』과 『新元史』에서는 '大純'이라고 쓰고 있다. 본명은 '洪諲'이다. 麟州都領을 지냈다. 周采赫, 「麗元間에 있어서 洪福源 일가의 구실과 그 位置」, 연세대학교 대학원 사학과 석사학위논문, 1970. 7, 「附編 第1 洪福源의 世系에 대하여」, 99~106쪽.

부각시키고 몽골에 반역해 불충을 저질렀던 일들을 덮으려 했음은, 지극히 당연하다고 하겠다.

　실로 이때 살리타이는 고려를 어떻게 노략질할까에 마음을 쏟고 있기는커녕, 도리어 어떻게 하면 고려軍民을 잘 조직 동원해 東眞國의 蒲鮮萬奴軍을 쉽게 토멸하고 이런 과정에서 스스로 자체의 武力을 소모한 고려를 더 확고하게 장악할까에 골몰하고 있었다. 따라서 이런 이제현의 견해 자체가 이미 그 당시 고려의 이해와 자신의 사명 수행을 전제로 我田引水格으로 창작된 측면이 있어, 실은 일고의 가치도 없는 것이라 할 수 있다.

　그런데 이케우치(池內宏)는 이에 대한 李齊賢의 見解를 거의 무비판적으로 수용했는가 하면, 『동국이상국집』 고종 19년 壬辰 9월조의 「荅蒙古官人書」의

　　又稱 達魯花赤交死卽死 留下來 如今你每拿縛者事

를 "又稱 達魯花赤交死卽死留下來 如今你每拿縛者事"로 잘못 읽는 오류를 범하기도 했다. "또한 이른바 '다루가치를 (너희들이) 죽인 자는 죽이고 남겨진 자는 돌아오고 지금 너희들이 拿縛해 있는 것 같은 일'"을 띄어읽기에 실수하는 바람에 제대로 읽어내지 못한 것이다.[33] 뿐만 아니라 다루가치가 주로 배치되어 있었던 이른바 '北界四十餘城'에 대한 고증에서도 적잖은 잘못된 推理를 함으로써[34] 당시의 다루가치 치폐에 관한 사료의 기록 자체를 부정하는 중차대한 오류를 저지르고 말

---

33) 이케우치 히로시(池內宏), 「蒙古の高麗征伐」, 『滿鮮地理歷史報告』第十, 145쪽, 주36).

34) 주채혁, 「初期麗・元戰爭과 北界四十餘城 問題」, 『史學會誌』 합본 2집, 연세대 사학연구회, 1970, 209~212쪽 참조.

54

았다.

그런가 하면 那珂씨는 그의 『那珂通世遺稿』에서, 『고려사』에 所在해 있는

> 七月 王遣尹復昌 往北界 奪達魯花赤弓矢 被達魯花赤及謀殺達魯花赤不成一事

와 『고려사』에 轉載해 있는 "太宗5年 詔數高麗王 五罪"에도 이런 기록이 없다는 사실을 들어 "盡殺七十二人之事"는 妄傳임에 틀림이 없다고 간단히 결론을 내린다.

여기서 那珂씨는 대개 사료의 기록을 단편적으로 따로 떼어내어, 당시의 몽골·고려 쌍방의 일련의 繼起的인 작전상황을 고려한 사료 자체에 대한 비판이 없이 문자해석에만 지나치게 중점을 둔 데서 이런 그릇된 견해가 비롯되었던 것으로 보인다. 그래서 那珂通世의 이 견해를 무비판적으로 대충대충 받아들인 柯劭忞도 그의 『新元史考證』권4에서

> 按那珂君說得之 舊史誤 實今不取

라고 해 이런 오류를 극복하지 못하고 다시 재확인하는 실수를 서슴지 않고 범하고 말았다.

> 二月己未 哈眞等還 以東眞官人及傔從四十一人留義州曰 爾等習高麗語 以待吾復來(『高麗史』 세가 권제22, 고종 6년 2월 己未條)

위에서 보듯이 이미 撒禮塔 1차 침공시인 1219년 몽골군 回軍시에

도, 양국간의 交戰이 아닌 合同作戰으로 고려 내지에 난입한 거란部
衆을 평정한 후에 형제맹약을 맺었던 터임에도, 몽골원수 哈眞(Khajin)
과 당시의 부원수 札剌(Djala) 곧 후일의 撒禮塔(Sartai) 일행은 그들 중
의 일부인 '東眞官人及傔從四十一人'을 고려땅 義州에 남겨 놓고서
고려어를 습득케 하여 몽골군이 다시 올 때를 대비케 했다. 하물며 양
국간의 교전이 치열했던 撒禮塔 2차 침공시인 1231년에 그들이 고려
의 要地에 '設官分鎭'하고 다루가치를 배치한 것은 지당한 일이 아닐
수 없다. 정녕 몽골의 정복지 통치책에 대한 구체적인 연구와 다루가
치 및 探馬赤軍 그 자체에 대한 광범한 연구가 종합되는 가운데, 이
당시의 몽골·고려 작전 관계가 좀 더 본격적으로 연구되기를 바라는
마음이 간절하다. 특히 1231~1232년간에 고려 內地에서 置廢됐던 몽
골 다루가치 72인에 관한 사실을, 대충대충 얼렁뚱땅이 아니라 좀 더
구체적으로 체계를 갖추어 예리하고 꼼꼼하며 집요하게 물고 늘어져,
끝까지 고도로 정밀하게 제대로 詳考해낼 수 있기를 苦待한다. 사료
부족을 탓하기에 앞서 사료를 치밀하게 비판해 제대로 써서 당대사를
가장 제대로 復元해내고야 만다는 자기 나름의 자세를 가다듬는 일이,
이 분야 연구에서는 무엇보다도 더 소중함을 절감하는 것이 지금 저자
나름의 진솔한 생각이다.

VI. 맺음말

이상에서 撒禮塔 2차 고려침공, 곧 몽골 태종 3년(고려 고종 18,
1231) 8월 28일부터 시작된 몽골군의 고려 침공시에 그들이 고려에게
항복을 받고 고려를 정복지로 확보하는 과정에서 고려에 배치한 것으
로 되어 있는 '達魯花赤 72'인에 관한 여러 문제에 관해서, 그에 관련

된 사료의 비판적 검토를 거쳐 나름대로 고찰해 보았다.

결국 몽골인은 정복지를 장악할 때면 그 정복과 정복지 지배에 언제나 주도치밀했다는 점[35]으로 보나 당시에 몽골 達魯花赤가 집중적으로 배치됐던 北界諸城이 몽골군이 고려를 정복 지배하는데 결정적으로 중요한 요새지라는 점으로 보아 몽골이 達魯花赤 72인을 이곳 고려 내지에 배치해 두었다는 것은, 오히려 지극히 당연한 일이었다고 하겠다. 이미 살리타이가 1차 침공시인 1219년 몽골군 回軍시에도, 양국간의 交戰이 아닌 合同作戰으로 고려 내지에 난입한 거란部衆을 평정한 후에 兄弟盟約을 맺었던 터임에도, 몽골원수 카진(哈眞, Khajin)과 당시의 부원수 札剌(Djala) 곧 후일의 살리타이(撒禮塔, Sartai) 일행은 그들 중의 일부인 '東眞官人及傔從四十一人'을 고려땅 義州에 남겨 놓고서 고려어를 습득케 하여 몽골군이 다시 올 때를 대비케 했던 것이다. 하물며 양국간의 교전이 치열했던 撒禮塔 2차 침공시인 1231년에 그들이 고려의 要塞地에 '設官分鎭'하고 다수의 다루가치를 배치한 것은 지당한 일이 아닐 수 없다. 그런데 여기서 萬戶 예수데르 휘하의 探馬赤軍과 萬戶 洪福源 휘하의 附蒙高麗軍民이 서로 같은 시기에 같은 지역에서 이들과 함께 주둔하고 있었던 사실로 보아, 이들이 바로 이들 '達魯花赤 72'인의 구체적인 武力背景을 이루고 있었던 것으로 볼 수 있다.

1231년 8월 살리타이 2차 침공 이후에 고려 내지에 설치돼 있던 이들 몽골 세력권들은 그 후 고려 軍民의 猛烈한 역습에 부딪쳐 마침내 폐지될 수밖에 없었다. 그러니까 이로써 고려 군민을 '俱集見數'하여

---

35) Abraham Constantin Mouradegea d'Ohsson, *Histoire des Mongols*, depuis Tchingisiz Khan jusgu'à Timou bey ou Femerlan. Avec une carte de i' Asie au ⅩⅢ e ciècle. T. Ⅰ =Ⅳ, èd. 2, La Haye et Amsterdam. ; 佐口 透 譯註, 『蒙古帝國史』 1 · 2, 東洋文庫110, 平凡社, 1968, 34~35쪽.

고려의 北方 隣國 東眞國의 蒲鮮萬奴軍 征討戰에 내몰음으로써 고려
를 더욱 확고하게 오래 장악하려던 몽골의 계획은 마침내 수포로 돌아
갔다. 그렇지만 고려가 北方 隣國 東眞國의 蒲鮮萬奴軍 정토를 위한
몽골의 파병요청을 거절하고 이를 추진하는 在高麗 몽골세력권에 대
해 끈질기고도 단호한 반격을 가하는 과정에서 고려가 '盡殺達魯花赤'
하고 '盡殺北界諸城人'하며 마침내 '遷入海島'하는 궁극적인 江華遷都
까지 감행하여 持久的인 抗蒙態勢를 갖춘 일은, 그 후 몽골 태종 4년
(고려 고종 19, 1232) 8월경에 있었던 撤禮塔 3차 고려 침공을 유발시
키는 직접적인 원인이 되었다.[36]

---

36) 주채혁, 「高麗內地의 達魯花赤 置廢에 관한 小考」, 『淸大史林』 1輯, 청주대
사학회, 1974. 12, 89~119쪽.

제2장 撒禮塔 2차 침공과 北界 40여 성 '設官分鎭' 여부 문제

Ⅰ. 머리말

여기서 撒禮塔 2차 침공이라 함은 1218년(몽골 태조 13, 고려 고종 5)에 있었던 강동성 戰役 때의 몽골 부원수 잘라(札剌, Djala)[1]와 그로부터 13년 후인 1231년(몽골 태종 3, 고려 고종 18) 8월 28일에 원수로 진급해 고려에 침공하는 몽골군의 총지휘를 맡고 왔던 살리타이(撒禮塔, Sartai)를 동일인[2]으로 보고, 전자를 撒禮塔 1차 침공으로 하고 후자를 撒禮塔 2차 침공으로 부른 것이다. 그는 1232년(몽골 태종 4, 고려 고종 19) 12월 16일에 處仁部曲에서 金允侯 스님에게 사살되는데, 이를 撒禮塔 3차 침공이라 부르기로 했다. 본장은 살리타이(撒禮塔 : Sartai)[3]가 2차 침공 곧 1231년 8월 28일에 쳐들어와서 1232년 1월 11일

---

1) 高柄翊, 「蒙古·高麗의 兄弟盟約의 성격」, 『백산학보』 제6집, 1969. 6/ 고병익, 『동서교섭사의 연구』, 서울대학교 출판부, 1970, 136~183쪽 참조.

2) 周采赫, 「札剌와 撒禮塔」, 『史叢』 제21·22합집(姜晉哲교수화갑기념한국사학논총), 고려대사학회, 1970. 10, 283~302쪽 참조.

3) 撒禮塔(Sartai)와 같은 몽골어 이름의 音寫는 여러 종류가 있지만 이에 대한 구체적인 고찰은 다른 글에서 언급하려 한다, 예컨대 薩里台(『元史』 권2, 本紀 제2 太宗 3년 8월), 撒兒台(『元史』 권149, 열전 제36 「耶律留哥」傳), 撒里塔(『元史』 권120, 열전 제7 「吾也而」傳), 札剌亦兒台(『新元史』 권132, 열전

에 귀환하기까지 '設官分鎭'했다는 '四十餘城'에 대해 고찰해 그 實在 與否와 총체적인 배치구도 속에서의 구체적인 존재양상들을 살펴봄으로써 몽골·고려전쟁의 상황과 그 본질을 제대로 復元해 보고, 그것이 당시의 戰況 속에서 갖는 역사적 의미를 穿鑿해 보려 한다.

Ⅱ. 『元史』(移剌)買奴傳의 '下十四城'과 撒禮塔 2차 고려 침공기의 '取北界四十餘城'

1231년에 몽골군이 고려를 정복한 후에 '設官分鎭'했다는 '四十餘城'에 관한 기록은 몽골측 사료인 『元史』에 이렇게 나온다.

是月 以高麗殺使者 命薩里台往討之 取四十餘城 高麗國王皞 遣其弟懷安公 請降 薩里台 承制設官分鎭其地 乃還……(『元史』 권2, 本紀 제2 太宗 3년 8월)

이케우치 히로시(池內宏)는 이 "四十餘城"이라는 所傳을 잘못된 사료라고 간단히 부정하고 있다.4) 그러나 저자가 보기에는 그렇지가 않다. 이에 저자는 이케우치가 이 所傳을 부정하는 유력한 증거로 삼고 있는 몇몇 사료들을 당시의 사정들을 살펴가면서 비판적으로 다시 검토해 보려 한다.

제29 「札剌亦兒台豁兒赤」傳) 등이 있다. 여기에서는 야나이 와다루가 撒禮塔를 Sartai라고 로마자로 표기한 것을 따라 잠정적으로 「살리타이」로 그대로 적기로 했다(箭內亘, 「蒙古の高麗經略」, 『滿鮮地理歷史硏究報告』 4, 東京帝大, 1928, 227~273쪽 참조)..

4) 池內宏, 「蒙古の高麗征伐」, 『滿鮮地理歷史硏究報告』 10, 1924, 134~137쪽 및 150쪽.

먼저 이때 살리타이가 군사를 휘몰아 遼東을 무찌르고 고려에 이르렀던 날짜를 따져보면, 그들이 出征했던 때는 대개 1229년(몽골 태종 1, 고려 고종 16) 8월쯤으로 볼 수 있으며, 살리타이가 咸新鎭에 첫발을 들여놓은 것은 1231년(몽골 태종 3, 고려 고종 18, 撒禮塔 2차 고려 침공) 8월 28일이었다. 그런데 사료마다 각각 출정한 햇수가 서로 다르고 요동정벌과 고려정벌의 날짜가 명료하게 구분돼 밝혀 있지 않다. 대개 요동정벌과 고려정벌이 각각 그 날짜가 서로 분별하여 기록되어 있지 않은 것은 이것이 잇단 征東에 一括되는 작전이었기 때문이라 생각된다.

(葭閣) 庚寅 帝命與撒兒台東征……自庚寅 至丁酉 連征高麗(『元史』 권149, 열전 제36 耶律留哥傳)

이처럼 1230년(몽골 태종 2)~1237년(몽골 태종 9)까지 잇달아서 고려를 들이쳤다고 했을 뿐이다.

……哥不靄走死 乃進征高麗……(『新元史』 권134, 열전 제31 蒲鮮萬奴傳)

여기에서도 哥不靄가 敗死하자 이내 고려를 들이쳤다고만 했고, 그 분명한 일자를 기록치 않고 있다.

三年 又與撒里塔征高麗(『元史』 권120, 열전 제7 吾也而傳)
三年 追討高麗殺信使之皐(『新元史』 권132, 열전 제29 札剌亦兒台豁兒赤傳)

위 두 사료에서도 비록 몽골 태종 3년(1231)이라고는 되어 있지만, 이것도 1231년 8월 28일 이전 이들은 여전히 遼東정벌에 종사하면서 그 연속선상에서 이때 비로소 이에 이르렀던 것이기 때문에, 날짜가 일정별로 명확히 서로 차별되어 밝혀 있지 않다.

> 庚寅 命攻高麗(『元史』 권149, 열전 제36 (移剌)買奴傳)
> 太宗二年 以高麗殺使者 遣大將撒禮塔伐之……(『新元史』 권176, 열전 제73 洪福源傳)

『원사』耶律留哥傳의 기록을 보면 살리타이의 出征年代가 모두 몽골 태종 2년(고려 고종 17, 1230)으로 되어 있다.

여기서 그 까닭을 두 가지로 생각해 볼 수 있다. 하나는 이들이 거느리는 부대가 (移剌)買奴傳에 보이듯이 이해에 蒲鮮萬奴의 근거지인 開州를 무찌르고 이어서 龍·宣·雲·泰 등 14城을 쳐부수어 가는 따위의 특기할 만한 전과를 거두었을 경우와 다른 하나는 전략상 작전 도중에 새로운 작전명령이 하달되었을 경우다. 후자의 경우는 몽골군이 우선 遼東의 주력부대를 무찔러 고려로 오는 행군로를 확보한 뒤에 군대를 고려에 進駐시켜 고려를 틀어쥔 다음 고려의 힘에 의거하여 다시 遼東을 들이치려는 속셈에서, 이런 一石二鳥를 노리는 새로운 작전명령을 하달했을 것을 想定해 볼 수 있다. 그런데 이는 이때 살리타이가 끝까지 고려의 北方 隣國 東眞國의 蒲鮮萬奴軍을 뒤쫓지 않고 그 후 그들이 고려를 慴伏시키고 난 뒤인 1232년에 고려에 蒲鮮萬奴 정토군 파병을 요청했던 것으로 보아 한번 고려해 봄직한 문제라 하겠다.

> 庚寅 命攻高麗 (攻?)花涼城 監軍張翼 劉覇都殞於敵 買奴怒曰 兩將

陷賊 義不獨生 趨出戰破之 誅首將 撫安其民 進攻開州 州將金沙密
逆戰擒之 城中人出童男女乃金玉器以獻郤不受 遂下 龍·宣·雲·泰
等 十四城(『元史』권149, 열전 제36 (移剌)買奴傳)

　　太宗元年 入覲 命與撒里塔火兒赤征遼東 下之 三年 又與撒里塔征
高麗 下受開·龍·宣·泰·葭等 十餘城 高麗懼 請和……(『元史』권
120, 열전 제7 吾也而傳)

　　위의 두 記事－吾也而傳의 '開·龍·宣·泰·葭等 十餘城'과 (移
剌)買奴傳의 '龍·宣·雲·泰等 十四城'은 서로 城名이 비슷하다. 그
렇다면 이 記事가 모두 고려 정벌에 걸리는 것일까? 몽골군이 고려에
첫발을 디딘 것이 태종 3년(1231) 8월 28일인데 買奴傳에는 뚜렷이 몽
골 태종 2년(고려 고종 17, 1230)에 위의 14성을 쳐부쉈다고 했다. 그렇
다면 이 사실을 고려 정벌의 戰役에 그대로 틀어 맞출 수는 없지 않을
까?

　　만약에 이 몽골 태종 2년(고려 고종 17, 1230)이란 기록이 위에 설명
되어 있는 것 가운데, 後者－고려를 먼저 들이쳐서 고려를 틀어쥐고
고려의 힘으로 이들을 무찌르려는 계획 아래 이때 다시 새로운 작전명
령이 하달되었을 경우－에 걸맞는 것이라면 (移剌)買奴傳의 "庚寅 命
攻高麗 花凉城"이란 기록은 마땅히 "庚寅 命攻高麗 (攻?)花凉城"이라
했어야 옳다.

　　그러니까 살리타이가 태종 3년(1231)에 고려 공격명령을 받고 고려
로 진군할 행군로를 확보하기 위해서는 이 같은 城들에서 억세게 도전
하는 萬奴部族들을 필연적으로 무찌르지 않을 수 없었고, 이들의 저항
이 뜻밖에 너무 거세었으므로 즉각 고려로 쳐들어가지 못하고 가까스
로 이듬해인 몽골 태종 3년(고려 고종 18, 1231, 撒禮塔 2차 고려침공)
8월 23일에야 고려에 닿을 수 있었던 것이라고 생각해 볼 수 있다.

다 아는 대로 고려에는 이때 花涼城도 開州도 없었으며, 開州 州將 金沙密이 (移剌)買奴에게 사로잡혔다는 사료의 기록도 없다. 또한 金 沙密이라는 이름도 고려인이라기보다는 金나라 사람의 이름에 가깝 다. 이에 대하여

    ……會 金平章政事哥不靄行省於遼東 咸平路宣撫使 蒲鮮萬奴 僭 號於開元 遂命榮祖還 副札剌亦兒台討之 拔盖州 宣城等十餘城 哥不 靄走死 金將 郭琛 完顔 洩魯馬 趙遵 李高奴等 猶據石城 復攻拔之 洩魯馬戰死 遵與高奴出降 虜生口千餘 榮祖 皆於爲良民……(『新元 史』권134, 열전 제31 王珣傳)

이라 기록한 것을 보면, 金將 洩魯馬가 石城에서 戰死한 것을 알 수 있다. 여기서 우리는 金沙密의 '沙密'이 '洩魯馬'와 그 音이 서로 비슷 한 것을 금방 눈치 챌 수 있다. '開州 州將 金沙密'이란 기록에서 '州' 자를 한자 빼어버리고 '金'자와 '將'자를 서로 자리를 맞바꿔 가지런히 고르면 '開州 金將 沙密'로 되어 上揭한 '蓋州 金將 洩魯馬'와 서로 자 못 닮게 된다. 金沙密은 '開州'에서 (移剌)買奴에게 사로잡혔고 金將 洩魯馬는 '蓋州'에서 몽골군과 싸워서 죽었다. 뿐만 아니라 開州와 蓋 州는 音이 서로 닮았다. 그렇다면 開州와 蓋州는 서로 어떤 사이일까? 開州에 대해서

    開州 元日 開州 遼置開州鎭國軍 本濊貊地 高句麗爲慶州 疊石爲城 周圍二十里 唐薛仁貴 征高麗 與其大將溫沙門 戰熊山 擒善射者於石 城卽此……卽 今奉天鳳凰城縣治(臧勵龢 等編,『中國古今地名辭典』, 商務印書館, 1960, 954쪽, 開州條)

이라 한 것을 보면 石城이 곧 開州에 있는 돌로 쌓은 要塞임을 알려준

다. 그런데 바로 위에 든 『新元史』 권134, 열전 제31 王珣傳에는 洩魯
馬가 분명히 蓋州의 石城에서 戰死했다고 썼다. 그렇다면 開州와 蓋
州는 바로 石城이 자리잡고 있는 같은 하나의 땅이 된다. 따라서 이는
同一地名의 異寫로 볼 수 있고5) 開州에서 (移剌)買奴에게 사로잡힌
金沙密이란 다름 아닌 蓋州 石城에서 몽골군과 싸워서 죽은 金將 洩
魯馬 바로 그 사람이라는 것이 불을 보듯 자명해진다. 그러니까 '開州
金將 沙密'과 '蓋州 金將 洩魯馬'는 同一人의 서로 다른 音寫表記일
뿐이란 것이다.

　그런데 『원사』 권149, 열전 제36 (移剌)買奴傳에서는, 그 공략한 城
名들의 배열이 연대순으로 돼 있는 것을 알 수 있다. 따라서 이상에서
開州 또는 蓋州가 당시의 金國(2008년 현재의 中國)의 지명으로 밝혀
진 이상 花凉城은 자연히 金國의 지명으로 된다.

　이에 다시 『원사』 권149, 열전 제36 (移剌)買奴傳의 '花凉城·開州
·龍·宣·雲·泰' 城名配列 순서를 『원사』 권120, 열전 제7 吾也而
傳의 '開·龍·宣·泰·葭'의 그것과 견주어보면, 前者에는 花凉城과
雲州가 後者보다 더 있고 후자에는 전자보다 葭州가 더 있기는 하지
만 그 차례는 대개 서로 일치함을 알 수 있다.

　그런데도 이 같은 사실을 (移剌)買奴傳에서는 태종 2년(1230)조에,
吾也而傳에서는 태종 3년(1231)조에 각각 서로 다르게 기록한 것은 분
명히 잘못이다. 이들 각성의 攻破 年·月·日이 밝혀 있지 않기 때문
에 어느 것이 옳고 그른가는 알아낼 수가 없으나, 위에서 開州가 高麗

---

5) 石城에 대해 "遼陽路 金遼陽府 領遼陽·鶴野·義豊·石城 四縣 後改爲棄
　京 領宜·風·澄·復·蓋·瀋·貴·德·來遠軍并屬焉 元初廢貴·德·澄
　·復州·來遠軍 以廣寧府·婆娑府·懿州·蓋州作四路　直隷省"(『新元史』
　「地理志」遼陽路條)이라 있는 것을 보면 石城이란 開州의 別名으로 開州 또
　는 蓋州로 불리기 전에는 대개 石城으로 불렀던 것으로 보이며, 遼陽路에 딸
　려 있는 것임을 알 수 있다.

66

의 지명이 아닌 金國의 지명으로 밝혀진 이상은 吾也而傳의 기록도
고려정복 戰役에 관한 것일 수 없음이 거의 분명해진 셈이다.

위에서 대개 攻破 年·月·日의 차례를 따라 두 기록을 가지런히
놓고 보면 '花凉城·開州·龍·宣·雲·泰·葭'의 城名들 가운데, 이
미 '花凉城·開州'는 金國 지명으로 밝혀져 있고 또 맨 뒤에 있는 '葭
州'라는 지명도 고려에는 없었던 것이다. '葭州'에 대해서

葭縣 宋置葭蘆砦 改日 葭州 淸屬陝西 楡林府 民國改州爲縣 屬陝
西楡林道 蒙古伐金 往往自此渡河 取延綏(臧勵龢 等編,『中國古今地
名辭典』, 商務印書館, 1960, 1058쪽, 葭州條)

이라 있는 것을 보면, 葭州가 몽골의 金나라 정벌 戰役과 관계가 깊은
땅인 것을 알 수 있다. 그러니까 吾也而傳의 葭州도 陝西 楡林道에
속했던 땅으로 봄이 타당하리라 본다, 그렇다면 맨 처음의 '花凉城·
開州'가 금나라 땅이고 맨 뒤의 '葭州'가 또한 금나라 城名이라면 그
사이에 적혀 있는 '龍·宣·雲·泰'의 4城도 고려의 지명이라기 보다
는 金나라의 城名일 수 있다.[6]

---

6) 이케우치 히로시(池內宏), 「蒙古の高麗征伐」,『滿鮮地理歷史硏究報告』10,
1924, 136~137쪽에서 이 문제를 다룬 것을 보면 花凉城에 대해서는 언급이
없고, 開州에 대해서는 混同해 잘못 기록된 것으로 葭州는 雲州의 誤記라고
오판하는 등으로 대충대충 我田引水格 해석을 서슴지 않았다. 뿐만 아니라
「吾也而」傳의 '下受開·龍·宣·泰·葭等 十餘城 高麗懼 請和……'에서
'下受'의 '受'까지 城名으로 참렬시켜, '受'는 아마도 '義'의 通音으로 되는 '愛'
의 誤記로서 곧 이는 咸新鎭을 가리키는 듯하다고 하는데, 좀 어이가 없다.
당시 일본 식민지 개척의 일선에 수십 명의 연구조교를 거물 교수 1인에 붙
여 보냈다. 그런데 이는 그들 중의 한 교수가, 많은 전문분야 인력을 한꺼번
에 부려 관계사료를 뽑게 하고 그걸 총괄해 남의 나라 역사를 대충대충 다루
어 넘겨가며 急造해낸 이 시대 역사복원의 한 비극적인 산물이 아닌가 하는
생각이 든다. 한 史實의 절대성과 존엄성을 감지할 여지가 없고, 물론 어떤

물론 '龍·宣·雲·泰'의 4城 가운데도 『고려사』에 나오는 北界城
名 龍州와 宣州와 같은 城名이 있기는 하다. 그러나 이는 당시 金國의
지명과 高麗의 지명이 서로 같거나 닮은 것이 많다는 데서 오는 우연
의 일치라고 보는 것이 더 타당하다. 아래에서 보는 대로 吾也而傳과
(移剌)買奴傳에 열거한 城名들을 이즈음의 동몽골지역의 그것에 맞추
어 보면 서로 대체로 잘 들어맞는 것으로 보아도 알 수 있다.

정확히 밝히기는 어려우나 대체로 花涼城은 카라코롬(和林)에서 開
州로 오는 도중에 있던 城名이고 龍州는 陝西省에 있던 龍州堡[7]이며,
宣州는 『新元史』 권134, 열전 제31 王珣傳과 『新元史』 권132, 열전 제
29 札剌亦兒台豁兒赤傳에 나오는 '遼陽路 蓋州 宣城'의 宣城[8]이고
雲州는 上都路의 雲州로, 泰州는 泰寧路의 泰州로 볼 수 있다. 이는
『元史地理地圖』[9]에 나타나 있는 開州·雲州·泰州·龍山 등의 위치
로 보아도 그럴 가능성이 자못 크다.

따라서 14城이라고 성의 수효가 뚜렷이 밝혀 있는 것으로 보나 城
名의 배열이 비교적 그 차례를 따라 기록되어 있는 것으로 보나 吾也

한 史實에 대한 애정 같은 것도 찾아볼 수가 없다. 문제의 핵심은 이런 연구
물의 물량공세에 주눅이 든 차세대 한국 사가들이 이를 아예 비판해보려는
시도도 않은 채 덥석 수용해버리는데 있는 것이기는 하다. 그 후 시류의 소용
돌이 속에서 巨大 談論을 펴는데 조급한 나머지 기초도 없이 역사복원에 뛰
어든 데서 오는 일련의 繼起的 비극이라 할 수 있다. 周知하는 대로 이즈음
金國側에도 朝鮮國側에도 '受州'라고 기록해 있는 관계사료는 없다. 이는 단
지 引受, 承受와 買受 등의 動詞와 같이 동사 뒤에 붙어서 '…해 받다'라는
뜻을 나타내는 보조동사일 따름이기 때문이다. 따라서 '下受'는 '항복받다'라
는 동사이며 그래서 『新元史』 권130, 열전 제27 「吾也而」傳에서는 '克受'라
고 썼다.

7) 柯劭忞, 『元史地理地圖』, 「龍山」.
8) 『新元史』 「지리지」의 '宜城'은 宣城의 誤記인 듯하다.
9) 譚其驤 主編, 『中國歷史地圖 7 - 元·明時期』, 中國地圖出版社, 1982/ 柯劭
  忞, 『元史地理地圖』 참조.

而傳보다도 더 믿음직한 기록으로 볼 수 있는 (移剌)買奴傳에서는 吾也而傳처럼 성급하게 '十四城' 또는 '十數城'을 攻破한 기록에 바로 잇대어 '高麗懼 請和'라는 記事를 안 썼다. 생각건대, 吾也而傳의 이 句節 앞에는 살리타이가 태종 3년(고려 고종 18, 1231) 8월 28일 이후 고려에서 '四十餘城'을 攻破했다는 기록이 빠져버린 것임에 틀림 없다.

앞서 밝힌 대로 『元史』 권120, 열전 제7 吾也而傳의 '十餘城'과 『元史』 권149, 열전 제36 (移剌)買奴傳의 花凉城과 開州 및 '十四城'을 공파한 것이 같은 戰果의 기록일 뿐만 아니라, 『新元史』 권134, 열전 제31 王珣傳의 '拔盖州 宣城等十餘城' 기록도 마찬가지임을 이에서 다시 확인할 수 있다. 그러므로 여기서 우리는 『新元史』 권134, 열전 제31 王珣傳에서 밝혔듯이, 開州(盖州) 石城에서 金將 洩魯馬(沙密)가 몽골군과 싸워서 죽은 다음 공파했던 '龍·宣·雲·泰' 등 14城은 哥不靄가 전사했던 전투가 치러진 것을 전후해서 거둔 戰果임을 알게 된다.

a) ……哥不靄走死 乃進征高麗 且遣也速迭兒 爲札剌亦兒台後援 高麗平(『新元史』 권134, 열전 제31 蒲鮮萬奴傳)

b) ……哥不靄走死 三年 追討高麗殺信使之辠 遂圍新興鎮[咸新鎮?]……九月 至西京 入黃·鳳州 克宣·郭州 取四十餘城……(『新元史』 권132, 열전 제29 札剌亦兒台豁兒赤傳)

위 a)와 b) 두 사료를 보면, 哥不靄가 戰死하자 살리타이는 이내 軍兵을 휘몰아 고려를 들이쳐서 '四十餘城'을 물리친 다음에 고려를 慴伏시킨 것을 알게 된다. 따라서 상술한 『원사』 권149, 열전 제36 (移剌)買奴傳의 花凉城과 開州 및 '十四城'을 공파한 戰果는, 哥不靄가 戰死했던 무렵에서부터 태종 3년(1231) 8월 28일 몽골군이 咸新鎮에 이르기 직전까지의 사이에 거두어졌던 것임에 틀림이 없다.

이상에서 저자는 이케우치 히로시가 '四十餘城'의 所傳을 부정하는 유력한 사료로 삼고 있는『원사』권120, 열전 제7 吾也而傳의 '十餘城' 과『원사』권149, 열전 제36 (移剌)買奴傳의 花涼城과 開州 및 '十四城'을 공파한 것이 같은 戰果의 기록일 뿐만 아니라,『新元史』권134, 열전 제31 王珣傳의 '拔盖州 宣城等 十餘城' 또한 그러하다는 사실을 저자 나름으로 입증했다. 그리고 이런 고려 침공 이전의 戰果는, 살리타이가 태종 3년(1231) 8월 28일 몽골군이 咸新鎭에 이른 다음 곧 살리타이의 2차 고려침공 이후인 9월 이래 西京에 이르러 黃·鳳·宣·郭州 등의 四十餘城을 攻取한 사실－征高麗 戰果와는 전혀 별개의 伐金戰果라는 점을 이미 摘示했다.

Ⅲ. 몽골의 '北界四十餘城' '設官分鎭'과정과 그 不可避性

다음엔 고려측의 사료에 나타난 '四十餘城'에 대한 기록을 이용해서, 그 당시의 전황을 살펴가면서 이 所傳의 사실여부와 존재의미를 穿鑿해 보려 한다.

　　金圻詩 當年怒寇闌塞門 四十餘城如燎原 倚山孤堞當虜蹊 萬軍鼓吻期一呑 白面書生守此城……相持半月折骸炊 晝戰夜守龍虎疲 勢窮力屈猶示閑 樓上管絃聲更悲 官倉一夕紅焰發 甘與妻孥就灰滅 千古州名空記鐵(『東國輿地勝覽』권153, 21 鐵山郡 名宦 李元禎條, 고서간행회, 1958)

위 기사는 이원정이 怒寇와 싸우다가 지쳐서 마침내 妻孥와 함께 분신자살하고야 말았던 철주성 血戰의 비장한 모습을 묘사한 것이다. 그런데 이는 아래의 기사와 서로 그 내용이 들어맞고 있음을 알 수 있다.

> 蒙古元帥撒禮塔 將兵圍咸新鎭曰……持鐵州城下 令所虜瑞昌郞將 文大……復如前 遂斬之 蒙人攻之愈急 城中糧盡 不克守 城將陷 判官 李希勣 聚城中婦女小兒 納倉中火之 率丁壯 自刎而死 蒙人 遂屠其 城(『高麗史節要』권16, 고종 18년 8월조 ;『高麗史』권121, 열전 권제 34 文大傳)

몽골 태종 3년(고종 18, 1231) 8월말쯤에 몽골군병이 쳐들어와서 철 주성을 들이치니 판관 이희적이 성민을 거느리고 싸우다가 마침내 성 중에 먹을 것이 떨어져 더 이상 지킬 수 없게 됐다. 전황이 이 지경이 되자 그는 성중의 부녀와 소아를 모두 창고속에 몰아넣고 불을 지르고 는, 자기 자신은 丁壯을 거느리고 모두 칼로 목을 찔러 자결해버린 참 혹상을 적은 글이다.

바로 이 대열 속에 白面書生 李元禎도 끼어 있었던 것이라 하겠다. 이는 곧 같은 철주성에서 같은 시기에 일어났던 血戰光景을 적어 남 긴 글이다. 아래의 사실로 보더라도 이것이 1231년 8월 이래의 撒禮塔 2차 고려침공시에 해당하는 기록임을 재삼 확인케 된다.

> 李元禎 北兵來寇 時 元禎爲州倅固守 力盡知不免 水焚官倉 領妻子 投火而死(『東國輿地勝覽』권153, 21 鐵山郡 名臣 李元禎條)

이원정이 이처럼 비장하게 자결했던 것이 바로 '北兵'이 쳐들어 왔 던 때다.

刑部尚書朴暄 言於崔怡曰 今北兵連年入寇 民心疑貳……(『高麗史
節要』 권16, 고종 34년 여름 6월조)

그런데 몽골군병이 해마다 쳐들어와 그 兵禍가 비할 데 없이 극심
하던 때이었던 이즈음의 그 '北兵'이란 未嘗不 몽골군병일 수밖엔 없
다. 그러므로 위에 인용한 김구의 시중의 '怒寇'나

李希勣爲判官 狄兵至城下 攻之甚急 城中糧盡 不克固守 希勣 率丁
壯 自刎而死(『東國輿地勝覽』 권153, 21 鐵山郡 名宦 李元禎條)

이라 기록되어 있는 '狄兵'이란 모두 몽골군병임을 알 수 있다. 실제로
위에 인용한 『高麗史』 권121, 열전 권제34 文大傳에서는 李希勣 判官
이 丁壯을 거느리고 칼로 목을 찔러 모두 자결하자 마침내 蒙人이 그
철주성을 도륙했다고 적고 있다.

그러니까 결국 김구의 시 가운데 '當年怒寇闌塞門'이란 '當年'은 곧
몽골 태종 3년(고려 고종 18, 1231)이오, '塞門'이란 咸新鎭 附近을 일
컫는 것이고, 잇달아 나오는 '四十餘城如燎原'이란 표현은 곧 1231년
撒禮塔 2차 고려 침공시의 참혹한 전황을 그려낸 詩句라는 것이다. 이
는 이즈음 김구의 나이가 갓 스물쯤이었으므로 이때의 전황을 그가 몸
소 체험했거나 목격하지 않았으면 사람들의 傳聞을 귀담아 들어 두었
다가 썼던 詩임에 틀림없다. 그만큼 신빙성이 높은 사료라 하겠다.

그런데 또 한 가지 중요한 사실은 이 김구 시중의 '四十餘城如燎原'
이란 표현은 이 당시에 몽골군병이 이케우치 히로시가 그 나름으로 사
료를 읽고 지적한 대로 『고려사』 당해 紙面에 기록해 있는 이른바 '十
四城'10)만을 요리조리 빠져 찾아다니며 공격한 것이 결코 아님을 웅변

---

10) 물론 이 '十四城' 所傳은 征高麗 戰果가 아닌, 이에 앞서 있었던 伐金 戰果를

해 주고 있다.

'四十餘城如燎原'이란 김구의 시구가 표현한, 『高麗史』와 『高麗史
節要』에 기록된 이즈음의 전황 기록 내용을 구체적으로 꼼꼼히 살펴
보면 실은 이러하다.[11]

기록한 것임은 앞에서 밝힌 대로다. 그의 관계 史料 誤讀에서 비롯된 誤判이
오판을 부르는, 1231년 8월 이래의 撒禮塔 2次 侵攻史의 매우 잘못된 我田引
水格 復元이 실은 바로 이렇게 시작된다(이케우치 히로시(池內宏), 「몽골의
高麗征伐」, 『滿鮮地理歷史硏究報告』 10, 1924, 136쪽 참조).

11) 干支를 따져 당시의 日曆을 다시 짜보면 다음과 같다.

高宗 18年 8, 9, 10月 日曆

8월	1	2	3	4	5	6	7	8	9	10
	乙卯	丙辰	丁巳	戊午	己未	庚申	辛酉	壬戌	癸亥	甲子
	11	12	13	14	15	16	17	18	19	20
	乙丑	丙寅	丁卯	戊辰	己巳	庚午	辛未	壬申	癸酉	甲戌
	21	22	23	24	25	26	27	28	29	
	乙亥	丙子	丁丑	戊寅	己卯	庚辰	辛巳	壬午	癸未	

9월	1	2	3	4	5	6	7	8	9	10
	甲申	乙酉	丙戌	丁亥	戊子	己丑	庚寅	辛卯	壬辰	癸巳
	11	12	13	14	15	16	17	18	19	20
	甲午	乙未	丙申	丁酉	戊戌	己亥	庚子	辛丑	壬寅	癸卯
	21	22	23	24	25	26	27	28	29	
	甲辰	乙巳	丙午	丁未	戊申	己酉	庚戌	辛亥	壬子	

10월	1	2	3	4	5	6	7	8	9	10
	癸丑	甲寅	乙卯	丙辰	丁巳	戊午	己未	庚申	辛酉	壬戌
	11	12	13	14	15	16	17	18	19	20
	癸亥	甲子	乙丑	丙寅	丁卯	戊辰	己巳	庚午	辛未	壬申
	21	22	23	24	25	26	27	28	29	30
	癸酉	甲戌	乙亥	丙子	丁丑	戊寅	己卯	庚辰	辛巳	壬午

1. 朔日의 干支를 중심으로 『元高麗紀事』에 밝혀 있는 날짜를 참고하여 이
   日曆을 짰다.
2. 消災道場이 베풀어졌던 날은 고사 드리는 날, 푸닥거리하는 날들을 시골
   할머니에게 물어 날짜를 알아냈다.(例 : 초하루, 보름, 정월 1~15일까지 竈
   殃굿하는 날 12월 23일)
3. 왕의 행차가 있거나 주요 행사가 있는 날은 吉日 凶日 보는 법으로 날짜

a) 8월 28일(壬午) "蒙古元帥 撒禮塔 圍咸新鎭 屠鐵州"

b) 9월 1일(乙酉) "宰相 會崔瑀第議出三軍 以禦蒙兵 以大將軍蔡松年
   爲北界兵馬使又徵諸道兵"

c) 9월 3일(丙戌) "蒙兵 圍龜州城 不克而退"

d) 9월 9일(壬辰) "三軍啓行"

e) 9월 10일(癸巳) "蒙兵 攻西京城 不克"

f) 9월 14일(丁酉) "蒙兵 至黃·鳳州 二州守率民入保海島"

g) 9월 20일(癸卯) "北界馳報 蒙兵圍龍州 城中請降 副使魏玿被擄"

h) 9월 29일(壬子) "蒙兵 陷宣·郭二州"

이상에서 몽골군병들이 결코 行軍從隊로 나란히 서서 이 城에서 저 성으로 다니며 무계획하게 싸운 것이 아님을 알 수 있다. a)에서 가령 몽골원수 살리타이 군대가 8월 28일 당일로 咸新鎭을 아무런 저항도 받지 않고 투항받고 이어서 麟州·靜州·瑞昌縣도 이와 비슷한 事例에 속했다고 하더라도, 28일 당일로 철주가 失陷된 것은 아니었다. 瑞昌縣 郎將 文大가 포로로 잡힌 것만 보아도 이미 교전이 있었음을 알 수 있으며, '相持半月'이라는 上揭한 당시 김구의 시구에서 보듯이 철주성 전투도 자그마치 보름이나 걸려 9월 中旬께나 가서야 가까스로 끝맺을 수 있었다.

　　叔昌 爲書 諭朔州·宣德鎭 使迎降 蒙人 令叔昌所至先呼曰 眞蒙古 也 宜速出降 至 鐵州城下……(『高麗史節要』 권16, 고종 18년 8월조)

뿐만 아니라 위에서 보듯이 朔州·宣德鎭 等城을 몽골군병이 철주 성을 공격하기에 앞서, 이미 거의 동시에 포위해 招諭했던 것을 알게 된다.

　　　　를 따져 계산해 보아도 좋을 것이다.

그런가 하면 이와 근접해 있던 龍州성은 9월 20일 이후에, 宣・郭 2 州城은 9월 29일 이후에야 겨우 함락시킬 수 있었으며, 이와 좀 거리가 떨어져 있기는 하지만 咸新鎭쪽에서 보면 거의 동일전선상에 자리잡고 있던 龜州城은 아예 이듬해인 1232년 정월에 이르러서야 살리타이가 고려정부의 힘을 빌어서 겨우 그 무장을 풀게 할 수 있었다.

그런데 이런 渦中에서도 얼마간의 최첨단 정예병력은 기동성을 발휘해 기습적으로 남진했다. 그들은 9월 10일에는 西京을 쳐서 이기지 못하고 그대로 지나쳐 9월 14일에는 이미 黃・鳳州에까지 이르렀으며 10월 1일에는 平州에 몽골使者가 이를 정도였다.

그러나 총사령관인 살리타이 자신은 결코 北界의 여러 城들을 그대로 남겨 둔 채로 경솔하게 南下하지 않았다. 살리타이 휘하의 장수 蒲桃 원수・迪巨 원수・唐古 원수 部隊 등이 京城 四門 밖에 分屯하고 있던 1231년 12월 1일에도 그는 여전히 安北都護府에서 그의 주력부대로 보이는 王榮祖・吾也而・薛闍・耶律捏兒 등의 휘하 각 전투부대들과 예수데르의 후원부대를 거느리고 北界諸城 攻破에 총력을 기우리면서, 다른 한편으로는 기습적으로 王京에 直衝한 부대를 통해 使者를 고려 開京政府에 파견해 이와 동시에 外交戰을 兼行했던 것이다.

이처럼 北界諸城을 포위하여 高麗兵力이 引兵出擊할 수 없도록 고려병력을 우선 城內에 固着시키고, 일부 정예 첨병부대를 高麗 王京에 直衝케 함으로서, 고려정부를 움직여 難攻不落의 北界諸城을 틀어쥐려 한 살리타이의 전략은 적중했다. 이듬해인 1232년 정월에 이르러서 마침내 끝끝내 항전을 계속하던 龜州城과 慈州城까지 더해서 北界諸城이라는, 고려 장악의 핵심적인 전략기지를 일단 모두 확보케 됐던 것이다.

1231년 살리타이(撒禮塔) 2차 고려침공도

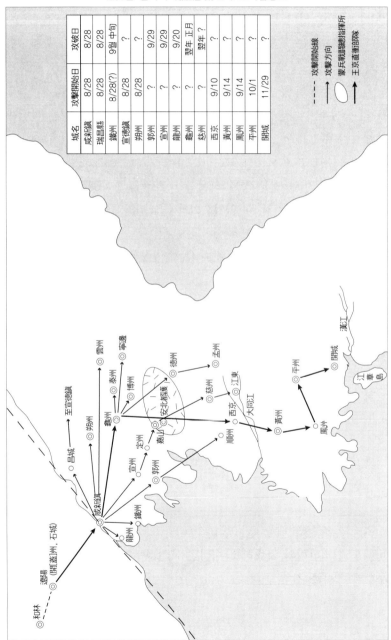

城名	攻擊開始日	攻破日
咸新鎭	8/28	8/28
瑞昌縣	8/28	8/28
鐵州	8/28(?)	9월 中旬
宣德鎭	8/28	?
朔州	8/28	?
郭州	?	9/29
宣州	?	9/29
龍州	?	9/20
龜州	?	翌年 正月
慈州	?	翌年 ?
西京	9/10	?
黃州	9/14	?
鳳州	9/14	?
平州	10/1	?
開城	11/29	?

---- 攻擊開始線
⟶ 攻擊方向
◯ 蒙兵戰鬪總指揮所
⟹ 王京直衝部隊

이상에서 살리타이가 고려에 몽골군병을 휘몰아 들어올 때 거의 같은 날에 서로 떨어져 있는 북계제성들을 일제히 공격했던 것을 알 수 있다. 살리타이는 기왕에 鴨綠江을 건너기 전에 어느 곳엔가 몽골군병들의 集結地를 정하고 구체적인 작전계획을 세운 다음, 일단 渡河를 하여 高麗地界에 들면서 咸新鎭 근방의 어느 지점을 공격대기지점으로 하여 예하 부대장들에게 공격목표나 임무 등을 각각 분명히 할당해 熟知시켜 주고 함신진을 공격개시선으로 삼아, 일시에 전격적으로 北界諸城을 무찔러 옴으로서 고려군의 機先을 제압하려 했던 것이라 하겠다. 오로지 이런 전투 상황 하에서만 '四十餘城如燎原'이라는 詩想이 김구의 뇌리를 스칠 수 있었으리라 짐작된다.

　　蒙古 驅北界諸城兵 攻龜州……(『高麗史節要』권16, 고종 18년 11월조)

여기서, 고려 고종 18년(1231) 11월에 몽골군병이 포로로 잡았거나 降附해왔던 이들 고려의 北界諸城兵을 내몰아서 龜州城을 들이치고 있었다는 기사는, 이때는 이미 몇몇을 제외한 北界諸城이 모두 몽골진영의 장악하에 들어가 있었다는 사실을 알려준다.

　　遣後軍知兵馬使崔林壽 監察御使閔曦 率蒙古人 往龜州城外 諭降曰……重違國令 不得已乃降(『高麗史節要』권16, 고종 19년 봄 정월조)

위 기록은 몽골 태종 4년(고려 고종 19, 1232) 봄 정월에는 마침내 龜州城도 살리타이의 조종하에 내려진 고려정부의 명령에 따라 몽골에 투항케 됐음을 전해 준다.

> 夏四月 會宰樞於大觀殿 議慈州副使崔椿命罪 先是……及三軍將帥
> 降于撒禮塔 撒禮塔 謂淮安公侹曰 慈州不降 宜遣使諭降……終不下
> (『高麗史節要』권16, 고종 19년 여름 4월조)

아울러 이 기록으로 慈州城도 三軍陣主가 安北都護府의 權皇帝所
에 나아가 항복한 고려 고종 18년(1231) 12월 2일 이후 언젠가에 이미
龜州城과 같은 형식으로 몽골의 장악하에 들어가게 되었음을 알게 된
다.

다만 우리는 이제, 이케우치가 당시 몽골의 '北界四十餘城의 設官
分鎭'을 否定하는 유력한 증거로 삼고 있는 다음의 사료에 잠시 주목
할 필요가 있다.[12]

다 아는 대로 몽골은 '北界四十餘城의 設官分鎭'을 중심으로 그들
이 고려에 주둔시킨 몽골세력권을 통해 고려의 民戶를 '俱集見數'해
이를 이내 고려의 北方 隣國 東眞國의 蒲鮮萬奴軍 정벌전에 내몰려
했다. 그러므로 이를 눈치챈 고려가 몽골군의 귀환과 거의 동시에 이
들에 대한 과감한 반격을 치열하게 개시했던 것으로 보인다.

> 爾之境內 西京金信孝等所管十數城 應有人民 依奉朝命 計點見數
> 悉令安業住坐(『元高麗紀事』(國學文庫第43編 ; 據廣倉學窘叢書重印),
> 太宗 5년(1233) 4월 24일조의 고려 고종에게 보내진 이른바 '責五罪'의
> 詔書에서 拔引)

이는 몽골이 태종 4년(고려 고종 19, 1232) 가을에 고려가 다루가치
를 모두 죽이고 다시 항전한 것을 트집잡아 살리타이가 3차로 침입했
다가, 같은해 12월 16일 處仁部曲에서 스님 金允侯에게 사살된 후 그

---

12) 池內宏, 「蒙古의 高麗征伐」, 『滿鮮地理歷史研究報告』 10, 1924, 150쪽 참조.

78

이듬해인 몽골 태종 5년(고려 고종 20, 1233) 4월경에 고려 고종에게 보내진 문첩이다. 따라서 여기서 말하는 몽골의 명을 받들어 민호를 '計點見數'한 이른바 '爾之境內 西京金信孝等所管十數城 應有人民'이란 몽골 태종 3년(고려 고종 18, 1231) 12월 23일 아직 고려가 전면적으로 몽골군을 역습하기 이전, 그러니까 다루가치 및 探馬赤軍이 아직 고려의 역습을 치명적으로 받기 이전에 그들과 홍복원 휘하 附蒙高麗勢力에 의해서 이미 '計點見數'해 버렸던 城들로 보인다.

이것이 고려 내지 몽골세력권의 본거지인 西京에 남아 있던 것으로 보아, 이는 고려가 가능한 한 몽골을 자극하지 않는 가운데 교묘하게 몽골세력권을 제거하고 후일에 그 발뺌할 구실을 남기기 위하여 눈감아 두었던 城들이었던 듯하다.

따라서 이는 몽골군병이 1231년 8월 28일 이후 공파해 '設官分鎭'했던 이른바 '北界四十餘城' 所傳을 부정하는 기록이 아니라 이에 대한 한 특수사례의 뒷소식을 전해주는 사료라 하겠다.[13]

IV. 몽골의 '北界四十餘城' '設官分鎭'과 '江華遷都'-몽골·고려전쟁의 持久化

끝으로 '北界四十餘城'과 '北界諸城'은 서로 어떤 관계인가에 관해 고찰해 보려 한다.

   a) 時 蒙古兵犯北邊 知兵馬使洪熙嗜女色 不恤軍務 一方離心 以之岱 有才略 陞僉署樞密院事 代熙出鎭撫以恩信 西北面四十餘城 賴以

13) 周采赫,「高麗內地의 達魯花赤 置廢에 관한 小考」,『淸大史林』1輯, 청주대 사학회, 1974. 12, 89~119쪽.

　　　安(『高麗史』권102, 열전 권제15 金之岱傳)

　b) 北界知兵馬使洪熙免 以判秘書省事金之岱代之……(『高麗史節要』 권17,
　　고종 45년 5월조)

　a)와 b) 두 기록에서 보이듯이 고려 고종 45년(1258) 5월에는 西北面
에 '四十餘城'이 있었고, 이를 '西北面四十餘城'이라고 通稱하였음을
알 수 있다.

　　　北界四十餘城 上書 請金方慶復來鎭撫……(『高麗史節要』 권18, 元
　　宗 9년 2월조)

　위 기록에서 우리는, 고려 元宗 9년(1268) 2월에도 여전히 北界에는
'四十餘城'이 있었고, 이를 通稱해 '北界四十餘城'이라 했음을 알게 된
다.
　이기백은 "北界諸州鎭은 곧 諸城이라 할 수 있는 것"이라 하고 "「高
麗式目形止案」에 나오는 北界諸城은 곧 北界諸州鎭과 동일하다"는
스에마쓰 야스카즈(末松保和)의 說이라고 이에 註를 달고 있다.[14]
　이에 이르면 우리는, '北界諸城'의 수는 '四十餘'이고 이는 '北界四
十餘城'이나 '西北面四十餘城'이라고 通稱하였음을 새삼스레 다시 확
인케 된다.
　그런데 이에 앞서 살펴본 대로 1231년 撒禮塔 2차 고려침공시에 그
가 주로 攻取한 것은 바로 '北界諸城'이었고 그 지휘본부도 北界인 安
北都護府에 있었으며, 그는 이곳에서 王京直衝部隊로 고려정부를 急
襲해 慴伏시켰다. 고려의 산성과 海島要塞들은 中原의 萬里長城처럼
一列로 담벼락처럼 배치된 城壁이 아니라, 山谷과 海島의 험한 自然

---

14) 李基白, 『高麗兵制史研究』, 一潮閣, 1968, 242쪽.

要塞를 토대로 입체적으로 고려 全域에 뻗어 있는 山岳要塞를 海島의 據點要塞와 상호 배합해 배치된 것으로, 이를 근거지로 해 持久的인 공방전을 벌일 수 있어, 다분히 示威用이라 할 수 있는 中原의 그것과는 달리 철저히 實戰用 城이었다.

이런 지형 상황을 간파한 살리타이 사령부는 정확히 正鵠을 찌른 전략전술을 구사해 고려를 電光石火와 같이 장악했다. 1231년의 살리타이 2차 고려침공전을 '四十餘城如燎原'이라고 詩로 그려낸 김구의 희대의 명작은 정녕 이런 전황 속에서 태어난 것임에 틀림이 없다. 그리고 이런 살리타이 사령부의 천재적인 전략전술에 대해 崔瑀 사령부의 대응이 바로 '江華遷都'와 淸野戰術 및 對蒙持久抗戰 戰略이었다고 하겠다. 1232년 살리타이 3차 고려침공기의 몽골·고려전쟁은 고려 측의 이런 대응으로 일관되었고, 여기서 총사령관 살리타이가 戰死하는 일대의 사건이 일어난다. 역시 정곡을 찌른 對蒙對應戰略이 거둔 특기할 만한 대단한 戰果였다고 해야 할 것이다.

그런데 문제의 핵심은 역시 고려의 심장부인 개경을 잡는 거대한 그물이라 할 '北界四十餘城'에 초점이 모아지지 않을 수 없다는 데 있다. 몽골은 이 거대한 그물을 치는 데에, 그리고 고려는 1231년 撒禮塔 2차 고려침공 때처럼 기습으로 인해 어이없이 심장부 王京이 함락해 투항해야 하는 낭패를 다시 당하지 않기 위해, 몽골의 그물을 거둬 내기 위해 '江華遷都'를 감행하는 데에 총력을 기울일 수밖에 없었다.

V. 맺음말

이상의 서술을 통해,

是月 以高麗殺使者 命薩里台往討之 取四十餘城 高麗國王暾 遣其
弟淮安公 請降 薩里台 承制設官分鎭其地 乃還……(『元史』권2, 本紀
제2 太宗 3년 8월조)

라고 기록된 이른바 1231년 8월 이후에 攻取한 고려의 '四十餘城'이란
마땅히 '北界四十餘城'을 가리키는 것이라 보아야 한다.[15] 또한 '設官
分鎭'을 바로 '其地'에 했다고 했으니, '達魯花赤 72명'이 배치됐던 곳
도 바로 이곳일 수밖에 없다. 곧 '王京及諸州郡'이란 諸州郡[16]은 바로
다름 아닌 '北界四十餘城'이었음을 알 수 있다. 이는 아래의 기사를 보
아 더욱 뚜렷해진다.

遣內侍尹復昌 往北界諸城 脫達魯花赤弓矢 到宣州 達魯花赤射殺
之(『高麗史』권23, 고종 19년 秋7月 壬午條)

위에 윤복창이 다루가치를 무장해제시키러 갔던 곳이 바로 '北界諸
城'이며, 다루가치에게 그가 射殺됐던 곳도 北界의 宣州 땅이다.
이에 앞서 잠깐 언급했듯이 고려 內地를 확보하려면 '北界諸城'의
攻破가 필수적으로 선행돼야 했으며, 따라서 몽골이 고려의 심장부인
王京=松都를 계속 틀어쥐려면 '北界諸城'의 장악이란 불가결한 요건
이 된다. 물론 고려가 몽골의 사슬을 끊고 王京을 수호하며 자국의 주
권을 지키는 데도 '北界諸城'의 장악이란 불가결한 요건이 된다. 따라
서 몽골이 '北界諸城'을 攻破하고 그곳에 '設官分鎭'한 것은 이런 작전

---

15) 살리타이가 이때 '四十餘城'을 攻破했던 데 대해서는 王國維, 『聖武親征錄』
(『蒙古史料校注四種』, 淸華學校硏究所, 1926)에도 "自此始遣撒禮塔火兒赤
征收高麗 克四十餘城還"이라 기록되어 있다.
16) 『新元史』권132, 열전 제29 札剌亦兒台豁兒赤傳, "遂承制置京府及州縣達魯
花赤七十二人 以也速迭兒 帥探馬赤軍 留鎭之" 참조.

개념에서 보아도 지당한 일이며, 고려가 자국의 자주권을 사수하기 위해 이곳에 주둔해 있는 몽골세력권을 去勢시켰던 것 또한 그러하다고 하겠다.

이미 살리타이(撒禮塔, 札剌) 1차 침공시인 1219년 몽골군 回軍 때도, 양국간의 교전이 아닌 합동작전으로 고려 내지에 난입한 거란部衆을 평정한 후에 형제맹약을 맺었던 터임에도, 몽골원수 哈眞(Khajin)과 당시의 부원수 札剌(Djala)－후일의 撒禮塔(Sartai)－ 일행은 그들 중의 일부를 고려땅 義州에 남겨 놓고 고려어를 습득케 하여 몽골군이 다시 올 때를 대비케 했다. 하물며 양국간의 교전이 치열했던 撒禮塔 2차 고려침공시인 1231년에 그들이 고려의 要地에 '設官分鎭'하고 다루가치를 배치한 것은 당연한 일이 아닐 수 없다.

이상에서 살펴본 대로 1231년 撒禮塔 2차 침공기에 그가 攻取해 '設官分鎭'했다는 이른바 '北界四十餘城'이란 所傳은 엄연한 역사적 史實[17]이며, 이것이 일대의 轉機가 되어 江華遷都와 淸野戰術에 의거하는 고려의 持久抗戰 차원의 대응이 시작되었다. 그래서 마침내 1232년 撒禮塔 3차 침공기에 총사령관 살리타이 자신이 戰死하는, 몽골·고려전쟁 40여 년사상 특기할 만한 일대의 사건이 일어나기까지 했다는 저자 나름의 管見을 펴 보았다.[18]

---

17) 이에 대해서 旗田巍,『元寇』, 中公新書80, 中央公論社, 1968, 26쪽에서 이케우치 히로시의 견해를 그대로 墨守해서 "蒙古는 西京을 위시해서 北西部 14城에 達魯花赤 72人을 두었다"고 한 것이 잘못임은 두 말할 나위가 없다.

18) 周采赫,「初期麗·元戰爭과 北界四十餘城問題」,『사학회지』16, 연세대 사학연구회, 1970, 206~212쪽.

제3장 札剌 撒禮塔考

Ⅰ. 머리말

본장에서는 고려 고종 5년(1218) 12월경에 있었던 江東城 戰役時의
몽골군 副元帥 잘라(札剌, Djala)와 이로부터 13년 뒤인 고려 고종 18년
(1231) 8월 28일에 고려에 쳐들어왔던 몽골군 元帥 살리타이(撒禮塔,
Sartai)가 동일인인가 아닌가에 대해 고찰해 보려 한다. 이를 밝힘으로
써, 몽골과 고려간의 전쟁에서 江東城 戰役이 가지는 성격[1]과 몽골·
고려전쟁의 규모 및 고려軍民이 펼친 대몽항전의 형태와 그 특성을 간
접적으로나마 밝히는 데에 一助하려 한다. 따라서 본장은 어디까지나
몽골·고려전쟁의 역사적 성격을 究明키 위해, 그 단편적인 한 試論으
로 쓰이는 것임을 附記해 둔다.

Ⅱ. 札剌亦兒(Djarair)部의 征高麗 戰役 주도 문제

우선 이들에 관한 구체적인 사료들을 상호 비교하고 분석하면서 잘

---

1) 高柄翊,「蒙古·高麗의 兄弟盟約의 성격」,『백산학보』 제6집, 백산학회,
   1969, 6 참조/ 고병익,『동서교섭사의 연구』, 서울대학교 출판부, 1970, 136~
   183쪽 所載.

84

라(札剌, Djala)와 살리타이(撒禮塔, Sartai)가 同名同人인가 아니면 전혀
별개인 異名異人인가를 고증해가기로 하자. 먼저 구체적으로 이들이
아주 별개인 異名異人으로 보고 그 나름으로 그의 견해를 전개한 야
나이 와다루(箭內亘)의 고증 내용을 그 허실을 파헤쳐 가면서 잘라와
살리타이의 의 상호관계 여하를 규명해 보려 한다.

撒兒台는 撒里塔 등과는 同名同人이라도 劄剌나 札剌와는 異名異
人이다. 哈眞이나 哈眞과 劄剌와는 전혀 다른 별개의 인물이다. 그러
므로『元朝秘史』의 札剌亦兒台는 撒兒台의 誤寫로 보는 것이 妥當하
다.[2]

위에서, 哈眞(Khajin)과 札剌(Djala)가 同一人이 아님은 야나이가 說
破한 대로 여러 사료가 증명해 주고 있다.[3] 그러나 哈眞(Kajin)이 札剌
亦兒氏일 수는 있다. 뿐만 아니라 札剌(Djala)가 札剌亦兒氏일 가능성
은 아주 많다. 錢大昕,『元史氏族表』(25史補編 6권, 開明書局) 권1, 蒙
古 札剌兒氏編 札剌台條에 보면,

太祖憲宗朝 征高麗元帥

라고 기록되어 있다. 위의 기록에 의하면 札剌台가 몽골의 太祖에서
憲宗朝에 이르기까지, 그러니까 1206~1259년까지 줄곧 征高麗元帥로
복무했던 것으로 기록돼 있다.
그렇다면 이 '札剌台'는 哈眞(Khajin), 札剌(Djala) 또는 撒禮塔(Sartai),
그리고 잘라르타이(車羅大, Djarartai)까지 함께 일컫는 호칭으로 돼야

2) 箭內亘,「蒙古の高麗經略」,『滿鮮地理歷史研究報告』4, 東京帝大, 1918, 280
쪽.
3) 箭內亘, 위의 논문, 279쪽.

한다. 카진(Khajin)은 1218~1219년 사이 江東城 戰役時에 征高麗元帥
노릇을 했고, 잘라(Djala) 또는 살리타이(Sartai)는 1218~1232년 사이에
征高麗副元帥 및 元帥-몽골 太祖 16년(고려 고종 8, 1221년)에 元帥
札剌(Djala)로 승진-의 직책을 담당했으며, 잘라르타이(車羅大, Djarartai)
는 몽골 헌종 4년(고려 고종 41, 1254) 閏7월에 고려정벌을 총지휘해온
征高麗元帥였다. 이들은 1206~1259년 사이에 54년간 征高麗元帥 노
릇을 각각 1차례~몇 차례씩 한 것이다. 그리고 이들을 총칭해 '札剌
台'라고 기록했다. 이름이라면 어렵고 이들이 공유한 씨족명이라면 그
것이 가능하다고 하겠다.

그러니까 '札剌台'라는 호칭이 가령 哈眞(Khajin), 札剌(Djala) 또는 撒
禮塔(Sartai), 그리고 車羅大(Djarartai)까지 함께 일컫는 것이라고 하더라
도, 그것이 그들의 개인 이름을 표기한 것일 수는 없다. 哈眞(Khajin)과
札剌(Djala)가 서로 다른 인물이라는 것은 앞에서도 언급한 터이지만,
이미 1232년 12월 16일에 高麗의 處仁部曲에서 스님 金允侯에게 射殺
되었던 살리타이(撒禮塔, Sartai)와 그로부터 23년 뒤인 고려 고종 41년
(몽골 憲宗 4, 1254) 윤7월에 征高麗元帥로 고려에 쳐들어왔던 잘라르
타이(車羅大, Djarartai)가 같은 인물이 될 수 없음도 자명한 일인 까닭
이다.

그런데 왜 이처럼 터무니없는 기록을 남겼을까?

기왕에 널리 알려져 있는 바와 같이 몽골사람은 姓氏에 해당하는
宗族을 표시하는 부분, 예컨대 '카랏', '샤타기', '쇼이드', '베스드', '샤
탈' 등과 자기만이 있는 고유한 이름(名)이 있어 그 두 부분이 함께 합
해져서 개인의 姓名을 구성하고 있다.4)

여기서 우리가 哈眞(Khajin), 札剌(Djala) 또는 撒禮塔(Sartai) 그리고

---

4) Bacon Elizabeth, Obok, N.Y, 1958, p.159/ 이광규, 「몽골족의 婚姻考」, 『역사교
육』 10, 역사교육연구회, 서울대학교 사범대학, 1967. 12, 396쪽 재인용.

86

車羅大(Djarartai)까지 함께 모두 '札剌台'라는 호칭을 쓸 수 있을 경우는 위에서 잠깐 언급한 대로 '札剌台'가 氏族名인 札剌亦兒(Djarair)일 때이다. "朴장군, 李장군, 金장군……"식일 경우에는 서로 다른 이름의 여러 개인이 한 호칭으로 기록되어 불릴 수 있다는 것이다.

그러니까 哈眞(Khajin), 札剌(Djala) 또는 撒禮塔(Sartai), 그리고 車羅大(Djarartai)가 모두 이름으로만 쓰였거나 札剌(Djala) 또는 撒禮塔(Sartai), 그리고 車羅大(Djarartai)는 그 글자의 音이 氏族名인 札剌亦兒(Djarair)와 비슷한 것으로 보아 姓이 그대로 音譯되어 쓰였을 경우를 추측해 볼 수 있다.[5] 물론 이와 함께 姓과 名이 번갈아 각각 특정 개인의 호칭으로 쓰이면서 轉寫를 거듭해오는 동안 文字의 출입 및 姓과 名의 혼동으로 서로 한데 뭉뚱그린 채로 쓰였을 것을 상정해 볼 수도 있다.

먼저 카진(哈眞, Khajin)의 경우를 보자. 그는 合車·哈只吉(『元高麗紀事』), 合赤吉(『元史』 洪福源傳), 合齊齊(『元史』 高麗傳), 浩心(『元史』 本紀) 등으로 표기되어 있다. 그런데 이는 氏族名인 札剌兒(Djalar)와는 전혀 닮지 않은 音과 字樣이다. 이로써 짐작컨대 이는 그 이름을 적은 것으로 볼 수 있다.

다음엔 성으로 불렸거나 성과 명이 서로 엇갈려 쓰였던 것으로 보이는 잘라(札剌, Djala)와 살리타이(撒禮塔, Sartai), 그리고 잘라르타이(車羅大, Djarartai)에 대해서 살펴보자.

먼저 錢大昕, 『元史氏族表』(25史補編 6권, 開明書局) 권1, 蒙古條에

5) 錢大昕, 『元史氏族表』(25史補編 6권, 開明書局) 권1, 蒙古 札剌兒氏編에 보면, 木華黎·塔出·也速迭兒(Yesüder)·拜住·脫脫·乃蠻台·羅燕·安童 등이 모두 그대로 이름만 쓰이고 있다. 그 씨족명은 생략되어 있는 것이다. 그런가 하면 車羅大(Djarartai)를 札剌亦兒(Djarair)部 火兒赤(『元史』), 撒禮塔(Sartai)를 札剌亦兒台(Djarairtai) 火兒赤(Khorchi)(『元朝秘史』)라고 해서 그 姓-氏族名만을 기록한 경우도 있다.

보면 札剌兒(Djalar)를 札剌亦兒(Djarair) 箚臘爾 札剌兒歹라고 표기한
것이 눈에 띈다. 또한 『聖武親征錄』[6]이나 『원사』에서는 押剌伊兒라고
도 썼으며 도송(d'Ohsson)은 젤리레스(Djelïres)라고 音譯해 쓰고 있다.[7]

그런데 札剌(Djala)는 札拉, 箚剌(『元高麗紀事』), 札臘(『東國李相國
集』)로 쓰이고 있다. 箚剌의 箚과 札은 그 중국어 발음이 'ㅤㅗㅑ: cha"
로 되어 서로 同音·同聲이 될 뿐만 아니라 그 字義 또한 서로 일맥상
통하는 데가 있다. 아울러 이는 姓인 札剌兒(Djalar)와도 서로 닮은 것
을 알겠다. 곧 札剌(Djala)→ 札剌兒(Djalar), 箚剌→ 箚臘爾 따위는 字
音은 물론 字樣까지도 서로 같거나 닮아 있는 것을 알 수 있다. 요컨
대 이런 경우에도 姓과 名이 번갈아 쓰이다가 轉寫를 거듭해오는 동
안에 姓과 名이 서로 혼동되어 文字의 출입이 생겨났던 것으로 짐작
된다.

車羅大(Djarartai) 또한 札剌亦兒(Djarair)部 火兒赤(Khorchi), 札剌兒帶,
劄剌觸(『元史』) 따위로 표기되어 있는데, 여기서 우선 우리는 그가 札
剌亦兒(Djarair)部人임을 알게 된다. 車羅大(Djarartai), 劄剌觸와 札剌兒
帶 따위도 그 音의 相似로 보아 札剌兒歹(『元史氏族表』)라는 姓의 音
譯된 표기법일 가능성을 보여준다. 특히 札剌兒帶와 札剌兒歹는 札剌
兒(Djalar)와 같을 뿐만 아니라 帶와 歹는 字音이 서로 닮았다.

요컨대, 이상에서 우리는 고려정벌의 戰役을 札剌兒(Djalar)氏가 주
로 맡아왔음을 짐작할 수 있게 됐다. 이는 다음의 王國維, 『聖武親征
錄』(『蒙古史料校注四種』, 淸華學校硏究所, 1926), 太祖 戊寅條의 기
록을 보면 그 가능성을 더욱 뚜렷이 확인케 된다.

6) 王國維, 『聖武親征錄』, 『蒙古史料校注四種』, 淸華學校硏究所, 1926.
7) d'Ohsson, *Historie des Mongol*, tem Ⅰ, pp.423~427에 있는 Djami ut-Tevarikh(集史)
의 저자의 譯字 참조(이는 箭內亘, 「元代社會の三階級」, 『滿鮮地理歷史硏究
報告』 3, 418쪽을 참조한 것임).

　　封木華黎爲國王　率王孤部萬騎……札剌兒部及帶孫等　二千騎……
南伐金國

　　이 기록에서 보듯이 金國征伐은 重臣 무카리(木華黎, Mukhali)에 의
해서 총지휘됐다. 문제는 이 무카리가 바로 잘라르(札剌兒, Djalar)部人
이라는 점이다.[8] 이로써 우선 몽골의 금국정벌이 잘라르部人 무카리
를 총지휘자로 삼아 수행됐음을 알게 된다. 뿐만 아니라 帶孫을 비롯
한 그밖의 잘라르部人들도 무카리를 따라 出征하고 있었던 것으로 보
아, 금국정벌의 연속선상에서 수행된 고려국의 강동성 전역 또한 잘라
르氏가 지휘했을 가능성이 아주 많다는 것이다.

　　더욱이 錢大昕, 『元史氏族表』(25史補編 6권, 開明書局) 권1, 蒙古
札剌兒氏編 札剌台條에 太祖와 憲宗朝의 征高麗元帥가 모두 札剌台
로 되어 있는 것은 기왕에 지적해 둔 사실이지만, 札剌亦兒台
(Djarairtai)의 아들 塔出[9]은 물론 皇族인 哈撒兒의 아들 也古와 也古의
아들 也生哥[10]가 代를 이어 잘라르氏인 札剌台를 따라 征高麗 전역
에 出征하고, 그리고 探馬赤軍을 지휘해 고려에 침공해 왔던 예수데
르(也速迭兒, Yesüder)[11] 등의 잘라르部人들이 征高麗 戰役에 등장하

---

　8) 錢大昕, 『元史氏族表』(25史補編 6권, 開明書局) 권1, 蒙古(2쪽)에는 무카리
　　(Mukhali)가 잘라르氏일 뿐만 아니라 帶孫 또한 그의 형제로 기록돼 있다.

　9) 『元史』권133, 열전 제20 塔出條, "憲宗甲寅 奉旨伐高麗 命桑忽剌出諸王並
　　聽節制 其年 破高麗連城 擧國遁入海島 己未 正月 高麗窮計 遂內附 札剌台
　　之功居多 塔出 以勳臣子 至元十七年 授昭勇大將軍東京路總管府達魯花赤
　　……"참조. 여기서 '勳臣'이란 札剌台를 가리킨다.

10) 『新元史』권105, 열전 제2 烈祖諸子 哈撒兒條, "……哈撒兒有四十子 惟五子
　　知名 曰也古 曰脫忽 曰也生哥……也古爲征東元帥 與高麗降人洪福源率兵
　　渡鴨綠江 拔高麗禾山東州春州三角山等城……也古旣破 也生哥仍率所部 從
　　札剌台征高麗 先後攻拔其光州玉果等城……"참조.

11) 錢大昕, 『元史氏族表』(25史補編 6권, 開明書局) 권1, 蒙古(4쪽)에는 札剌兒
　　(Djalar)氏인 阿剌罕의 子로 也速迭兒(Yesüder)를 기록하고 있다.

고 있는 것으로 보아, 정고려 전역을 주도하는 임무가 대를 이어 그들에게 일임되어 왔을 가능성이 아주 높다.[12]

III. 야나이 와다루 견해의 오류

다시 본론으로 들어가서 잘라(札剌, Djala)와 살리타이(撒禮塔, Sartai)의 상호관계 如何에 관해 구체적으로 고찰해가기로 하자. 저자의 결론을 먼저 말한다면, 당연히 札剌(Djala)와 撒禮塔(Sartai)는 同姓·同名을 가진 同一人이라는 것이다. 본절에서는 이들의 관계를 서로 異名·異人이라는 주장을 펴고 있는 야나이 와다루의 견해와 그를 뒷받침하고 있는 典據의 사료적 가치와 존재 이유 및 그 의의를 하나하나 꼼꼼히 비판해 가면서, 이들이 곧 동명·동인으로 동일인에 대한 異稱이었을 따름임을 고증해내려 한다.

야나이 와다루의 견해는 이러하다.

札剌(Djala), 札剌亦兒台(Djarairtai) 割兒赤(Khorchi)는 撒兒台(Sartai), 撒禮塔(Sartai), 撒里台(Saritai) 따위와는 그 音이 전혀 다르다. 따라서 『元

---

12) 바다를 몽골어로 '달라이'라고 하는데 2008년 현재의 훌룬부이르市에 속하는 달라이 호수가 바로 札剌兒(Djalar)氏의 起源地라고 한다. 물가인 것이다. 그래서 물에 익숙한 濊族 계통인 그들은 물에 익숙한 코리족 濊高麗 札剌兒(Djalar)씨로 東征(金-高麗-日本등 江海地域圈 정벌전)을 주도했고, 고원 스텝의 양치기로 騎馬射術에 익숙한 貊族 고려인 貊高麗-몽골의 칭기스칸은 西征(스텝로드를 따라 고원 내륙권 정벌전)을 주도했다는 관점이 성립 가능할 수도 있겠다. 札剌兒(Djalar)氏를 더러 고려인이라고 오해하는 몽골연구자도 있을 수 있는데, 이는 당시의 고려러기보다 고려의 胎盤地인 훌룬부이르 몽골스텝의 槁離國과의 역사적 접맥 가능성이라는 측면에서 이해한다면 혹 그럴 가능성을 고려해 볼 수도 있겠다(주채혁, 『馴鹿遊牧帝國論 - 古朝鮮·高句麗·몽골帝國의 起源研究』, 白山, 2008, 46~62쪽 및 263~308쪽 참조.

朝秘史』의 札剌亦兒台(Djarairtai) 豁兒赤(Khorchi)도 撒里台(Saritai) 豁兒赤(Khorchi)의 誤譯이오 誤寫다.[13]

그렇지만 이런 경우에도 札剌(Djala)가 그 氏族名인 札剌兒(Djalar)의 표기로 되고 撒兒台(Sartai), 撒禮塔(Sartai), 撒里台(Saritai) 따위가 그 개인의 이름으로 쓰였을 때, 이러한 音의 相異는 응당 있을 수 있을 뿐만 아니라 오히려 상이한 것이 타당하다.

撒禮塔(Sartai)는 撒里答·撒里塔火里赤(『元高麗紀事』), 撒兒台(『元史』 권149, 열전 제46 [耶律]薛闍傳), 撒里打(『東國李相國集』), 撒歹(『東國輿地勝覽』), 撒哈塔火兒赤(王國維, 『聖武親征錄』), 撒里台(『元史』 권120, 열전 제7 吾也而傳)

라 하여 沙打·沙打里(『東國李相國集』), 또는 薩里台(『元史』 권208, 열전 제95 外夷1 高麗傳)라고 하여 '沙'자 또는 '薩'자로 표기되기도 했는데 이는 그 頭音이 'S'로 발음되는 것으로 볼 수 있다.

한편 『원조비사』와 『신원사』에는 札剌亦兒台(Djarairtai)라고 표기되어 그 頭音이 'Dj'로 발음되고 있다. 그러나 앞에 든 頭音이 'S'자일 경우를 이름으로, 'Dj'를 劄剌(Djala)와 함께 姓으로 쓰였다고 보면 꼭 劄剌(Djala)와 撒禮塔(Sartai)를 異名·異人이라고만 볼 이유가 없게 된다.

또한 살리타이(撒禮塔, Sartai)란 姓과 名이 서로 엇갈려 한데 뭉뚱그려진 채로 쓰인 것을 상정해 볼 수도 있다. 실은 이런 관점에서 보면 撒禮塔·撒兒台·撒里打·撒里答·撒里台 따위는 씨족명으로 표기되어 있는 札剌兒歹(『元史氏族表』)라는 姓의 音譯된 표기와 사실상

---

13) 箭內亙,「蒙古の高麗經略」,『滿鮮地理歷史研究報告』4, 東京帝大, 1918, 277쪽.

서로 대단히 발음이 비슷하고 札剌兒帶, 剳剌觧(『元史』) 따위로 표기되어 있는, 몽골 헌종 4년에 也古를 대신하여 고려 정벌을 지휘해 왔던, 車羅大(Djarartai)와도 발음이 서로 대단히 비슷하여 이것이 바로 잘라르라는 씨족명이 아닐까 하는 생각이 들게 한다.

이렇게 이해될 때 비로소 錢大昕의 『元史氏族表』(25史補編 6권, 開明書局) 권1, 蒙古 札剌兒氏編 札剌台條에

太祖憲宗朝 征高麗元帥

라고 기록되어 札剌台가 몽골의 태조에서 헌종조에 이르기까지, 그러니까 1206~1259년까지 줄곧 征高麗元帥로 복무했던 것으로 기록돼 있는 이유를 알 수 있게 된다. 札剌兒氏인 征高麗元帥 몇 명이 戰死나 기타의 이유들로 실제로 50여 년간 잇따라 交替되어 이어져 왔기 때문이다.

그러니까 撒禮塔(Sartai)를 札剌亦兒台(Djarairtai) 豁兒赤(Khorchi)라고 한 것은 그가 札剌亦兒台(Djarairtai)氏族에서 뽑혀온 箭筒士(Khorchi)라는 뜻으로 될 수 있고, 車羅大(Djarartai)를 札剌亦兒(Djarair)部 火兒赤(Khorchi)라 한 것은 車羅大(Djarartai)가 札剌亦兒(Djarair)部에서 뽑혀온 箭筒士(Khorchi)라는 뜻으로 파악될 수 있으므로 이들이 모두 氏族名으로 불렸을 가능성이 짙게 된다.

따라서 剳剌(Djala)와 撒禮塔(Sartai)는 札剌兒(Djalar)氏를 서로 다르게 표기한 것으로도 볼 수 있고, 아니면 하나는 이름으로 다른 하나는 氏族名으로 쓰여 있는 것으로도 볼 수 있다.[14]

---

14) 『新元史』 권132, 열전 제29 札剌亦兒台豁兒赤傳에는 "札剌亦兒台豁兒赤 札剌亦兒氏 以氏爲名 亦譯爲撒里塔"이라 되어 있어, 札剌亦兒台豁兒赤가 札剌亦兒氏인데 그 氏族名을 이름으로 삼고 또 音譯을 해서 撒里塔라고 하

그러니까 剳剌(Djala)를 이름으로 보고 撒禮塔(Sartai)를 씨족명으로 본다면, 江東城 轉役 때는 哈眞(Khajin)과 剳剌(Djala)가 모두 잘라르氏이므로 각각 이름으로 쓰이다가 다시 고려 고종 18년 征高麗 戰役(撒禮塔 2차 고려침공)시에는 그가 잘라르氏를 대표하는 유일한 상징적 인물이었으므로 그 씨족명인 撒禮塔(Sartai)로 쓰였을 수 있다는 것이다.

야나이 와다루는 또 이렇게 주장한다.

剳剌(Djala)의 역할과 撒兒台(Sartai)의 역할이 元側의 史料나 高麗側의 그것에 모두 뚜렷하게 구별돼 있다.[15]

그러나 단언컨대 이는 그 역할이 서로 구별돼 있는 것이 아니라 다만 씨족명으로 쓰였을 경우와 이름으로 쓰였을 경우가 각각 구분되어 있거나, 아니면 씨족명 자체가 다르게 표기되어 있을 경우가 서로 구분되어 있을 따름이다.

그러면 먼저 1218년(몽골 태조 13, 고려 고종 5)~1219년 撒禮塔 1차 고려침공 때 江東城 戰役 이후부터 1231년(몽골 태종 3, 고려 고종 18) 撒禮塔 2차 고려침공까지의 剳剌(Djala) 또는 撒禮塔(Sartai)의 동향을 살펴가면서 이를 규명하자.

成吉思皇帝 遣元帥哈眞 副元帥札剌 稱蒙古國行尙書省……(『益齋

옜음을 설명하고, 이어서 그가 곧 1218년(몽골 태조 13, 고려 고종 5)~1219년 撒禮塔 1차 고려침공시 江東城 戰役에서 副元帥로 참전했을 뿐만 아니라 태종 3년(고려 고종 18, 1231) 撒禮塔 2차 고려침공시에는 이미 元帥로 진급해서 征高麗 몽골元帥로서 그 전쟁을 총지휘했다고 기록하고 있다.

15) 箭內亘,「蒙古の高麗經略」,『滿鮮地理歷史硏究報告』4, 東京帝大, 1918, 277쪽.

集』太祖 13년 12월조)

위 기록은 李齊賢이 1218년 12월의 강동성 전역에 대해 기록한 내용이다. 여기서 우리는 이때 札剌(Djala)가 분명히 副元帥로 元帥 哈眞(Khajin)을 따라 참전하고 있었음을 확인케 된다.

皇太弟國王及元帥哈臣 副元帥箚剌等……(『元高麗紀事』, 太祖 14년 9월 11일조)

그로부터 약 1년 후인 1219년 9월 11일에도 그는 여전히 副元帥 箚剌로 근무하고 있었음을 알려준다.

蒙古使者著古與等十三人 東眞八人幷婦女一人來……又出元帥札剌及蒲里帶書各一通……(『高麗史』 世家 권22, 高宗 8년 8월 己未條)

그러나 위 기록에서 보듯이 강동성 전역이 있은 지 3년 후인 1221년(몽골 태조 16, 고려 고종 8) 8월 己未日에는 札剌(Djala)가 이미 (東征)元帥로 일약 진급하여 蒲里帶[16]와 더불어 고려에 文牒을 보내왔음을

16) 여기서 蒲里帶란『高麗史節要』권15, 고종 6년 正月條에 "哈眞 遣蒲里岱完等十人 賫詔來 請講和 王遣御史 朴時允 迎之"라 기록되어 있는 1219년 正月 강동성 전역시의 蒲里岱完으로 보이며, 또한『고려사』세가 권23, 고종 18년 11월 辛亥조의 "蒙兵 自平州 來屯宣義門外 蒲桃元帥 屯金郊……"라 적혀 있는 蒲桃로도 볼 수 있을 것 같다. 곧 蒲里岱完(1219년 正月)〉蒲里帶(1221년 8월 己未日)→ 蒲桃(1231년 11월 辛亥日)로 될 수 있으니, 이는 箚剌와 함께 있으면서 강동성 戰役時에 기왕에 고려의 王과 知面이 있었던 蒲桃가 그동안 對高麗關係事를 맡아오다가 고종 18년(1231) 8월 撒禮塔 2차 고려침공시에 다시 撒里塔(撒禮塔, Sartai, 箚剌)를 따라 고려에 침공해와 11월 辛亥日에 迪巨나 唐古와 함께 王京에 直衝하여 왕과 강화외교를 벌이려 한다는 것은 능히 생각해 볼 수 있는 일이기 때문이다.

알 수 있다.

> 太宗元年 入覲 命與撒里荅火兒赤征遼東 下之 三年 又與撒里荅征
> 高麗……(『元史』 권149, 열전 제36 吾也而傳)

여기서 우리는 1229년(몽골 太宗 元年, 고려 고종 16)에 요동을 정벌
하고 1231년(몽골 태종 3, 고려 고종 18, 撒禮塔 2차 고려침공년)에 고
려를 정벌할 때는 이미 撒里荅火兒赤가 東征元帥로 당당히 참전하고
있음을 확인케 된다. 물론 이런 기록으로만은 우리가 이 東征元帥 撒
里荅 火兒赤가 바로 1221년 8월 己未日에 이미 東征元帥로 진급해 있
었던 札剌(Djala) 그 사람인지 아닌지를 알 수 없다. 그러나 아래 사료
는 그럴 가능성을 분명하게 내비치고 있다.

> 蒙古元帥撒禮塔 將兵圍咸新鎭曰 我 是蒙古兵也 汝可速降 否則屠
> 城無遺 副使全僴懼 防守將軍趙叔昌謀曰……叔昌 爲蒙人曰 我趙元
> 帥之子也 吾父與貴國元帥約爲兄弟……(『高麗史節要』 권16, 고종 18
> 년 8월조)

위에서 1231년 8월 撒禮塔 2차 고려침공시에 몽골元帥 살리타이와
마주친 고려의 防守將軍 趙叔昌이 적장인 그에게 나의 先親 고려 元
帥 趙冲[17]이 일찍이 江東城 戰役에서 지금의 몽골 現職元帥(그 당시
는 副元帥) 撒禮塔(Sartai)와 兄弟盟約을 맺었던 사실을 상기시켜 준다.
위 사료의 문맥으로 보아 사료에 기록된 '貴國元帥'란 물론 지금의
現職 元帥인 撒禮塔(Sartai) 바로 그 사람을 가리킨다. 그렇다면 이에서

---

17) 『고려사』, 열전 권제43 반역4 趙叔昌傳에는 "趙叔昌 平章事 趙冲之子"라고
　　기록했다.

1218~1219년 강동성 전역에서 高麗 元帥 趙冲과 함께 몽골·고려간의 형제맹약을 맺은 주역이 바로 1231년 8월의 현직 몽골元帥 撒禮塔인 것이 뚜렷해진다. 또 이처럼 살리타이가 강동성 전역에서 고려측의 元帥로 활약하던 趙冲과 '約爲兄弟'를 했다는 기록이 뚜렷이 기재되어 있고 보면 撒禮塔 그 자신이 기왕에 강동성 전역에 직접 참전했다는 것은 엄연한 사실이 아닐 수 없게 된다.

그런데 강동성 전역 당시 1218~1219년, 그러니까 撒禮塔 1차 고려침공시에 고려 원수 趙冲과 형제맹약을 맺은 몽골측 주역인 撒禮塔(Sartai)는 그 당시의 전황을 적은 기록에 과연 어떤 호칭으로 등장했던가? 초점을 돌려 강동성 전역을 기록한 당시의 사료를 겨냥해서 이에 관해 고찰해 보자.

> 上遣哈只吉 箚剌等 領兵征之……高麗王皞奉牛酒……且遣樞密院使吏部上書上將軍翰林學士承旨趙冲 來助 倂力攻滅六哥 箚剌與冲 約爲兄弟……(『元高麗紀事』, 태조 13년조)

위 기록에서 고려 원수 趙冲은 1218년 당시에 몽골원수 哈眞(Khajin)과 맞상대해 몽골-고려간 형제맹약을 맺었던 것이 아니라, 그보다 한 급이 낮은 副元帥 札剌(Djala, 箚剌)와 맞수가 되어 맺있음을 알 수 있다. 누가 형이고 누가 동생인가는 여기에서 일단 자명해지는 셈이다.

그러므로 조숙창이 吾父 곧 고려 元帥 趙冲이 일찍이 귀국 원수와 더불어 형제맹약을 맺었다고 한『高麗史節要』권16, 고종 18년 8월조 기록의 '貴國元帥'란, 1218~1219년 강동성 戰役時 곧 撒禮塔 1차 고려침공시의 몽골원수 哈眞(Khajin)을 가리킨 것이 아니고, 당시의 副元帥 箚剌(札剌 : Djala)를 지칭한 것임이 자명해진다. 요컨대, 1218~1219년 당시에 직접 맹약을 맺은 당사자인 부원수 잘라가 1231년 8월에 이미 원수로 진급해서 왜 그 당시의 몽골·고려간 형제맹약을 깼느냐고 직접 問責하러 다시 쳐들어온 것이다. 이것이 바로 撒禮塔 1차 고려침 공시의 맹약 파기를 문책해 공격해온 撒禮塔 2차 고려침공의 大義名分이 되는 셈이라 하겠다.

그 당시에 부원수였던 자신이 고려 원수 趙冲과 형제맹약을 맺었는데, 고려가 이를 파기해 조약을 맺은 당사자인 나 箚剌(札剌 : Djala)-撒禮塔(Sartai)가 고려에 이를 문책해 응징하러 군사를 이끌고 다시 쳐들어왔다는 것이다. 그래서 前者(1218~1219년의 강동성 전역)는 撒禮塔 1차 고려침공이 되고 그가 다시 쳐들어온 後者(1231년)는 撒禮塔 2차 고려침공이 된다는 것이다. 또 사실상 그 후 몽골·고려전쟁 사령탑의 主脈을 이루는 것도 哈眞(Khajin)이 아닌 箚剌(札剌, Djala)-撒禮塔(Sartai)이기도 하다.

그렇다면 이 기록에서는 副元帥를 왜 元帥라고 호칭했을까? 副元帥를 元帥라고 誤記한 것일까? 아니다. 이는 1218~1219년의 강동성 전역(살리타이 1차 침공)이 끝난 지 3년 후인 1221년(몽골 태조 16, 고려 고종 8) 8월 己未日頃에 기왕에 副元帥에서 元帥로 진급해 있던 箚剌가, 1229년 8월쯤에 東征을 총지휘해 나선 뒤에, 1231년 8월 28일에 咸新鎭에 이르렀던 것을 가리키는 것이다. 다름 아닌 撒禮塔 2차 고려침공 당시의 현직 몽골원수 살리타이를 지칭하는 것이다.[18]

18) 『新元史』 권132, 열전 제29 札剌亦兒台豁兒赤傳에는 "又明年 正月 契丹平 札剌亦兒台與冲 約爲兄弟"라고 하고, 본문에서 인용한 『元高麗紀事』의 기록에 "箚剌與冲 約爲兄弟"를 "札剌亦兒台與冲 約爲兄弟"라고 적고 있다. 箚剌와 札剌亦兒台를 同一人으로 다룬 것이다. 그런데 同傳에서는 이 札剌亦兒台가 태종 3년(1231)에 1218~1219년의 몽골-고려 형제맹약을 깬 책임을 물어 재침공한 몽골원수로 기록하고 있다. 그런가 하면 그의 씨족명인 札剌亦兒를 그의 호칭으로 삼아 撒里塔(Sartai)라고도 音譯해 쓰고 있다고도 했다. 이에서 箚剌=札剌亦兒台=撒里塔(Sartai)라는 견해가 제시되고 있는 것을 보게 되는데, 이는 『新元史』가 25史에 끼어들게 되는 데에 여러 가지 정치적인

　이상의 고증을 통해서 우리는 위에 인용한 바 있는『高麗史節要』
권16, 高宗 18년 8월조 기록이 1231년 撒禮塔 2차 고려침공 당시의 현
직 몽골원수 撒禮塔에 관한 기사로 일관된 것임을 알 수 있고, 아울러
강동성 전역시의 부원수 箚刺를 이때에 이르러 굳이 元帥 箚刺 곧 원
수 撒禮塔(Sartai)로 기록한 이유도 밝힌 셈이다. 다시 말하자면 이는
1231년 撒禮塔 2차 침공시 당시의 현직원수 撒禮塔(Sartai)가 바로 다름
아닌 1218~1219년 강동성 전역시인 撒禮塔 1차 침공시의 副元帥 箚
刺, 그 사람이라는 점을 논증한 것이다.
　이러한 사정은『高麗史』세가 권23, 고종 19년(1232) 11월조와『東國
李相國集』권28의「答蒙古沙打官人書」가운데 강동성 전역시의 史實
을 遡及해서 설명을 베푼 아래의 사료를 고증해봐도 알 수 있다.

　　……逐向天盟告 以萬世和好爲約 因請歲進貢賦所便 元帥曰 道路
　甚梗 你國必難於來往 每年我國遣使佐 不過十人 其來也 可賫持以去
　至 則道必取萬奴之地境 你以此爲驗……

　위에서 "道路甚梗 你國必難於來往 每年我國遣使佐 不過十人 其來
也 可賫持以去至云云"한 사람은 분명히 元帥다.

　　……以結世好 請歲輸貢賦 箚刺曰 爾國道遠難于往來 每年 可遣四
　十人 賫特赴上國(『元高麗紀事』, 태조 13년조)

　그러나 위 기록에서는 1218~1219년 강동성 전역시인 撒禮塔 1차
침공시에 몽골·고려 형제맹약을 맺고 나서 "너희 나라는 길이 멀어서

　잡음이 있었고 실제로 문제가 적지 않은 내용의 책이기는 하지만, 이 점에 관
한 한은 당시의 史實을 올바르게 제대로 꿰뚫어본 것이라 하겠다.

오고가기가 어려울 터이니 (우리가) 해마다 使者 10인을 보내서 (貢物
을) 특별히 상국에 이르도록 하는 것이 좋겠다."고 上述한 위의 내용과
같은 말을 한 사람은 분명히 강동성 전역시의 元帥 哈眞(Khajin)이 아
니고, 그 당시의 副元帥 箚刺(札刺, Djala)라는 사실을 알 수 있다.[19]

그런데 이런 사실이 일어났던 그 당시로부터 13~14년 뒤인 고려 고
종 19년 11월에 고려가 沙打官人에게 보낸 上揭 書翰에는 이를 副元
帥 箚刺(札刺 : Djala)가 아닌 元帥(箚刺)라고 기록하고 있다. 여기서 元
帥 箚刺란 두말할 나위도 없이 1232년(몽골 태종 4, 고종 19)엔 당시에
이미 원수로 진급해 1231년과 1232년에 각각 撒禮塔 2차와 3차 고려침
공을 지휘해왔던 그 당시의 현직 몽골원수 撒禮塔-箚刺를 가리키는
것이다.

高柄翊은 이에 대하여 『고려사』 및 『동국이상국집』의 관계 사료와
『원고려기사』의 당해 관계기록을 상호 대조 비판해, 前者에서는 元帥
가 한 말을 後者에서는 副元帥 箚刺가 한 말 인양 기록했다고 하여 후
자의 箚刺를 당시의 元帥였던 合臣의 誤稱이라고 지적하고 있다.[20]
그러나 이는 전자와 후자의 사료가 서로 13~14년간의 時差를 가지고
각각 그 시점에서 이 史實을 서술한 것이라는 점을 간단히 간과해버리
는 치명적인 오류를 범하고 있다. 그러니까 이제까지 이 문제를 다루
는 연구자들이 그랬듯이 1218~1219년 강동성 전역시의 부원수였던

---

19) 『新元史』 권132 열전 제29, 札刺亦兒台豁兒赤傳에는 "沖 請歲輸貢賦 札刺
    亦兒台曰 道路梗阻 汝國來往不易 我國每歲遣使 不過十人可齎以去也"라고
    되어 있어, 札刺亦兒台 곧 부원수 箚刺가 이 말을 한 것으로 기록했다. 기왕
    에 논증했듯이 箚刺란 1231년과 1232년 撒禮塔 2차와 3차 고려 침공시의 몽
    골元帥 撒里塔(Sartai)가 된다. 同傳의 이 견해는 正鵠을 찌른 것이라 하겠다.
20) 高柄翊, 「蒙古・高麗의 兄弟盟約의 성격」, 『백산학보』 제6집, 백산학회,
    1969, 6/ 고병익, 『동서교섭사의 연구』, 서울대학교 출판부, 1970, 166쪽 주56)
    참조.

箚刺가 이 文牒(前者의 史料)이 작성됐던 1232년(몽골 태종 4, 고려 고종 19)에는 이미 征東元帥로 진급해 元帥 箚刺 곧 그 당시의 현직 몽골元帥 撒禮塔(Sartai)가 되었다는, 엄연한 사실을 바로 간파해내지 못한 데서 이 같은 큰 오류가 비롯된 것이다.

진실로 1218~1219년 江東城 戰役時인 撒禮塔 1차 침공시에 행정·외교·병참의 임무를 元帥 哈眞(Khajin)이 맡지 않고 副元帥 箚刺(札刺, Djala)가 맡았던 사실은 아래의 기록으로도 확인할 수 있다.

> 是年 十二月 二日 箚刺移文取兵糧 高麗王 送米千斛(『元高麗紀事』, 태조 13년조)

여기서 바로 副元帥 箚刺(札刺, Djala) 자신이 몸소 문첩을 고려왕에게 보내고 다시 고려왕이 보내는 군량을 받아들이는 것을 볼 수 있다.

> 十四年 己卯 正月 十三日 高麗遣知權知閣門祗侯尹公就 中書注書 崔逸 奉結和牒文 送箚刺行營 十四日 箚刺遣人答辭 以固和意 高麗王以侍御史朴時允爲接伴使迎之 移文取兵糧 高麗王 送米千斛(『元高麗紀事』, 태조 14년조)

위의 기록에서도 結和牒文은 1219년 정월 13일에, 元帥 哈眞(Khajin)이 아닌 副元帥 箚刺(札刺, Djala)에게 보내졌으며 바로 그 이튿날인 정월 14일에 사람을 보내어 이에 答辭함으로써 서로간에 結和紐帶를 더욱 굳게 했던 것도 副元帥 箚刺(札刺)였음을 알 수 있다.

위의 두 가지 기록은 1218~1219년 당시에 몽골·고려간의 형제맹약 체결과정에서 부원수 箚刺(札刺)가 맡았던 역할에 대한 저자의 추정을 확증해 주는 사료가 되겠다. 요컨대 이때 몽골원수 哈眞(Khajin)은

몽골황제가 보낸 칙사의 자격으로 부원수 箚剌(札剌, Djala)를 부려 對
高麗 교섭에 임하게 하고, 고려의 고종은 이에 대해 고려 원수 趙冲을
시켜 이 일을 담당토록 했던 것이다. 그래서 결국 몽골 부원수 箚剌(札
剌, Djala)와 고려 원수 趙冲이 이 문제를 직접 다루었다고 볼 수 있다.

이때 箚剌의 직책이 부원수였던 만큼 전투지휘를 주임무로 하는 元
帥 哈眞(Khajin)을 보조해, 이런 전투지원 임무를 맡았다는 것은 일반적
인 군사원칙에도 符合될 것이다.

이상에서 1231년(몽골 태종 3, 고려 고종 18) 고려 재침략 당시의 撒
禮塔 몽골원수가 바로 다름 아닌 1218년(몽골 태조 13, 고려 고종 5)
강동성 전역시의 몽골 부원수 箚剌(札剌, Djala)였다는 것이 더욱 분명
해졌다.

　　哈眞等還 以東眞官人及傔從四十一人 留義州曰 爾等 習高麗語 以
　待吾復來(『高麗史』 세가 권22, 고종 6년 2월 己未條)

위의 기록에서 哈眞 등이 1218~1219년 강동성 전역을 마치고 돌아
가면서 "내가 다시 오는 것을 기다리라"고 했다는 사실에서 哈眞 휘하
의 부원수 箚剌가 몽골의 고려 재침 등 유사시에 그가 직접 몽골군을
거느리고 다시 올 수 있다는 암시를 이미 했었다고 하겠다. 기왕에 밝
힌 대로 1218~1219년 강동성 전역시의 몽골원수 哈眞은 이미 1221년
8월 己未日 이전에 어떤 이유에서인지 동정원수직에서 실각하고, 이에
대신해 그의 수하였던 부원수 箚剌(札剌)가 동정원수직에 올라 있었
다. 그러므로 1231년(몽골 태종 3, 고려 고종 18) 몽골의 고려 재침시에
는 箚剌(札剌, Djala)－당시의 현직 몽골원수 撒禮塔(Sartai)－만이 몽골
군병을 거느리고 올 수밖에 없었다.

……鼠兒年 黑契丹 你每(們)國裏 討虜時節你每(們) 迭當不得了去也 阿每(我們)差得札剌何稱兩介(個) 引得軍來 把黑丹都殺了……(『高麗史』세가 권23, 고종 18년 12월 己未條[21])

위의 기록은 1231년에 당시의 몽골원수 살리타이가 安北都護府에 주둔해 있으면서 사자 3인을 고려측에 보냈던 文牒의 내용이다. 이 문첩은 『고려사』에 등재된 보통 문첩과 아주 다르게 白話文體로 기록되어 있다. 정녕, 문첩 내용 중의 '札剌何稱兩介' '高麗國王你每' '瞎' '虜' '廝殺' 따위의 표현은 군병의 진영 내에서나 쓸 수 있는 거친 막말들이다. 한마디로 이 문첩은 전진 속에서 화가 난 武人이 마구 내지른 말을 그대로 받아쓴 듯한 티가 나는, 그런 글이라 하겠다.

그런데 여기서 한 가지 주목되는 점은 종래의 여러 사료와는 달리 여기서는 元帥 哈眞(Khajin)-副元帥 箚剌(札剌 : Djala)의 序列을 뒤엎고 짐짓 副元帥 箚剌(札剌 : Djala)-元帥 哈眞(Khajin)의 서열인 '札剌·何稱'으로 뒤바뀌어 下剋上을 演出하는 형식으로 1218~1219년 江東城 戰役의 사실들을 서술하고 있다는 것이다.

예나 지금이나 대체로 이미 실각해 있는 사람보다는 당시에 실권을 틀어쥐고 있는 사람을 더 치켜세우는 것이 냉혹한 世上의 人心이다. 이 글이 필시, 箚剌(札剌, Djala)-당시의 現職 몽골元帥 撒禮塔(Sartai)-앞에서 써졌을 것을 고려한다면, 여기서 '何稱·札剌'가 '札剌·何稱'으로 그 서열이 뒤바뀌는 罔極한 하극상이 이루어진 상태로 적혀 있는 것은 결코 우연일 수만은 없다 하겠다.

---

21) ( )안의 글은 저자가 적어 넣은 것이다. 이는 당시의 白話文體 문장을 현대 중국문의 표기법으로 고쳐 쓴 것이다 이 文牒에 대한 연구로는 村上正二, 「蒙古來牒の飜譯」, 『朝鮮學報』 17, 朝鮮學會, 1960 ; Gari Ledyard, "Two Mongol Documents from the Koryŏsa", *J.A.O.S* 83/2, 1963, pp.226~239 등이 있다.

Ⅳ. 야나이 와다루의 1233년 4월 24일자
'責五罪' 文牒 誤讀 비판

끝으로 야나이(箭內亘)가 札刺(Djala)와 撒禮塔(Sartai)가 동일인이 아니라는 그의 견해를 뒷받침하는 중요한 증거로 드는, 몽골이 1233년(몽골 태종 5, 고려 고종 20) 4월 24일에 고려의 고종에게 보냈던, 1218~1219년 강동성 전역시 몽골·고려 형제맹약 이래 그간에 고려가 지은 고려의 '五罪'를 문책하는 詔書에 관해 상세히 고찰하기로 하자.

야나이는 이에 대해서

　蒙古詔曰　自平契丹賊　殺箚刺之後　未嘗遣一介赴闕　罪一也(『高麗史』, 고종 20년 4월조)

라는 위의 기록을 인용하면서,

　或者는 지난해-1232년 12월 16일에 處仁部曲에서 撒兒台가 살해된 것을 想起하여 詔書의 이른바 '殺箚刺'의 箚刺를 撒兒台라고 말할지도 모르나, 이는 결코 그렇지 않다.

고 단호하게 前提하고 나서는 그 이유로 아래와 같은 사실을 지적하고 있다.

　契丹賊을 무찌른 것은 몽골이요 撒兒台를 射殺한 것은 고려인데 이두 가지 사실을 倂記한 것은 말이 안 된다. 따라서 文脈 및 서로간의 연관성으로 미루어보아 箚刺는 契丹軍의 頭領 喊舍를 가리키는 것이다.
　뿐만 아니라 이는 撒兒台를 죽인 것을 問責하는 詔書로는 그 語勢

가 날카롭지 않다. 그 밖의 4가지 罪目으로 보더라도 이것이 江東城役에 관한 기록이라는 것이 확실해 진다.[22]

그러나 이에 대해서는 먼저 야나이 와다루(箭內亘)가 인용하고 있는 사료 그 자체에 대한 철저한 비판이 당연히 선행되어야 한다.

a) 蒙古詔曰 自平契丹賊 殺箚刺之後 未嘗遣一介赴闕 罪一也(『高麗史』, 고종 20년 4월조)
b) ……自昔討平丹賊訖殺箚刺之後 未嘗遣一人赴闕 爾等曾無遵依大國法度施行 此汝之罪一也(『元高麗紀事』, 태종 5년 4월 24일조)

여기서 상기 사료a)와 사료b)의 기록을 서로 견주어보면, 같은 사실을 서술하고 있는 것임에도 불구하고, 『고려사』의 기록에는 『원고려기사』의 그것에 기재되어 있는 '昔'자와 '訖'자가 누락되어 있음을 볼 수 있다. 이런 사실을 염두에 두고 사료a)와 사료b)를 종합해 다시 문장을 가다듬어보면, 『고려사』의 기록엔 아래와 같은 缺字가 있는 것을 용이하게 찾아낼 수 있다.

自□平契丹賊□殺箚刺之後

『원사』나 『고려사절요』의 당해 기록도 이와 마찬가지인데, 이는 『원사』의 편찬자가 조심성 없이 이 '昔'자와 '訖'자를 빼어버린 데서 비롯된 것이라 하겠다. 明나라 초기에 『원사』 편찬에 참여한, 특히 원에 대한 저주와 증오에 찬 南人出身 사대부 史家들의 편찬자세란 가히 짐

---

22) 箭內亘, 「蒙古の高麗經略」, 『滿鮮地理歷史硏究報告』 4, 東京帝大, 1918, 296~297쪽의 주65).

104

작하고도 남을 만하다.『원고려기사』가『원사』의 底本이 되고 다시 이
사실을 서술할 때, 이『원사』가『고려사』나『고려사절요』의 저본이 되
었으리라는 점을 감안한다면, 그리고 조선전기 사대부 사학자들의 元
朝 인식자세를 감안한다면, 이와 같은 경망된 원조 관계사 편찬자세가
충분히 고려되어야 마땅할 것이다.

　이런 점을 고려해 야나이(箭內亘)가 인용한『고려사』의 위 인용 사
료에 '昔'字와 '訖'字를 채워 넣고 그 내용을 바로잡아 보면 아래와 같
은 해석이 가능하게 된다.

　　(몸소 우리가) 옛날에 契丹賊을 討平해 주기까지 했는데도 그로부터
　　(오히려 著古與를 죽였고, 이를 問責하러 왔던 使者를 쏘아 돌려보냈
　　는가 하면 天兵을 이끌고 이런 사실을 밝혀내려고 왔던) 東征元帥 箚
　　剌를 射殺하는 地境에 이른 後에도23)

　따라서 여기서 箚剌(札剌, Djala)란 문자 그대로, 바로 지난해(고려
고종 19, 1232) 12월 16일에 處仁部曲에서 金允侯에게 사살된 箚剌(札
剌, Djala), 곧 당시의 총사령관인 몽골원수 撒禮塔(Sartai)일 수밖에 없
다. 단순한 征高麗元帥의 사살이 아니다. 征金高麗耽羅日本元帥 權皇
帝를 自稱24)했던 유일한 征東몽골元帥 살리타이의 射殺이다.

───────────────

23) ( )안의 해설은 저자가 本文의 내용에서 생략됐으리라고 推定되는 부분을 添
　加해본 것이다.
24) "北界分臺御史閔曦還奏　曦與兵馬判官員外郎崔椿年　承三軍指揮往犒蒙兵
　有一元帥自稱權皇帝　名曰撒禮塔　坐氈廬飾以錦繡　列婦人左右乃曰……"
　(『고려사』, 고종 18년 11월 癸巳[11일]條). 그런데 國王 木華黎(Mukhali)가 權
　皇帝이기 때문에 "征伐大事 皆決於己 故曰 權皇帝 衣服制度 全用天子禮"
　(『蒙韃備錄』,「諸將功臣」條)라고 한 것으로 보아, 그가 '權皇帝'라면 황제에
　준하는 권한을 征東戰役에서 행사할 수 있었던 것으로 짐작된다.

三軍陣主 詣降權皇帝所(『高麗史』 권23, 고종 18년 12월 23일조)

위에서 보듯이, 그가 權皇帝를 자칭한 11월 11일로부터 33일 후인 이해 12월 23일엔 고려측에서 그를 실제로 '權皇帝'로 존대하고 있기도 하다.

그런 征東몽골元帥 權皇帝 撒禮塔(Sartai)를 고려 水州의 屬邑 처인 부곡 전장에서 고려 스님 김윤후가 사살했다. 이는 정녕, 몽골·고려전쟁 40여 년사에서는 물론, 몽골의 東征 50여 년사에서 유례없는 일대의 대사건이 아닐 수 없다. 이 사건으로 몽골군의 관례대로 몽골군은 총퇴각했으며, 이후의 몽골·고려전쟁에서 일대의 격변을 일으키는 결정적인 계기가 된 것으로 볼 수 있다.

만약 여기서 야나이의 견해대로 箚剌(札剌, Djala)를 契丹의 두령 喊舍라고 한다거나 이케우치(池內宏)의 주장을 그대로 추종해 箚剌(札剌)를 著古與라고 멋대로 牽强附會한다면,[25] 위 인용 사료의 전후 관계에 상호 모순이 생기게 된다. 곧

> 箚剌를 살해하고 난 후 일찍이 한명의 使者도 몽골에 入朝하지 않았다.

고 했기 때문이다.

그러나 과연 遼王 喊舍가 강동성 전역에서 살해된 1219년(몽골 태조 14, 고려 고종 6)이나 몽골使者 著古與가 살해된 1225년(몽골 태조 20, 고려 고종 12) 이후부터 위의 文牒이 고려에 도착한 1233년(몽골 태종 5, 고려 고종 20) 4월말 경에 이르기까지 1명의 고려사자도 몽골에 入朝하지 않았을까? 아니다. 아래 기록은 그렇지 않음을 분명히 증언해

---

25) 池內宏,「蒙古の高麗征伐」,『滿鮮地理歷史研究報告』 10, 1924, 149쪽 참조.

주고 있다.

 a) 遣上將軍趙叔昌・侍御史薛愼如蒙古上表稱臣……(『高麗史』 세가
  권23, 고종 19년(1232) 12월 여름 4월 壬戌條)
 b) 國王𥧄 遣將軍趙叔昌御史薛順(順은 愼의 誤 : 저자)等 奉表入朝
  (『元高麗紀事』, 태종 4년(1232) 4월조)

 위 사료는 上將軍 趙叔昌과 侍御史 薛愼이 1232년(몽골 태종 4, 고려 고종 19) 4월 12일(壬戌)에 고려를 떠나서, 그 달에 표문을 받들고 몽골에 入朝했던 소식을 분명하게 전해주고 있다. 이는 몽골이 고려에 위 詔書를 보냈던 1233년 4월 24일보다도 1년 가량이나 앞서 있었던 일인 것이다.

 그러나 여기서 箚剌(札剌, Djala)를 그대로 撒禮塔(Sartai)로 볼 경우에는 이러한 모순이 나타나지 않는다. 살리타이 곧 잘라가 살해된 1232년 12월 16일 이후부터 이 文牒이 도착한 1233년 4월 24일 사이에는 고려에서 단 한 사람의 사자도 몽골에 入朝한 적이 없기 때문이다. 이런 어마어마한 사건이 일어난 마당에 입조하는 것은 불가능했고, 입조를 시도만 해도 물론 곧장 처형될 판이어서였을 것이다.

 이어서 이 '五罪'를 문책하는 문첩의 내용을 좀 더 자세하게 분석해 보기로 하자.

 諭王𥧄悔過來朝 詔曰 汝表文奏告事理具悉 率諂妄推託之辭 彼此有何難知 汝若委無諂妄 可來朝覲 自昔討平丹賊訖殺箚剌之後 未嘗遣一人赴闕 爾等曾無遵依大國法度施行 此汝之罪一也 (①) 賷擎長生天之訓言省諭 去者使命 爾等輒敢射回 此汝之罪二也(②) 爾又將著古歟謀害 推稱萬奴民戶殺壞 若獲元告人 此事可明 如委係萬奴將爾國排陷 朕命汝征討萬奴 爲何逗遛不進 此汝之罪三也(③) 命汝進軍 仍

令汝弼入朝 如此明諭 爾敢抗拒不朝 竄諸海島 此汝之罪四也(④) 又
令汝等民戶俱集見數 爾稱若出城計數 人民懼殺 逃入海中 爾等嘗與
天兵協力征討 將爾等民戶誘說出城 推稱計數 妄行誅殺 輒敢如此妄
奏 此汝之罪五也(⑤)……或伏降出力之人 雖匹夫匹婦 未嘗妄殺 爾之
境內 西京金信孝等所管十數城 應有人民 依奉朝命 計點見數 悉令安
業住坐……以爾拒命不服 申命大軍 數路進發……底於滅亡也……爾
或堅執不朝 又不躬行征討 自陷罪惡死亡之地也……以致爾等自貽其
咎 自抵滅亡耳(『元高麗紀事』, 태종 5년 癸巳 4월 24일조)

우선 위 '五罪'의 내용을 시대순으로 배열해 보면, 죄목 ①, ②, ③의
記事는 고려인이 직접 몽골인에게 살의를 품었거나 또는 그들을 살해
한 사건으로, 詔書가 보내졌던 당일인 1233년(몽골 태종 5, 고려 고종
20) 4월 24일을 중심으로, 그로부터 기간이 가까운 것으로부터 먼 것으
로 시대순(③→②→①)의 역순(①→②→③)으로 배열돼 있는 것을 알
수 있다.

한편 나머지 죄목 ④, ⑤는 몽골인 이외의 사람들이 살해되기는 했
으나 몽골인이 직접 살해되지는 않은 일로 몽골에 대한 고려의 抗命이
나 허위보고 따위를 들고 있는데, 이 경우에는 대체로 시대순(④→⑤)
으로 배열되어 있는 것을 알 수 있다.

요컨대 이 詔書는 이들 사자 일행이 고려에 들이닥치자마자 당연히
大喝一聲하여 먼저 權皇帝인 몽골원수 撒禮塔 곧 箚刺(札刺) 射殺이
라는 천인공노할 일대의 사건을 꾸짖고 있다(①). 그런 뒤 이어서 使臣
射回事件(②)과 著古歟殺害事件(③) 따위를 우선 급한 것부터 차례대
로 꾸짖으며, 아울러 고려가 몽골의 파병요청을 거절한 것(④)과 民戶
를 俱集見數한다고 北界諸城의 附蒙고려군민들을 꾀어내어 마구 죽
인 것(⑤)을 나무랐다. 그러나 그런가 하면 한편으로는 '西京金信孝等
所管十數城'의 사례를 들어 달래고 회유하다가, 다시 '自陷罪惡死亡之

地也'나 '自抵滅亡耳'와 같은 공갈협박 조의 말로 매듭짓는다. 정녕 교묘하고도 단호한 語勢를 이루고 있는 조서라 하겠다.

　그러니까 이렇게 문장을 제대로 복원해 가다듬어가며 읽노라면, 야나이 와다루가 이 조서의 문맥이 權皇帝인 몽골원수 撒禮塔 곧 箚剌(札剌) 射殺이라는 천인공노할 일대의 사건을 꾸짖고 있다고 보기에는 그 어세가 날카로운 데가 거의 없다고 한 지적이 도무지 납득이 가지 않는다. 뿐만 아니라 撒禮塔 곧 箚剌(札剌)가 고려의 처인부곡에서 1232년 12월 16일 김윤후에게 사살된 날로부터 이 조서가 고려에 도착한 것은 불과 4~5개월밖에 되지 않은 1233년 4월 경임을 고려할 때, 고려에 '五罪'를 문책한 이 조서에서 불과 4~5개월 전에 있었던 權皇帝인 몽골元帥 撒禮塔 곧 箚剌(札剌) 사살이라는 대사건을 아예 제쳐놓고, 그로부터 8년 전에 있었던 몽골 사자 저고여살해사건이나 그보다 더 이전인 14년 전에 일어났던 遼王 喊舍를 追殺해준 일 등의 옛날 이야기나 맨 먼저 들추고 있었으리라는 것은 상식적으로도 수긍하기 어려운 일임에 틀림없다.

　그런데 이상의 관계 사실 천착을 통해서 위 조서의 箚剌(札剌, Djala)가 곧 다름 아닌 1232년 3차 고려침공시의 '權皇帝' 몽골征東元帥 撒禮塔(Sartai)라고 명백히 밝혀졌다고 하더라도 한 가지 의심쩍은 점은 여전히 그대로 남는다. 『원고려기사』, 태종 5년 癸巳 4월 24일조에서 箚剌 곧 撒禮塔에 대한 史實을 기록할 때, 왜 1231년(몽골 태종 3, 고려 고종 18) 撒禮塔 2차 침공에 관한 기록에는 그를 撒禮塔(Sartai) 火兒赤(Khorchi)라고 쓰고, 이로부터 불과 2년 뒤 기록인 위의 조서에는 그를 箚剌(札剌, Djala)라고 기재했느냐 하는 점이다.

　撒禮塔(Sartai)를 氏族名으로 보고 箚剌(札剌, Djala)를 그 이름으로 볼 때, 곧 '撒禮塔(Sartai) 箚剌(札剌, Djala)'를 그 姓名으로 볼 때, 아래의 2가지 경우를 생각해 볼 수 있다.

위 조서는 이미 전쟁을 마치고 돌아갔던 鐵哥(Degu) 火兒赤(Khorchi) 등의 전과 보고를 기초로 삼아 작성된 조서이기 때문에, 札剌兒(Djalar) 氏가 고려정벌을 지휘하고 있었던 동안에는 그가 征高麗軍 가운데서 잘라르氏를 대표하는 유일한 인물로 되어서 그 姓인 撒禮塔(Sartai)-札 剌兒(Djalar)만을 가지고도 그를 호칭할 수 있었지만, 일단 몽골 조정에 돌아와서는 그 사정이 달라질 수도 있다는 것이다. 왜냐하면 몽골 조정 내에서는, 그를 능가하는 세력을 틀어쥐고 있었던 札剌兒(Djalar)氏가 생존해 있을 수도 있고, 또 그동안에 이미 이 箚剌(札剌, Djala)에 상당하는 잘라르氏가 새로운 인물로 부각됐을 수도 있기 때문이다.

이러한 2가지 경우에 몽골 조정 내에서 작성된 위 詔書에서는 箚剌 (札剌, Djala)와 이들 札剌兒(Djalar)氏와의 상호 혼동을 피할 필요를 느껴서, 부득이 撒禮塔(Sartai)-札剌兒(Djalar)이라는 성을 쓰지 않고 이름인 箚剌(札剌, Djala)만을 호칭으로 썼을 가능성이 있다. 이런 때 고려정벌전을 서술한 사료와 몽골 조정 내에서 작성한 詔書 사이에 箚剌 (札剌, Djala)를 서로 기록상으로 상이하게 적을 수 있다는 것이다. 물론, 1218년 강동성 전역시에 그를 箚剌(札剌)라고 적은 것도, 당시의 元帥 哈眞(Khajin)이 札剌兒(Djalar)氏일 경우에 그 또한 이름으로 箚剌 (札剌, Djala)라고 쓸 수밖에 없었을 경우였다고 추정해 볼 수 있다.

그렇다면 간접적인 증거자료이기는 하지만, 箚剌(札剌)가 곧 撒禮塔 이어야 한다는 사실을 뒷받침하는 사료를 하나만 더 제시하고 글을 마무리짓기로 하자.

撒禮塔(Sartai)가 죽은 지 8년 뒤인 1240년(몽골 태종 12, 고려 고종 27)에 몽골에서 고려 고종에게 보낸 詔書에 이런 내용이 실려 있다.

　詔諭曔曰……又何難見 止爲合車·箚剌已死 奏此詭妄之語 知此事
之人 俱在 爾等所奏 先曾出力之事……昌朔州民戶來賓 爾等輒將家

110

口殺掠 據擅行殺掠之人 豈非罪歟 將爲首始謀萬戶千戶官員人等……
(『元高麗紀事』, 태종 12년(1240) 庚子 5월조)

위 기록에는 "合車·箚剌가 이미 둘 다 죽었다고 해서 내가 왜 箚剌(札剌, Djala)가 主管했던 對高麗關係事들을 모르겠는가?"하는 내용이 있다. 그런데 箚剌(札剌)가 주관했던 대고려 관계사들이란 '先曾出力之事'(1218~1219년 강동성 전역시 곧 撒禮塔 1차 고려침공시), '昌朔州民戶殺掠事件'(1231년 撒禮塔 2차 고려침공시), '謀萬戶千戶官員人等'(1231년 撒禮塔 2차 고려침공시) 따위로 모두 강동성 전역에서부터 살리타이가 고려 처인부곡에서 사살되기 이전까지의 시기에 걸쳐서 일어났던 일인 것을 알 수 있다.

또한 1232년 撒禮塔 3차 고려침공시의 權皇帝인 몽골征東元帥 撒禮塔가 사살된 지 17년 후이자, 몽골 定宗이 죽은 다음 해인 고려 고종 36년(1249) 8월 15일자 記事에는 이런 내용도 적혀 있다.

皇太子懿旨 宣諭王皞曰……皇帝御前 爾等尙隱諱 合車·箚剌二人已死 計我何知 我非童稺 豈能欺我焉 知此事之具臣 俱有據 爾等射回使命禾者 幷殺訖著古歟之事 顯然可知 如委的出力供賦 果無二心 於壬辰年 令隨從撒兒塔征討萬奴 爾等卽欲違背 遷入海島……(『元高麗紀事』, 己酉年(1249) 8월 15일조)

이에도 合車·箚剌 2人이 이미 죽었다고 해서 그들이 주관하고 있던 일을 모를 줄 아느냐 하는 내용이 적혀 있다. 여기서도 역시 그들이 주관하고 있던 일의 내용은 射回使命禾者·著古歟살해사건·撒兒塔(Sartai)를 따라 蒲鮮萬奴를 정토하라는 명령을 거부하고 海島로 들어가 항거한 사실(1232년 壬辰年 撒禮塔 3차 고려침공시) 등으로, 모두

1218~1219년 강동성 전역시부터 '撒禮塔(Sartai)-札剌(札剌, Djala)'가 3차 고려침공시인 1232년(몽골 태종 4, 고려 고종 19) 12월 16일에 金允侯에게 사살되기 직전에 걸쳐서 일어났던 사건들이다.

결국 위의 2종에 나타난 내용들은 札剌(札剌, Djala)가 1219년(몽골 태조 14, 고려 고종 6) 강동성에서 살해된 遼王 喊舍도, 1225년에 살해된 著古歟도 아닌[26] 바로 문자 그대로 札剌(札剌, Djala) 그 사람이요, 札剌(札剌, Djala)란 1218~1219년 강동성 전역시 곧 撒禮塔 1차 고려침공시의 副元帥 札剌로, 앞에서 밝혔듯이 강동성 전역이 끝난 지 3년 후인 1221년(몽골 태조 16, 고려 고종 8) 8월 己未日 경에 이미 부원수에서 원수로 진급해 있던 征東元帥 札剌 곧 撒禮塔이다. 그가 1231년(몽골 태종 3, 고려 고종 18) 撒禮塔 2차 고려침공시와 1232년 撒禮塔 3차 고려침공시에 몽골征東元帥로 병력을 총지휘해온 터였고, 따라서 위 두 사료는 札剌가 총사령관 撒禮塔(Sartai)의 異稱일 뿐이라는 사실을 더욱 뚜렷하게 뒷받침해주고 있다 하겠다.

V. 맺음말

이상에서 저자는, 札剌(札剌, Djala)와 撒禮塔(Sartai)가 異名異人이라는 主張을 펴고 있는 야나이 와다루의 견해를 비판해 바로잡기 위한 저자 나름의 管見을 펴 보았다.

---

26) 後者의 사료에는 札剌(札剌, Djala)가 著古歟가 살해된 사실도 아는 것으로 적혀 있다. 1218~1219년 강동성 전역시 곧 撒禮塔 1차 고려침공시 이후에 얼마 안 돼 일어난 이 사건을 문책하러 강동성 전역시의 副元帥에서 그간 元帥로 진급해 1231~1232에 걸쳐 고려에 2차로 재침공해 온 '撒禮塔(Sartai) 札剌(札剌, Djala)'이기 때문이다. 따라서 札剌가 절대로 著古歟일 수는 없다는 것이다.

결국 이로써 『元朝秘史』의 札剌亦兒台(Djarairtai)는 撒兒台(Sartai)의 誤寫[27]가 아니라 撒兒台(Sartai)를 音譯을 달리해 표기한 것일 뿐이므로, 札剌(Djala)나 撒兒台(Sartai)가 모두 札剌亦兒台(Djarairtai)로 쓰일 수 있다는 것을 밝힌 셈이다.[28]

그러므로 『元朝秘史』를 그 底本으로 하여 쓰여졌을 『新元史』 권 132, 열전 제29, 札剌亦兒台豁兒赤傳 太祖 12年(1219)條에서는 이렇게 바로잡아 적고 있다.

> 以哈臣爲元帥 札剌亦兒台副之 師蒙古軍兼督耶律留哥契丹軍 蒲鮮萬奴將完顔子淵軍討之 破和孟順德四城 麟州都領洪大純 帥其子福源迎降

강동성 전역시의 札剌(Djala)를 札剌亦兒台(Djarairtai)라고 표기하고 있는 것이다. 뿐만 아니라 위 사료에 이어 태종 3년(1231)조에서는 이렇게 당시의 상황을 서술하고 있다.

> 追討高麗殺信使之皐 遂圍新[興?]鎭 屠鐵州 洪福源帥降民千五百戶 導札剌亦兒台 攻州郡之未附者 九月 至西京 入黃鳳州 克宣郭州 取

---

27) 箭內亙, 「蒙古の高麗經略」, 『滿鮮地理歷史硏究報告』 4, 東京帝大, 1918, 280 쪽.

28) 만약 撒禮塔(Sartai)가 札剌亦兒台(Djarairtai)라는 姓이고, 札剌(Djala)가 그 이름이라면 그 姓名은 '撒禮塔(Sartai) 箭剌(札剌, Djala)'가 되겠고, 반대로 撒禮塔(Sartai)가 그 이름이고 札剌(Djala)가 札剌亦兒台(Djarairtai)라는 姓氏의 音譯이라면 그 성명은 '札剌(Djala) 撒禮塔(Sartai)'가 될 것이다. 또한 이들 2가지 호칭이 모두 札剌亦兒台(Djarairtai)라는 姓氏의 音譯이라면 이와 같은 서로 다른 표기는 姓과 名의 混用에서 기인되는 文字의 出入 내지는 상호 혼동에서 결과된 것일 수도 있다. 그렇지만 어느 경우에도 札剌(Djala)와 撒禮塔(Sartai)가 同名同人이라는 사실은 본장에서 나름대로 분명히 고증된 셈이다.

城邑四十餘 使阿兒禿與洪福源招諭王皞 皞使其弟淮安公侹 請和

이처럼 1231년 고려에 침공해 온 撒禮塔(Sartai)를 또한 札剌亦兒台
(Djarairtai)라고 표기했다. 모두 사실을 바로 파악해 적은 기록들이다.
札剌(Djala)와 撒禮塔(Sartai)를 同名同人으로 바로 보고 이 양자를 모두
札剌亦兒台(Djarairtai)라는 표기로 통일해 썼기 때문이다.

정녕, 1218년(몽골 태조 13, 고려 고종 5) 12월 강동성 전역에서 契丹
遺種의 토벌을 憑藉하여 고려 침공을 위한 고려의 北界要塞들에 대한
전투정찰을 수행하던, 당시의 부원수 札剌(Djala) 곧 撒禮塔(Sartai)가 그
후 1221년 8월 己未日 경에 원수로 진급하여 蒲里帶와 함께 사신 著
古與를 통해, 서신 1통을 고려에 보내오는 등 對高麗關係 일을 계속
주관해왔다는 것, 1229년(몽골 태종 1, 고려 고종 16)에 요동정벌을 개
시하고 1231년 8월 28일에 征東元帥로서 마침내 정식으로 고려침공을
총지휘해 침입해왔다는 것은, 본론에서 다루었던 여러 증거자료나 몽
골군의 일반적인 전략전술 관행으로 보아도 매우 至當한 일이라 하겠
다.

결국 몽골인은 정복지를 장악할 때면 그 정복과 정복지 지배에 언제
나 주도치밀했다는 점[29]으로 보아, 1218~1219년 몽골군의 강동성 전
역은 마땅히, 그로부터 1260년까지에 장기간에 걸친 몽골의 고려침공
전에 앞선 정찰작전으로 파악되어야 할 것이다.

二月己未 哈眞等還 以東眞官人及傔從四十一人留義州曰 爾等習高

---

29) Abraham Constantin Mouradegea d'Ohsson, *Histoire des Mongols*, depuis Tchingisiz
Khan jusgu'à Timou bey ou Femerlan. Avec une carte de i' Asie au ⅩⅢ e ciècle. T.
Ⅰ=Ⅳ, èd. 2, La Haye et Amsterdam ; 佐口透 譯, 『蒙古帝國史』 1 · 2, 平凡社,
1968, 34~35쪽 참조. 그는 여기서 "칭기스칸은 敵情에 通曉하기 전에는 敵
國에 쳐들어가지 않는다"고 밝히고 있다.

麗語 以待吾復來(『高麗史』 세가 권제22, 고종 6년 2월 己未條)

위에서 보듯이 몽골원수 哈眞과 당시의 부원수 札剌 곧 후일의 撒禮塔(Sartai) 일행은 그들 중의 일부인 '東眞官人及傔從四十一人'을 고려땅 義州에 남겨 놓고서 고려어를 습득케 하여 몽골군이 다시 올 때를 대비케 했던 터이다.

따라서 몽골측의 작전계획 면에서 보면 몽골·고려전쟁은, 1231년(몽골 태종 3, 고려 고종 18) 8월 28일에 있었던 '撒禮塔(Sartai) 2차 고려침공전'보다 13년 앞서 1218년(몽골 태조 13, 고려 고종 5) 12월~1219년(몽골 태조 14, 고려 고종 6) 1월에 걸쳐 있었던 몽골·고려 對거란 합동작전이라는 탈을 쓰고 자행된 몽골군의 고려 北界要塞地에 대한 전투정찰전이라 할 강동성 전역에서, '형제맹약'이라는 외식적 표방에도 불구하고, 실은 이미 그 실제상의 장구한 전쟁의 緖戰이 열렸던 것이다.

그래서 비록 札剌(Djala)-撒禮塔(Sartai)가 元帥 哈眞(Khajin) 휘하의 부원수 箚剌(札剌, Djala)로 참전했지만, 이때 수립된 고려정벌 작전계획을 1231년에 실천에 옮긴이가 札剌(Djala)-撒禮塔(Sartai)이고 그 후 사실상 몽골·고려전쟁 사령탑의 主脈을 이루면서 그 기본 틀을 잡게 한이가 또한 그이므로, 편의상 본장에서는 1218~1219년 강동성 전역으로 상징되는 몽골의 고려 北界諸城에 대한 戰鬪偵察戰을 '撒禮塔(Sartai) 1차 고려침공전'으로 부르기로 했다. 따라서 撒禮塔(Sartai) 자신이 1232년(몽골 태종 4, 고려 고종 19) 12월 16일에 전사하는 당시의 몽골·고려 전역을 자연스럽게 '撒禮塔(Sartai) 3차 고려침공전'이라고 부르게 됐다. 그러므로 사실상, 1218년 12월부터 1259년(몽골 憲宗 9, 고려 高宗 46) 己未 4월 甲午日에 高麗 太子 王倎이 표문을 받들고 몽골에 入朝하기까지 무려 42년간 유례 없는 持久戰인 몽골·고려전쟁

이 수행된 셈이다. 물론 그간에 때때로 휴전기간이 있었고, 전쟁의 지
구전화가 불가피한 몽골의 세계전선 관리 전략상의 피치 못할 사정이
있기는 했다.

그렇다면 1218~1219년의 강동성 전역에서 전투정찰의 임무를 수행
했던 잘라-살리타이가 그 후 1232년 12월 16일에 고려에서 스님 김윤
후에게 사살당하기까지 계속해서 고려침공을 주도해왔다는 사실은 우
리에게 과연 무엇을 암시해주고 있을까?

> 太祖憲宗朝 征高麗元帥(錢大昕, 『元史氏族表』 권1, 蒙古 札剌兒氏
> 編 札剌台條)

위의 기록에 의하면 심지어 잘라르氏族인 札剌台가 몽골의 태조에
서 헌종조에 이르기까지, 그러니까 1206~1259년까지 줄곧 征高麗元
帥로 복무했던 것으로 기록돼 있다. 征東戰役을 근 50년간 잘라르氏族
인 札剌台가 주도했다는 것이다, 물론 개인이 아니라 잘라르氏族이 代
를 이어 征東-征高麗 戰役을 주도해왔음을 말해주는 것이기는 하다.
이는 몽골정복전쟁사 상 類例가 없는 持久戰이었던 몽골·고려전쟁의
특이성과 관련해 어떤 의미를 부여해 주는 것일까?

이처럼 한 사람이 고려정복전에 계속해서, 또는 대를 이어서까지 동
원되었던 경우는 비단 잘라-살리타이 개인뿐이 아니었다. 예컨대 耶律
留哥가 고려정벌전역에 출전한 뒤에 그의 아들 薛闍가 그 뒤를 이었
고 다시 薛闍의 이들 石剌(收國奴)가 그의 뒤를 이어 참전해[30] 무려 3

---

30) 『元史』 권149, 열전36 耶律留哥傳에 보면 耶律留哥는 元帥 哈眞(Khajin) 麾下
  의 副元帥 箚剌(札剌 : Djala)를 도왔고 그의 아들 薛闍는 撒兒台(Sartai)를 도
  왔으며 그의 손자 石剌(收國奴 : 初名)는 也古와 撒剌台를 도와 고려에 출전
  하고 있었던 것을 기록하고 있다.

대에 걸쳐 고려정벌전에 참여하고 있는 사실이나, 札剌亦兒台
(Djarairtai)나 그의 아들 塔出가 모두 고려침공전에 동원된 사실,[31] 그리
고 哈撒兒의 아들 也古가 1252년(몽골 헌종 2, 고려 고종 39)에 고려정
벌군을 거느리고 온 뒤에는 그의 아우 也生哥가 또한 札剌台를 따라
고려침공전에 참전해 있는 사실[32]은 모두 그 좋은 例일 것이다.

　뿐만 아니라 1218년 12월~1219년 1월의 강동성 전역에 참전했던
蒲桃(蒲里帶, 蒲里岱完)는 그 후 1221년(몽골 태조 16, 고려 고종 8)에
箚剌(札剌, Djala)-撒禮塔(Sartai)와 함께 對高麗關係事를 담당하다가
1231년(몽골 태종 3, 고려 고종 18)에는 또한 撒禮塔(Sartai)와 더불어
고려 정벌전에 참전하고 있으며,[33] 王榮祖[34]・吾也而[35]・買奴[36]・都

---

31) 『元史』 권133, 열전20 塔出條, "憲宗甲寅 奉旨伐高麗 命桑忽剌出諸王並聽
　　節制 其年 破高麗連城 舉國遁入海島 己未 正月 高麗窮計 遂內附 札剌台之
　　功居多 塔出 以勳臣子 至元十七年 授昭勇大將軍東京路總管府達魯花赤…
　　…" 참조. 여기서 「勳臣」이란 札剌台를 가리킨다.

32) 『新元史』 권105, 열전 제2 烈祖諸子 哈撒兒條, "……哈撒兒有四十子 惟五子
　　知名 曰也古 曰脫忽 曰也生哥……也古爲征東元帥 與高麗降人洪福源率兵
　　渡鴨綠江 拔高麗禾山東州春州三角山等城……也古旣破 也生哥仍率所部 從
　　札剌台征高麗 先後攻拔其光州玉果等城……" 참조.

33) 본장 주16) 참조.

34) 『元史』 권49, 열전 제36 王珣傳에 그의 아들 榮祖가 札剌亦兒台(Djarairtai)를
　　좇아 1231년에 고려에 출정한 이래로 고려가 1260년경에 出降할 때까지 계속
　　해서 고려정벌전역에 참전하고 있음을 기록하고 있다.

35) 『元史』 권120, 열전 제7 吾也而傳에 그가 몽골 태종 3년 고려 고종 18년인
　　1231년에 撒里塔(Sartai)를 따라 고려에 출정한 이래로 다시 몽골 태종 12년
　　고려 고종 27년인 1240년~몽골 태종 13년 고려 고종 28년인 1241년에도 출
　　정하여 마침내 王綧을 禿魯花로 삼아 몽골로 데리고 갔었던 일을 기록하고
　　있다..

36) 『元史』 권149, 열전 제36 (移剌)買奴傳에 그가 몽골 태종 3년, 고려 고종 18년
　　인 1231년에 고려에 출정한 이후에 몽골 태종 乙未 7년, 고려 고종 22년인
　　1235년에 다시 唐古를 좇아 고려에 출정했고, 그런 후에도 고려에 재삼 출정
　　하라는 명령을 받고 실행하려다가 病死했다고 썼다.

坦[37] 등이 모두 거듭해 고려정토전에 나서고 있었던 것이다.

그러나 무엇보다도 몽골의 태조~헌종조에 걸친 정고려 전역의 원수가 모두 札剌台이었다고 기록하고 있는 錢大昕, 『元史氏族表』(25史補編 6권, 開明書局) 권1, 蒙古 札剌兒氏編 札剌台條에는 정동의 전역, 그 중에서도 특히 征高麗 戰役은 모두 札剌亦兒(Djarair)씨의 지휘 아래 그 전쟁이 수행됐을 가능성에 대해 시사하는 바가 자못 크다고 하겠다.

이처럼 몽골은 고려 內地에서 기왕에 전투경험이 있어서 그 지형과 풍토 및 高麗軍民의 항전형태에 익숙해 있는 장병을 계속해서 對고려전에 투입시켰다.

이는 대체로 고려의 국토가 3면이 바다로 둘러싸여 있고 험악한 山岳으로 구성돼 있어서, 고려가 이런 山城과 海島를 근거지로 삼고 지휘체계가 一元化되어 있지 않은 各個 내지 小部隊 게릴라 항전과 함께 淸野戰術을 전개함으로써, 예측을 불허케 하는 특이한 전황들이 持久的으로 전개되었기 때문으로 볼 수 있다.[38] 중원의 萬里長城式 방

---

37) "丙戌 都坦 又以館舍寥寂 欲移寓人家 贈金酒器一事 紵布八十匹 乃止 都坦 本契丹人 性甚奸黠 往者 請蒙兵到江東城 滅其國兵也"(『高麗史』 세가 권23, 고종 19년 壬辰 3月條). 여기서 몽골 태종 4년-고려 고종 19년인 1232년 3월에 고려에 와서 행패를 부린 都坦이 본래 契丹人으로, 이에서 우리는 그가 기왕에 이로부터 13~4년 전에 있었던 강동성 戰役에도 派兵돼 왔던 사람인 것을 알게 된다.

38) 金庠基, 「三別抄와 그의 亂에 就하야」, 『震檀學報』 제7~15권(1973년 景仁文化社 合本), 1938(上)·1939(中)·1941(下)에서도 몽골·고려전쟁 중의 고려의 對蒙抗戰이 게릴라전에 크게 의존하고 있어 몽골군 진영이 매우 당혹스러워 하였음을 지적하고 있다. 周采赫, 「初期麗·元戰爭과 北界四十餘城 問題」, 『史學會誌』 합본 2집, 연세대 사학연구회, 1970, 209~212쪽 ; 주채혁, 「初期麗·元戰爭과 고려의 對蒙作戰與件」, 『청주여사대신문』 39호, 1975년 5월 31일에서도 "고려의 對蒙抗爭이 유격전이나 反包圍討伐戰 등의 소규모 비정규전을 위주로 한 데 반해, 몽골은 對遊擊戰이나 包圍討伐戰 등의 대규모적

118

어개념과는 많이 다른 高麗戰場, 특히 스텝평원의 경기병 전투에 능란한 몽골군이 고려반도의 고원지대나, 스텝의 羊草가 없는 현지 상황에서의 전투를 수행하는 과정에서 그 나름의 특수한 대응형태라 하겠다. 물론 몽골의 정복전쟁 양상이나 고려의 특이한 항전 형태도 각각 그들 나름의 오랜 전쟁 수행의 배경에서 우러나온 것이다.

고려의 민중이 대몽항전의 주체가 되었다고 지적되는[39] 고려-몽골 지구전의 성격에 관해서는, 무신정권 이래의 전시과제도의 붕괴와 대토지소유형태의 보편화[40] 및 이에 따르는 귀족관인층의 몰락과 新進士人의 진출,[41] 군인전을 그 경제적 기반으로 하고 있던 府兵의 몰락, 그리고 고려 曹溪宗으로 대표되는 禪宗의 새로운 발전,[42] 무인정권에 의한 대규모적인 공병의 사병화로 인한 부병제 崩壞의 촉진, 신분질서의 해이에 따른 천노층의 신분해방 가능성 확대, 무반천시작풍의 상당

인 정규전을 위주로 하는 침공전을 집요하게 수행했다. 고려는 위와 같은 비정규전에 유리한 盛夏期를 反擊時期로 삼아 持久的인 抗戰을 기도한 데 반해서, 몽골은 그들의 병력이나 무기가 원활하게 기능을 발휘할 수 있고 고려의 이러한 반격을 효과적으로 제압할 수 있는 秋冬期를 공격시기로 잡아 주로 速戰速決을 시도했다"고 밝힌 바 있다. 물론 이런 몽골·고려전쟁의 수행 형태는, 말기로 오면서 消耗戰이 極限 狀況으로 치닫고 고려내부의 武人政權과 王政復古派의 대립이 극도로 첨예화하면서, 高麗軍民의 투항세력을 앞세운 몽골군의 침략전쟁이 또한 본격적으로 持久化하는 가운데, 抗蒙南宋戰線의 붕궤와 때를 같이 해 몽골이 屯田兵을 고려 땅에 駐屯시켜 常時的인 全天候 전투를 수행하며 以夷制夷 戰略으로 '고려침공전쟁의 高麗化'를 강인하고도 단호하게 밀어붙이는 몽골·고려전쟁의 후기전황 하에서는 격변을 요구받게 된다.

39) 姜晉哲,「몽골침입에 대한 抗爭」,『한국사 - 고려편』, 국사편찬위원회, 1974, 363~373쪽 참조.
40) 강진철,「한국토지제도사(상)」,『한국문화사대계』, 고려대 민족문화연구소, 1965, 1329~1380쪽 참조.
41) 李佑成,「고려조의 吏에 대하여」,『역사학보』23집, 한국역사학회, 1964 참조.
42) 金映遂,「曹溪禪宗에 대하야」,『진단학보』9집, 진단학회, 1938, 151쪽 참조.

한 해소,[43] 몽골·고려 쌍방의 역사적 및 생태현실적 제 특징과 그 상호작용 등의 다각적인 측면이 모두 고려하여 보다 객관적인 연구들이 이루어져야 할 것이다.

그렇지만 附言한다면 몽골의 고려침공사나 고려의 對蒙抗爭史란 시각 일변도의 연구 접근이라는, 연구자들의 개체사 배경을 과감히 넘어서는 개방적 시각의 연구 접근도 이제는 같이 시도되어야 하리라고 본다. 예컨대 몽골과 고려가 합작해 몽골세계제국을 창업했고 팍스몽골리카를 완성하여 인류역사 발전에 일정한 작용을 해냈다는 또 다른 超然한 시각[44]이 필요할 수도 있다는 것이다.

결론을 말한다면, 이러한 특이한 형태의 고려의 항전과 그에 대한 몽골의 대응은, 결국 以夷制夷의 책략으로 '고려정복전쟁을 高麗化'하려는 몽골의 끈질긴 시도[45]와 고려 내지에서의 전투경험을 가진 몽골 장병들을 지속적으로 고려정복전투에 참전시키는 따위의 형태로 나타나게 되었다는 것이다. 특히 대흥안령북부 달라이 호수를 기원지로 삼는 札刺亦兒(Djarair)씨의 지휘 아래서 그 몽골·고려전쟁이 몽골정복전사 상 40여 년이라는 최장기에 걸쳐 수행된 데 주목할 필요가 있다.

---

43) 변태섭, 「고려의 귀족사회」, 『사학연구』 제13호, 한국사학회, 1962 참조.

44) 대흥안령 동남부 通遼지역이 고향인 몽골계 타이완인 몽골학자인 한촐로－'큰 바위'란 몽골이름을 가진－교수는 1990년 대우재단 소강당에서 있었던 「한국몽골秘史학회」 창립모임에서 이런 내용의 축사를 해서 한국인 座中을 驚愕케 했다. "몽골과 고려는 함께 몽골세계칸국을 창업해냈습니다!"라는 것이다. 귀가 닳도록 한국인들이 들어온 '자랑스러운 항몽전쟁 40년 국난극복사는 어쩌라고 저러나?'하며 戰戰兢兢한 저자를 포함한 한국인 죄중들이었다. 그럼에도 불구하고 크고 길게 보면 고려인들이 '팍스몽골리카'를 이룩하는 몽골인들의 핵심적인 同業者였다는 그의 시각도 고려해 보아야 한다. 주채혁, 「'후고구려' 세계제국 몽골!」, 『순록치기가 본 조선·고구려·몽골』, 혜안, 2007, 256쪽.

45) 周采赫, 「洪福源一家와 麗·元關係(1)」, 『사학연구』 24, 한국사학회, 1970 참조.

물에 비교적 익숙한 그들에게 삼면이 바다로 둘러싸인 고려반도 정벌전이 계속해 맡겨져 그런 정동전역권에서 몽·려전쟁이 수행됐다고 볼 수 있기 때문이다. 그러니까 1218년 12월~1219년 1월에 걸쳐 있었던 강동성 전역에서 몽골군 부원수로 고려의 北界要塞들에 대한 전투정찰 임무를 수행한 箚剌(札剌, Djala)-撤禮塔(Sartai)가, 그로부터 13~14년 뒤 몽골의 고려침공을 총지휘하는 權皇帝 征高麗元帥로서 주도적으로 참전하다가, 몽골정복전 사상 유례없는 총사령관의 전사라는 대사건을 연출했던 것도, 당시의 전황 속에서 역사적인 의의를 함께 보아야 하는 것이다.[46]

---

46) 周采赫, 「札剌와 撤禮塔」, 『史叢』 제21·22합집(姜晉哲교수화갑기념한국사학논총), 고려대 사학회, 1977. 10, 283~302쪽.

제4장 撒禮塔 1・2・3차 고려침공기의
몽골・고려전쟁考
-'고려정복전쟁의 高麗化'와 '江華遷都' 응전-

I. 머리말

본장에서 '撒禮塔 침공기'라 함은, 1218년(몽골 태조 13, 고려 고종 5)부터 1232년(몽골 태종 4, 고려 고종 19) 12월 16일에 權皇帝인 몽골 征東元帥인 그가 전쟁 중 고려 處仁部曲에서 스님 金允侯에게 射殺되기까지 있었던 撒禮塔 副元帥~元帥 휘하의 1~3차에 걸친 몽골군병의 고려침공으로 시작된 15년간의 몽골・고려전쟁기를 일컫는다.

몽골과 고려가 첫 충돌이 벌어진 것은 몽골이 금나라 공격을 시작한 1211년(몽골 태조 6, 고려 熙宗 7)이다. 金이 고려 희종의 생신 축하사절로 完顔惟孚를 보내오자 이에 대한 감사 답례로 장군 金良器 외 수행원 9인을 보냈는데 金의 通州에 이르러 김양기 및 수행원 모두가 몰살되어 金이 유골을 거두어 보내는 慘事[1]로 첫 관계가 이루어진 것이다. 이것은 1211~1214년에 걸친 몽골의 제1차 金朝침공기의 일로, 이는 敵情에 밝은 몽골군의 통례로 보아 伐金征服戰爭의 일환, 특히 金朝의 기원지인 만주 일대를 공략하고 고려반도 내지 일본열도를 정벌

---

1) 『高麗史』 세가 熙宗 5월조.

하는 征東의 전역을 치르면서 먼저 금-고려 抗蒙連帶 가능성을 事前에 차단하려는 의도적인 공격행위였다고 보아야 할 것이다.

그로부터 7년 후인 1218년(몽골 태조 13, 고려 고종 5)에 몽골의 원수 哈眞(Khajin) 및 부원수 箚剌(札剌, Djala)가 군사 1만을 거느리고 고려의 東北方 인접국인 東眞國의 蒲鮮萬奴가 보낸 完顔子淵의 군 2만과 함께 거란적을 친다고 聲言, 和·孟·順·德州의 4城을 공격하여 이를 破하고 곧 江東城으로 향했다. 물론 고려 경내에 闖入한 거란餘種을 토벌해 준다는 명분으로 뒷날에 미화했지만, 7년 전에 金-高麗間의 고려사신 일행을 몰살한 데 이어 이유야 어쨌든 남의 나라 국경을 사전에 허락도 없이 무려 3만 대군을 거느리고 쳐들어와서 4城이나 공파하며 강동성에 이른 것은 명백한 전투행위가 아닐 수 없다. 물론 4성이 공파되는 과정에서 전투가 있었는지, 있었다면 얼마나 참담했는지는 기록이 없어 알 길이 없지만, 고려군이 성을 쌓고 방어를 하는 要塞地임에는 틀림이 없고 보면 그냥 통과했을 수만은 없었을 것으로 보인다.

당연히 內地에 침입한 고려의 거란적을 토벌하는 군사원조과정을 통해서 고려를 몽골편으로 끌어들여 중간에 있는, 특히 金朝의 기원지인 만주를 협공하는 것이 최상의 대응책이 된다. 그러나 정복-피정복 관계의 맹약은 아니었다고 해도 이때 양국이 맺은 兄弟盟約은, 몽골 부원수 잘라(箚剌, 札剌, Djala)와 고려 元帥 趙冲이 주관해 맺은 형식부터가 불평등 관계를 말해주고 실제 맹약 내용도 그러한 측면이 분명히 엿보인다. 따라서 이는 和戰 兩面을 다 겨냥한 고려의 北界諸城에 대한 일련의 戰鬪偵察이라 할 수 있다. 따라서 1218년(몽골 태조 13, 고려 고종 5)에 있었던 강동성 전역시의 부원수 箚剌(札剌, Djala)가, 바로 1231년(몽골 태종 3, 고려 고종 18)과 이듬해인 1232년에 고려의 형제맹약 파기를 트집잡아 몽골군을 지휘해 고려에 재침공해 온 몽골元

帥 權皇帝 살리타이(撒禮塔, Sartai)임이 밝혀진 이상,[2] 이를 정식으로
撒禮塔 1차 고려침공으로 命名해도 되리라 본다.[3]

  이즈음 몽골군은 총사령관 權皇帝 무카리(木華黎, Mukhali)의 지휘
하에 金을 공략하는 일환으로 1216년에 遼西地方을 공략한 데 이어,
遼東으로 進入하며 마침내 두만강 유역의 고려 東北方 隣國 東眞國
의 蒲鮮萬奴軍을 복속시켜, 그들과 함께 고려에 闖入하는 거란 餘種
을 추격해 고려 경내로 쳐들어오게 됐다. 다른 한편으로는 조치(尤赤,
Jochi)와 수부데이(速不台, Subudei)의 지휘하에 西征의 길에 올라 코라
즘(Kharizm)國과 전쟁을 벌이고 있었으므로, 고려와의 정면대결은 일단
회피하고 있었다. 이러한 상황하에서 몽골측 3만 대군의 고려국경 무
단침공과 4城 攻破라는 엄중한 현실 속에서도, 양국은 契丹餘種의 토
벌이라는 공동목표를 앞에 두고 합동작전을 벌이는 과정에서 일단 형
제맹약이라는 미봉적 형태의 강화를 이끌어내었다.[4]

  그러나 元帥 哈眞(Khajin) 및 副元帥 箚剌(札剌, Djala) 휘하의 3만 대
군은 회군하면서 東眞官人 및 그 휘하의 41인을 義州에 留屯케 하고
그들에게 고려어를 익히면서 저들이 다시 쳐들어올 때까지 기다리라
고 명령했다.[5]

  고려 또한 이를 전후해 北界諸城에 兵器를 검열하고 軍資를 儲偫
케 하고 小城들을 大城에 入保토록 조처했다.[6] 당시로서는 비교적 평

---

  2) 周采赫, 「札剌와 撒禮塔」, 『史叢』 제21·22합집(姜晉哲교수화갑기념한국사
     학논총), 고려대 사학회, 1977. 10, 283~302쪽 참조.
  3) 더군다나 재침 의도를 분명히 드러낸 이런 기록도 있어, 그것이 고려내지 북
     계제성에 대한 전투정찰이었음을 분명히 말해 주고 있다.
     "二月己未 哈眞等還 以東眞官人及傔從四十一人留義州曰 爾等習高麗語 以
     待吾復來"(『高麗史』 세가 권제22, 고종 6년 2월 己未條).
  4) 高柄翊, 「蒙古·高麗의 兄弟盟約의 성격」, 『백산학보』 제6집, 백산학회,
     1969. 6/ 고병익, 『동서교섭사의 연구』, 서울대학교 출판부, 1970, 136~183쪽.
  5) 주3) 참조.

124

등조약의 성격을 갖는다고도 하겠으나, 몽골 부원수 箚剌(札剌, Djala)
와 고려 원수 趙冲이 맺은 불평등한 형식의 조약임에는 틀림이 없다.
여기에서 우리는 양 진영이 이런 형제맹약의 미봉책 뒤에 숨어 모두
一戰을 불사할 자세를 취하고 있음을 확인할 수 있다. 그러므로 원수
哈眞 및 부원수 箚剌(札剌)-撒禮塔의 3만 몽골군에게는 江東城 戰役
은 명분여하를 막론하고 일련의 전면 침공을 앞둔 고려 北界要塞에
대한 명백한 사전 전투정찰 행위였다.

사실은, 몽골측의 기록은 몽골의 고려 공격에 대한 고려왕의 투항으
로 이때의 전황보고를 분명히 서술하고 있다.

……與哈只吉等一同圍攻　高麗王噉奉牛酒出迎王師　始行歸之禮
(『元高麗紀事』, 태조 13년조)
太祖皇帝十三年 天兵討丹叛 至高麗 國人洪大宣降 爲嚮導 共攻其
國 其王降(『櫟翁稗說』 前集 第一(1963년 許頴 刊 木刻本), 『經世大
典』 引用文)

위 기록은 홍대선 일가가 1218~1219년 강동성 전역 곧 撒禮塔 1차
고려침공시에 몽골군의 향도가 되어 거란군토벌전에 참전했던 당시의
상황을 설명해 주고 있다. 여기서 중요한 것은 몽골군측의 보고 기록
임이 분명한 『經世大典』引用文인 이 기록에서 몽골군이 거란의 반란
을 고려 경내에서 토벌했지만, 그리고 이를 홍대선이 도왔지만 몽골군
측은 홍대선과 함께 거란적을 공격했다고 하지 않고, 홍대선의 조국
고려를 같이 공격한 것으로 분명히 보고하고 있으며, 마침내 그 나라
임금(고려왕)이 항복했다고 단정해서 서술했다는 점이다. 말이 형제맹

6) "秋七月 遣戶部侍郎崔正芬等八人 分巡北界興化道諸城 檢閱兵器儲偹軍資
并諸小城入保大城 時 諜者有蒙古乘秋復來之語 故備之"(『高麗史』 세가 권
제22, 고종 6년 7月條).

약이지 기실은 분명 몽골의 고려침공이고, 몽골의 고려에 대한 전승보고인 셈이다.

따라서 이를 몽골의 고려침략으로 올바로 摘示해[7] '1218~1219년 강동성 전역-撒禮塔(Sartai) 1차 고려침공'이라고 서술하고 있는 저자의 견해는 정곡을 찌른 것이라 하겠다. 물론 고려 경내에 난입한 거란군 토벌을 원조한다는, 고려에 대한 몽골의 군사원조 형식을 빙자한 몽골의 고려 정복이고 고려왕의 투항 수용이다.[8] 위에서 본대로 東眞官人 및 傔從 41인을 義州에 잔류케 해 정보수집과 정찰을 계속하게 하면서 '吾復來'를 기다리라고 한 데는 당시의 몽골원수 哈眞(Khajin)은 물론 부원수 札剌(Djala) 곧 撒禮塔(Sartai)의 의도가 내포됐음은 물론이다. 그리고 그들의 작전계획-약속대로 그로부터 13년 후인 1231년 이미 부원수에서 元帥로 진급해 征高麗 총사령관으로 '撒禮塔(Sartai) 2차 고려침공'을 총지휘한 札剌(Djala) 곧 撒禮塔(Sartai)가 '다시 쳐들어온' 것 -이 이를 증명하고 있다. 그래서 거란賊 合同作戰을 憑藉한 몽골군의 강동성 전역으로 상징되는 1218~1219년 당시의 고려 전투정찰전은 '撒禮塔(Sartai) 1차 고려침공전'이라 감히 단호하게 지칭할 수 있다.

이러한 분위기 속에서 몽골이 요구하는 혹독한 歲貢을 마련하느라 고려는 그 후 말할 수 없는 수모와 고통을 참고 견디어내야 했다. 그러다가 마침내 가장 횡폭하고 주구가 심했던 옷치긴 대왕의 사자 著古歟가 1225년(몽골 태조 20, 고려 고종 12)에 고려에 왔다 돌아가는 길에 피살되는 사건이 일어났다.

---

7) 高柄翊, 「蒙古·高麗의 兄弟盟約의 성격」, 『백산학보』 제6집, 백산학회, 1969. 6/ 고병익, 『동서교섭사의 연구』, 서울대학교 출판부, 1970, 136~183쪽.
8) 결국 1259년경 이후에 고려는 王政復古를 支援하는 몽골 軍事援助에 의해 武人 抗蒙勢力을 몽골·고려 연합군이 合同作戰으로 討滅하면서 몽골에게 최종적으로 掌握되고 만다.

몽골의 使者가 西京을 떠나 鴨綠江을 건너갈 때 國贐인 水獺皮만
가지고 가고 나머지 細布 등의 물품은 모두 들에 버리고 가다 中途에
도적에게 피살됐다. 그런데 몽골에서는 도리어 우리를 의심하므로 마
침내 통교가 끊기게 됐다.(『高麗史』세가 권제22, 고종 12년 정월 癸未
條)

결국 몽골은 그 후 1231년(몽골 태종 3, 고려 고종 18)에 이 사실을
트집잡아 원수 살리타이의 지휘하에 고려에 대한 본격적인 무력침공
을 개시하게 됐다.

이때 그들은 전격적으로 고려의 요새지인 北界40여 성을 급습함으
로써 고려의 병력을 성내에 고착시키는 한편, 일부 선봉 精銳部隊로는
王京을 直衝케 해서 우선 고려의 중앙정부를 투항시켰다. 그런 후에
몽골군들은 고려왕을 움직여, 당시에 아직 대소 城壘를 근거로 하여
持久的인 山岳-海島 防禦戰을 펼치고 있던 北界의 항전세력을 투항
케 하도록 慫慂했다. 이 모두가 1218~1219년 撒禮塔 1차 고려침공시
의 고려에 대한 전투정찰전의 성과를 토대로 삼아 세운 작전계획의 실
전 전개임은 물론이다.

그래서 고려는 마침내 그해 12월 23일에 三軍陣主를 權皇帝 撒禮
塔9) 屯所에 보내어 투항케 했다. 양국간에 다시 강화조약이 체결된 것
이다. 이에 몽골은 개경을 비롯한 북계 40여 성에 達魯花赤 72인과 萬
戶 예수데르 휘하의 探馬赤軍 및 萬戶 洪福源 휘하의 降附高麗軍民
을 배치해 놓고 돌아갔다. 점령국과 피점령국 사이의 노골적 강화조약
이 이루어진 것이다.

---

9) 『高麗史』, 고종 18년 11월 癸巳(11일)條, "北界分臺御史閔曦還奏 曦與兵馬判
官員外郎崔桂年 承三軍指揮往犒蒙兵 有一元帥自稱權皇帝 名曰撒禮塔 坐
氈廬飾以錦繡 列婦人左右乃日……";『高麗史』권23, 고종 18년 12월 23일
조, "三軍陣主 詣降權皇帝所".

이어 이들은 고려를 더욱 확고하게 장악하기 위해서, 고려의 군민을 北方 隣國 東眞國의 蒲鮮萬奴軍 토벌전에 조직·동원하려고 고려정부에 파병을 요청했다. 결국 고려의 軍民을 東眞의 蒲鮮萬奴 토벌전에 동원한다는 것은 고려 자체의 對蒙抗爭力을 거세시키자는 것이며, 동시에 바로 고려 동북방 이웃에 있는 東眞의 蒲鮮萬奴 부족과의 전쟁상태에 고려를 묶어둠으로써 그들이 대몽항전에 눈을 돌릴 겨를을 갖지 못하게 하자는 것이라 하겠다. 뿐만 아니라 더 나아가서는 蒲鮮萬奴와의 전쟁에서 사태가 위급하게 되면 고려가 자진해서 몽골군의 고려 내지 진주─군사원조를 요청하지 않을 수 없게 될 것이고, 그렇게 되면 고려를 좀 더 확고히 틀어쥐는 일이 손쉽게 성취될 수 있었던 터였다.

이것은 몽골의 모든 전략에 깔려 있었던 以夷制夷 전략의 일환으로 '敵地 정복전의 敵地化' 원칙이었던 것이라 하겠다. 이러한 저들의 전략은 민족간 뿐만 아니라 민족 내부의 계층 또는 계급간에까지도 파고들어 적용되기도 했는데, 이것이 불과 1~2백 만의 인구와 1~20만의 몽골군을 근간으로 삼아 유라시아대륙에 걸치는 광범위한 판도와 그들보다 수천 배가 넘는 다수의 인구를 정복 지배할 수 있었던 경이로운 주요 비결의 하나였다고 하겠다.[10]

고려군측은 당시에 이런 저들의 전략전술을 잘 꿰뚫어보고 있었음에 틀림이 없다. 그래서 그들은 이런 형태의 침략에 대한 응전으로 1232년(몽골 태종 4, 고려 고종 19) 6~7월 경에 江華遷都와 함께 淸野

---

10) "蒙兵 驅北界諸城兵 攻龜州"(『高麗史節要』 권16, 고종18년 11월조)라는 기록에서 몽골이 이때 고려의 포로들이나 降附 高麗軍民들을 앞세워 고려를 공격하고 있는 것을 볼 수 있다. '敵地 정복전의 敵地化' 원칙을 고려에서도 관철해가는 것이었다고 하겠다. 몽골군의 전술전략에 대해서는 『蒙韃備錄』 軍政條 및 『黑韃事略』에 단편적으로 서술돼 있다. 王國維, 『蒙古史料校注四種』, 淸華學硏究所, 1926 참조.

戰術을 써서 持久的인 장기항전 태세를 갖추기에 이르렀다. 점령한 몽골군의 일방적으로 강요된 강화조약에 和戰 兩面의 전술로 교묘하고도 맹렬하게 역습작전을 펼쳐, 몽골 주력군의 회군을 기다려 고려 주둔 몽골세력권을 '盡殺'이라는, 당시 상황의 서술용어가 등장할 정도로 상하를 불문하고 몽골군 못지않게 무자비하게 去勢시키며 저들을 慘殺해버렸다.

이런 과정에서 몽골군이 재침해 역이용할 수 있는 모든 것, 이를테면 고려 군민과 식량 등의 인력과 물력을 모두 산곡이나 해도로 옮기거나 불태워 버렸다. 王京을 江都로 遷都한 것은, 1231년(몽골 태종 3, 고려 고종 18)에 있었던 撒禮塔(Sartai) 2차 고려침공기의 고려의 항몽작전 실패-몽골이 왕을 앞세워 고려의 대몽항전 주력인 山城과 海島를 근거지로 한 산성방어전과 지휘체계가 일원화하지 않은 遊擊戰을 無力化시키는-의 慘禍를 되풀이하지 않으려는 고려군 지휘부의 슬기로운 결단이었다고 하겠다. 이러한 상호 연계성을 고려하는 山城-海島의 항몽 근거지 구축과 내륙의 淸野戰術은 그 후 30여 년간 항몽 持久戰을 이끄는 核心 틀이 되었다.[11]

결국 이러한 항몽전 기틀을 중핵으로 삼는 고려의 항쟁은, 1233년(몽골 태종 5, 고려 고종 20) 12월 16일 撒禮塔 3차 고려침공시 임시수도 江都에서 가까운 곳에 자리잡은 용인의 處仁部曲에서 스님 金允侯에게 몽골원수 權皇帝 撒禮塔(Sartai)가 사살되는 일대의 사건이 벌어져 몽골의 전쟁 관례에 따라 전체 몽골군이 총퇴각하는, 몽골군의 정복사 상에서도 유례를 찾기 힘든 전황이 벌어지기까지 계속되며 그 기틀을 다졌다.

---

11) 이상 몽골·고려간 전쟁진행과정은 周采赫,「洪福源一家와 麗·元關係(1)」,『사학연구』24, 한국사연구회, 1970, 1∼54쪽에서 개괄적으로 다루고 있다.

II. 몽골·고려 양국의 작전 및 작전여건 분석

그렇다면 이런 작전과정이 수행되었던 즈음 양국의 작전여건은 구체적으로 각각 어떠했었던가?

다 아는 대로 이때 몽골군은 이미 20여 년간 광범위한 정복전쟁을 펼쳐오고 있었기 때문에, 그들은 이를 통해 최첨단 무기를 지니고 고도로 세련된 전술을 體得하고 있었다. 특히 고도의 정보획득력과 몽골 경기병의 기동력을 배경으로 삼은, 和戰 양면을 동시에 적절히 구사하는 정복전쟁의 정복 현지화─'敵地 정복전의 敵地化' 전략은 탁월했다. 이 전략을 치밀하고도 능란하게 구사했으므로 전쟁을 하면 할수록 오히려 병력과 무기를 비롯한 각종 보급이 점점 더 양적으로 풍부해지고 질적으로 우수해지는 것이었다.

몽골군의 정복전쟁은 시기적으로 대체로 가을철에 전투를 개시해 이듬해 盛夏期에 접어들기 이전에 전투를 끝맺어[12] 비교적 速戰速決을 원칙으로 하고 있었다. 이는 대체로 몽골군의 주력이 한랭 고원 건조지대 개활지인 스텝을 戰場으로 삼아 전투를 벌여온 輕騎兵이라는 데 원인이 있었던 것으로 보인다. 그들이 특히 秋8月 경에 전투를 개

---

12) 예컨대 1229년 몽골 대종이 즉위해 金國征伐을 논의했던 것이나 撒禮塔 2차 고려침공시(몽골 태종 3, 고려 고종 18, 1231)와 撒禮塔(Sartai) 고려 3차 침공시(몽골 태종 4, 고려 고종 19, 1232) 및 唐古와 洪福源의 지휘하에 이루어졌던 고려침공(몽골 태종 7, 고려 고종 22, 1235 ; 이는 閏7월~8월에 이루어졌다) 이 모두 秋8月 경에 있었다. 1219년(몽골 태조 14, 고려 고종 6)에 칭기스칸이 몸소 西征-코라즘 침공에 오를 때는 파격적으로 夏6月을 택했는데, 이는 알타이산(金山)을 넘어야 하는 전쟁이었으므로 "道過金山 時方盛夏 山峯飛雪 積氷千尺許"(耶律楚材, 『西遊錄』 참조)한 상황에서 부득이 예외적으로 수행된 것이었을 뿐이다. 또한 사막을 통과할 경우에는 반드시 春杪溶雪을 이용해 사막에 수분이 가장 많이 함유돼 있을 때를 택해야 하므로 예외적일 수가 있었다.

시했던 것은 몽골군의 전투적 기동력의 명맥을 이루는 말[13]이 秋高馬肥의 세질에 가장 깅긴힌 역랑을 보유한 수 있었고, 秋收期라 전투현장에서 비교적 쉽게 군량보급을 해낼 수 있었으며, 몽골군의 병력 무기 및 기타의 장비들이 모두 한랭기라야 제 기능을 충분히 발휘할 수 있었기 때문이라 하겠다.

특히 北界의 험준한 산악지대에 배치돼 있던 大小城壘를 근거지로 삼아 방어전을 수행하던 고려군을 공격하기 위해 불가결한 몽골군의 유일한 公用火器인 砲車가 耐濕力에 약해서 여름의 장마철에는 그 성능을 제대로 발휘할 수 없었으며,[14] 당시에 個人武器로 가장 중요한 구실을 했던 몽골활 역시 내습력이 약해서 盛夏期에는 제 기능을 다하지 못했던 것이다.[15]

한편 고려는 몽골에 비해서 병력 수나 전투경험 및 무기의 성능면에서 대체로 열세를 보이고 있었다. 당시 몽골화살촉의 관통력과 고려의 그것의 비교 연구가 가능하다면, 이는 당시 양국의 제철기술의 발전정도를 가늠하는 중요한 연구결과가 나올 수 있을 것이다. 몽골화살촉의 관통력이 여타의 그것에 비해 아주 강했다는 사실은 몽골의 제철기술

---

13) Bertold Spuler, *History of the Mongols-Based on Eastern and Western accounts of the Thirteenth and Forteenth centuries-,* University of California press : Berkeley and Losangels, (Translated from the German by Helga and Stuart Drummond) 1972, pp.80~81에 의하면 이들은 2~3세부터 말타기를 배우며 남녀가 모두 수렵과 실전을 통해서 기마전을 훈련받으면서 자란다고 한다. 이는 그들의 특이한 한랭 고원 건조지대의 생태환경에서 살아남기 위한 불가피한 생존조건이었을 수 있다.

14) 『高麗史節要』 권16, 고종 18년 11월조, "蒙兵 驅北界諸城兵 攻龜州 列置砲車三十 空破城廊五十間 朴犀 隨毀隨葺……"이란 기록을 보아도 몽골군이 고려에서 城을 攻破하는데 砲車를 주로 썼음을 알게 된다.

15) "樞曰 今兇堅跳梁未可爭力 況夏暑方熾 海氣鬱蒸 弓力緩 卒難爲用……" (『元高麗紀事』, 中統 8년 5월조)이라고 한 데서도 몽골활의 耐濕力이 약했음을 알 수 있다.

수준이 매우 높았음을 말해준다. 고려의 그것과도 구체적으로 비교하는 연구가 절실함은 물론이다. 대체로 당시의 고려반도의 항전 근거지인 山城과 海島는 南宋이나 일본과의 해상항몽연맹 체결 가능성과 함께 고려측의 강점으로 파악할 수 있다. 이에 대해 대흥안령북부 달라이 호수 언저리를 기원지로 하는 잘라르(札剌兒, Djalar)氏族을 征高麗 총사령관으로 계속 임명하는 用意周到함을 보여주고 있는 것으로 추정되지만, 물론 몽골군과 그들에게 降附해 편성된 探馬赤軍 등이 3면이 바다로 둘러싸인 고려반도를 생태무대로 삼고 있는 육지의 山城들과 유기적으로 결합된 현지 고려군민의 水戰~海戰力을 따르기는 힘들었을 것으로 보인다.[16)]

　몽골의 말은 고려의 果下馬[17)]와는 다른데, 고려 현지 작전에서 兩者의 愚劣點은 각각 어떤 것이었는지도 비교 검토가 가능한 선에서라도

---

16) 몽골이 南宋의 濕澤地를 공격하거나 동남아지역을 정복해갈 경우에, 그리고 일본을 공략할 적에 크게 고전하거나 종종 패전하게 됐던 일은 익히 들어온 터이다. 이는 몽골인들의 생태무대가 한랭 고원 건조지대 내륙아시아여서이기도 하고 몽골군의 핵심 주력은 輕騎兵이므로 스텝전투에서는 無敵이지만 타이가 등의 밀림전투에서는 고전을 면치 못하는 편이어서이기도 하다. 몽골 태조 칭기스칸이 森林에 거주하는 禿馬惕(Tumad)人의 討滅에서 苦戰을 했던 사실은 널리 알려져 있다. 陶晉生, 「南宋利用山水寨的防守戰略」, 『食貨月刊』 復刊 第七卷 第一, 二期, 台北 食貨月刊社, 1977. 4 참조.

17) 李圭景, 『五洲衍文長箋散稿』, 1839(朝鮮 憲宗 5년 己亥) 「果下馬牛辨證說」/ 고전간행회 간행, 1959, 상권, 328~329쪽 ; 『三國志』, 『魏書』, 「東夷」傳 高句麗條 참조. 몽골스텝에서는 스텝을 달리는 몽골스텝 말과 萬年雪이 덮인 산악지대를 오르내리는 山岳馬가 서로 다르다. 고려시대에도 果下馬를 타는 기록이 눈에 띄는 것에 주목할 필요가 있다. 2000년 6월 중순에 할빈에 들렀을 때 黑龍江省 사회과학원 역사연구소 孟廣耀(당시 62세) 연구원에게서 四川省에는 아직도 果下馬가 尙存한다는 情報를 입수했다. 한국에 귀국 후 문화관광 관계자나 목축업자에게 果下馬의 수입 歷史現地 復元과 관광자원화를 여러 번 제언한 바 있었지만, 귀담아 듣는 사람이 없었다. 한국사학계에서 이에 동조해 진지하게 귀를 기울이는 이도, 아직은 만난 적이 없다.

연구가 시도돼야 할 것이다. 몽골 경기병이 자유자재로 종횡무진하게 騎馬射術을 구사하며 놀라운 전투력을 발휘할 수 있었던 것은 먹고 마실 음식이 살아서 걸어 따라오는 몽골 羊이므로 가능했다고 하겠는데, 몽골스텝의 羊草가 고려반도 평원지대에서도 공급될 수 있었는지도 草地學的 접근을 모색해 구체적으로 비교 검토할 필요가 있을 것이다.[18] 추정컨대 산악전투에서는 그 戰場이 고려반도로 국한되는 한은 몽골말을 타고 싸우는 것보다는 고려의 果下馬를 타고 싸우는 데서

18) 저자의 경험과 관찰에 따르면, 몽골스텝 몽골말의 양초는 만주지역의 조금 높은 고원지역에서 제공할 수 있는 것으로 파악했다. 북한 유학생활을 체험한 베. 수미야바타르 교수는 북한의 山地에서는 몽골양떼들이 풀을 뜯는 광경을 종종 목격했다고 한다(2008년 9월 30일 주한몽골대사관 도. 게렐 몽골대사 面談時). 동몽골 스텝과 같은 火山地帶였으면서도 태평양의 海風을 머금는 제주도의 牧草는 몽골 양에게 적합한지, 고려반도와 제주도, 그리고 몽골스텝의 목초 성분은 어떻게 서로 같고 또 다른 점이 있는지, 草地學的 接近을 통한 구체적인 분석이 반드시 시도돼야 할 것이다. 저자는 근자에 한국인으로 몽골음식만 먹고 견디는 이를 단 한 사람도 못 봤다. 몽골 羊과 고려 羊間에는 이런 食性의 차별화가 아주 없었을까? 근래의 역사드라마에 등장하는 고조선·부여·고구려·백제·신라나 발해의 말이 몽골말도 고려의 果下馬도 아닌 아랍말류가 대거 등장하는데, 역사드라마가 역으로 역사적 사실을 왜곡할 위험성은 없는지를 적어도 史學界에서는 면밀한 검토를 통해, 지극히 부분적이라고는 하더라도 그 역사현장 복원 시도가 반드시 있어야 하겠다. 저자는 몽골측에도 한국 관계자에게도 몽골 양에게 이들 각 생태지 목초를 먹여보는 실험을 해보자는 제언을 몇 차례 해본 적이 있다. 매우 유감스럽게도 진지한 관심을 보이는 경우가 거의 없었다. 의외로 2009년 2월에 果下馬를 키우고 있다는 장성의 대한청년마사회 마구간 기마대장/고구려기마문화보존 회장 高聖圭 말치기를 만나 많은 이야기를 나누며 그간의 懷抱를 풀 수 있었다. 한국문명교류연구소 정수일 소장과 말을 타고 실크로드를 횡단하고 싶다기에 서로 연결시켜 주었고, 쓰촨성·윈난성·티베트고원의 과하마를 수입해 역사관광자원화하려는 꿈을 꾸고 있기에 서울대 수의과대학 이항 한국야생동물 유전자원은행장께 소개시켜 주었다(2009년 3월 5일). 한국 역사드라마에 온통 아랍말 일색으로 연출되는 한국기마문화사의 무서운 왜곡이 거침없이 자행되는 요즈음 세태를 새삼 염두에 두어서이다.

더 뛰어난 戰鬪力이 나올 수 있었던 측면도 있었으리라 추정해 볼 수 있다.

그런데 고구려 이래의 대륙세력에 대한 고려인의 항전과정 상의 역사전통으로 보나, 고려반도의 大小山谷에 散在해 있는 무수한 지명들에서 전투요새와 관련된 것들이 많이 발견되는 점[19]으로 보나, 역사지리적인 측면에서 고려인들은 이미 이러한 지형과 생태조건들을 근거로 이 같은 형태의 각개 내지는 소부대 방어전투로 오래 단련돼온 역사전통을 이어받았음을 알 수 있다. 따라서 전장이 고려 내지로 국한되는 한은 이런 모든 조건들이 고려에게 작전상 우세한 측면으로 부각됐을 수 있다.

대개 山岳戰에서는 공격하는 측보다 방어허는 측이 유리하고, 山岳防禦戰에서는 速戰速決戰보다 持久戰이 유리하게 되는 것이 通例다. 고려의 산성은 中原의 萬里長城처럼 일자로 길게 쌓아져 展示效果를 고려한 비효율적인 戰線의 長成이 아니고 立體的으로 요소요소에 效率性을 고려해 쌓은 戰爭專用 城들이어서 더욱 그러했다.

이때 고려는 자기 국토인 고려반도 抗戰場에서 산악과 海島를 근거지로 하여, 외래 침략자인 몽골군을 방어하는 전쟁을 하고 있었기에 일단 유리했다. 그러므로 고려가 자신의 이런 이점을 잘 이용해서 이룩한 다음과 같은 일련의 작전수행들은, 그 당시로서는 時宜適切한 전술전략의 구사였다고 하겠다.

먼저 1231년(몽골 태종 3, 고려 고종 18) 撒禮塔 고려 2차 침공시에 전격적으로 王京을 장악하고 왕을 앞세워 고려를 效율적으로 慴伏시

---

19) 예컨대 수리골(鷲→戌), 핏골(彼→저→재→城), 德골(土城), 軍糧들, 욧골(軍糧골) 따위나 堡, 壘, 鎭, 城, 柵과 塞 따위의 땅이름들이 무수히 많다. 城隍堂 또한 대체로 적의 接近路에 위치하여 隱蔽가 가능한 수목이 심어져 있는 것을 보면, 그것 자체가 土地守護神을 모시는 것과 관련하여 哨所 겸 石戰을 위한 武器貯藏所가 아니었나 한다.

킨 후, 다시 고려군민을 고려의 北方 隣國 東眞國의 蒲鮮萬奴軍 征討에 조직 동원함으로써 자체의 무력이 거세된 고려를 以夷制夷의 방법으로 확고히 장악하려 했던 몽골군의 시도에 대해, 사대외교와 무력항전이라는 和戰兩面作戰을 교묘하게 구사해 몽골·고려전쟁을 持久戰化했던 점이 그렇다.[20] 당시에 몽골측의 전격적 기습으로 王京이 일단 장악된 상황하에서 彌封的인 강화조약을 맺어, 1232년(몽골 태종 4, 고려 고종 19) 1월 11일 경에 몽골군 주력을 철수시키고는 이내 점령지 장악의 임무를 맡고 있던 達魯花赤 72인과 만호 예수데르(也速迭兒) 휘하의 探馬赤軍 및 만호 홍복원 휘하의 降附高麗軍民에 대한 일대의 역습을 감행해 고려 주둔 몽골세력권에 대한 機先을 제압해갔던 일련의 작전 구사가 모두 당시로서는 최선의 선택이었던 것이라 할 수 있다.

또한 고려가 이 같은 작전수행 과정에서 일단 시간과 행동의 자유를 획득하고 난 다음에 1232년 6~7월에 걸쳐서 江華에로의 遷都를 단행한 사실은-1231년 撒禮塔 2차 침공시에 몽골군에게 王京을 기습점령 당해 山城과 海島 중심의 항전이 일거에 수포로 돌아갔던 쓰라린 체험을 했던 고려로서는-대몽항전의 자주노선을 견지하는 한 불가피한 작전 선택이었다고 볼 수 있다. 물론 몽골의 常套的인 정복지 경영방식을 보면 정복된 민족을 또 다른 민족의 정복전쟁에 조직 동원해 以夷制夷의 전략으로 정복지를 장악 지배하고 이런 기본 틀을 끊임없이 확대 재생산해 가면서 몽골세계제국을 창출해가는 것이었으므로, 고려의 몽골에 대한 투항이 곧 終戰과 평화를 보증하는 것이 결코 아니었다. 금과 남송에 대한 몽골의 대규모 정복전이 尙在했고, 결국 그 후 이들이 다 정복되고 고려 또한 정복되어 모두 征日戰에 동원됐던 것이

---

20) 주채혁, 「高麗內地의 達魯花赤 置廢에 관한 小考」, 『淸大史林』 1輯, 청주대 사학회, 1974. 12, 89~119쪽에서 이때의 作戰狀況에 대해 고찰해보았다.

위의 사실들을 입증하고 있다.

山城과 海島를 근거지로 삼은 고려의 대몽항쟁이 淸野戰術로 應戰한 작전행위 또한 奏效한 것이었다. 몽골군이 고려의 인력과 물력을 이용해 고려를 치는 정복전의 고려화를 시도할 수 없도록, 고려의 인력과 물력을 모두 산성과 해도로 옮겨 그들의 管轄圈 밖에 두고 死守하는 단호한 전투준비태세를 갖춘 것이다. 물론 1234년 金이 망하고 南宋도 멸망이 임박한 몽골 · 고려전쟁의 말기에 가서는, 이런 응전양식은 빛을 잃게 된다. 몽골에도 고려 주둔 둔전병이 투항 고려농민과 연계되어 나타나고, 이런 단계에 이르면 산성과 해도를 근거지로 삼아 청야전술을 주로 구사해오던 고려 항몽전선 내부의 持久力이 마침내 한계를 보이면서, 무인정권과 왕권 간에 틈이 벌어지고, 몽골과 고려의 특정 지배세력이 상호 연계되기 때문이다.

그러나 撒禮塔 2~3차 고려침공기인 1231~1232년 당시로서는 고려의 이런 전술은 고려가 선택한 최선의 抗戰路線이었다고 하겠다. 당시의 전쟁전문가 집단은 역시 무인정권이었다. 文臣主導의 政權이 계속되는 상황하에서도 과연 이런 고도의 전략전술이 과감히 구사될 수 있었을까 하는 생각이 들 정도이다. 이러한 고려의 기습적이고 단호한 역습에 자극된 몽골군은 1232년(몽골 태종 4, 고려 고종 19) 8월 경에 다시 침공해왔다. 撒禮塔 3차 고려친공이다. 그러면 이 깊은 항전형내를 갖추고 있었던 고려는 몽골군의 전면적인 총공격에 어떻게 응전했던가?

……由是 四方州郡莫不嬰城固守 或阻水自固 以觀其變 而彼益有吞啖之志 以圖攻取則 其在列郡 豈必拘國之指揮 與交包禍之人 自速養虎被噬之患耶 於是 非特人守而已 或往往有人民之不忍 出與之戰 殺獲官人士卒 不爲不多矣……(『東國李相國集』 권28, 「答東眞別紙」

136

;『高麗史』권23, 고종 19년 12월조「答東眞書」[21] ;『高麗史』 권23, 고종 18년 12월 23일조)

　이처럼 당시의 고려군민은 주로 지휘체계가 일원화한 항전을 했던 것이 아니라 대개 각개 내지는 소부대를 위주로 전투를 수행했다. 무자비한 섬멸전을 서슴지 않았던 몽골군 침략하의 전황으로 보나, 고려의 행정 및 군사의 지휘체계가 모두 海島와 山城으로 들어가 있었던 점으로 보나, 해도·산성을 근거지로 삼는 고려군민은 지휘체계가 일원화하지 않은 특이한 항몽전투를 수행하지 않을 수 없었던 것으로 보인다. 그래서 그들은 '阻水自固'하거나 '嬰城固守'하며 몽골 침공으로부터 자기들의 생명과 재산을 지키는 한편 때로는 나아가서 유격전으로 적을 타격하기도 했다. 이러한 전투유형이 고려의 주된 항전수행 형태였던 것은 1232년 12월 16일에 몽골군 총사령관 살리타이(撒禮塔)가 고려의 정규군이 아닌 處仁部曲 항전민의 지휘자인 무명스님 金允侯[22]에게 사살되는, 몽골의 征東 60여 년사의 흐름을 뒤바꾼 결정적인

---

21) 이는 당시에 동진과 대몽연합전선을 펼칠 의도를 가지고 고려가 東眞에 보낸 외교문서이니만큼 事實을 다소 誇張했을 가능성도 없지는 않다. 그러나 元朝 治下에서 쓰여진 다른 전쟁에 관한 史料보다 史實을 있는 그대로 거침없이 서술했을 가능성도 없지 않다. '述而不作'이 역사서술의 기본자세이겠으나 목숨이 붙어있는 한 생명이 圖生의 길을 念頭에 두며 사료가 쓰일 수밖에는 없음을 고려하는 것 자체도 '述而不作'의 본질적 자세일 수 있음을 간파해야 할 것이다.

22) 당시에 몽골·고려전쟁이 치열하게 수행되는 가운데 이루어졌던 飯僧, 팔만대장경의 간행이나 大小 祠堂에서의 제사 등의 신앙적 행사는 개인차원의 祈禱致誠이라는 신앙행위와 함께 고려군민들의 각개 내지는 소부대 항전 史實과 관련시켜 볼 때 그 나름으로 의미를 갖는 것이라 할 수 있다. 이른바 과학시대에 들어 이들을 일방적으로 敗北主義的인 미신행위로 매도했던 일부 연구자들의 시각에도 불구하고, 대체로 지휘체계가 일원화해 있지 않은 유격 항전은 구체적인 한 개인의 마음가짐이 때에 따라서는 결정적으로 중요한 조

일대의 사건[23]에서도 간파해낼 수 있다.

이처럼 지휘체계가 일원화해 있지 않았던 고려의 항전형태는 1231년(몽골 태종 3, 고려 고종 18) 撒禮塔 2차 고려침공시에도 전격적인 기습공격으로 고려정부를 우선 장악한 撒禮塔 麾下軍이 직접 고려정부를 협박해 정부의 파견요원들이 滋州와 龜州城[24] 2개 성에 투항 권고를 했는데도 이에 응하지 않고 있는 데서도 찾아볼 수 있다.[25]

이 같은 列城의 大小城壘들은 거의 고려정부의 일원적인 지휘체계

건이 되기 때문이다. 소위 修道行爲가 개체와 집체의 '生存의 道'를 모색하고 가다듬는 자기다짐 및 修鍊과도 직관될 수 있음을 냉철하게 있는 그대로 穿鑿해볼 필요가 切感된다. 고려말의 曹溪禪宗의 復活과 禪僧 金允侯를 連繫시켜 사실을 이해하는 包容性 있는 시각은 그래서 注目할 필요가 있다(金映遂,「曹溪禪宗에 대하야」,『진단학보』9집, 진단학회, 1938, 151쪽 참조). 이런 시각에서 문제를 파악할 때 지휘체계가 단절된 상태하에서 각지에 散在한 個我들의 정신적인 求心力의 구축이라는 점에서 이러한 신앙행사의 긍정적인 측면도 결코 看過되기만 해서는 안 될 것이다. 따라서 박창회가 당시의 大藏經 조판을 비롯한 각종의 불교행사를 "최씨 무인정권의 현실적 능력으로서 거대한 몽골 침략군을 물리칠 수 없다는 패배의식의 傍證外에 아무 것도 아니었다"고 한, 경쾌하지만 다소 소박한 평가는 조선조 유학자들의 이에 대한 기록자세와 함께 당연히 재검토를 요하는 것이라 하겠다. 당시의 유목세계제국 몽골敵軍의 고려반도 침략은, 비록 막 해양제국권으로 들어서는 시대적 문턱이라고는 하지만 1592년 壬辰倭亂時에 일본열도의 후진 一小國 倭軍의 조선반도 침략과는 물론 규모나 시대면에서도 아주 차원을 달리하는 것이어서 더욱 그러하다. 朴蒼熙,「武臣政權時代의 文人」,『한국사』7, 국사편찬위원회, 1973, 287쪽 참조.

23) 주채혁,「撒禮塔(Sartai)와 몽골·고려전쟁 : 處仁部曲大捷의 意味」,『고려시대의 龍仁』, 용인문화원, 1998. 12, 71~101쪽 참조.

24) 龜州城은 그 일대에서 전술적으로 가장 유리한 高地이어서, 이때에 주위의 諸城軍民이 入保해 抗戰하므로써 놀라운 전과를 거두었다. 1018년에 이에 앞서 있었던 유명한 姜邯贊의 龜州大捷도, 龜州城의 이와 같은 전술전략적인 利點을 적절히 운영했던 것이라 하겠다.

25) 이와 함께 이후 30여 년간의 몽골·고려전쟁에서 내내 특공대작전이나 야간 기습작전이 특히 많이 이루어지고 있었음도 주목해야 할 것이다.

138

와 무관하게 스스로 각개 항전을 벌이고 있었다. 물론 이에는 터널과 거대한 교량으로 종횡으로 자유롭게 소통이 이루어지는 오늘의 한반도 현실과는 隔世之感이 있을 만큼 크게 달랐던, 白頭大幹을 중심으로 하는 급류와 교량의 턱없는 부족, 그리고 海島의 고립성 등 자연조건도 전쟁수행과정에 중요하게 작용한 것이겠으나, 이로 말미암아 몽골이 가령 王京을 장악한다고 하더라도 나라의 一元化된 統制를 받고서야 擧國的인 抗戰을 벌일 수 있었던 당시의 다른 나라들의 경우처럼 결단코 그렇게 쉽게 고려 전역을 장악할 수는 없었던 것이다. 그러므로 이런 몽골·고려전쟁의 여러 여건하에서 왕을 비롯한 고려의 모든 지휘부가 海中의 江華島로 옮겨간 것은 몽골의 공략 및 장악, 지배를 더욱 極難케 했음은 물론이다.

야나이 와다루(箭內亘)는 고려가 강화도로 遷都하고 난 뒤에 살리타이가 고려를 다시 침공해서도 강화도를 감히 장악할 수 없었던 것을 지리적인 이점과 고려의 교묘한 사대외교전에 힘입은 바 크다고 했다.26)

물론 이런 사실도 부정할 수 없는 중요한 요소이기는 하나, 결정적으로 중요한 요소는 역시 이 같은 고려군민들의 지휘체계가 일원화되어 있지 않았던 對蒙遊擊抗戰이다. 이는 고려인들의 대륙세력에 대한 오랜 항전과정에서 역사적인 경험을 통해 체득한 전통적인 항전체질에서 비롯된 것이라고 해야 할 것이다.27)

---

26) 箭內亘, 「蒙古の高麗經略」, 『滿鮮地理歷史硏究報告』 4, 東京帝大, 1918, 260~261쪽.
27) 멀리는 612년에 벌어진 乙支文德의 薩水大捷이 그러하고, 가까이는 1950년 6·25 때 맥아더의 인천상륙작전이 또한 그러하다. 전투정면이 넓은 압록강과 두만강 일대로 몰려드는 무기나 장비 및 전투력이 우세한 대규모의 침략군을 일단 한반도 깊숙이 이끌어 들여 淸野戰術로 인력과 물력에서의 '한반도 정복전쟁의 한반도 현지화'를 저지하고 보급로와 퇴로를 끊어 전투력을 소멸시

邊呂 高宗十九年 蒙古兵圍松京 王避于江華島 賊造船欲攻 時 呂
以鄉戶被執 賊問路 至加炮烙 呂以水路甚險 賊信之 焚舟而退 卽授
上將軍(『東國輿地勝覽』권54, 泰州縣 人物條)

위에서는 몽골군이 邊呂의 말을 듣고 뱃길이 험해서 江都 침공을
포기한 것처럼 서술돼 있다. 그렇지만 주지하는 대로 江華島와 陸地의
거리는 웬만한 강의 너비밖에는 되지 않는다. 당시에 몽골군이 강화도
로 피난하는 고종을 뒤따라와서 그들의 투구만 다 벗어놓아도 능히 건
널 수 있을 것이라고 해서 甲串(갑곶)이라는 이름이 생겨났다[28]고 한
다. 비록 갑곶 근처의 물살이 세고 물이 흐르는 속도가 몹시 빠르다는
사실을 감안한다고 하더라도, 여기서 뱃길의 險難이란 대체로 변려의
적에 대한 속임수에 불과했음을 알 수 있다.[29]
　或者는 이때 몽골군이 江都政權을 대수롭지 않게 여겨서 이곳을 침
범하지 않았던 것으로 여길지도 모르지만, 이는 그릇된 생각이다. 그
후 30여 년간에 걸친 몽골의 고려침략과정에서 저들이 줄곧 요구했던
핵심문제가 바로 고려왕의 '入朝出陸'이었기 때문이다. 고려왕의 '入朝
出陸'은 단지 고려의 항복을 말하는 것일 뿐만 아니라 몽골을 도와 금
이나 남송과 일본을 치는 작전에 고려를 동참시키며, 고려의 병력과

키는 전략전술이, 오래 代를 이어 傳承돼 왔던 것으로 보인다.
28) 『東國輿地勝覽』권12, 江華樓亭 利涉亭, "李詹記……前朝高王避于玆 元兵
　　追至謂曰 績甲可濟 故名甲串".
29) 이와 비슷한 시기인 1230년대 초반에 速不台(Subudei)와 哲別(Jebe)가 阿姆河
　　를 건너서 科拉珊을 칠 때 이미 革制浮囊를 馬尾에 달고 말을 따라서 渡河
　　作戰을 펴고 있는 것이나(『李則芬成吉思汗傳』, 臺灣：中華書局, 1769, 438~
　　439쪽 참조), 이미 수많은 大小의 江河를 건너는 작전을 하고 그런 과정에서
　　水手를 계속해서 흡수해왔을 것을 고려한다면, 江都에의 渡河作戰은 그것
　　자체로만 본다면 큰 문제가 아니었음을 짐작할 수 있다(蕭啓慶, 「蒙元水軍之
　　興起與蒙宋戰爭」, 『漢學硏究』8-2, 1990 ; 安京, 「蒙古國初期的水軍與水戰」,
　　『內蒙古社會科學』1, 2001 참조).

물력을 확보하고, 이를 통해 고려와 당사국들을 이간 대립시켜 고려를
더 확고히 오래 장악해 두려는 몽골의 心算이 있었음에서다. 이는 그
후 1259년(몽골 헌종 9, 고려 고종 46)에 들어 元宗의 '入朝出陸'과 동
시에 몽골의 사자가 우선 江都의 城郭을 헐 것을 강요했던 점으로 보
아도 알 수 있다. 강화천도 이후에 강도를 공략해 함락시키는 것이 단
기간 내에는 불가능할 뿐만 아니라 고려정부를 막다른 골목에 몰아넣
어 금, 남송30)이나 일본31)과의 항몽해상연맹 체결 시도 가능성도 있음

---

30) 실제로 1350년대 후반에는 고려가 反元 鬪爭을 벌이며 蒙元帝國에 점령되기
　　이전에는 南宋의 領域이었던 江浙行省의 方國珍이나 張士誠과 같은 江南의
　　軍閥들과 밀접한 관계를 맺고 元朝를 牽制하는 措處를 취하기도 했다. 周采
　　赫, 「몽골·고려사 연구의 재검토 - 몽골·고려전쟁사연구의 시각문제」, 『애
　　산학보』 8, 애산학회, 1989, 39쪽 참조.

31) 『高麗史』 세가 권26, 13～14ㄱ, 元宗 9년 2월 壬寅條, "安慶公淐還自蒙古…
　　…帝……親勅淐曰……爾與日本交通 爾國人來居此者無不知之 爾於前日 何
　　言未嘗交通 以欺朕乎 爾等所奏皆是妄奏不必答也". 이상에서 1268년(원 至
　　元 5, 고려 원종 9) 이전에 고려가 이미 일본과 수시로 來通하고 있었음을 알
　　게 된다. 그 후 삼별초가 몽골·고려 연합군에 쫓기면서 1270년 삼별초 봉기
　　가 일어난 다음해인 1271년에 일본측 실무관이 작성한 「高麗牒狀 不審條條」
　　는 이를 입증하는 근거자료일 수 있다. 이 당시에 보내온 문건이 3년 전 곧
　　삼별초 봉기 이전에 고려에서 보내온 문건과 내용과 맥락이 서로 맞지 않아
　　이해할 수 없는 부분을 12개로 요약해 조목조목 열거한 메모다. 진도 삼별초
　　고려정부가 보낸 문첩 자체는 아니지만, 그런대로 삼별초 진도 고려정부와
　　일본의 항몽해상연합을 촉구하는 내용이 그 핵심임을 알 수 있기 때문에 주
　　목된다. 이 문서는 1978년 일본 동경대학 사료편찬소에서 확인돼 알려진 것
　　으로 본장에서는 尹龍爀, 「삼별초군의 세력과 활동범위 - '정통고려정부' 주
　　장 '황제' 칭한 삼별초의　珍島정권 : 집중계획2 ; 역사인물탐구　裵仲孫」,
　　『WIN』, 중앙일보사, 269～270쪽을 인용했다.
　　『東國李相國集』 권28, 「答東眞別紙」 ; 『高麗史』 권23, 고종 19년 12월조, 「答
　　東眞書」, "……由是 四方州郡莫不嬰城固守 或阻水自固 以觀其變 而彼益有
　　呑啖之志 以圖攻取則 其在列郡 豈必拘國之指揮 與交包禍之人 自速養虎被
　　噬之患耶 於是 非特人守而已 或往往有人民之不忍 出與之戰 殺獲官人士卒
　　不爲不多矣".

을 고려해 일련의 制限戰爭을 수행하며 금의 침공시에 실시했던 일련의 소모전략을 썼던 것은 사실이나, 이는 어디까지나 후술하는 바와 같이 그들의 전략 실패를 자인하는 次善策에 지나지 않는 것이었다.

따라서 이때 몽골군이 능히 이 좁은 水路를 건너 江都를 장악하지 못했거나 이를 보류했던 것은, 고려정부는 강도에서 총력을 다 기울여 강도 死守의 戰備를 갖추고 배수진을 치고 있었던 만큼[32] 몽골군이 이를 공파하기 위해서는 총력을 傾注해야 했고 그러자니 몽골군의 주력이 이곳에 집중되었을 때 예상되는, 고려 內地에 散在해 있던 고려 항몽유격군민들의 측후방 공격이 두려웠고, 또한 막다른 경우에는 역시 강화도→ 진도→ 제주도→ 일본열도나 강화도에서 양자강 입구 또는 황하 입구로 이어질 海路를 통한 海上 항몽국제연합전선이 그 배수진으로 결성될 위험성이 염려됐던 것이라 하겠다.

이는 1232년 말에 고려가 몽골군과의 激戰을 치루어가며 동진국의 蒲鮮萬奴 정권과 주고받은 文牒이다. 東北의 隣國 東眞國과의 聯合抗蒙을 부분적이나마 실제로 실천하고 있음을 본다.

『高麗史』세가 권23, 26ㄴ, 고종 20년 봄 정월조, "遣司諫崔璘 奉表如金 路梗 未至而還".

이처럼 1233년 봄에 北界와 滿洲一帶에는 몽골 및 그들에게 降附한 세력이 아직도 남아 있어 金과 反몽골紐帶를 다시 맺으러 갔던 것으로 보이는 고려 사신 崔璘 등의 길을 마을 수 있었던 것을 알게 된다. 몽골이라는 침략세력 앞에서 金國이든, 東眞國이든, 南宋이나 日本이든 어디와도 抗蒙聯合戰線 結成을 試圖하려 했음을 보여 준다. 몽골·고려 연합군에게 쫓기던 1270년 전후의 三別抄軍이 일본과 이와 같은 종류의 외교문서를 주고받으려 했음은 당연한 일이다.

32) 1231년부터 지구적인 30여 년의 장기 공방전이 이루어진 후에 몽골·고려 양 진영이 모두 力盡해 몽골·고려간에 講和가 이루어진 1260년 이후에 있었던 三別抄의 항몽전쟁은 사실 海島를 중심으로 경상도와 전라도 지방까지 깊숙이 출몰하면서 현지주민과 연결해 수행되고 있었는데, 실로 이는 江都政權 수립 이래로 고려의 聯蒙文臣쿠데타로 王政復古와 武臣政權의 몰락이라는 가장 불리한 이런 대몽항쟁 與件 속에서도 그 세력은 상당히 막강했다.

尹龍爀이 지적하고 있는 대로 강도에서의 최씨정권의 대몽항전이 그 지리적 이점을 이용해 자기 정권의 유지라는 선에서 만족하고 말았던 감[33]이 없지 않으나, 강화도의 지리적 위치는 꼭 수비에만 적합한 것은 아니었다. 고려의 전국토를 장악하기 위한 해상 거점으로서 보급과 군사의 수급을 어느 곳과도 원활히 할 수 있는 곳이기도 했다. 더러는 참혹한 전란 중의 武人政權의 과도한 사치와 낭비를 과대 비방하기도 하지만, 文臣政權 치하에서 억압된 계층으로 숨죽여오던 그들이 해방돼 執權層으로 대두되었을 경우에 그들의 권력의 권위를 과시하기 위해서 불가피했던 당시의 현실도 있었음을 고려할 필요가 있다.

실은 抗蒙을 전제로 하는 한은 뒷날의 史實이 증언하는 대로 무인정권의 해체와 문신정권-왕정의 부활은 곧 고려의 자멸행위이었기 때문에, 당시에 소외된 민중을 과감히 포용하며 운용된 무인정권 항전체제의 사수라는 시각에서 강도정권의 실체를 분석할 필요가 있음을 간과해서는 안 될 것이다. 지구적인 30여 년의 장기 공방전을 치러 와서 몽골·고려 양 진영이 모두 力盡해 講和가 이루어진 이후에 있었던 三別抄의 저항은, 사실 海島를 중심으로 慶尙道와 全羅道 지방까지 깊숙이 출몰하면서 현지주민과 연결해 수행되고 있었다. 그리고 江都政權 수립 이래로 고려의 聯蒙文臣쿠데타로 王政復古와 武臣政權의 몰락이라는 가장 불리한 이런 대몽항쟁 여건 속에서도 그 세력은 간단히 간과할 수 없을 만큼 대단한 것이었다.[34] 그렇다면 결국, 敵情에 曉通한 것이 常例인 몽골군이 이러한 강도정권의 잠재역량이 두려워 그토록 오랫동안 많은 희생을 감수하면서도 끝내 이를 武力으로 장악치

33) 尹龍爀,「崔氏武人政權의 對蒙抗戰姿勢」,『史叢』제21·22합집(姜晉哲교수 화갑기념한국사학논총), 고려대 사학회, 1977 참조.
34) 金庠基,「三別抄와 그 亂에 就하야」,『震檀學報』제7~15권, 진단학회(1973년 景仁文化社 合本), 1938(上)·1939(中)·1941(下) ; 阿達,「耽羅隷元考述」,『中國邊疆史地硏究』1, 1997 참조.

못한 측면은 없을까?

> ……於今 不若嚴兵假道於高麗 以取日本爲名 乘勢可襲高麗 定爲
> 郡縣 按撫其民 可爲逆取順守 就用本國器械軍旅 兼守南宋之要路 缺
> 日本往還之事情 此萬全之勢也 今遲之 恐聚兵於島嶼 積糧於海內 廣
> 被固守 能搖矣(『元高麗紀事』, 至元 6년 11월 2일조에 馬亨이 元 世祖
> 에게 上奏한 '征高麗計略' 중에서)

1269년(몽골 지원 6, 고려 고종 10) 11월 2일조의 기록 중에 '聚兵於
島嶼 積糧於海內 廣被固守'와 같은 내용의 기술은 그간 몽골과 고려
간에 오고 간 문첩들에서나 또는 그 밖의 사료들에서도 흔히 찾아볼
수 있는 것이기는 하다. 그렇지만 위 기록은 고려 元宗이 이미 入朝한
지 10년 후인 원 세조 至元 6년에 朝臣 馬亨이 세조에게 올린 '征高麗
事' 자료라는 데에 특별히 그 의미가 부각된다. 이는 終戰後에 그간의
몽골·고려전쟁을 總決算하는 論議가 되기 때문이다. 그렇다면 그들
이 여기서 고려정부가 군민을 모아 海島와 山城으로 들어가 持久的인
항전태세를 취하는 한 어쩔 도리가 없다는 결론을 내리고 있는 것을
어떻게 평가할 수 있을까? 전쟁을 전문으로 하는 최씨무인정권의 이러
한 대몽작전이, 殲滅戰을 불사하고 '고려정복전을 고려화'하는, 몽골군
의 작전에 응전하는 데 가장 주효한 것이었다고는 할 수는 없을까?
1260~1270년대에 들어 고려의 몽골에의 투항과 동시에 王政復古가
이루어지고 몽골-고려관계를 새로 정립할 때 힘의 균형과 현실적인 이
해득실관계가 고려됐음은 물론이겠지만, 이러한 고려의 '항전역량'과
시의적절한 고려 문신정권-왕정의 '적극적인 투항'이 스키토·시베리
안의 전통을 몽골과 고려가 공유하는 차원에서 함께 작용하면서 팍스
몽골리카체제 하에서 유일하게 徵稅權과 徵兵權을 가지고 高麗國名

을 지키는 나라로서의 명맥을 조선조에 이어주게 하는 데도 이 점이
일정하게 기여했음에 틀림이 없다고 하겠다.

윤용혁은 앞의 논문에서

> 우선 최씨정권은 강력한 私兵의 확충을 통해 自政權의 安定을 企했
> 고 그 과정에서 국가 公兵의 전투적 弱化를 초래했을 뿐만 아니라 公
> 兵의 私兵化 傾向을 惹起하여, 고려의 군사력을 결정적으로 약화시키
> 는 요인을 만들었다. 군사적 空白의 이러한 상황에서 최씨정권은 몽골
> 의 침략군을 맞이하였고……

라고 했다. 중요한 지적이다. 그래서 고려인의 각개 내지 소집단 유격
항전이 끝내 정규적인 陣地戰으로 전개돼 몽골군에게 치명적인 타격
을 주지 못했던 것이 사실이다. 그러나 당시 이러한 군사적 眞空狀態
는 西夏·南宋·金·西遼·코라즘·러시아, 그리고 유럽제국이나 이
슬람제국까지도 거의 다 그러했다. 그러니까 당시 유라시아대륙은 국
제적으로 힘의 진공상태가 만연된 시대에 들어 있었던 터였다.

> 역사상의 일정한 시기를 규정하는 하나의 시대적 특성으로 파악돼도
> 좋을지 모르겠다. 몽골군은 이러한 시기에 막북유목민족적 유산으로서
> 의 전투적 훈련과 精銳騎兵, 그리고 아직 본격적인 봉건화에 돌입하지
> 않았던 몽골사회를 천재적으로 조직·통어했던 칭기스칸의 지휘력을
> 배경으로 삼아 광대한 지역을 정복 지배할 수 있었다.[35]

그렇다면 당시 최씨무인정권의 대몽항전도 이러한 시대상황의 한계
를 인정하고, 그런 당시의 현실 위에서 그것을 기준으로 삼아 그 나름

---

35) 베. 야. 블라디미르초프(Б. Я. Владимирцов)著, 주채혁 譯, 『몽골사회제도사』(학
   술진흥재단번역총서69), 대한교과서주식회사, 1990 참조.

으로 평가되어야 하리라 본다.

끝으로 당시 고려는 주로 6~7월이라는 盛夏期를 택해서 몽골에 대한 역습작전을 폈는데, 그 이유가 무엇이었을까에 대해 고찰해 보기로 하자.

특히 1232년 고려가 강화천도를 단행할 때 쯤 그런 경향이 두드러지게 보였는데, 우선 이 사실은 몽골군이 가을에 전투를 개시해서 봄에 그것을 매듭짓는 사례와는 상당히 대조적인 것을 알 수 있다. 우리는 여기서 이러한 상황의 원인으로, 아래와 같은 몇 가지 문제들을 들어 검토해 볼 수 있다.

첫째, 몽골군은 본래 한랭 고원 건조지대인 북아시아 일대를 본거지로 살아왔으므로 동남방의 海中이나 반도 및 해변처럼 습기가 많은 무더위에 약했으며,36) 이미 앞에서 지적한 대로 그들의 무기와 장비들 또한 耐濕力이 약했으므로 고려가 외래 침입자인 몽골군의 그런 허약한 점을 노렸을 수 있다. 아울러 몽골군의 주력이 일단 등을 돌려 철수하는 상황하에서는 그들에 대한 逆襲이 상대적으로 용이했다는 점을 아울러 지적할 수 있다.

둘째, 盛夏期가 되면 삼림이 우거지므로 對유격전이나 포위토벌전 등의 대규모 정규전을 위주로 했던 몽골군에 대하여 유격전이나 반포위토벌전 등의 소규모적인 비정규전을 위주로 했던 고려에게는, 地形地物을 풍성하게 제공해 주는 성하기가 전술상 유리했다는 점을 들 수 있다.

---

36) 몽골에도 한여름 開豁地에는 영상 30도를 웃도는 건조한 더위가 종종 있다. 물론 드넓은 몽골스텝의 경우에는 지역에 따른 기온 차이가 다양하게 연출된다. 몽골인 유학생이 한국에 유학하다가 겨울에 더 추운 몽골로 돌아가는 이유를 물었더니, 습기 있는 한반도의 겨울이 더 춥다고 대답을 해서, 겨울에도 영하로 떨어지지 않는 臺灣의, 이상야릇한 漏氣찬 추위 때문에 고생하는 한국인 臺灣 유학생들의 경우를 想起케 했다.

셋째, 특히 강화천도를 전후한 1232년(몽골 태종 4, 고려 고종 19)에 있었던 대몽역습의 경우에는, 이 무렵 몽골이 고려의 軍民을 北方 隣國 東眞國의 蒲鮮萬奴軍의 토벌에 조직 동원해 고려의 무력을 거세하려 했으므로, 이런 몽골측의 계략에 말려들지 않게 하기 위해서는 부득이 이때 역습을 감행할 수밖에는 없었다는 것이다.

III. 맺음말

한마디로 양군의 작전상의 특징을 이렇게 규정짓는다면 큰 무리가 없을 것으로 본다. 몽골군은 강력하고 세련된 최첨단 무기와 戰技를 가진 騎兵과 步兵으로 종횡무진 전격적인 침공을 단행했고, '고려정복전의 고려화 전략'을 능수능란하고 집요하게 구사한다는 점을 들 수 있다. 이에 대해 고려는 삼면이 바다로 둘러싸인 산악지대인 자국의 지리적 이점을 근거로 삼아 무인정권의 집중적인 사병조직을 중추로 하는 지휘부의 전술전략에 따라 海島와 山城을 근거지로, 지휘체계가 일원화해 있지 않은 각개 내지는 소부대 유격항전을 주로 벌인 점을 들 수 있다.

몽골측이 주로 速戰速決을 전쟁의 주된 형태로 삼았다면, 고려측은 특히 和戰兩面戰을 교묘히 배합한 持久的 抗戰을 위주로 했다고 할 수 있겠다. 물론 몽골·고려전쟁 말기로 들어오면서는 양상이 많이 달라지기는 하지만 撒禮塔 1~3차 고려침공기에는 몽골측은 시기적으로 秋冬春節을 주로 전쟁기간으로 삼았다면, 고려측은 주로 盛夏期를 전후한 기간을 그것으로 택해서 對蒙逆襲을 감행했다.

몽골군의 유명한 情報戰과 '정복전쟁의 정복지 현지화 전술전략'은 적의 역량으로 적을 소멸시켜가는 정복작전 양식을 확대 재생산해 가

는 것으로, 싸우면 싸울수록 도리어 병력과 보급이 더 풍부해져서 몽
골군의 전투력을 일정한 단계까지는 暴增해 가게 되어 있는 것이었다.
이에 대한 고려군의 응전양식은 몽골군의 역량이 미칠 수 있는 범위내
의 육지에서 인력 및 물적 자원을 모두 제거시키고 전투근거지를 모두
海島와 山城으로 옮기는 淸野戰術이었다. 그리고 그 근거지를 중심으
로 각개 내지는 소부대 유격항전을 지구적으로 벌이는 것이었다. 물론
각 시기 각 현지에서의, 가능한 한도 내에서 중앙과의 유기적 관계가
있었음은 물론이다.

바로 이러한 고려의 항전형태는 몽골군이 가장 대응하기 힘든 것이
었다. 정복하고 또 정복해도 정복되지 않을 뿐더러 그때그때의 전황을
예측키가 매우 어려운 것이어서였다.

今若發兵 如虎入山 抱薪而求火 此實不可爲也(『元高麗紀事』, 至元
6년 11월 2일조에 馬亨이 元 世祖에게 上奏한 '征高麗計略' 중에서)

이것이 30여 년간의 고려정복전쟁을 치르고 난 몽골측의 결론이다.
馬亨이 원 世祖에게 上奏한 '征高麗計略' 중의 일구절로 다시 무력침
공을 하는 것은 절대로 불가하다는 내용이다. 고려의 對內外的인 離間
을 조장하면서 군사침략이 아니라 군사원조를 통해서만 고려를 제대
로 장악할 수 있다는 것을 함의하고 있다.[37]

---

37) 이를 전후해 그들은 征高麗戰略을 변경해서, 무인정권과 왕권 사이의 모순·
갈등관계를 더욱 격화시켜 이용하므로써, 왕측의 요청에 응하는 형식으로 명
분을 빌어가내 하루아침에 몽골군의 고려 장악을 합법적으로 수행하기에 이
른다. 그리고 이에 이어 몽골은 몽골군과 고려왕정에 또 다른 王族 承化侯
王溫을 推戴해 정면 도전하며 대항하는 三別抄 珍島高麗'正統'王政의 對蒙-
對開京高麗'傀儡'王政 항전을 몽골·고려 연합군이 강화도-진도-제주도-
일본열도로 이어지는 일련의 征討過程에서 타도한다. 그리고 나서 三別抄를
섬멸시키고 南宋軍까지 동참시키는 征倭過程에서, 몽골은 마침내 고려 장악

148

몽골스텝 동북부를 내포하는 大만주권이라는 드넓은 정면에서 몰려들어오는 거센 대륙세력을 정면으로 맞받아 싸우지 않고 이를 고려반도의 산악지대로 유인해 들여 유격전으로 교란시켜 전쟁을 持久化하면서 적이 피로해진 틈을 타서 보급로를 차단하고 퇴로를 막아서며 적을 섬멸시키는 일련의 戰法[38]이, 이때 세계적인 규모의 몽골 첨단무력에 맞서 싸운 몽골·고려전쟁에서 몽골군에 대해서도 성공적으로 감행된 것은 아니었다. 몽골군의 허점을 노려 분산된 고려군의 전투역량을 결집시켜 遊擊戰을 陣地戰으로 전환시키면서 보급로를 차단하고 퇴로를 정면으로 막아서 응전하기에는, 당시 고려 자체의 역사·사회적인 제 여건과 전투역량 자체가 세계적 규모의 몽골군과 대결하기에는 역불급이었다. 그러나 기틀이 잡힌 고려의 항몽전쟁이 의도적이든 아니든 일정한 기간 동안은 금－남송－고려－일본을 잇는 항몽전선상에서 고려가, 그 나름의 一役을 맡아가며 몽골군의 군사행동을 상당히 억제케 하는 데 기여한 것이 사실이라 하겠다. 그리고, 종전 후 몽골-고려관계 재편과정에서 이런 고려의 대몽항전 역량을 토대로 팍스몽골리카체제 하에서 高麗라는 국명과 國體를 유지하는 등으로 남다른 자주성을 확보해가며 高麗의 國家命脈을 이어 朝鮮朝에 성공적으로 傳承하는데 一助했던 것만은 틀림이 없다 하겠다.

이상에서 1218(몽골 태조 13, 고려 고종 5)～1219년 강동성 전역이라

을 완성하기에 이른다.

38) 『益齋集』 권9상, 「忠憲王世家」 ; 『高麗史』 권25, 원종 원년 3월 丁亥條, "高麗 萬里之國 自唐太宗親征而不能服 今其世子 自來歸我 此天意也". 이는 원 세조가 태자 王倎(후의 고려 원종)의 親朝를 반기면서 한 말이다. 물론 당시에 쿠데타를 앞둔 쿠빌라이 개인의 정치적 상황이나 그에 따른 외교적 修辭가 깃든 言辭일 수는 있다. 그래도 여기서 우리는 놀랍게도 쿠빌라이가 이미 高麗人이 옛날에 隋唐의 대군을 물리친 高句麗의 後裔임을 파악하고 있었음을 확인케 된다.

는 撒禮塔 1차 고려침공과 1231년(몽골 태종 3, 고려 고종 18)의 撒禮
塔 2차 고려침공, 그리고 1232년(몽골 태종 4, 고려 고종 19)의 撒禮塔
3차 고려침공기의 몽골 · 고려전쟁을 개괄해 고찰해 보았다. 그렇다면
이런 전쟁을 치러온 몽골군과 고려군의 역사적 성격은 각각 어떻게 규
명해야 할 것인가 하는 문제가 남게 된다. 문제를 해결한다기 보다는
연구과제로 제기해 둔다는 의미에서 간략히 언급할 필요가 있다고 사
료된다.

　먼저 몽골군의 경우에는 이런 문제점들이 집중적으로 거론되며 문
제해결에 접근해가야 하리라 본다. 몽골의 征高麗軍을 漠北 騎馬 羊
遊牧民族的 유산으로서의 전투적 훈련과 그 결과로 확보한 정예 경기
병, 그리고 천재적인 조직력과 통어력을 가졌던 칭기스칸의 능력과 그
휘하에서 무수한 전투를 수행하며 다양한 전투체험을 축적하고 계속
해서 흡수해가는 新附軍의 대규모적인 재편과정을, 당시 몽골에서의
유목적 봉건제의 전개[39]와 新附諸種族들의 다양한 역사적 전개 등 역
사발전과정의 상호 유기적 작용 속에서 파악해 그 역사적 성격을 규명
해가야 할 것으로 본다.

　한 가지 添言해 둘 문제는, 삼면이 바다로 둘러싸인 고려반도 내지
는 海中의 일본열도를 경략해가며 본격적으로 태평양지역을 지향하는
征東戰役의 총지휘자로 大興安嶺 북부 홀룬부이르 몽골 스텝의 날라
이 호수를 기원지로 하여 물에 익숙한, 札剌兒(Djalar)氏族 출신 총사령
관을 代를 이어 파견하고 있는 몽골제국 중앙 군지휘부의 치밀함에 충
분히 주위를 기울이는 연구가 반드시 있어야 하겠다는 것이다. 물론
일본열도와 중원대륙이 엄호해 주는 고려반도를 통해 스텝의 유목민
족이 해양으로 진출하려 했다는 점에도 충분히 주목하며, 몽골의 해양

---

39) 伊藤幸一, 『蒙古經濟史序說』, 日本 名古屋市, 風媒社, 1975 참조.

전초기지 耽羅島 經營문제도 접근할 필요가 있을 것이다.

고려의 항몽주체 전력의 경우에는 역시 다음과 같은 문제점들을 중심으로 그 역사적 성격의 규명에 접근해 가야 하리라 본다. 무인정권 이래의 田柴科制度의 붕궤와 대토지소유 형태의 보편화[40] 및 이에 따르는 귀족관인층의 몰락과 新進士人의 진출,[41] 軍人田을 그 경제적 기반으로 하고 있던 府兵의 몰락, 그리고 고려 曹溪宗으로 대표되는 禪宗의 새로운 발전,[42] 武人政權에 의한 대규모적인 公兵의 私兵化로 인한 府兵制 崩壞의 촉진, 신분질서의 解弛에 따른 賤奴層의 身分解放 가능성 확대, 武班賤視作風의 상당한 解消,[43] 몽골·고려 쌍방의 작전상의 역사적 및 생태현실적 제특징과 그 상호작용 등의 다각적인 측면이 모두 고려되면서 그 역사적인 성격을 보다 더 객관적으로 천착해가야 할 것이다.

저자가 본장에서 고려의 대몽항전의 특징을 "지휘체계가 일원화해 있지 않은 각개 내지는 소부대 유격항전"이라고 지적한 것은[44] 이미 농민이나 천민 등 정규적인 군사조직에 포함되지 않은 일반국민이 항전의 주체였다는 점[45]을 지적한 것이다.

---

40) 강진철, 「한국토지제도사(상)」, 『한국문화사대계』, 고려대 민족문화연구소, 1965, 1329~1380쪽 참조.
41) 李佑成, 「고려조의 吏에 대하여」, 『역사학보』 23집, 한국역사학회, 1964 참조.
42) 金映遂, 「曹溪禪宗에 대하야」, 『진단학보』 9집, 진단학회, 1938, 151쪽 참조.
43) 변태섭, 「고려의 귀족사회」, 『사학연구』 제13호, 한국사학회, 1962 참조.
44) 金庠基, 「三別抄와 그 亂에 就하야」, 『震檀學報』 제7~15권, 진단학회(1973 년 景仁文化社 合本), 1938(上)·1939(中)·1941(下)에서도 고려의 대몽항전 과정에서 민중의 유격항전 비중을 크게 평가하고 있다. 물론 여기서 지휘체계가 일원화하지 않았다는 말은 중앙 지휘부와 항전군민간의 가능한 한도 내에서의 間歇的인 유기적 接線이나 정신적 紐帶마저도 없었다는 것은 아니다.
45) 姜晉哲, 「몽골침입에 대한 抗爭」, 『한국사-고려』, 국사편찬위원회, 1974, 363 ~373쪽에서도 항전의 주체가 민중이었다는 점을 지적하고 있다.

몽골·고려전쟁에서 특히 무엇을 계기로 해서 貧農·中小農[46]·賤
民들의 항전의지가 광범위하게 전개됐던 것인지는 몽골 침략군의 역
사적 성격과 상호작용 과정을 복원하면서 상당히 밝혀질 것으로 보이
며, 역으로 그 원인과 배경이 드러내지면 고려 항전농민의 역사의 성
격도 좀 더 구체적으로 규명돼 가리라 본다.[47]

---

46) 金容燮,「고려시기의 量田制」,『동방학지』제16집, 연세대학교 동방학연구소,
   1975, 67~116쪽 참조.
47) 결국 고려 항전농천민의 성립이 중앙집권적인 전기중세적 질서의 붕궤에서
   비롯되는 것이고 그러한 구질서의 붕궤에 무신의 쿠데타가 중대한 시대적 역
   할을 담당한 것이라는 점을 감안한다면, 무인정권은 이들 항전주체세력 형성
   의 産婆役을 맡은 셈이라 하겠다. 물론 무인정권 자체가 그런 역사의 흐름
   속에서 배태된 것이기도 하다. 그러므로 이런 시각에서 본다고 하더라도 대
   몽항전에서의 고려 무인정권의 역사적 역할은 전문적인 작전 수행 지휘부로
   서의 그 나름의 탁월한 군사적 능력 발휘 이외에도 상당히 긍정적으로 평가
   될 또 다른 요소가 있다고 할 것이다. 周采赫,「初期麗·元戰爭略考‐兩軍
   의 作戰與件을 중심으로」,『청대사림』3, 청주대 사학회, 1979. 12, 97~113쪽.

제5장 處仁城 大捷, 金允侯의 撒禮塔 射殺과 그 의미

Ⅰ. 머리말

撒禮塔 2차 침공시의 작전상황 개략도[1]에서 보듯이 살리타이[2]는 1231년 8월 29일에 전격적으로 北界諸城을 공격해 기선을 제압하지만[3] 결코 이들을 攻破하지 않은 채 그대로 남겨 두고 경솔하게 남하하

---

1) 周采赫, 「麗元間에 있어서 洪福源일가의 구실과 그 位置」, 연세대학교 대학원 석사학위논문, 1970. 7, 153~154쪽 및 본서 77쪽 참조.

2) 저자가 본고에서 쓴 撒禮塔(Sartai)의 몽골식 발음은 당대의 原音을 되살린 것이 아니고 한국의 교과서에서 일반적으로 써 온 이 漢文 音譯을 몽골식으로 읽어본 야나이 와다루의 로마자 표기를 옮겨 적은 것이다(箭內亘, 「蒙古의 高麗經略」, 『滿鮮地理歷史硏究報告』 4, 東京帝大, 1918, 227~273쪽). 村上正二는 撒禮塔의 原音을 'Sartaq'라고 復元(村上正二 譯註, 『蒙古秘史』(東洋文庫294), 日本 東京 : 平凡社, 1976, 336~339쪽 주13))하고 있으나 왜 그래야 하는지에 관한 구체적인 설명은 없다. 宋元代에 오면 이미 漢字音에서 'ㄱ'음이 받침에서 사라진다는 사실로 미루어 또 당대의 史料인 『集史』에 그렇게 로마자로 音寫될 만한 이름이 등장하고 있다는 점에서 그럴 가능성이 없는 것은 아니지만, 어디까지나 한 연구자가 추정해 본 견해에 지나지 않는다 하겠다. 실은 몽골인이 아닌 漢人이나 고려인 같은 경우에는 몽골 발음을 조금 잘못 들어 音寫했을 가능성이 얼마든지 있으며 다른 사료에서 옮겨 썼을 경우에 또한 오류가 있을 수도 있는데, 실은 여러 사료에 나타나는 다양한 그 音寫 사례들은 이를 잘 보여 준다고 하겠다. 저자는 '撒禮', '撒里', '薩里' '撒兒'와 '沙打'등의 음사까지도 실은 '札剌'이나 '札剌兒' 또는 '剳剌'과 같은 씨족이름의 다양한 음사에 지나지 않을 가능성이 많다고 본다(周采赫, 「札剌와 撒禮塔」, 『史叢』 21·22합집, 고려대 사학회, 1977. 10, 283~302쪽 참조).

3) 『新增東國輿地勝覽』권53, 2쪽ㄴ 鐵山郡 名宦 李元禎조에 "金坵詩 當年怒
寇闌塞門 四十餘城如燎原 倚山孤堞當虜蹊 萬軍鼓吻期一呑 白面書生守此
城…… 相持半月折骸炊 晝戰夜守龍虎疲 勢窮力屈猶示閑 樓上管絃聲更悲
官倉一夕紅焰發 甘與妻孥就灰滅 千古州名空記鐵"이라 한 것을 보면, 이것
이 武人도 아닌 一介 白面書生 이원정이 怒寇와 싸우다가 氣盡脈盡한 나머
지 더는 버틸 수 없게 되자 官倉에 불을 지르고 마침내 자기도 기꺼이 아내
와 부둥켜 끌어안고 그 타오르는 불길 속에 몸을 던져 焚身自殺하고야 말았
던 鐵州城血戰의 비장한 풍경을 그려낸 한 폭의 시구인 것을 알 수 있다. 그
런데 이는 『高麗史節要』 권16, 3ㄴ~4ㄱ 高宗 18년 8월조 및 『高麗史』 권
121, 11ㄴ~12ㄱ 列傳 권제34 文大전에 "蒙古元帥撒禮塔 將兵圍咸新鎭曰…
…至鐵州城下 令所虜瑞昌郎將文大…… 復如前 遂斬之 蒙人攻之愈急 城中
糧盡 不克守 城將陷 判官李希勣 聚城中婦女小兒 納倉中火之 率丁壯 自刎
而死 蒙人 遂屠其城"이라 기록되어 있는 기사와 서로 걸맞는 것임을 알 수
있다. 곧 고종 18년 8월말쯤에 몽골병사가 쳐들어 와서 철주성을 침공하니
판관 이희적이 城民들을 거느리고 싸우다가 마침내 성중에 먹을 것이 떨어져
더는 지킬 수 없게 되자, 城中의 부녀와 소아를 모두 창고속에 몰아넣고 불
을 지르고는 자기는 장정들을 거느리고 스스로 목을 베어 자결해 버린다. 바
로 이 처절하고 비장한 대열 속에 백면서생 이원정도 끼어 있었던 것으로 볼
수 있다. 이들은 모두 철주성 혈전풍경 속에 내포되는 기사일 뿐만 아니라,
또한 아래와 같은 사실을 보아도 살리타이 2차 침공시의 기사에 걸맞는 것임
을 알 수 있다. 곧 위에 든 『신증동국여지승람』의 철산군 이원정조에 "李元
禎 北兵來寇 時 元禎爲州倅 固守力盡 知不免 遂焚官倉 領妻子投火而死"
라고 한 것을 보면, 이원정이 이처럼 비장하게 자결을 했던 것은 바로 北兵
이 쳐들어왔던 때인 것을 알 수 있다. 그런데 여기서 '북병'에 대해 『高麗史
節要』 권16, 32ㄴ 고종 34년 여름 6월조에 "刑部尙書 朴暄 言於崔怡曰 今北
兵連年入寇 民心疑貳……"에서 여기에도 역시 北兵이 해마다 쳐들어온다는
말이 나오는데, 이때는 바로 몽골군의 침공이 잇달아 그 병화가 비할 데 없이
극심했던 때다. 따라서 이 기록에서 '북병'이란 곧 몽골병을 가리키는 것임을
알게 된다. 물론 앞에 인용한 이원정조에 실린 김구의 시에 나오는 怒寇나
이희적조의 狄兵이란 모두 北兵 곧 몽골병사라 하겠다.
그렇다면 당연히 金坵의 詩에 "當年怒寇闌塞門"에서 '當年'이란 바로 고종 18
년인 1231년이고 '塞門'이란 咸新鎭 언저리를 이르는 것임을 알 수 있고, 잇
달아 나오는 '四十餘城如燎原'이라는 표현은 다름 아닌 1231년 撒禮塔 2차
침공시의 전황을 그려낸 시구임을 알게 된다. 위 관계 사료에 근거해 추산해
보면, 당시 김구의 나이가 갓 스물쯤이었으므로 이때의 전황을 그가 몸소 체

지 않았다. 살리타이 휘하의 장수 蒲挑 元帥, 迪巨 원수와 唐古 원수
등의 부대가 開京의 四門 밖에 나누어 주둔하고 있던 12월 1일에도 그
는 여전히 安北都護府에서 주력부대로 볼 수 있는 北京元帥 吾也而,
遼王 薛闍, 義州等州 節度使 王榮祖와 都提控 耶律捏兒 등의 휘하
각 전투부대와 後援해 온 예수데르의 전투지원부대를 거느리고 北界
諸城 공파에 총력을 기울이고 있으면서, 한편 사자를 보내 개경의 궁
궐에 들어가서 외교전을 폈던 것을 본다. 이처럼 북계제성을 포위하여
고려 병력을 일단 城內에 固着시켜 놓고 일부의 부대를 王京에 直衝
케 함으로서 고려왕을 움직여 北界의 難攻不落의 要塞가 스스로 자기
의 장악하에 들어오게 하려는 살리타이의 전략전술은 일단 성공을 거
두어 이듬해에 龜州와 慈州城까지 더해서 北界 여러 성을 모두 확보
하게 된다. 심장부를 틀어쥐는 방법으로 몸뚱아리 전체를 손쉽게 빼앗
아 버렸던 것이다.[4]

　이러한 살리타이 몽골군에 대응하는 고려군 지휘부의 전략전술이
그 이듬해에 실행에 옮겨진다. 고려의 심장부인 王京을 江華島로 옮기

　　험했거나 목격했거나 아니면 귀담아 들어 두었다가 썼던 시임에 틀림이 없
　　다. 그러므로 이는 다른 어떤 사료보다도 가장 史實에 가까운 기록이라 하겠
　　다. 이에 따르면 몽골군이, 사료에 기록돼 있는 14개성들만 요리조리 찾아다
　　니며 공격한 것이 아니고 요원의 불길처럼 일시에 북계 40여 성을 덮쳐왔던
　　것임을 분명히 확인할 수 있다. 1218~1219년 강동성 전역(撒禮塔 1차 고려침
　　공) 이후에 맺은 몽골-고려간의 兄弟盟約을 구체적으로 이행치 않은 데 대한
　　응징의 성격을 가지는 명백한 몽골군의 '계획된 군사행동'임은 두말할 나위가
　　없다.
　4) 몽골군은 이와 비슷한 상황하에서 흔히 이런 전략전술을 구사하였다. 가장 경
　　제적인 戰勝方法이기 때문이다. 예컨대 밀림을 배경으로 淸野戰術을 구사하
　　며 海島와 山城에 入保하여 게릴라전을 많이 벌이는 베트남에 대한 정벌전
　　쟁이 그 대표적인 사례의 하나라고 하겠다. 이곳에서는 몽골군이 끝내 이기
　　지 못했다(中國史稿 編寫組, 『中國史稿』 5冊, 北京 人民出版社, 1983, 當該
　　條).

156

고 고려의 軍民이 淸野戰術로 평소의 생활 터전에 먹을 것을 모두 없애고 山城과 海島에 들어가 목숨을 부지하며 장기적으로 항전하는 길을 택하게 된 것이다. 따라서 수십 년간에 걸치는 몽골·고려전쟁에서 몽골측의 일관된 요구사항은 고려의 심장부를 틀어쥐어서 고려를 통째로 장악하려는 살리타이의 전략전술을 관철하는 것이었고, 고려의 대몽항쟁은 이를 한사코 거부하는 것이 그 궁극적인 목적이었다.[5] 그

---

5) 바로 위의 註4)에서도 지적했듯이 이러한 상황하에서 고려를 침공하는 데는 살리타이의 이런 전략전술이 가장 효과적인 것이었다고 하겠다. 뿐만 아니라 崔氏武人政權의 對蒙抗戰의 경우도 마찬가지였다고 보아야 할 것이다. 다만 그 이후에 펼쳐지는 역사적 상황이 몽골의 군사력을 등에 업은 왕과 문민 지주 관료층들이 주도하는 王政復古-文民 쿠데타와 이를 통한 몽골군 영향권으로의 고려의 再編이 이루어지면서 몽골 세상이 되고 무인정권의 최후 항전 세력이라 할 三別抄軍이 이들에 의해 말살되어, 무인정권의 역할에 대한 평가는 여지없이 貶下되었던 것으로 보인다. 고려에 최초로 朱子學을 수용했다는 安珦의 스승인 柳璥(쿠데타로 左右衛上將軍이 되고 門下平章事를 역임했다. 祖父는 政堂文學 柳公權이고 유공권의 6대 祖父가 文化 柳씨의 시조인 고려의 開國功臣 柳車達이다. 高宗이 1259년에 유경의 집에서 병사했다.) 이 바로 다름 아닌 몽골 군사력을 등에 업고 최씨정권의 측근으로 別將 金俊 등과 함께 왕정복고-문민쿠데타를 감행한 문민 지주관료의 대표였다는 사실은, 그 후 주자학자들이 史官이 되어 이 시대 역사를 기록하는 視角이 어떠했겠는가 하는 점을 충분히 짐작케 해 준다. 여기서 우리가 주목해야 할 것은 주자학 이데올로기라는 패러다임이 군사-정치력과 상관없이 공중에 떠돌다가 스며들어 온 것이 결코 아니고, 도리어 군사-정치력을 배경 삼아 그것을 유지-강화하는 수단으로, 그와 동행해 들어온다는 엄연한 사실이다. 이러한 조건하에서 몽골·고려전쟁 후에 이르러서야 비로소 대륙-한반도 관계가 主從관계에서 姻戚관계로 획기적으로 바뀌고 滿洲지대라는 완충지대가 사라지면서 역사 서술체계가 本紀-列傳체제에서 世家-列傳체제로 그 인식의 틀을 바꾸는 큰 비극이 빚어지게 된다. 몽골·고려전쟁은 한국전쟁 이전에 유일하게 있었던 세계적 규모의 군대에 대한 전쟁이다. 330년 후에 이루어지는 1592년 임진왜란은, 스텝제국시대에서 해양제국시대로 넘어가는 그 서막을 여는 海中 일본열도의 일국과의 전쟁에 불과한 것이었다. 斷續的이기는 하였지만 무려 40~50여 년에 걸친 한국사상 유례가 없는 대전쟁인데도 기록이 그토록

런데 주목할 것은 그 심장부가 開京에서 江華島로 옮겨지고, 심장부의
攻破와 死守가 각각 몽골·고려전쟁 당사자 각 진영의 궁극적인 목표
였다면, 개경과 강화도라는 심장부의 소재지가 몽골·고려전쟁의 핵심
부가 되었을 것은 물론이라는 점이다.

따라서 고려의 여타 지역에서의 전투는 그 규모 여하를 막론하고 외
곽을 때려 핵심부를 쟁취하려는 보조적 전쟁이었을 뿐이고, 정작 중핵
이 되는 전쟁은 심장부의 소재지인 京畿道 지역에서 이루어졌을 것은
두말 할 나위가 없다. 몽골·고려전쟁에서 대몽항전 유적지로 珍島나
濟州島가 거론되기도 하지만, 그것은 이미 고려의 심장부가 거의 해체
당하다시피 하여 서남해의 섬들을 징검다리로 삼아 日本列島까지 몽
골 군사력이 뻗어 내리는 과정이었을 뿐이다. 아직 고려의 심장부가
건재한 채로, 본질적으로 反몽골 전략전술을 관철시키려는 고려의 진
정한 대몽항쟁은 역시 경기도를 무대로 이루어졌다 할 수밖에 없다.
따라서 다른 지역이 아닌 바로 경기도 處仁部曲에서 몽골군의 세계정
복 사상 몇 개 사례 정도가 손꼽히는, 총사령관이 전장에서 죽거나 황
제의 권한대행인 현지 총사령관 權皇帝가 전사하여 전 병력이 총퇴각
하는 획기적인 사건이 일어나게 된 것은 결코 우연한 일이 아니었다.

실로 撒禮塔 3차 고려침공인 1232년(몽골 태종 4, 고려 고종 19) 음
력 12월 16일에 處仁部曲에서 일어난 살리티이射殺事件은, 비정규병
인 천민집단 부곡민들이 스님 김윤후의 지도 하에 이룩한 전과로, 비
단 몽골·고려전쟁사 상에서 뿐만 아니라 몽골 세계정복전쟁사 상에

疏略하고 戰爭遺跡이 거의 보존되지 않았으며, 유물이나 기념비가 별로 남
아 있지 않은 사실은 이러한 역사적 배경을 이해할 때만 비로소 그 해석이
가능한 것이라 하겠다. 몽골-주자학 세상이 지속되고 주자학도가 그 시대 역
사를 편찬하는 상황하에서 더군다나 處仁部曲에서 있었던 金允侯 스님 주도
의 살리타이 사살사건에 관한 유적, 유물이나 사료가 제대로 남아났을 까닭
이 없었다 하겠다.

서도 특기할 만한 큰 사건이었다. 水州의 屬邑인 처인부곡의 작은 성에서 "서로 맞서 싸우다가 몽골 총사령관인 살리타이가 사살되었고 이어서 사로잡은 자도 많았으며 적의 남은 무리는 무너졌다"[6]고 한 것으로 보아 몽골군이 적은 병력은 아닌 것을 알 수 있고 총사령관이 流矢에 맞아 전사할 정도면 彼我間에 격렬한 접전이 있었던 것을 알 수 있다. 이곳이 교통의 요충지임을 감안할 때 몽골군 총사령관이 이끄는 주력군이 이곳을 돌파해 내려가려 하였을 것을 추정해 볼 수 있다. 더러는 김윤후가 직접 살리타이를 쏘아 죽였다는 기록과, 연이어 나오는 기록에 그러나 정작 왕이 그의 공을 가상히 여겨 상장군을 제수하려 하니 공을 다른 사람에게 돌리면서

　　싸울 때 나는 활도 화살도 가지고 있지 않았으니 어찌 감히 헛되이 무거운 상을 받겠습니까?

하고 굳이 사양하여 받지 않으므로 고쳐서 섭랑장을 제수하였다[7]는 기록에서 정작 '싸울 때는 활도 화살도 가지고 있지 않았다'는 다분히 修辭的인 이 語句에 걸려 김윤후의 살리타이 사살 사실을 간단히 부

---

6) 『高麗史』 권23, 세가 23 고종2, 고종 19년 12월 ; 『東國李相國集』 28, 「答東眞別紙」에는 "撒禮塔攻處仁城 有一僧避兵在城中 射殺之 答東眞書曰……至今年 十二月 十六日 水州屬邑處仁部曲之小城 方與對戰 射中魁帥撒禮塔殺之 俘虜亦多 餘衆潰散……"이라고 기록되어 있다.

7) 『高麗史』 권103, 열전16 金允侯에 "金允侯 高宗時人 嘗爲僧 住白峴院 蒙古兵至 允侯避亂于處仁城 蒙古元帥撒禮塔來攻城 允侯射殺之 王嘉其功 授上將軍 允侯讓功于人曰 當戰時 吾無弓箭 豈敢虛受重賞 固辭不受 乃改攝郎將……"이라 하였다. 『高麗史節要』 권16, 고종 19년 9월조에도 "三軍平忠州而還……撒禮塔攻處仁城 有一僧避兵在城中 射殺撒禮塔 國家嘉其功 授上將軍 僧讓功于人曰 當戰時 吾無弓箭 豈敢虛受重賞 固辭不受 乃拜攝郎將 僧卽金允侯也"라고 하여 같은 내용을 적고 있다.

정하기도 한다. 그러나 이 사실을 부정하는 말이나 기록을 남긴 이는 김윤후 자신 이외에는 아무도 없다. 그것도 공을 남들에게 양도하는 자리에서 나온 수사적인 말을 하는데 섞인 내용일 뿐이다.『고려사』 세가 고종 19년조 기사나 김윤후열전, 그리고『고려사절요』고종 19년 9월조에서도 모두 이 사실을 분명히 확인해 기록하고 있다.

그 후 忠州山城 大捷에서도 보여주듯이 그는 무엇보다도 人和力에 바탕을 둔 뛰어난 지휘력을 지닌 작전의 천재이자 수도승이었다. 전투 지휘자로 자기의 공을, 그것도 賤人 신분인 部曲民들에게 돌려 그들이 천민의 신분적인 桎梏에서 벗어나게 해 주었다면 天時나 地利보다도 훨씬 더 중요한 人和라는 本質的인 戰鬪力을 사람들에게서 이끌어 낼 수 있었던 그는 천생의 전투지휘자라 하겠다.

이런 시각에서 보면 이 수사적 어귀 자체가 실제의 사실이라기보다는 차라리 충주산성 대첩으로 열매맺어 가는, 私心 없음에서만 비롯될 수 있는 일련의 뛰어난 작전행위였던 것일 수 있다. 다만 이 한 어귀 때문에 김윤후가 살리타이를 쏘아 죽인 장본인일 수 없고, 살리타이를 쏘아 죽인 화살의 주인공이 처인부곡민 중의 어느 한 사람일 것[8]이라고 소박하게 단정한다면, 이 또한 '民衆史觀'이 유행하는 이 시대 사조에 영합하는 천박한 비약이라는 악평을 면키 어려울 것이다. 어떤 이는 '流矢'에 맞아 죽었다는 기록을 들어 部曲民衆이라는 불특정 다수에게 살리타이 사살의 공을 돌리려 하기도 하지만, 그러나 근래에 고려측 사료까지 베껴서 편집해 낸 것으로 보이는『新元史』권249, 열전 146 외국1, '고려'를 제외한 어느 몽골측 사료에도 '射殺'이라는 표현은 없다.

가장 핵심이 되는 사료인『元高麗紀事』나『元史』에 모두 "中流矢

---

8) 尹龍爀, 「1232년 처인성에서의 대몽승첩」,『'고려시대의 용인' 학술대회 발표 논문집』, 용인시 : 용인문화원, 1998. 6, 87~96쪽 참조.

160

卒"이라고 되어 있다. 화살을 맞는 몽골군 쪽에서야 당연히 流矢에 맞아 죽는 것이고 쏘아 죽이는 고려군 쪽에서야 당연히 정확히 조준하여 쏘아 죽이는 "射殺"이 되지 않겠는가? 대체로 지휘를 받아 적과 맞붙어 싸우는 사병들보다 전투를 지휘하는 지휘자인 고급장교는 적진의 輕重과 虛實을 넓은 안목으로 파악할 수 있게 마련이고 그래서 지휘가 가능하게 되는 법이다. 바로 김윤후가 그런 자리에서 敵陣의 核心과 周邊을 제대로 파악하고 핵심을 정확히 겨누어 몽골군 총사령관 權皇帝 살리타이를 틀림없이 사살한 것이라 하겠다. 날아오는 화살에 맞은 이들이야 누가 쏜 화살인지를 몰라 그냥 '流矢'라고 할 수밖에 없을 수도 있지만, 목표를 똑바로 겨누어 맞힌 사수가 누가 누구를 사살했다는 사실을 아는 것은 지당한 일이다.

만약 고려측에서도 살리타이를 특정인이 겨누어 쏘아 죽인 것이 아니고 누군가가 우연히 날려본 화살로 맞혀 죽인 것이었다면 당연히 "中……射殺"이나 "射中……殺之"가 아니고, "中流矢死"라고 했어야 옳다. 그러나 한결같이 "射中魁帥撒禮塔殺之"라고 하여 "쏘아 맞혀 죽였다"거나 "射殺"했다고 했다. 따라서 김윤후 스님이 내가 분명히 안 쏘고 다른 이가 쏘아 맞혔음에 틀림이 없다고 한 것은 자기가 바로 그 사수이기 때문에 도리어 자신 있게 그렇게 말하고 공을 양도할 수 있었던 것일 수가 있다. 도대체 치열한 전쟁터에서 목탁을 들고 염주알을 굴리면서, 또는 맨손으로 교통순경이 교통정리 하듯이 전투지휘를 하는 지휘자가 어디에 있는가? 전투소대장의 지휘봉은 그대로 칼빈소총이어야, 힘을 발휘하게 마련임을 저자는 체험을 통해 익힌 적이 있다. "정작 싸울 때는 나는 활도 화살도 가진 적이 없었다"는 그의 말이 저자에게는 도리어 살리타이를 사살한 것은 분명히 나지만, 그러나 그 전공을 정말로 필요로 하는 것은 사적으로나 공적으로나 나 같은 중이 아니고 처인부곡 전장에서 피붙이나 동료를 많이 잃은 가엾은 부곡민들이라는 것을 역설적으로 외치는 절규로 들린다. 산 자가 도둑질해야 하는 공이 아니라 죽은 이들의 염원을 이뤄 주기 위해 드려야 할 布施로 전공을 본 것이리라.

그런데 살리타이 사살의 전공으로 일개 무명 스님인 그에게 요즈음으로 말하면 4성장군급이라 할 최고 武班벼슬인 上將軍을 일약 제수하려 했던 것을 보면 이 전공이 몽골·고려전쟁사 상에서 얼마나 큰 비중을 가지는 것인가를 알 수 있다. 그의 사양으로 요즈음의 영관급이라 할 攝郞將을 除授받는데 그쳤지만, 그 후 그는 忠州山城 防護別監으로 충주산성 대첩을 치러내어 마침내 監門衛上將軍에 오르고,[9] 東北面兵馬使에 임명되었다가 그곳이 몽골군에게 함몰되는 바람에 부임하지는 못하지만 守司空右僕射라는 높은 벼슬로 致仕하기에 이른다. 총사령관이 전사하면 전군이 퇴각하는 것이 몽골군의 관행이다. 이 당시에 몽골군 총사령관인 권황제 살리타이가 사살당하고 부사령관인 데구(帖哥, Degu)가 지휘체계가 흐트러진 몽골군을 수습하여 총퇴각하게 되었던 이 역사적인 사건이 몽골·고려전쟁의 성격을 一變케 하는 계기가 되었음은 물론이다.

1990년 3월 26일 역사적인 몽골·한국간의 수교가 이루어지고 나서 당시의 몽골인민공화국의 시장과 도지사 수십명이 龍仁에 와서 연수를 받고 돌아갔는데,[10] 1992년에 몽골과학아카데미와 한국몽골비사학

---

9) 尹龍爀, 『高麗對蒙抗爭史硏究』, 一志社, 1991, 284~288쪽 참조.
10) 이 일을 주선한 이는 초대 駐몽골한국대사인 權永純 교수(2009년 현재 연변과기대 교수)였다. 6·25 한국전쟁을 겪으면서 몽골보다 훨씬 후진이었던 님한이 불과 몇십 년만에 자기들을 훨씬 능가하는 단계로 발전해 있는 모습을 1988년 서울 올림픽을 통해 확인하고 놀라워하는 몽골인 지도자들에게 산업시찰을 시켰던 것이다(1998년 7월 21일 오후 평창동 자택에 가서 金鮮浩 박사와 함께 확인하다). 이밖에도 이때 몽골 젊은이들이 한국에 초청되어 기술연수를 받기도 하고 컴퓨타나 제록스기 같은 선진 器機가 지원되었으며, 교육 기자재가 원조되기도 하였다. 비공식 집계이기는 하지만 1997년 경에는

162

회가 합동으로 벌인 '동몽골 대장정'이라고 자칭하는 동몽골대탐사 과
정에서 헨티 아이막(道)에 들렀을 때 그곳의 도지사가 '용인 연수 체험
담'으로 우리에게 먼저 말을 건네 오는 것을 보고, 우리는 그 당시에
서울과 평양을 제외하고는 용인이 몽골지역에 가장 널리 알려져 있겠
구나 하는 생각을 했었다. 그리고 이는 어떤 면에서는 지극히 당연한
역사적인 인연관계의 소산이 아닐까 하는 생각도 해 보았다.[11] 고려의
심장부가 있던 開京과 항몽심장부가 있던 江華島가 있지만, 실전이 가
장 치열하고 집요하게 이루어진 곳은 강화도와 가까운 거리에 있는 경
기도 내륙지방, 그 중에서도 이처럼 몽골·고려전쟁사 상 역사적으로
가장 큰 사건이 일어났던 지역이 바로 水州의 屬邑 處仁部曲(현재의
龍仁)이기 때문이다.

몽골에서 한국어를 배우는 사람이 수백명에 이르고 몽골시장에서 일본 상품
을 젖히고 한국 상품이 판을 치며, 한국에 머무는 몽골인이 1만 수 천명에 이
르는, 몽골에서의 한국붐 조성의 초석이 이 시기에 놓여졌다. 저자와의 인연
은 특히 1992년 7~8월에 있었던 '동몽골대장정'에 한몽공동 탐사대원의 일원
으로 동참하면서 주로 맺어졌다. 너무나 위험한 탐사 코스라서 모두 외면하
고 장거리 탐사길에서 지칠 대로 지친 탐사대원들이 오로지 비아냥거리기만
하던 고올리성터 탐사 길에 흔쾌히 동참해 주어 그 후 큰 성과를 거두기에
이르렀던 일이 계기가 되어 탐사를 마치고 몽골과학원 학자들과 우리 대원들
이 결과를 토론-정리하는 자리에서 저자가 "초대 몽골대사이자 영원한 몽골
대사"라는 감사의 말을 했을 만큼 초기 한국몽골학 및 몽골학회의 定礎에 여
러모로 헌신한 터였다. 밖으로 드러나지 않게 늘 뒤에서 지원해 주던 당시 문
교부 柳江夏 과장의 뒷받침이 이를 고여 주고 있었던 일도 기억된다.
11) 저자는 대학 학부생 시절인 1960년대 초에 맨 처음으로 처인성터를 답사했고
대학 박물관에 몸담고 있던 70년대 초에 三幕寺에 김윤후 관계 사료가 있다
는 어떤 이의 글을 읽고 다시 한 번(실제로는 아무 것도 관계 사료가 없었다.
무책임한 글이 얼마나 큰 폐해를 주는가를 통감했다), 그리고 세 번째는 몽골
붐이 일고 있는 90년대 초 처인성 유적지를 몽골비사연구회 회원들과 함께
용인문화원의 이인영 선생과 이상학 화백의 안내를 받아 각각 답사한 적이
있다.

II. 札剌亦兒씨족과 征東元帥 撤禮塔

1218(몽골 태조 13, 고려 고종 5)~1219년 강동성 전역(撤禮塔 1차 고려침공)시의 副元帥 잘라(札剌, Djala)가 바로 다름 아닌, 13년 후인 1231년(몽골 태종 3, 고려 고종 18) 음력 8월 28일에 撤禮塔 2차 고려 침공시 元帥로 고려에 쳐들어 온 살리타이임은 이미 『新元史』 열전 제29 札剌亦兒台豁兒赤傳에서 제대로 기록하고 있고,[12] 『元高麗紀事』 太祖 13년조에서 '㓡剌與沖 約爲兄弟'라 한 기록을 『高麗史節要』 권16, 고종 18년 8월조에서 조충의 아들 防守將軍 趙叔昌이 '吾父與貴國元帥 約爲兄弟'라고 하여 조충이 일찍이, 그 당시에는 副元帥였고 지금의 귀국(현직)元帥 살리타이(撤禮塔)와 형제맹약을 맺었음을 고백하여 이를 재확인하고 있다. 곧 1218~1219년 강동성 전역(撤禮塔 1차

12) 史料로서의 『新元史』의 신빙성 문제는 이미 관계학계에서 여러 차례 제기되어 왔고 대체로 신빙성에 문제가 있다고 인정되고 있다. 典據를 제시하지 않은 점이나 편찬자 柯劭忞의 박사학위 취득과정에 대한 잡음 및 그것이 25史에 내포되게 되는 과정에서의 권력의 작용설 등이 더욱 더 그 사료로서의 가치를 문제시하게 하는 요소로 작용하고 있는 것으로 보인다. 그러나 그가 사료를 읽는 시각에서 더러는 날카로운 점이 있다는 것조차도 모두 싸잡아서 버려 버리는 데는 저자는 동의하지 않는다. 저자는 물론 앞에 인용한 저자의 논문에서 20여 쪽(周采赫, 「札剌와 撤禮塔」)에 걸치는 고증과정을 거쳐 『신원사』의 관계기사와 전혀 상관없이 기존의 잘못된 견해들을 구체적으로 비판 -검증하면서 이를 고증하고 있다. 다만 저자의 이런 글이 나오기 이전에도, 비록 구체적인 고증과정을 거쳐서 논문으로 발표된 것은 아니지만, 이러한 시각이 있었다는 것을 소개하는 것이 상식이라고 생각해서 본론에서 인용하고 있을 따름이다. 참고로 일본 식민치하에서 官府의 지원을 받아서 수많은 업적을 낸 이른바 당대의 '거물급' 학자의 관계분야 연구업적에 감탄을 연발하고 경의를 표하는 것이 후학으로서의 당연한 도리일 수도 있겠으나, 수십 명의 조교를 마음대로 부리며 관계 자료를 각각 뽑게 하는 데서 오는 서로간의 시각과 인식의 차이들에서 비롯한 혼선과 이로 인한 수많은 오류 및 오류의 가능성을 가볍게 간과하는 얼빠진 학문 자세는 재고해 보아야 마땅하리라 생각한다.

고려침공)시의 부원수 잘라(札剌, Djala)와 그로부터 13년 후인 1231년 撒禮塔 2차 침공시의 元帥 살리타이가 동일인임을 입증하고 있는 것이니, 1218~1219년에 형제맹약을 맺었던 당사자인 撒禮塔 자신이 총사령관이 되어, 고려가 著古與를 죽이고 그것을 문책하러 왔던 使者를 쏘아 돌려보낸 점을 따지러 군사를 이끌고 고려에 쳐들어 온 셈이다. 또 고려에서는 이런 사정을 가장 잘 알고 있는, 역시 당시에 형제맹약을 맺은 당사자인 조충의 아들 조숙창을 내세워 살리타이를 맞아 이에 답변하려 했던 것이라 하겠다.[13] 그러니까 1218년 12월 강동성을 중심으로 하는 고려의 北界要塞들에서 契丹遺種의 토벌을 빙자하여 고려에 침입해 전투정찰을 수행했던 당시의 부원수 札剌 곧 撒禮塔(Sartai)가 그 후 1221년 8월 경에 원수로 진급, 蒲里帶와 함께 사신 著古與를 통하여 서신 1통을 고려에 보내는 등으로 對高麗관계의 일을 계속 주관해 오다가 1231년 8월 28일에 그간의 형제맹약을 위반한 죄를 물어 征東元帥의 자격으로 고려침공을 총지휘한 것이라 하겠다. 강동성 전역에 참가했던 몽골병들이 1231년의 몽골·고려전쟁에 다시 참전한다는 것은 산악지대이면서 3면이 바다로 둘러싸인 고려 공략에서 지극히 자연스러운 일이고, 실제로 그런 증거가 적잖게 보이고 있다.[14]

札剌台를 "太祖憲宗朝 征高麗元帥"라고 기록하고 있는 데서[15] 太

---

13) 주채혁, 「札剌와 撒禮塔」 참조.

14) 몽골 태조 13년, 高麗 高宗 5년인 1218~1219년 강동성 전역(撒禮塔 1차 고려침공시)~몽골 태종 3년, 고려 고종 18년인 1231년(撒禮塔 2차 고려침공)~몽골 태종 4년, 고려 고종 19년인 1232년(撒禮塔 3차 고려침공)에 연달아 참여해 온 이로는 札剌-撒禮塔, 蒲里俗完-蒲里帶-蒲桃(앞에 든 주채혁, 「札剌와 撒禮塔」, 289쪽 주15) 참조)와 都坦(주채혁, 같은 논문, 301쪽, 주36) 참조)이 눈에 띈다. 耶律留哥-薛闍(子)-石剌(收國奴), 也古(哈撒兒의 子 : 1252년)-也生哥(也古의 아우), 王榮祖, 吾也而, 札剌亦兒台-塔出와 買奴 등도 있다(이상은 周采赫, 같은 논문, 300~301쪽, 주29)~36) 참조).

15) 錢大昕, 『元史氏族表』권1, 蒙古 札剌亦兒氏編 '札剌台'조. 이에 의하면 札

祖 때 있었던 강동성 전역에 부원수로 참전했던 札剌가 바로 太宗 때
있었던 몽골·고려전쟁의 총사령관인 權皇帝 살리타이일 가능성을 더
욱 분명히 확인케 해 준다 하겠다. 결국 살리타이는 1218~1219년에 1
차로 고려에 들어와서 전투정찰을 마치고 1231년에 2차로 고려에 쳐들
어 와서 고려왕을 항복시키고 돌아갔으나, 이듬해에 고려가 강화도로

剌台가 몽골의 太祖 칭기스칸 때부터 憲宗 몽케 때까지, 그러니까 1218~
1259년까지 줄곧 征高麗元帥로 복무했던 것으로 되는 셈이다. 그렇다면 札
剌台는 칭기스칸 때의 札剌-오고데이 때의 撒禮塔-몽케 때의 車羅大(1254
년 閏7월)를 모두 함께 지칭하는 것이라 하겠는데, 札剌(1218~1219)와 撒禮
塔(1218~1232)는 동일인을 서로 다르게 音寫한 것이라고 하더라도 3인물을
모두 '잘라르'라는 씨족이름으로 호칭했을 때나 가능한 일이라 하겠다. 『몽골
비사』 274절에서 잘라이르타이 코르치가 주르체드(jürčed)와 솔랑가스(Solangas)
곧 女眞과 高麗를 연속해서 정벌하는 것으로 기록되고 있지만 당시의 征東
元帥는 여진과 고려를 함께 정벌하는 것이 상식으로 되어 있었다. '征東元帥'
가 곧 '정고려원수'이었던 것이다. 어떤 이는 1218~9년의 강동성전역은 물론
심지어는 1231년 몽골·고려전쟁까지도 계획된 전쟁 수행이 아니고 우연한
소행으로 파악하려는 견해를 보이기도 하지만, 이는 칭기스칸의 정복전쟁이
이미 무르익어 가던 단계에서나, 더 나아가서 이미 칭기스칸만에 의한 제국
이 틀을 잡고 난 후의 상황하에서는 상정하기 어려운 가설이라 하겠다. 투항
과 저항이 반복되는 경우는 적지 않았는데 대표적인 경우로는 西夏를 예로
될 수 있다. 이 경우에 투항도 저항과 함께 일련의 작전행위에 내포된다는 것
은 상식이다. 물론 이른바 고려를 兄弟盟約으로 묶어 우군으로 활용하며 금
나라를 함께 협공할 수 있다면 그것이 최선의 전략전술이라는 것을 몽골군이
계산에 넣지 않고 있었던 것은 아니겠지만 몽골측에서는 이를 모두 정복행위
로 파악하여 기록하고 있음을 관계 사료를 면밀히 분석해 보는 과정에서 우
리는 곧 파악해 낼 수 있다. 예컨대 『원고려기사』에 "三年 辛卯 九月 上命將
撒里塔火里赤 領兵爭討……四年八月 降旨復遣撒里塔火里赤 領兵討之"라
한 것이나 『원사』 권2, 본기 제2에 "太宗三年 秋八月 是月 以高麗殺使者 命
撒禮塔率師討之 取四十餘城……四年 八月 撒禮塔復征高麗 中矢卒"이라
한 것이 모두 고려의 정복을 기사화한 것들뿐이다. 그래서 저자는 1218년에 1
차로, 1231년에 2차로, 그리고 1232년에 살리타이가 3차로 몽골·고려전쟁을
일으킨 것으로 정리하고 있다.

遷都하고 장기항전태세를 갖추자 1232년에 3차로 고려에 다시 쳐들어 왔다가 마침내 음력 12월 16일에 처인부곡에서 김윤후의 화살을 맞고 죽어서 돌아가게 되었다.

그런데 살리타이뿐만 아니라 아예 太祖(1218)~憲宗(1259)조의 42년 간에 걸치는 征高麗役에서 그 원수가 모두 札剌台라고 기록하고 있는 위에 인용한『元史氏族表』蒙古 札剌亦兒氏編 '札剌台'조는 征東의 役, 그중에서도 특히 征高麗役은 모두 札剌亦兒(Djalair)씨들의 지휘 아래서 그 전투가 수행되었을 가능성을 示唆해 준다. 칭기스칸이 서역정 벌을 계획하면서 1217년 이래 금나라의 정벌을 잘라르 무카리(木華黎) 에게 일임하였음을 고려하면 금나라를 정벌하는 작전의 일환으로 그 연장선상에서 이루어졌던 征高麗役은 1254년 閏 7월에 정동원수직을 맡아 쳐들어 왔던 車羅大까지 합하여 사실상 잘라르씨가 지휘를 도맡 았을 수도 있었다고 하겠다. 왜일까? 몽골고원의 물은 北流하고 中原 의 물은 東流하며 한반도의 물은 西流하는 것이 보통인데, 유일하게 몽골족의 起源地인 興安嶺 북서부 초원의 물은 東流하며 嫩江과 松 花江의 물까지 동류하는[16] 滿洲벌판과 밀접한 관계를 맺게 된다. 그래 서 테무게 옷치긴은 칭기스칸의 막내동생으로 할하유역을 중심으로 하는 몽골고원의 가장 동북 곧 하라운(哈剌溫)산이라고 불렸던 興安 嶺[17]의 서북에 있는 땅을 封地로 받은 뒤에 홍안령 동남쪽으로 자기세

---

16) 고구려연구회장 徐吉洙교수의 도움말이 있었다(1998년 7월 22일 신촌 연구회 사무실).

17) 본래 '험한'이라는 형용사나 '절벽'이라는 명사로 쓰이는 몽골-만주어계 '샹간' 이라는 낱말에서 비롯된 고개이름이나 밋밋한 고개여서 말이 달릴 뿐만 아니 라 어느 곳은 기차가 넘나들기까지 한다. 몽골인들은 산맥이라고 하기보다 '샹간다와'(興安고개)라고 부르는데, 이 고개가 분수령이 된다기보다는 몽골 은 고원이고 만주는 저지대 벌판이 많다고 보는 것이 정확하다고 하겠다. 2000년대가 되면 이런 상식을 왜 주를 달아 설명하는가 할 정도로 보편적인 상식이 될 것으로 보지만, 문제는 口碑史料를 비롯한 歷史遺産도 그렇게 남

력을 확장해 가는데, 마침내 만주나 고려도 장차 점령되면 그의 봉지
로 예정되었을 가능성이 아주 많다. 黑韃靼人으로 몽골의 기원지를 근
거지로 하는 잘라르씨[18]도 이와 비슷한 경우이다. 테무게 옷치긴은 막
내여서 고향땅을 封地로 받았던 것이라면 잘라르씨족인 무카리나 그
휘하로 보이는 살리타이는 만주나 고려와 역사적으로 가장 친숙한 관
계가 있어서 이 지역의 정복사업을 담당했던 것으로 보인다. 당시에
테무게 옷치긴은 이 지역의 재정과 행정을 맡고 잘라르 무카리는 정복
사업을 맡아 오다가 뒷날 그의 후손들이 遼東의 정치사에서 중요한 역
할을 하게 되고, 고려의 藩王(이지르부카 충선왕) 또한 그리하여 그들
이 모두 고려와 밀착된 역사적 역할을 해 왔던 것을 알게 한다.

　살리타이는 이런 잘라르씨족 중에 權皇帝를 자칭한 유일한 征東元
帥로 高麗戰場에서 戰死하여 휘하 몽골군을 총퇴각하게 하였으며, 수
십 년간에 걸친 몽골·고려전쟁의 기본틀을 짜 놓은 인물이다. 권황제
란 어떤 존재인가? 國王 木華黎(Mukhali)가 권황제이기 때문에

征伐大事 皆決於己 故曰 權皇帝 衣服制度 全用天子禮

라 한 것[19]으로 보아 정벌대사를 자기가 마음대로 결정하기 때문에 권
황제이고 의복제도를 모두 천자의 禮로 쓴다는 것을 알게 된다. 살리
타이도 征東에 관한 한 이처럼 막강한 힘을 가진 총사령관이었던 것을
알 수 있다. 당시에 살리타이가 직접 강화도를 공격하지 못하고 소모
전 형태로 외곽지대인 내륙만을 치고 다니다가 전사한 데는 여러 가지
이유가 있겠지만, 몽골세계칸국의 세계전선 관리차원에서 금나라를 정

　아 보편화할 수 있느냐 하는 것이다.
18) 『蒙韃備錄』, '諸將功臣'條.
19) 위에 든 『몽달비록』, '諸將功臣'조.

벌하고 난 다음에 남송을 치는 식으로 이에 보조를 맞추어 고려를 공
략해 가려 했던 것이 그 주된 이유이었던 것으로 보인다.[20] 강화도는

20) 예컨대 미국이 그들의 세계전선 관리차원에서 1950년 6 · 25 한국전쟁 때 맥
  아더 사령관의 만주폭격 전략이 소련의 유럽 침공을 야기할까 무서워서 취소
  된 사실을 들 수 있다. 요즈음 공개된 소련의 군사 비밀문서들에 의하면 실은
  그런 위험은 존재하지 않았음을 알 수 있다. 당시의 몽골군 총사령부에서는
  고려를 막다른 골목으로 몰아넣을 경우에, 그 가능성의 실재 여하와 상관없
  이 남송-고려-일본의 3국 海上聯合抗戰을 상정해 보지 않을 수 없었던 것
  이다. 몽골 자신도 남송이나 고려와 연합하여 금나라를 협공하려 하였으며
  쿠빌라이칸의 참모들 중에는 고려와 연합하여 남송을 칠 전략을 모색하는 경
  우도 있었고, 일본정벌 때는 금-남송-고려 연합군을 동원하기도 하였기 때
  문이다(『원고려기사』 至元六年……十一月二日 '樞密院奏議征高麗事……'라
  한 내용을 참조). 금이나 남송을 칠 때는 고려가 몽골과의 연합군 편성을 거
  부했지만 일본 정벌 때는 고려의 왕실이 몽골군과 손을 잡고 무인정권에 맞
  서 王政復古를 본격화할 때이므로 三別抄 토벌의 연장선상에서 江華島-珍
  島-濟州島-日本列島로 공격방향을 잡아 가면서 몽골 · 고려 연합군의 작
  전이 전개되었다. 몽골이 고려군을 지원받아 어느 세력을 공격한다는 것은
  동시에 그 어느 세력들 간의 연합 가능성을 배제하는 것이 되기도 한다. 이런
  가능성이 있었다면 몽골이 고려를 마구 막다른 골목으로 몰아붙이기만 할 경
  우에 궁지에 몰린 江都政府 고려가 동아시아의 지중해라고 하는 황해에서
  양자강과 황하로 곧 송과 금으로 연락이 가능할 때, 남송과 금이 아직 건재할
  경우에, 남송이나 금과 연결하여 몽골에 대항하는 시도가 실제로 있을 수도
  있었다고 본다. 금나라를 공격할 때 툴루이의 右路軍은 이미 남송의 국경 안
  을 침범하고 있었기 때문이다. 이 경우 몽골-남송의 금나라 협공이라는 시각
  에서 문제를 파악하는 쪽과 그 이후를 걱정하는 양쪽이 공존할 수 있었기 때
  문이다. 실제로 그로부터 120년 뒤인 1350년대 후반 고려가 反元투쟁을 벌이
  면서 舊南宋境內 江浙行省의 方國珍이나 張士誠과 같은 강남의 군벌들과
  밀접한 관계를 맺고 元을 견제하는 조처를 취한 역사적인 사례가 있고 1354
  년에는 逆으로 최영장군이 산동의 장사성군을 토벌하여 승리한 적도 있다.
  금-남송-고려가 몽골과 연합하여 강화도-진도-제주도-일본의 코스를
  거쳐 일본을 치기도 하였지만, 일본-고려-남송-금이 연합하여 逆코스로
  몽골을 칠 가능성도 몽골군 수뇌부에서는 고려해 보지 않을 수 없었던 것으
  로 보인다. 또 600~700년 후의 일이기는 하지만 이런 상황은 2차대전 때 매
  우 근사하게 일어나기도 하였다.

서해를 통해 중국대륙으로 들어가는 黃河나 楊子江의 입구와 연결될
수 있고 서해의 도서들을 징검다리로 삼아 珍島와 濟州島, 그리고 日
本列島로 接線되는 해상기지이기도 했기 때문에 아직 금나라나 남송
이 건재할 때 몰아붙이면 3국의 해상연합이 가능하다고 보았던 듯하
고, 이는 결국 쿠빌라이칸이 高麗, 耽羅와 日本식으로 25史 중에『元
史』의 外夷列傳에서만 유일하게 耽羅를 독립세력으로 고려와 일본과
병렬해 高麗의 아래이고 日本의 위에 놓는 인식관행을 보여준 데서도
그럴 가능성을 엿볼 수 있다고 하겠다.[21]

---

21) 더러는 아직까지도 몽골군이 강화도를 직접 치지 않은 것을 몽골인들의 물에
대한 공포 때문인 것으로 해석해 보려는 지극히 소박한 견해를 고수하는 경
우도 있으나 이는 잘못된 일이다. 몽골은 대단히 넓은 지역으로 초원이나 반
사막인 고비만 있는 것이 아니고 서북부와 북부에는 산악지대도 있고 바다
처럼 드넓은 바이칼호, 홀룬호, 부이르호와 흡수굴호 같은 호수도 있다. 따라
서 어업을 위주로 하는 몽골인들도 있다. 더군다나 1231년 몽골·고려전쟁
때에는 이미 수많은 정복과정을 거쳐 칭기스칸 자신이 몸소 이룩한 몽골세계
제국의 판도가 틀을 잡았던 터이다. 그의 뒤를 이어받아 정복전쟁을 계속하
는 오고데이칸의 경우는 작전경험을 풍부히 쌓아 온 군대를 지휘하고 있었고
水軍이 내포되어 있었으며 심지어는 포로로 잡은 고려의 수군까지도 부릴 수
있었다. 공병기술이 특히 뛰어났던 몽골군이 수많은 작전과정에서 수시로 渡
河作戰을 수행해 왔음은 두말 할 나위가 없다. 근래에는 일본 정벌과정에서
두 번 모두 계절풍을 만나 변변히 싸워 보지도 못하고 거의 전멸하다시피 해
서 일본역사에 '가미가제(神風)' 신화를 안겨 주고 있는 戰役도 어딘가 미심
쩍은 데가 있다는 견해조차 대두되고 있는 판이다. 1270~1280년대라면 몽골
세계제국이 이미 완성된 단계여서 몽골군의 전략전술이 최고도로 세련되어
있고 세계항해사 상 특기할 만한 민족인 아랍인들조차도 몽골군에 동참할 수
있는 마당에 계절풍 정도를 파악하지 못해 두 번씩이나 여이어 참변을 당한
다는 것은 말이 안 된다. 따라서 이는 거의 조직을 그대로 유지한 채로 투항
해 온 남송군과 옛 금군 및 고려군 잔여세력을 처치하고 일본과 적대관계를
만들어 더욱 확고하게 장악해 버리려는 쿠빌라이칸의 전략전술의 하나이었
을 뿐이라는 것이다. 그러니까 일본이 그나마 몽골의 침략에서 자신을 보존
할 수 있었던 것은 고려의 武人政權과 금 및 남송의 항전, 그리고 쿠빌라이
칸의 음흉한 전략전술에 힘입은 것으로, '가미가제'가 아니라 순전히 '히도가

이상에서 알 수 있듯이 살리타이가 부원수로 몽골과 고려가 兄弟盟約[22]을 맺은 일(1218~1219년), 살리타이가 1221년 8월 경에 元帥로 승진하여 이내 著古與를 고려에 사신으로 보냈다가 살해당한 사건과 1231년 8월에 맹약을 깬 사건을 문책하여 征東元帥가 된 살리타이가 쳐들어와서 고려왕을 굴복시켰으나, 1232년 6월에 江華島로 首都를

───────

제(人風)' 덕분이라는 것이다.

그간 出入이 없었던 것은 아니지만, 몽골이 제주도를 해상 군사기지로 삼아 실제로는 오늘날의 중국대륙에 대한 홍콩처럼 몽골-고려관계 체제하에서 특수하게 관리해온 것은 몽골세계제국이 갖는 이러한 군사적인 이해관계와 해상무역을 통한 수입이 몽골세계제국 중앙정권 원조의 재정에서 점하는 높은 비중 때문에 海路를 확보할 基地로서의 제주도의 긴요성이 있었던 까닭이라고 생각된다. 물론 원말에 제국이 멸망할 위기에 처하여 토콘테무르칸(順帝 : 天命을 따른 황제라고 하여 주원장이 '元明革命'을 합리화하기 위해 뒤에 붙여 준 이름이다)이 제주도에 피난궁궐을 지으려고 준비하고 주원장이 투항하거나 사로잡은 히야드보르지긴 皇族들을 80여 호 이상씩이나 계속 제주도로 보내어 오늘에 이르도록 한 사실은, 제주도와 몽골칸들의 고향인 동몽골이 같은 火山地帶로 너무나 닮아 있었던 데서 비롯된 점도 있었던 듯하다(주채혁, 「몽골 다리강가지역의 훈촐로와 제주도의 돌하르방에 대하여 - 답사보고를 중심으로 - 」, 『역사민속학』 제2호, 역사민속학회, 1992, 122~144쪽 ; 周采赫, 「제주도 돌하르방 연구의 몇 가지 문제점 : 그 기능과 형태 및 계통 - 동몽골 다리강가 훈촐로와 관련하여 - 」, 『강원사학』 9집, 강원대 사학회, 1993. 12, 75~118쪽 ; 周采赫, 「제주도 돌하르방 연구의 몇 가지 문제점 : 그 명칭과 개념정의 및 존재시기 - 동몽골 다리강가 훈촐로와 관련하여 - 」, 『청대사림』 6집, 청주대 사학회, 1994. 12, 215~251쪽 ; 에르데니 바타르, 「濟州道의 칭기스칸 後裔들에 관하여」, 『몽골학회 98년 춘계학술대회 발표 논문집』, 몽골학회(C.A.M.S.), 1998년 5월 23일, 6~11쪽 ; 周采赫, 「쿠빌라이의 海上制覇를 막은 三別抄」, 『統一日報』, 日本 統一日報社, 1996년 7월 23~26일자[日文] 참조).

22) 高柄翊, 「蒙古高麗의 兄弟盟約의 性格」, 『백산학보』 6집, 백산학회, 1969, 25~78쪽 참조. 『원고려기사』에 "世祖 中統三年 十月 二十九日 詔諭國王植曰 ……凡遠邇諸親附之國 我祖宗有一定之規則 必納質而籍編民 置郵而出師旅 轉輸糧餉補助軍儲"라 했듯이 降附한 나라들이 해야 할 '六事'가 있었던 것이다.

옮기고 장기항전태세를 갖추자 이를 문책하러 그해 12월에 다시 쳐들
어왔다가 같은 달 16일에 處仁部曲에서 사살당한 일 등 일련의 사실
들은 몽골·고려전쟁의 실마리를 마련하고 그 기본틀을 놓아 주었다
는 점에서 가장 중요한 일들이었다고 하겠다. 여기서 한 가지 주목되
는 점은 몽골군 총사령관 권황제 살리타이가 사살당했음에도 불구하
고 몽골군이 관행으로 늘 해 오듯이 고려에 참혹한 보복전쟁을 벌이지
않고 느슨한 대응을 해 왔다는 사실이다.

　생각건대 이는 그로부터 불과 1~2년 후인 '유명한 1234년'에 몽골제
국권 내에서의 군사적 최강국인 금나라의 멸망을 눈앞에 두고 있었기
때문이었던 것으로 보인다. 이 유명한 1234년에 금나라가 일단 멸망한
후 내부문제가 그 나름으로 해결되면서 몽골군은 남송을 전면적으로
공격함과 동시에, 松柱나 예케(也古)와 그의 아들 也生哥와 같은 황족
들까지[23] 동원하면서 압록강과 두만강유역의 넓은 전투정면들을 모두
활용해 서북면은 물론 동북면까지 동시에 휩쓸어 오는 무자비한 보복
전쟁을 총체적으로 벌였다. 살리타이의 戰死는 그만큼 큰 비중을 갖는
사건이었다. 그러므로 이런 일들은 그가 죽은 바로 다음해인 1233년 4
월 24일[24]에 '五罪'를 문책하러 온 使者에 의해 핵심적인 문책내용으

___

23) 『高麗史』 권24, 고종세가 40년 4월조 ; 『高麗史節要』 권17, 고종 40년 夏4월
　　조에 송주가 皇弟라고 밝히고 있다. 예케는 칭기스칸의 둘째 동생인 哈撒兒
　　의 아들이다(也古[哈撒兒의 子 : 1252년]-也生哥[也古의 아우] ; 周采赫, 「札
　　剌와 撒禮塔」, 『史叢』 21·22합집, 고려대학교 사학회, 1997. 10, 300~301쪽,
　　주29)~36) 참조).
24) 『원고려기사』(國學文庫 제43편 : 據廣倉學宭叢書重印), 태종 5년 癸巳 4월
　　24일조 참조. 요컨대 이 詔書는 이들 使者 일행이 고려에 들이닥치자마자 大
　　喝一聲하여 먼저 撒禮塔(剳剌) 사살사건을 꾸짖고, 이어 使臣射回事件, 著古
　　與殺害事件 따위를 우선 급한 것부터 차례대로 꾸짖었으며, 아울러 고려가
　　萬奴征討軍派兵要請를 거절한 것과 民戶를 俱集見數한다고 北界諸城의 附
　　蒙高麗民들을 꾀어내어 마구 죽인 것을 나무라는가 하면, '西京金信孝等

로 다루어졌으며, 그가 죽은 지 8년 후인 1240년 5월[25])과 17년 후인 1249년 8월 15일[26])에도 계속 거론되기에 이른다. 실은 이러한 일들은 元宗(당시에는 아직 태자 王暙이었다)이 원나라에 入朝하는 1259년 4월까지 계속되었던 것으로 보인다. 이는 그가 고려를 정벌하는 총사령관으로 유일하게 權皇帝를 자칭했을 만큼 비중이 높은 인물인데다가 몽골·고려전쟁의 본질을 좌우할 만큼 큰 일들을 주관하거나 빚어냈던 데서 비롯된 것이라 하겠다.

所管十數城'의 事例를 들어 懷柔하다가, 다시 '自陷罪惡死亡之地也'나 '自抵滅亡耳'와 같은 공갈과 협박의 말로 매듭짓는 교묘한 語勢로 이루어진 것임을 알 수 있다. 박원길은 토론문에서 "蒙古詔曰 自平契丹賊殺劄刺之後 未嘗遣一介赴闕 罪一也"에서 劄刺를 이케우치 히로시가 1924년에 내놓은 著古與로 比定하여 劄刺가 바로 撒禮塔(Sartai)라는 저자의 설을 간단히 부정해보려 시도하고 있다(池內宏, 「蒙古の高麗征伐」, 『滿鮮地理歷史硏究報告』 10, 東京帝大, 1924, 119~193쪽 참조). 江東城戰役(1218~1219) 이후부터 劄刺가 사살 당하기까지 몽골 조정에 使臣이 단 한명도 入朝하지 않았다는 것이 여기서 제일 처음으로 지적한 大罪 罪目인데, 그러나 著古與가 죽은 1221년 이후라면 이미 이 조서가 내려오기 1년 전에도 上將軍 趙叔昌과 侍御史 薛愼(順)이 入朝했었다(『高麗史』 세가 권23, 12ㄱ 고종19년 여름 4월 壬戌조 및 『元高麗紀事』, 태종 4년 4월조 참조). 따라서 여기서 劄刺는 이 조서가 이르기 4개월 8일쯤 전인, 바로 前年 12월 16일에 處仁部曲에서 스님 金允侯에게 사살된 撒禮塔(Sartai)일 수밖에 없다. 이러한 논증은 이미 앞에 든 저자의 논문 「札刺와 撒禮塔」에서 이루어진 터이나 토론자는 아예 이 논문은 거들떠도 안보고 케케묵은 옛 일본인 학자의 논문만 읽고 온 듯한 인상을 주었다. 토론문에 典據를 전혀 밝히고 있지 않아서 토론에 임하기가 매우 어려웠거나 아예 불가능했던 것도 사실이다. 시간이 허락되었다면 발표자가 토론자에게 되묻고 싶은 문제가 하나 둘이 아니었다.

25) 『元高麗紀事』, 태종 12년조.
26) 『元高麗紀事』, 己酉년조.

III. 撒禮塔 射殺사건과 『몽골비사』成書年代 比定문제

몽골의 수도 울란바타르에서 1991년 8월 5~6일에 걸쳐 열린 '제1회 『몽골비사』에 관한 한·몽 심포지엄'에서는 뜻밖의 에피소드가 빚어지기도 했다. 저자가 '札剌와 撒禮塔'에 관한 문제를 『몽골비사』의 성서연대 비정과 관련하여 발표하고 나자 국제몽골학자협회(I.A.M.S) 세. 비라 사무총장이 원로학자라는 자각도 묻어버린 채로 흥분하여 벌떡 일어나서는 "마침내 살리타이(撒禮塔)가 죽은 연대를 밝히는 사료를 찾았다!"며 내 발표요지를 치켜들고 어린아이처럼 외쳐댔던 것이다.[27] 몽골사를 복원하는 데서 『몽골비사』가 그만큼 큰 비중을 차지하고 있고, 그 성서연대의 비정 문제가 세계몽골학계에서 그만큼 큰 관심거리인데, 바로 이에서 차지하는 살리타이 射殺記事가 그토록 중요한 의미를 갖는다는 점을 말해 준다 하겠다. 왜 그럴까? 『몽골비사』成書年代에 관하여는 같은 책 282절에

　　大쿠릴타이에 모여, 쥐해 7월에 케룰렌의 쿠데에섬의 돌로안 볼닥과 실긴첵 사이에 궁전[28]등을 안치하고 있을 때 쓰기를 마쳤다.[29]

---

27) 주채혁, 「몽골 몽골사람」, 『제민일보』 1991년 9월 21일자, 3쪽 참조.

28) 유원수 역주서(『몽골비사』, 도서출판 혜안, 1994, 262쪽)의 282질에서는 ordos 를 行宮이라고 옮기고 있으나 유목민족인 몽골인들에게 그 당시에 과연 농경민족과 같은 행궁 개념이 있었는지 적이 의심스럽다. 여름 牧地가 있고 겨울 목지가 따로 있는 것이 일상의 관행이기 때문이다. 행궁들이 '묵고' 있을 때라는 다소 멋을 부린 듯한 해석도 그렇다. 궁궐들이라는 것은 집인데 도대체 집이 묵는다는 것이 말이 되는 소리인가? 차라리 오자와 시게오의 해석이 본래의 글 뜻을 그런대로 살린 것 같다(小澤重男, 『元朝秘史全釋續巧-(下)』, 東京 風間書房, 1989, 560~564쪽 참조). 이 역주서에는 이 밖에도 直譯을 넘어선 意譯이라기에는 이해가 가지 않는 飛躍과 註도 달지 않은 채로 本文의 역주를 省略한 부분이 적지 않고, 심지어는 오역조차도 전문가의 눈으로 살펴보면 꽤 있을 수 있을 것으로 어림된다. 지금 이 땅에 정녕 『몽골비사』연구의

고 한 기록에 따라 쥐해인 1228년(戊子), 1240년(庚子), 1252년(壬子), 1264년(甲子), 1276년(丙子), 1324년(甲子)설이 있는데, 이 중에서 살리타이의 사살사건 기록과 직접 관계되는 설은 1240년, 1252년과 1264년설이다. 문제의 핵심은『몽골비사』274절에 나오는 札剌亦兒台豁兒赤(Jalayirtai Khorichi)를 札剌-撒禮塔(Sartai)로 보느냐 車羅大로 보느냐에 있다. 앞서 인용한『원사씨족표』권1, 蒙古 札剌亦兒氏編 '札剌台'조의 '太祖憲宗朝 征高麗元帥'라고 한 기록에 주목할 필요가 있다. 1206~1259년에 계속해서 征고려원수 노릇을 했다는 이야기인데, 실제로 그런 잘라르씨의 箭筒士(Khorichi)는 없다. 1218~1232년 12월 16일 까지 정동부원수와 원수직을 지낸 살리타이와 1253년에 정동원수가 되어 1254년 봄에 고려에 쳐들어 온 車羅大[30]라는 두드러진 인물 두 사람이 있다. 車羅大로 비정한 이들은 다시 1252년설과 1264년설로 갈라지고, 살리타이로 비정한 이들은 1240년설을 따른다. 대부분의 몽골국『몽골비사』연구자들이 1240년설을 지지하고 셰 비라 사무총장 역시 예외가 아니다. 그래서 그는 1232년 음력 12월 16일로 사망일이 분명히 밝혀진 살리타이라는, 잘라이르타이 코리치에 관한『고려사』[31]의

<hr>

大家가 있는가? 한국인들 앞에서만 유창하게 영어로 강연할 수 있었다는 타계한 어느 미국통 저명인사의 이야기는 우리를 우울하게 한다. 돌이켜 보면 이 책은 한국에서 맨 처음 나온 역주서로 이제 이 역주서가 나온 지도 몇 해인가가 지났다. 원했든 원치 않았든 저자와도 적지 아니 직접 인연이 얽히고 섥혀 나오게 된 이 책에 관해 '12~3세기 몽골어'를 오래 연구한, 몽골어학을 전공하는 '참으로 謙虛할 수 있는' 국내외『몽골비사』연구자의 專門的인 書評이 있기를 기대한다.

29) 위에 든 오자와 시게오의 책의 로마자 音寫는 다음과 같다. yeke quri(n)lta quriǰu quluGana ǰil Guran sarada kelüren-ü kôde'ē-aral-un Dolo'an boldaG-a Šilginčeg qoyar ǰa'ūra ordos baq'ūǰu būküi-dür bičiǰü daq'ūsba.

30)『高麗史』세가 권24, 고종 41년 6월 丁巳條 ;『元史』헌종 본기 3년조의 '札剌兒帶'.

31)『高麗史』권23, 세가23 고종2 고종 19년 12월 ;『東國李相國集』28,「答東眞

기록을 접하고 그토록 흥분했던 것이다. 잘라이르타이 코리치에 관한 기사가 실린 274절이 1229~1241년이라는 오고데이칸 시대의 역사기록 속에 내포되어 있으며

주르체드, 솔랑가스에 원정한 잘라이르타이 코리치의 후속부대로 예수데르(也速迭兒, Yesüder) 코리치를 원정시켰다.[32]

고 하여 주르체드와 솔랑가스, 곧 여진과 고려를 연속해 정벌했다는 기록을 싣고 있는 것으로 보아, 이는 살리타이에 대한 기록임이 분명하다. 여진은 이미 1234년에 정복되었으므로 1253~1254년에 車羅大가 또 정벌할 이유가 없기 때문이다. 저자는 1240년 庚子說을 지지하고 있다.[33] 여기서 중요한 문제는 물론 '『몽골비사』의 성서연대 논쟁'

別紙」에 "撒禮塔攻處仁城 有一僧避兵在城中 射殺之 答東眞書日……至今年 十二月 十六日 水州屬邑處仁部曲之小城 方與對戰 射中魁帥撒禮塔殺之 俘虜亦多 餘衆潰散……"이라고 기록되어 있다.

32) 앞의 小澤重男, 『元朝秘史全釋』권12, 274절, 477쪽에 "jürčed Solangas-tur ayalaGsan jalayirtal-qorči-yin gejige Yesüder-qorči=yi ayala'ulba."라고 音寫해 있다. 여기서 Solangas의 한자 음사 밑에 '高巖'이라고 白話文 주석을 달은 것을 보고 유원수는 앞의 역주『몽골비사』, 251쪽의 주15)에서 이것이 '高麗'가 아닐 수도 있다는 듯이 "SolangƔas는 흔히 고려로들 여기고 있으나 방역은 '高巖'이다"라고 제법 점잖게 주석을 달고 있으니, 이는 金의 滿洲와 고려는 征東元帥의 소관이고 그래서 주르체드와 솔랑가스 곧 女眞-高麗가 連稱되는 것이 당시 몽골군의 慣行이었음을 제대로 간파하지 못한데서 오는 소박한 문제제기일 뿐이라 하겠다. 姚從吾·札奇斯欽,「漢字蒙音 蒙古秘史 新譯幷註釋」, 『文史哲學報』제9,10,11期, 國立臺灣大學, 1938~1940에서는, "此外 在先派去征討主兒扯惕(女眞) 莎郎合思(高麗)等處的帶弓箭的札剌亦兒台 需要後援 至是 再派帶弓箭的也速迭兒往 後援進征 就便任命爲探馬赤鎭守該地"(『蒙古秘史續編』권2, 제27절)이라 하여 이를 바로 이해하고 이렇게 주석하고 있다.

33) 이때 오고데이칸이 죽고 나서 톨루이계의 거센 도전이 있게 되는데 오랜 황위 계승전과 空位時代가 이어지면서 마침내 1250년대에 들면서 本地派 遊牧

으로, 고려 스님 金允侯에게 1232년 12월 16일 處仁部曲에서 사살된 살리타이(撒禮塔)라는 잘라이르타이 코리치가 일약 세계몽골학계에서 주목되는 존재로 떠오르지 않을 수 없게 됐다는 사실이다.

Ⅳ. 맺음말

몽골·고려전쟁의 특징은 몽골군이 고려의 심장부를 틀어쥐는 방법으로 山城과 海島에 入保해 있으면서 항쟁하는 고려의 軍民을 항복시키는 것이자, 고려는 이에 저항하여 수도를 강화도로 옮겨 나라의 심장부를 사수하는 것이었다. 실제로 고려의 심장부를 틀어쥐는 방법으로 고려를 통째로 장악하려는 살리타이의 전략전술은 베트남 같은 삼림지대와 늪지대에서 흔히 사용되었는데,[34] 산성과 해도로 入保해서 게릴라전을 주로 벌이는 고려 군민의 항전을 제압하는 데는 가장 효율

系 오고데이系에서 皇權의 正統이 반대파인 漢地派 農耕系 톨루이系로 넘어가는 결정적인 계기를 맞게 된다. 그 후 무려 35년간이나 지속된 카이두의 오고데이가 復位 戰爭은 遊牧몽골의 正體性 死守라는 이데올로기와 연결되면서 당대의 몽골칸국 분열 문제에 本質的으로 심각한 영향을 끼친 것은 물론 오늘날에 이르기까지 그 논쟁의 여지를 남겨 주고 있다. 기왕에 太祖 칭기스칸 때부터 太宗 오고데이 때까지의 사실이 연이어 쓰여 있고, 이어 곧 몽골칸국사의 판세를 근본적으로 가름하는 대대적인 繼承戰爭이 장기적으로 치열하게 전개되면서 자연스럽게 本地派 遊牧系 오고데이系의 正統性 확립 문제가 대두되게 되고, 이에 따라 本格的인 歷史 編纂事業이 이루어졌던 것이라 하겠다(陸俊嶺·何高濟, 「從窩闊台到蒙哥的蒙古宮庭鬪爭」, 『元史論叢』 1, 北京 中華書局, 1982 참조). 칭기스칸 死後인 1228년설도 설득력을 갖는 점이 있지만 몽골칸국의 창업자 칭기스칸이 막강한 권위로 오고데이를 후계자로 指名한 터이므로 오고데이칸 사후처럼 正統性 확립을 위한 편사사업이 그토록 死活이 걸린 절박한 문제로 대두되어 오지는 않았다고 보아야 할 것이다.

34) 주4) 참조.

성 있는 것이었다고 하겠다. 물론 이러한 몽골군의 고려에 대한 전쟁을 고려化하는 전략전술의 관철을 불가능하게 만드는, 심장부를 사수하여 전체 고려를 살리는 최씨무인정권의 전략전술은 南宋이 본격적으로 공략되기 이전까지 그 나름으로 가장 正鵠을 찌르는 대몽항전의 길이었다고 하겠다. 몽골군은 금을 정복하고 나서 남송을 정복해 가는 장기적인 소모전을 펴는 동안, 몽골의 세계전선 관리차원에서 고려를 經略해 갔으니, 어설프게 단숨에 강화도 심장부를 몰아붙여 고려가 황하나 양자강 입구를 통하여 중국과의 연계를 가능케 하고, 서해의 섬들을 징검다리로 삼아 진도와 제주도, 일본열도로 이어지는 연계를 가능케 할 수도 있다는 점을 고려하여 3국 해상연합을 두려워한 나머지 단계적으로 制限전쟁을 펴 나갔던 것으로 보인다.

결국 이러한 전략전술을 쌍방이 서로 관철해 나가는 初入에 처인부곡의 접전이 있게 되었고 여기서 權皇帝인 살리타이 총사령관 사살사건이 일어나게 됐던 것이다. 살리타이가 부원수로 몽골과 고려가 형제맹약을 맺은 일(몽골 태조 13, 고려 고종 5, 1218~1219년 강동성 전역, 撒禮塔 1차 고려침공시), 살리타이가 1221년경에 원수로 승진하여 이내 著古與를 고려에 사신으로 보냈다가 살해당한 사건과 1231년(몽골 태종 3, 고려 고종 18, 撒禮塔 2차 고려침공시) 8월에 맹약을 깬 사건을 문책하여 정동원수가 된 살리타이가 쳐들어와서 고려왕을 굴복시켰던 일, 그러나 1232년 6월에 강화도로 수도를 옮기고 장기항전태세를 갖추자 이를 문책하러 그해(몽골 태종 4, 고려 고종 19, 撒禮塔 3차 고려침공시) 12월에 다시 쳐들어 온 살리타이가 같은 달 16일에 처인부곡에서 사살당한 일까지의 일련의 사실들은 몽골·고려전쟁의 실마리를 마련하고 그 기본 틀을 놓았다는 점에서 가장 중요한 일들이었다고 하겠다. 수십년에 걸친 전쟁기간 중에 몽골측이 이 문제를 계속 거론하고 있는 사실이 이를 증명해 준다. 김윤후 스님이 살리타이를 사살하였다는 그 단 하나의 사실만으로, 일개 무명 스님에게 국왕이 일약 최고 武班벼슬이라 할 오늘날의 4성장군격인 上將軍을 제수하려 했던 것만 보아도 이 일이 엄청난 비중을 갖는 역사적인 일대의 사건이었음을 간파할 수 있게 해 준다.

그런데 문제는 김윤후 스님이 공을 다른 이에게 돌리며 "싸울 때 나는 활도 화살도 가지고 있지 않았으니……"라는 말을 꼬투리로 잡아 살리타이를 사살한 이는 김윤후 스님일 수가 없고, 더군다나 '流矢'에 맞아 죽었다 하였으니 그 공은 불특정 다수인 部曲民衆에게 돌려져야 한다는 것이다. 근래 한동안 유행한 '民衆史觀'의 입맛에 딱 들어맞을 해석이기는 하다. 그러나 수도승이, 그것도 남에게 공을 양도하는 자리에서 한 다분히 수사적인 언사를 소박하게 그대로 믿는 것만큼 어리석은 일이 또 있을까? 도대체가 무기도 없이 맨손에 염주만 들고 치열한 전장에서 전투를 지휘하는 사람도 있을 수 있는가? 보병 소대장의 지휘봉은 당연히 칼빈소총이다.

또 '流矢'라는 표기는 모두 화살을 맞은 몽골측의 기록일 뿐이고 화살을 쏜 고려측은 한결같이 '射殺'이라고 뚜렷이 표기하였다. 도대체가 많은 사람이 죽고, 포로로 잡히고, 무너져 흩어지는 일대의 접전 중에, 보통사람도 아닌 몽골의 총사령관 權皇帝 살리타이를 어떻게 '유시'로 쏘아 쓰러뜨린단 말인가? 설사 어쩌다가 재수가 좋아서 가능했다고 하더라도 戰場을 총체적으로 파악할 수 있었던 지휘자 김윤후가 그 輕重虛實을 꿰뚫어 보고 정확히 正照準하여 총사령관 살리타이를 射殺했을 가능성이 아무래도 훨씬 더 많다. 그래서 활을 쏜 고려측에서는 예외 없이 '사살'이라고 했던 것이다. 그리고 김윤후가 안 쏘았다고 증언한 이는 그 자신 이외에는 아무도 없다. 도리어 쏜 것이 확실하니까 자신 있게 공을 부곡민들에게 돌려, 이런 과정을 통해 天時나 地利보다도 훨씬 더 본질적으로 중요한 人和의 힘을 部曲民들에게서 이끌어

내어 그후의 충주산성 대첩 같은 놀라운 '人和力의 戰勝作戰'을 지휘
하고 있었던 것은 아닐는지? 그래서 이로부터 360여 년의 세월이 지난
임진왜란시에 의병장 趙憲은 "김윤후의 화살 한 가치가 몽골원수 살리
타이를 사살해 몽골대군을 물리쳤다!"는 구호로 의병을 모집했다. 수
백 년 세월을 넘어서도 의병들의 뇌리에 그렇게 분명히 각인돼 온 것
이었다.[35] 아둔하고 깨달음이 천박한 後生 書生의 어설픈 독선적인 역
사 해석이 크나 큰 스승의 위업을 겁도 없이 헐뜯고 있는 것은 아닐지
자못 두려운 마음 금할 길이 없다.

잘라르씨족의 코리치인 살리타이가 여진과 고려를 정벌하는 정동의
역을 지휘하는 총사령관이 된 것은 그의 씨족이 물이 동류하는 흥안령
북서부 초원을 고향으로 삼고 살아와서 만주와 고려에 대해 역사적으
로 비교적 익숙한 편에 속하기 때문이 아니었나 한다. 실제로 정동원
수의 주류가 잘라르씨족으로 이루어지고 있었다. 산성과 해도에 入保
해 항전하는 고려軍民을 상대해 싸우는 데에 다른 씨족들보다 그런 역
사적 조건을 갖추었을 수도 있는 잘라르씨족이 유리했을 것도 같다.

『몽골비사』成書年代 比定과 관련하여 살리타이 사살사건이 세계
몽골학계의 주목을 끌지 않을 수 없는 이유는 그 사건이 일어난 때가
분명히 밝혀져 있기 때문이다. 그래서 특히 1252년설과 1264년설을 극
복하고 1240년설을 뒷받침하는 데에 중요한 기여를 하게 될 것으로 전
망된다.

남한산성은 동북아시아를 무대로 한 항전유적지로 결국 항복의 치
욕을 맛본 곳이 되고 말았다. 그런데 처인부곡은 몽골세계제국 군대를
상대로 항전하여, 천민집단인 부곡에서 일개 이름 없는 스님이 작전을
주도하여 당당히 權皇帝를 자칭하는 몽골군 총사령관을 사살해 몽골

---

35) 본장 주42), 趙憲, 『重峰集』, 朝鮮朝 宣祖時(20권 20책) 原集 '檄' 참조.

군을 총퇴각시킨 일대의 승첩을 거둘 만큼 세계적으로 유명해질 수 있
는 전승유적지다. 이 땅에서 일어난 세계적 규모의 전쟁이 6·25 한국
전쟁 이외에 몽골·고려전쟁밖에 없고 3년에 끝난 앞의 것에 비해 뒤
의 것은 이의 십수배나 더 오래 지속되었다는 점에서 더욱 주목될 만
하다고 하겠다. 그러함에도 어째서 남한산성에는 항전기념관이 제대로
섰는데 처인부곡 전쟁터에는 허물어진 토성터만 쓸쓸히 남아 있는가?
史實 자체 때문인가? 눈이 먼 인간들의 史實 인식 자세 때문인가? 도
대체 세계적 규모의, 이토록 장기적인 몽골·고려전쟁 중에 단 한번의
대첩도 없었다는 것이 말이나 되는가? 여고생들이 전철에서 "龜州大
捷은 그렇다 치고 鐵州大捷도 있었단 말이야?"하는 이야기를 들으면
서 동기보다 결과에 초점을 맞추고 총사령관이 전사하면 총퇴각해야
하는 몽골 遊牧騎馬軍團의 관행이라는 허점을 찔러 이룩한 일대의 處
仁部曲 勝捷이야말로 이 당시의 大捷 중의 대첩이 아닐까 하는 생각
을 해 보게 된다.

　더군다나 살리타이를 사살한 戰功을 부곡민에게 돌려 부곡민들의
신분해방을 가능케 했다면,[36] 이는 天時보다 더 중요한 地利와, 그 지
리보다도 더 중요한 人和를 바탕으로, 노비문서를 불살라 가면서까지
愛國衷情과 戰功을 가치의 중심으로 삼아 전쟁을 영도한 김윤후 스님
의 충주산성 대첩으로 결실되어 가는 일련의 작전과정으로, 본질적인

---

36) 윤용혁은 앞에 든 그의 논문「1232년 용인 처인성에서의 대몽승첩」, 92쪽에서
　　충렬왕 31년(1305)에 작성된 崔瑞(1233~1305)의 墓誌銘(이난영,『한국금석문
　　추보』100,「崔瑞墓誌銘」, 국립박물관 所在 笑軒居士墓誌 <題額> 奉翊大夫
　　副知密直司版圖判書文翰學士致仕 崔瑞墓誌)에 '中統元年 出爲處仁縣令'이
　　란 사료를 근거로 처인지역이 部曲에서 縣으로 승격한 것을 지적하고, 지역
　　주민에 대한 집단적 褒貶이 일반적으로 郡縣 位階의 乘降이었음을 상기시키
　　면서 이것이 1232 처인부곡 대첩에 대한 褒賞의 결과일 것이라고 추정하고
　　있다.

대첩이 되어야 하는 것이 아니겠는가? 그 후의 역사가 文民地主와 王家가 몽골군과 결탁하여 무인정권을 타도하는 문민쿠데타-王政復古로 전개되어 '몽골판 세상'이 되고 '주자학 주도권'으로 되면서 '몽골' 총사령관을 사살한 '스님'에 대한 관심이 어떠했겠느냐 하는 것은 능히 짐작해 볼 수 있다 하겠다. 그토록 오래고 참혹한 세계적인 전쟁인 몽골·고려전쟁에 대한 문헌기록을 비롯한 유물과 유적들이 과연 얼마나 남아 있는가? 그나마 남아 있는 문헌사료마저도 역사 말살을 대수롭지 않게 생각하는 御用史家들의 기록이었다면 문제는 더욱 심각하다 할 것이다.[37]

그런데 세계화시대에 몽골세계제국군을 당당히 물리친 戰勝地는 세계적인 관광유적지로 떠오를 수 있다. 이미 '한국민속촌'이 자리잡고 있는 용인이다. 독립기념관이 자리잡고 있는 목천 언저리에 아우내 장터 3·1독립투쟁 유적지와 유관순기념관, 조병옥·이동녕 선생 생가 및 이범석 장군 생가, 세성산 동학군 최후항전지와 김시민 장군 관계 유적지 및 백제 위례성항전지 등이 발굴되고 복원되어, 유적지로 보존되는 것은 자연스러운 일이다. 이제 국제화시대를 맞아 '한국민속촌'도 '몽골민속촌'과 같은 '세계민속촌'과 어울려 있어야 더 눈길을 끌며 세계 각지의 관광객을 유치할 수 있다. 저자의 경험으로 보면 수천 년에

---

37) 李益柱, 「'1232년 용인 처인성에서의 대몽승첩'에 대한 토론요지」, 『고려시대의 용인 학술대회 발표논문집』, 용인시-용인문화원, 1998년 6월, 100쪽에서 "지금은 대개 최씨정권이 정권 유지에 급급하여 육지를 버리고 강화도로 숨어 들어갔다는 평가가 우세한 편이지만, 사실 이것은 결과론적인 시각이고 강화천도 후에도 최씨정권이 어떤 형태로든지 육지에서의 항전을 지휘했다고 보아야 할 것이다. 무엇보다도 지방관과 방호별감이 파견되었고 山城·海島 入保策이 계획대로 추진되었던 점을 감안한다면, 몽골·고려전쟁(대몽항쟁)에서의 최씨정권의 역할에 대해서는 재고가 요구된다고 하겠다"고 한 견해는 이러한 당시의 상황을 염두에 두고 史料批判을 통해 당시의 史實을 제대로 파악해야 되리라는 문제를 제기한 것이라는 점에서 주목된다.

걸치는 순록-양유목태반사라는 그 역사적인 뿌리를 크게 공유하고 있는 몽골유물과 한국유물이 종류별로 나란히 전시될 경우에 특히 관람객들의 경이로운 눈길이 오래 머무는 것을 실감했다.[38] 김윤후 스님에게 살리타이가 사살된 '殺將터' 곧 '몽골 총사령관 撒禮塔 將軍 射殺자리'. 널찍한 풀밭 위에 몽골리안 사나이들의 3종경기인 말달리기, 활쏘기, 씨름과 대동굿판을 벌이는 축제마당을 펼쳐 내고 이곳에 '스님將軍 김윤후의 銅像'과 '處仁部曲 抗蒙大捷碑'를 세우며 한국의 '몽골연구센터'를 곁들인 '對蒙抗爭紀念博物館'을 번듯하게 지어 올려 보라! 21세기를 문화산업의 시대라 하지 않던가? 그래서 문헌연구도 하고 발굴도 하여 역사를 제대로 복원해 史盲을 면해 가는 사업을, 일시적인 유행으로 분수에 따라 하지 말고 세대 차이 없이 언제나 늘 한결같이 해 나갈 수 있게 신앙차원의 전통을 세워 나가야 한다.

'적을 잘 알아야 적을 잘 이겨낼 수 있다'는 말도 있지만, 한 걸음 더 나아가서 1997년 작고한 臺灣의 몽골계 몽골학자 한촐로 교수는 1990년 8월에 학술조사차 제주도 땅에 와서[39] 인사말을 통해 "몽골과 고려

---

38) 1998년 5월에 강원대학교 박물관과 몽골학회(C.A.M.S)의 주최하에 열렸던 '98년 몽골학회 춘계학술대회 및 몽골유목민예품 전시회'의 개최 경험을 통해서 직접 체험하였다.

39) 이때 몽·한수교를 기념해서 국제한국연구원 崔書勉 원장의 초청으로 대흥안령 동남부 通遼流域 태생인 타이완의 몽골계 몽골학자 한촐로(哈勘楚倫) 교수가 몽골史學을 연구하는 딸 사란(哈莎玲)과 함께 來韓하였다. 초청자는 1990년 봄에 안중근 장군의 殉國日인 3월 26일을 몽골과 한국의 근 700년만의 역사적인 재수교일로 정하기로 했다. 1232년 12월 16일 처인부곡전투에서의 스님 김윤후의 몽골 총사령관 撒禮塔 사살과 1910년 10월 26일 할빈역에서 조선침략의 일본 魁首 이토 히로부미와 러시아 藏相 코코체프의 회동일정 기회를 틈탄 조선의용군 安重根 將軍의 이토 히로부미 사살이 절묘하게 대비되기도 하지만, 러일 양 제국의 만주와 몽골 분할점령을 흥정하는 판에 그 首魁를 저격해 이를 무산시켰으니 몽골인들의 환호는 조선 본국인들 이상으로 대단했을 터이고 보면, 崔書勉 원장의 3월 26일 몽·한재수교일 策定은

가 함께 몽골세계칸국을 이룩하였습니다"라고 했다. 이제까지의 인류
문화발전사 상 가장 위대한 기여로 평가되고 있는 고려의 '금속활자'가
팍스몽골리카를 통하여 세계화하였고,[40] 당시 세계사상 가장 논리적으
로 세련된 주자학을 몽골세계칸국의 이데올로기化한 主導者가 고려의
王씨 王孫이며, 몽골 히야드 보르지긴씨-알탄우룩(Altan urug : 黃金氏
族)인 쿠빌라이칸의 外孫子로 몽골세계칸국 중앙정부 元朝의 太子太
傅인 이지르부카 藩王 곧 충선왕임이[41] 이를 말해 주는 단적인 예이
다.

　이러한 역사적인 크나큰 터전을 마련하는 밑거름으로 동정원수 권
황제 살리타이와 그 휘하의 몽골군병들도 이역만리 처인부곡에 와서
피를 쏟고 非命橫死하였고, 처인부곡민도 이름도 없이 죽어 갔다. 碑
木들도 서고 꽃다발들도 바쳐져야 한다. 2009년 현재에 이르도록 778
년이란 긴긴 세월을 갈 길을 못 가고 九泉을 떠돌아 오고 있는 영혼들
의 가슴마다 맺힌 한들을 씻는 씻김굿과 씻긴 영혼들을 저승으로 제대
로 돌려보내는 진오귀굿이 어우러진 대동굿판이 殺將터 드넓은 풀밭
위에서 음력 12월 16일 그날에 해마다 마음껏 한 바탕씩 벌어져야 한
다. 빛나는 전공과 무엇보다도 私心 없는 일생으로 如來如去한 스님
將軍 김윤후에게는 당연히 유교식이 아닌 불교식 의식으로, 非命에 간
部曲民들과 몽골총사령관 權皇帝 살리타이 및 그의 가엾은 몽골 군병
들에게는 冤魂을 달래는 '대동굿판'으로 해마다 이때에 그이들과 우리
들, 너와 내가 제대로 제 길들 더불어 가게 하는 축제마당 한 판이 殺
將터, 바로 그 자리에서 벌어져야 한다.

　意表를 찌른 일대의 快擧라 하겠다.
40) 周采赫, 「몽골-고려사 연구의 재검토 : 몽골-고려사의 성격문제」, 『國史舘論
　　叢』 8집, 국사편찬위원회, 1989, 104쪽 참조.
41) 周采赫, 「이지르부카 藩王」, 『황원구교수정년기념논총』, 도서출판 혜안, 1995,
　　139~172쪽 참조.

1592년 임진왜란이 일어나자 의병장 重峰 趙憲 선생은

金允侯一箭豕殪退蒙兵

이라고 외치며 의병을 모집했다.[42] "김윤후 스님의 화살 하나가 돼지(撒禮塔)를 쏘아 쓰러뜨려 몽골대군을 물리쳤다!"는 구호를 절규했던 것이다. 360여 년 세월을 넘어 의병들의 뇌리에 김윤후가 이에 이르기까지 깊이 각인됐던 것이다. 실로 그의 화살 하나가 고려 江都政府 중심의 持久的인 抗蒙戰爭을 이끌어내어, 아주 오랜 항전 끝에 팍스몽골리카체제 내에 적극적이고 슬기롭게 동참해서 그 안에서 유일하게 自國 고려의 명맥을 그대로 다음 왕조인 朝鮮朝에 잇는 결정적인 一軸을 담당했음을 고려인의 후예들은 치열하게 自覺할 수 있어야 할 것이다.

BBC와 NHK 방송국이 합작해 만든 「대몽골」이라는 VTR필름에서 우리는 폴란드에서 750년 전에 몽골군과 싸워서 죽은 영령들을 추모하는 기념식이 장엄하고도 비장한 분위기 속에서 弔砲와 함께 해마다 숙연하게 치러져 오고 있음을 본다. 당시에 얼마나 획기적인 대사건이었으면 1232년(몽골 태종 4, 고려 고종 19, 撒禮塔 3차 고려침공시) 음력 '12월 16일'이라고 날짜까지 明記해 『고려사』에 실었겠는가? 지금(2009년)으로부터 꼭 '778년'전의 일이다. '폴란드인'과 '용인시민'들의 항몽전쟁사 인식자세가 이렇게 다를 수 있단 말인가?[43] 이날을 기억해 祝

---

42) 趙憲, 『重峰集』, 朝鮮朝 宣祖時(20권20책) 原集 '檄'.

43) 이런 認識姿勢는 龍仁시민이나 春川시민이 별로 다른 것 같지 않다. 주민들의 생존방식에서는 그 구성이 서로 다를 수 있겠으나 역사에 무관심한 史盲들이 많다는 점에서는 현단계 우리 국민들 일반과 크게 다르지 않게 보인다. 왜일까? 이 점은 역사를 연구하고 가르치는 이들이 도외시해도 괜찮은 문제일까? 몽골의 세계정복사 상 1236년에 있었던 四川省 成都의 屠城은 그 규모

나 잔혹성과 교활성이라는 면에서 세계전쟁사 상 널리 알려진 터이지만, 이처럼 決死抗戰하는 한 都城을 모조리 屠戮해 본을 보임으로써 도리어 사람을 덜 죽이고 대상지역을 점령하는 몽골군의 전략전술은 몽골·고려전쟁에서도 盃行되었다. 1231년의 서부전선인 황해도 平州와 1253년 9월 20일의 동부전선인 강원도 春州의 사례가 그것이다. 춘주란 오늘의 春川으로 주민들이 싸우다가 모두 죽은 곳이 춘천시민이 자고 일어나면 늘 바라보는 '鳳[儀]山城'이다. 일본 식민치하에서 일본의 조선총독부도 춘천주민을 깔봐서 새로 개발된 정책이 있으면 춘천에 먼저 시험을 해보고 난 다음에야 그 결과를 보아서 전국에 실시한다는 말이 있을 정도인 약체 춘천의 역사에 왜 이렇게 엉뚱한 史實이 끼어들게 되었는가를 뒤돌아보고 춘천은 언제부터 왜 이런 이미지를 갖지 않을 수 없게 되었는가도 되새겨 보기 위해 춘천의 역사상 가장 참혹하지만 영원히 지역사나 한국사상의 기록에 남을 수밖에 없는 음력 '9월 20일'이라는 이 역사적인 날에 그 '757주년'이 되는 올해(2009년)부터라도 弔旗를 揭揚하고 사이렌을 울려 춘천시민들이 함께 마음을 모아 默念이라도 하며 좀 더 마음들이 모아지면 弔砲를 쏘며 영령들을 위로하는 의식을 치르자는 제안을 담은 글을 한 지방신문에 투고한 적이 있었다. 김동길 교수의 증언에 의하면 6·25한국전쟁을 치르고 난 미군이 평가한 보고서에서 가장 전투력이 강한 이들이 충청도 출신 군인들이었다고 지적하였다 한다. 이런 뜻밖의 결과를 인식하는 순간 멍청하고 순해서 당하기만 한다는 자의식을 가졌을 수도 있는 충청도 사람들의 자아인식이 어느 정도는 달라질 수도 있지 않을까 하는 생각을 하면서 낸 글이었다. 그러나 기사들이 차고 넘쳐서인지 그 후 계속 默默不答일 뿐이었다. 이것이 이 시대 우리의 역사인식 수준이구나 하는 생각이 들어 원점으로 돌아가서 문제를 다시 보기로 하였다(이는 2008년경에 재개발로 헐린 춘천 후평동 주공아파트에서 히야드 보르지긴의 후예라는 내몽골대학의 에르데니 바타르 교수를 대학원 박사과정 제자로 두고 함께 살면서 鳳山城을 직접 바라보며 쓴 글이다). 2000여 년을 세계 각지를 떠도는 유대민족은 혼혈이 많이 되어 실은 20~30분의 1정도의 血緣 유대인이 대부분이라는 글을 읽은 적이 있다. 그들이 아직도 유대민족인 것은 『구약』과 『신약』이라는 우리의 『삼국유사』나 『삼국사기』 같은 고대 사서를, 인생을 보는 초시공적인 패러다임에 초점을 맞추고, 민족신앙차원에서 끊임없이 늘 새롭게 읽어 왔기 때문이라고 한다. 血緣共同體라기보다는 歷史認識 共同體-패러다임 共同體라 할 유대민족은 그렇게 살아남아서 그보다 훨씬 더 농도가 짙은 다른 혈연공동체민족들보다도 몇 십 배는 더 세계화시대라는 오늘의 현실에 성공적으로 적응해 내고 있지 않은가? 역사를 연구하고 가르치는 이들 만이라도 '제대로 된' 歷史的인 '自我 認識'이 얼마나 무서운 '競爭力의 原

砲 몇 발 쏘고 默念 잠깐 하지 못해 온 것이 6 · 25동란이나 1990년대 중반 IMF한파나 2009년 미국발 금융대란 때문이었다고 뒷날에 史書에 기록해 놓는다면 믿는 후손들이 있을까?

　내일을 이끌어갈 영웅을 待望하는 것도 중요하지만 오늘의 우리를 이렇게 숨쉬게 해준 어제의 영웅을 自覺하는 것도 이에 못지않게 중요하다. 21세기를 제대로 살아남을 수 있게 하는 원동력인 독창력은 하늘에서 떨어지는 것이 아니고 개체사 내지 민족사와 삶의 현실이, 있는 그대로, 맞부딪칠 수 있을 때만 점화되어 솟아나는 것이다.

動力'이 되는가를 체험차원에서 깨달아 고뇌해 봐야 할 것이다(주채혁, 「撒禮塔(Sartai)와 몽골 · 고려전쟁 - 處仁部曲 大捷의 의미」, 『고려시대의 용인』, 용인시-용인문화원, 학연문화사, 1998, 71~101쪽 所收).

제6장 札剌亦兒台(jalairtai)와 『몽골秘史』成書年代

Ⅰ. 머리말

『몽골비사』282절에 다음과 같은 내용이 기록돼 있다.

> (우리는) 大쿠릴타이가 소집되어 쥐의 해 7월에 켈루렌河의 코데에 아랄의 돌로안볼닥 실긴첵 둘 사이에서 오르도들을 짓고 있을 때 쓰기를 마쳤다.

이 기록은 跋文으로 오고데이칸 때(1229~1241) 일어났던 일련의 사실들을 기록해 온 말미에 쓰여져 있기 때문에 1240년 庚子年 곧 오고데이칸이 죽기 1년 전에 『몽골비사』가 다 써졌다는 견해가 특히 몽골국 학자들에게는 일반적으로 수용되고 있다.[1] 1240년설을 내세우는 이

---

1) 오늘날의 몽골국에서는 1240년이 『몽골비사』 최초의 성립년으로 채택될 정도로 庚子年 成書說이 공인되어 있다. 저자가 몽골의 수도 울란바타르에서 1991년 8월 5~6일에 걸쳐 열린 '제1회 『몽골비사』에 관한 몽·한심포지엄'에서 본 논문을 처음으로 발표하고 나자 국제몽골학자협회(I.A.M.S) 이쉬 비라 사무총장이 원로학자라는 자각도 묻어버린 채로 흥분하여 벌떡 일어나서는 "마침내 잘라이르타이 코리치가 죽은 연대를 밝히는 사료를 찾았다!"며 내 발표요지를 치켜들고 어린아이처럼 외쳐댔던 에피소드가 빚어진 적이 있다. 몽골국 몽골학자들에게 '경자년 성서설'의 비중이 얼마나 큰지를 보여 주는 동시에, 이를 논증하는데 『몽골비사』274절에 나오는 잘라이르타이 코리치(jalayirtai-qoriči)의 주르체드(jürčed)와 솔랑가스(SolanGas) 進征 기사를 제대로

들은 체. 담딘수렝과 세. 비라 등을 비롯한 몽골국 학자들 이외에도 팔라디우스, 屠寄, 페. 펠리오, 那珂通世, 코진, 헤니셰, 岩村忍, 바아톨드, 服部四郎 등이 있다.

그러나 이 밖에도『몽골비사』권1의 첫머리에 보이는 '칭기스칸의 근원'(Činggis Qahan-nu Huǰa'ur)의 내용이 1∼268절이 칭기스칸에 관한 것이고 269∼282절까지의 14절만이 오고데이칸에 관한 것이어서 칭기스칸이 죽은 다음 해인 戊子년에『몽골비사』가 이미 다 쓰여졌던 것이라고 주장하는 견해가 있는가 하면 이 책에 1240년 이후의 史實도 기록되어 있는 것으로 보아 그 이후의 쥐해인 1252년 壬子, 1264년 甲子, 1276년 丙子, 1324년 甲子로 그 성서연대를 비정해야 한다는 설들이 나오기도 하였다.

『몽골비사』274절에 나오는 札剌亦兒台豁兒赤(Jalayirtai-qorči)의 고려 經略(1231∼1232)에 관한 기록도 후자의 見地에서『몽골비사』성서연대와 관련하여 토론의 초점이 되는 내용 중의 하나이다. 곧 那珂通世는『몽골비사』274절에 나오는 札剌亦兒台를 오고데이칸 때의 撒禮塔(Sartai)로 보지 않고 몽케칸(Monke-qa'an : 1251∼1259) 말년에 고려정벌을 지휘해 온 車羅大로 보고 札剌亦兒台의 후원(geǰige)부대로 온 예수데르(也速迭兒, Yesüder)를『고려사』의 余愁達(也速達)로 보아서 이 기록이『몽골비사』에 기록되었다는 것은 본서가 1240년 이전에 편찬되었을 가능성이 거의 없다는 사실을 말해 준다고 본 것이다. 그의 뒤를 이어 村上正二가 이를 지지한 이래로 다시 小林高四郎이나 Gari Ledyard[2] 같은 학자들이 본격적으로 이를 거론하여 본서의 성서년대를

읽어 내는 일이 얼마나 중요한지를 말해 주는 단적인 예라고 하겠다(주채혁, 「몽골 · 몽골사람」,『제민일보』1991년 9월 21일자, 3쪽 참조).

2) G. Ledyard, "The Mongol campaign in Korea and the Dating of the Secret History of the Mongols", *Central Asian Journal* 9, No1. 1954 참조. 여기서 그는 那珂通世가 잘라이르타이 코리치의 기사가 뒤에 끼어 넣어진 기사라고 한 주장을 정면으

1240년 이후로 끌어내려야 한다는 주장을 하기에 이르렀다. 那珂通世는 이 기록을 뒷날의 史家가 끼워 넣은 것으로 보아서 1240년 庚子說을 부정하는 데까지 나가지는 않았지만, 그가 『몽골비사』 274절의 본문을 해석하는 데서나 그 당시의 역사배경을 제대로 구명하는 데서 모두 적잖은 오류를 범하고 있었고 그 후 이것이 끼친 영향이 지대하다고 보아서 그 문제점을 고찰해 보려 한다.

Ⅱ. 札剌亦兒台 豁兒赤와 撒禮塔(Sartai)

"Urida ǰürčed SolongGas-tur ayalaGsan ǰalayirtai-qorči-yin geǰige Yesüder= yi-qorči ayala'ūlba. tamma sa'ūtuGai keyēn ǰarlig bolba."

"칸은 앞서 주르체드와 솔롱가스에 進攻한[3] 잘라이르타이 코리치의 후원으로 예수데르 코리치를 진공케 했다.[4] 탐마[5]로 머물라고 하는 자르릭(聖旨)을 내렸다"라고 한 위의 기록에서 '앞서 주르체드(女眞)와 솔롱가스(高麗)[6]에 진공한'에서 '앞서'는 구체적으로 언제를 가리키고

로 반박하면서 잘라이르타이 코리치가 바로 1253년에 征東元帥로 임명되어 1254년에 고려를 치게 파견된(『元史』, 憲宗本紀 3년조 참조)『고려사』의 車羅大임이 분명함으로 1264년 成書說이 지당하다고 주장한다. 그러나 물론 그도 전후의 문맥을 당시의 시대상황 속에서 총체적이고 비판적으로 파악해 보지 않고 車羅大와 余愁達이라는 이름자에만 집착한 나머지 거의 확실한 오류를 거침없이 범하고 있는 것으로 보인다.

3) 여기서 ayalaGsan은 '출정했던 경험이 있는'이라는 뜻이 아니고 '출정해 있는'이라는 뜻이다.
4) 여기서 ayala'ūlba는 '진공해서 정복을 끝냈다'는 뜻이다.
5) 『元史』 권98, 志 제46 兵1에 의하면, "若夫軍士 則初有蒙古軍 探馬赤軍 蒙古軍 皆國人 探馬赤軍則諸部族也"라 하여 探馬赤軍이 몽골인 이외의 여러 부족으로 된 군인들인 것을 알 수 있다.

있는 것일까? 저자의 지론대로 江東城 戰役(1218~1219년 고려의 서북
지역에서 이루어짐)에서의 부원수 잘라(札剌, Djala)가 당시의 원수 哈
臣(Qajin)과 함께 그때 고려에 전투정찰차 契丹賊을 추격해 쳐들어 왔
다가, 1219~1221년 사이에 征東元帥로 진급하여 그후 1231~1232년
에 정동원수로 權皇帝를 자칭하며 고려에 다시 쳐들어 온 撒禮塔이라
면,[7) 여기서 우리는 다음과 같은 경우들을 상정해 볼 수 있다. 우선 잘

---

6) 유원수 역주,『몽골비사』, 서울 : 혜안, 1994, 251쪽, 주15)에서는 이 솔랑가스
를 "흔히 高麗로 여기고 있으나 방역은 '高嚴'이다"라고 하여, 솔랑가스의 고
려설을 의심하고 있는 듯하다. 그러나 주르체드에 이어지는 공격대상으로 정
동원수가 겨냥할 큰 목표가 고려 이외에는 없음을 고려할 때, 또 이 당시가
이미 1234년의 金나라 함락을 눈앞에 둔 시기라는 점을 염두에 두고 보면 정
답은 분명해진다. 당시에 잘라이르타이 코리치가 대체로 金의 원주지인 만주
에 이어 고려를 공략했었음은 『원사』를 비롯한 몽골측 사료에도 여러 군데
기록되고 있다. 姚從吾・札奇斯欽,「漢字蒙音 蒙古秘史 新譯幷註釋」,『文史
哲學報』第9, 10, 11期 所收, 國立臺灣大學, 1938~1940에서는, "此外 在先派
去征討主兒扯惕(女眞) 莎郎合思(高麗)等處的帶弓箭的札剌亦兒台 需要後援
至是 再派帶弓箭的也速迭兒往 後援進征 就便任命爲探馬赤鎭守該地"(『蒙
古秘史續編』권2, 제27절)이라 하여 이를 바로 이해하고 이렇게 주석하고 있
다.
7) 周采赫,「札剌와 撒禮塔」,『史叢』21・22합집(姜晉哲교수화갑기념한국사학
논총), 고려대 사학회, 1977. 10, 283~302쪽 참조. 여기서 저자는『원고려기
사』태조 13년조에서 "箚剌與冲 約爲兄弟"라 한 기록을『고려사절요』권16,
고종 18년 8월조에서 趙冲의 아들 防守將軍 趙叔昌이 "吾父曾與貴國元帥
約爲兄弟"라고 하여 趙冲이 일찍이, 그 당시에는 副元帥였고 지금은 貴國
(현직)元帥 撒禮塔과 兄弟盟約을 맺었음을 고백하여 이를 재확인하는 사실
을 지적했다. 곧 1218년 江東城役 때의 副元帥 札剌와 1231년의 征高麗元帥
權皇帝 撒禮塔가 同一人임을 입증하고, 이 撒禮塔(Sartai)가 곧 오고데이칸
때 주르체드와 솔랑가스에 원정하러 갔던『몽골비사』274절의 잘라이르타이
코리치라는 사실을 밝히고 있다. 관계 사료에 관한 치밀한 분석과 함께 야나
이 와다루(箭內旦,「蒙古の高麗經略」,『滿鮮地理歷史硏究報告』4, 東京帝
大, 1918)나 이케우치 히로시(池內宏,『元寇의 新硏究』, 東洋文庫, 1931)의 다
른 견해에 대해서도 일일이 분석-검증해 저자 나름으로 그 오류를 지적했다.

라이르타이 코리치는 1218~1231년 13년 동안을 계속해서 주르체드와 솔롱가스를 정벌하는 정동의 戰役을 부원수와 원수의 직책을 연이어 맡으면서 지휘해 왔을 수 있다. 이 경우에 '앞서'는 당연히 1218년에서 1231년에 이르기까지일 수 있다. 금과 고려의 정벌, 특히 만주지방의 금과 고려의 정벌 곧 정동의 전역은 당시에 하나의 작전개념 속에서 파악되는 관행이 있었으므로 이러한 추정은 충분히 가능하게 된다. 또 하나의 경우는

撒禮塔攻處仁城 有一僧避兵在城中 射殺之 答東眞書曰……至今年 十二月 十六日 水州屬邑處仁部曲之小城 方與對戰 射中魁帥撒禮塔 殺之 俘虜亦多 餘衆潰散…….

이라 기록되어 있듯이[8] 1232년에 살리타이가 세 번째로 쳐들어 왔다가 음력 12월 16일에 處仁部曲 城에서 스님 金允侯에게 사살당하므로 그 이전 해인 1231년의 침공을 '앞서'라고 기록했을 수도 있다. 그러나 잘라이르타이 코리치가 '출정해 있는데', 예수데르가 이를 후원해 와서 '정복을 끝냈다'는 표현은 아무래도 1232년 강화도 천도 이전에 고종이 투항했던 일과, 다루가치 72인을 北界諸城에 머물게 했던 사실[9]을 가리키고 있다고 보아야 한다면, 여기서 앞서는 미상불 1218년에서부터 1231년에 이르기까지의, 그의 征東戰役 지휘를 일컫는다고 해야 할 것이다. 1232년에 고려의 처인부곡 戰場에서 잘라이르타이 코리치가 사살당하고 나서 불과 2년 뒤, 역사상 유닝한 1234년에 당시 세계에서 군사 최강국으로 군림했던 금나라가 망한다. 그렇다면 1234년에 이미 망

---

8)『高麗史』권23, 世家23 고종2, 高宗 19년 12월조 및『東國李相國集』28,「答東眞別紙」.

9) 周采赫,「高麗內地達魯花赤置廢에 관한 小考」,『淸大史林』1집, 청주대 사학회, 1974. 12, 89~119쪽 참조.

한 금나라를 1257년에 잘라이르타이 코리치가 다시 정벌할 필요가 있을 리 만무하다. 점령한 만주 땅에 반란이라도 일어나서 주르체드와 솔롱가스를 다시 또 싸잡아서 정벌했단 말인가? 그러나 그런 기록은 어디에도 찾아볼 수가 없다. 주르체드와 솔롱가스를 싸잡아 공격해야 했던 잘라이르타이 코리치인 살리타이(撒禮塔, Sartai)는 이미 오고데이 칸 때인 1232년에 죽었고 금나라가 완전히 망해버린 후, 그로부터 25년 후 몽케칸 때인 1257년에 고려를 쳐들어 온 잘라이르타이 코리치인 잘라르타이(車羅大)는 오로지 고려만 정복하면 됐다. 그는 1254년 秋7월에 東國을 주관하라는 황제의 명령을 받고 壬戌일에 군사 5,000명을 거느리고 압록강을 건넌 이래 1259년 5월에 暴死하기까지 근6년 동안 고려 정복전쟁을 주관하였다. 그런데『고려사』권24, 고종 41년 8월 壬辰조에

命大將軍李長 詣蒙兵屯所普賢院 贈車羅大 余速禿 甫波大等元帥
及永寧公純 洪福源 金銀酒器 皮幣 有差

라 기록되어 있는 것과,『고려사절요』권17, 고종 41년 8월조의 글자도 하나 다르지 않은 같은 내용에서의 余速禿은 같은 기간 동안 3사람이 병칭되는 관례들이 나오는 것으로 보아 역시 같은 기간에 활약한 것으로 보이는 余愁達과 동일인이라고 보아도 좋을 것이다. 그렇다면 그 또한 1254~1259년 사이에 車羅大와 함께 고려 정벌에 동참했던 바로 그의 麾下 장수임에 틀림이 없다 하겠다.[10] 그러나 余愁達이 어디에도

---

10)『高麗史』세가 권24, 고종 44년 6월 癸巳조에 "蒙兵 至南京 遣李凝 請退兵 甫波大云 去留在車羅大處分"이라 하여 앞서 인용한 고종 41년조의 기사에서 몽케칸이 車羅大에게 東國을 주관케 했다는 기사와 함께 이들 3인이 고려에 공존해 있을 때 車羅大가 최고 元帥가 되는 것을 이 기록이 다시 한 번 더 확인시켜 준다고 하겠다.

車羅大의 後援으로 왔다는 기록은 없고 그 시기나 지위로 보아 오히려 車羅大 휘하에 편성되어 있는 元帥들 중의 하나일 가능성이 훨씬 더 높다. 그들이 그 후에 고려에 探馬로 머물렀다는 기록도 없고 車羅大가 余愁達에 앞서 주르체드와 솔랑가스를 쳐들어갔다는 기록도 물론 없다.[11) 那珂通世가 『몽골비사』 274절의 기록을 앞뒤의 내용이나 문장 전체의 문맥 속에서 보지 않고 사람이름만 따로 떼어 본 데서 이 기록을 엉뚱하게도 車羅大・余愁達의 기록에 附會케 하는 오류를 범하게 된 듯하다.

　그렇다면 몽케칸 때인 1251~1259년(고려 고종 38~46) 당시에는, 오고데이칸 때인 1231~1232년에 앞서 주르체드와 솔랑가스에 진공한 잘라이르타이 코리치의 후원으로 온 예수데르(也速迭兒) 코리치에 대한 기록은 왜 고려측 사료에 전혀 나타나지 않는 것일까? 1231~1232년에 있었던 잘라이르타이 코리치 곧 撒禮塔(Sartai)의 고려 장악도 아주 빠른 시일 안에 이루어졌지만 達魯花赤 72인을 고려의 北界 40여 성에 주둔시키고 몽골군이 철수하자마자, 探馬도 이 속에 내포되었을 것으로 보이는[12) 이들을 돌연 기습해 거세하고 1232년에 이내 강화도

---

11) 잘라르 코르치를 撒禮塔(Sartai)로 보고 그가 1218~1232년에 이에 '앞서' 주르체드와 솔랑가스에 진공해 있었다는 것은 더욱 말이 안 된다. 그렇다면 1232년 음력 12월 16일에 이미 處仁部曲에서 金允侯 스님에게 사살당한 그가 1254~1259년에 되살아나서 온 것이 되기 때문이다.

12) 『몽골비사』, 270절~282절 사이에만도 探馬(274, 276절), 探馬臣(281절), 探馬赤(273, 274절) 등의 사례가 나온다. 274절의 探馬 2사례와 276절의 探馬 1사례는 探馬만 나오지만, 281절은 알긴치(alginči)와 探馬臣이 함께 나오고 274절에는 다루가치와 探馬赤가 함께 나오기도 하는가 하면, 273절에는 알긴치와 探馬赤가 함께 나오다가 연달아서 다루가치도 나온다. 여기서 우리는 探馬 또는 探馬赤가 알긴치나 다루가치와 함께 동시에 배치될 수 있음을 알게 되고, 아울러 정복한 지역에 두어져 정복지역을 다스리는 역할을 맡았음도 간파할 수 있게 된다. 따라서 1232년에 北界諸城에 達魯花赤 72인이 두어질 때, 잘라이르 코리치의 후원을 위해 왔던 예수데르 부대도 이와 함께 探馬로

로 수도를 옮겨 항전태세를 가다듬었으므로[13] 무엇보다도 고려의 史
家들이 미처 그들을 대하거나 그들에 관한 정보를 손에 넣을 겨를이
없었던 것으로 보인다. 그러나 여기서 가장 중요한 점은 『몽골비사』
274절이 오고데이칸 때의 기사가 앞뒤로 이어지는 내용인데 거기에 웬
前後事實도 귀가 맞지 않는, 20여년 후인 몽케칸 때의 사실이 갑자기
끼어드느냐는 것이다.

Ⅲ. 撒禮塔(Sartai)와 『몽골비사』의 庚子年 成書說

이상에서 살펴본 대로 『몽골비사』 274절의 잘라이르타이 코리치가
『고려사』 관계 기록의 札剌 곧 撒禮塔(Sartai)라면, 이 기사는 1254~
1259년 몽케칸 때의 車羅大와 余愁達에 대한 기록일 수가 없고 121
8~1232년 칭기스칸~오고데이칸 때의 기록일 수밖에 없다. 따라서
『몽골비사』 269절 그 이후로 이어져 274절의 撒禮塔-잘라이르타이 코
리치 기사에 이르고 다시 282절에 이르는 오고데이칸 때의 사실 기록
문맥으로 보아 아래의 282절에 나오는 쥐해 7월은 1240년 庚子년 7월
이어야 한다. 『몽골비사』의 成書年代가 1240년이 된다는 것이다.

a)-269절 : "quluGana jil Ča'adai, Batu……Kelüren-ü Köde'ü-aral-a kür-iyēr
quriju Činggis qahān-u nereyidügsen mun jarliG-iyār Öcgödei qahān-ni qan

---

앉혀졌을 수 있을 것으로 간주된다(Hsiao, ch'i-ch'ing(蕭啓慶), *The military
establishment of the Yuan dynasty*(元代軍事制度), Council on East Asian Studies
Harvard University, 1978 참조).

13) 1232년 1월에 다루가치 72인을 북계제성에 두었는데 이해 6~8월 사이에 강
화천도를 단행함과 동시에 이들을 기습해서 거세했던 것으로 보인다. 이에
관해서는 周采赫, 「高麗內地 達魯花赤 置廢에 관한 小考」, 『淸大史林』 1,
청주대 사학회, 1974. 12, 89~119쪽 참조.

ergübe"

2)-282절 : "yeke quri(n)lta quriǰu quluGana ǰil Guruan sarada kelüren-ü
köde'ē-aral-un Dolo'ān boldaG-a Šilginčeg qoyar ǰa'ūra ordos bau'ūǰū
büküi-dür bičiǰü dau'ūsba."

이 b)와 이보다 12년 앞선 a)의 내용을 비교해 보는 일은 여기서 중
요한 의미를 갖는다. 우선 똑같은 쥐해의 기사로 b)는 '庚子(1240)'년 이
되고 a)는 '戊子(1228)'년이 되기 때문이다. 장소도 b)는 'kelüren-ü
köde'ē-aral'인데 a)는 'Kelüren-ü Köde'ü-aral'이어서 표기만 한 글자가 다를
뿐 사실상 한 장소임을 알 수 있다. 때를 표시하는 데서 a)가 '쥐해'라
고만 쓴데 대해 b)의 것은 '쥐해 7월'까지 더 자세히 표기했듯이, 장소
표기에서도 a)보다 b)가 한 단계 더 자세히 되어 '돌로안 볼닥과 실긴첵
두 곳의 사이'로 명기되어 있다. 오고데이칸이 칭기스칸의 지명으로 칸
에 추대되었으니 당연히 '대쿠릴타이'가 있었겠지만 a)는 이를 기록하
지 않았는데 b)는 기사의 초두에 이를 뚜렷이 명기하였다. 그러면서도
대쿠릴타이에 참여한 사람들은 기록되지 않았다. 왜일까?

1227년에 칭기스칸이 죽고 쥐해인 戊子년 1228년에 우익, 좌익, 본
영의 아들들이 켈루렌의 '코데우 아랄'(269절 : 1228년 戊子)－켈루렌의
'코데에 아랄'(282절 : 1240년 庚子)에14) 모여서 칭기스칸이 지명한 대
로 오고데이를 칸으로 추대했다. 물론 대쿠릴타이를 열고 한 일이고
같은 쥐해에 같은 곳에 모여서 12년이라는 시간 간격을 두고 있었던

14) '우'와 '에'만 서로 다를 뿐인데 다만 282절에는 '돌로안 볼닥과 실긴첵 두 곳
의 사이'라고 그 지점을 더 구체적으로 자세히 밝히고 있다. 코데에 아랄을
오늘날의 헨티 아이막 후두우 아랄(Хөдөө Арал)로 比定해보는 이도 있으나,
돌로안 볼닥과 실긴첵이 오늘날의 어디인지 밝혀지지 않는 한 경솔한 단정은
매우 위험한 일이라 하겠다.

일이어서, 만약에 이때 오고데이가 자기의 칸위 계승에서의 정통성을
확보하기 위해서『몽골비사』를 편찬했던 것이라면 단 한 마디라도 269
절에 그런 기록을 남겼을 것인데도 그런 흔적은 어디에도 없다. 다만
그로부터 12년 후인 1240년 庚子년의 사실을 적은 282절에만 그런 기
록이 남아 있을 따름이다. 그렇다면 그 전해 사망한 칭기스칸의 일원
적인 권위가 아직 추상과도 같고 황실인 알탄우룩(黃金氏族)의 봉건화
가 덜 추진되었던 1228년에 칭기스칸의 엄연한 지명에 따라 오고데이
가 칸위를 계승할 때보다는, 십수년이 지나서 알탄우룩의 봉건화가 상
당히 진행되고 칭기스칸의 영향력도 많이 이완되었을 때, 병약해진 오
고데이칸이 오히려 그런 상황을 절감해 자신이 죽은 후에 예측키 어려
울 정도로 몽골세계칸국을 쪼개버릴 칸 계승 쟁탈전의 태풍을 예상하
면서 그에 대비하여 정통성을 확보하는 작업의 일환으로, 칭기스칸과
그 계승자인 자신을 하나로 묶어 내는 식으로『몽골비사』를 편찬했던
것은 아닐까?

그래서 269절(1228년)과는 달리 282절(1240년)에서는 참가자들을 구
체적으로 밝히지는 않았지만『몽골비사』를 편찬하는 데 엄연히 대쿠
릴타이가 있었음[15]을 분명히 초두에 밝힌 다음에 쥐해 7월로 때를 더
구체적으로 明示했을 뿐만 아니라, 장소도 코데에 아랄의 어느 구체적
인 지점 곧 '돌로안 볼닥과 실긴첵의 두 곳의 사이'로 구체적으로 못
박고 그 지점에 '오르도들을 짓고 있을 때'에 '써서 마쳤다'고 지적해
기록을 남겼다. 분명히 정확성을 생명으로 하는 史家들의 筆致 이상의
의미가 그 배후에 숨겨져 있음을 직감케 한다. 칭기스칸에게 직접 지
명받아 그의 사후에 대쿠릴타이를 연 가운데, 칸위를 이어받은 지 정

---

15) 宗王들이 모두 참석하는 것을 원칙으로 하는 後繼칸의 繼承을 위한 大쿠릴
    타이 외에도 다른 대쿠릴타이가 있을 수 있음은『輟耕錄』「帝廷神貳」조의
    '國朝每宴諸王大臣 謂之大聚會'라고 한 기록에서도 엿볼 수 있다.

확히 12년 후인 쥐해에 같은 자리에서 대쿠릴타이를 열고『몽골비사』
를 편찬하면서, 대쿠릴타이를 열었음을 분명히 하고 그 때와 곳과 당
시의 상황을 12년 전의 즉위식보다도 어느 측면에서는 굳이 더 구체적
으로 남기려 했기 때문이다.

오고데이칸이 죽고 나서 불과 몇 년이 안 되어 톨루이계가 조치의
아들 바투의 세력과 연결되면서 거센 도전을 하게 되는데, 그 후 오랜
칸위 계승전과 空位時代가 이어져 마침내 1250년대에 들면서 本地派
遊牧系인 오고데이系에서 칸권의 正統이 반대파인 漢地派 農耕系인
톨루이系로 넘어가는 결정적인 계기를 맞기에 이른다. 그 후 무려 35
년간이나 지속되는 카이두의 오고데이家 復位 戰爭은 '유목몽골'의 正
體性 死守라는 이데올로기와 연결되면서 당대의 몽골칸국 분열 문제
에 본질적으로 심각한 영향을 끼친 것은 물론이다. 기왕에 太祖 칭기
스칸 때부터 太宗 오고데이칸 때까지의 史實이 칸의 교체와 무관하게
연이어 쓰여 있는『몽골비사』이기도 하지만,[16] 오고데이칸이 죽자마자

16) 『몽골비사』 12권본이 正集(1~246절)-續集(1권 : 247~264절, 2권 : 265~282
   절)으로 나누어졌다고는 하나, 그것이 정집은 칭기스칸대의 史實(1~268절)만
   을 기록하고 속집은 오고데이칸대의 사실(269~282절)만을 각각 나누어 기록
   한 것이 아닌 이상 이것이 1228년 戊子年 成書說을 긍정하고 1240년 庚子년
   성서설을 부정하는 증거로 쓰일 수는 없다고 본다. 아무래도 칭기스칸대의
   사적의 일부(247~268절)가 속집에 들어 있다고 하여 그것조차도 脫必赤顔의
   殘葉들을 첨가한 것에 불과한 내용으로 보는 데는 무리가 따른다 하겠다.
   257절에는 토끼의 해(1219년)의 사실이 나오고 264절에는 닭의 해(1225년)의
   사실이 기록되어 있는데도 1228년의 쥐해보다 12년 앞선 쥐해, 곧 1216년까
   지의 칭기스칸 사실(1216~1228년)은 아예 떼어 버리고『몽골비사』를 편찬했
   다는 주장이 되는 셈인 까닭이다. 그런 기록도 없고 시대상황으로 보아도 당
   시에 그럴 만한 하등의 이유가 없다고 본다. 1370년 5월 16일에 應昌府에서
   획득했다는 寶冊이 脫必赤顔이었다면 결코 正集만을 내용으로 하는 그런 허
   술한 것일 수 없었으리라 본다.(『高麗史』, "恭愍王 十九年……今年六月十日
   左副將軍 李文忠 副將軍 趙庸等 遣使來奏 五月十六日 率兵 北至沙漠於應
   昌府 獲元君之孫買的里八剌及其后妃 幷寶冊等物 知庚申之君 已於四月二

몽골세계칸국사의 판세를 근본적으로 판가름하는 대대적인 계승전쟁
이 치열하게 전개되면서 자연스럽게 본지파 유목系인 오고데이系의
정통성 확립 문제가 대두되게 되고, 이에 따라 오고데이칸의 죽음을
예감하면서 본격적인 역사편찬사업이 문제시되었던 것이라 하겠다.17)
칭기스칸 死後인 1228년 成書說도 설득력을 가지는 점이 없는 것은
아니지만, 위에서 언급한 대로 몽골칸국의 창업자 칭기스칸이 막강한
권위로 오고데이를 후계자로 직접 지명한 터이므로 오고데이칸 사후
처럼 정통성 확립을 위한 編史사업이 그토록 몽골칸국 칸권의 死活이
걸린 절박한 문제로 대두되어 오지는 않았었다고 보아야 할 것이다.

　　1228년 무자년 성서설을 주장하는 이들18)은 268절 이후에 269절이
이어질 것이 아니라 아예 282절이 직접 이어졌어야 한다는 견해를 내
세우기도 한다. 그리고 『몽골비사』를 참고했음이 분명한 『알탄톱치
(Altan Tobchi)』가 268절까지만 인용하고 바로 이 절 뒤에 쥐띠 해라는
기록을 남기고 있다는 점을 그 傍證으로 삼고자 한다. 『몽골비사』는
본래 1~268절까지만 한 단원을 이루고 있었던 것을 오고데이 당시도
아닌, 그로부터 백수십 년 후인 明初에 『몽골비사』를 편수하는 과정에
서 오고데이칸 때의 사실을 기록한 269~282절을 억지로 가져다 붙이
면서 오고데이칸 말년인 1240년 쥐해에 쓰기를 미쳤다고 조작했다는
것이다. 기왕에 조작할 바에는 쿠빌라이칸 때나 아예 토곤테무르칸 이
후 어느 쥐띠 해의 史實까지 기록하고 나서 그 말미에 쥐띠 해에 쓰기

十八日 因痢疾歿於應昌 大軍所至 俘獲無遺 中書上言 宜將其孫及其后妃幷
寶冊獻俘于太廟" 참조. 1990년 가을 이 史料에 처음 눈을 뜨게 해 준 이는
베. 수미야바타르 교수이다.)

17) 陸俊嶺・何高濟, 「從窩闊台到蒙哥的蒙古宮庭鬪爭」, 『元史論叢』 1, 北京 :
中華書局, 1982 참조.

18) 丁謙, 植村淸二, i.de.Rachewlltz, 이쉬 가담바와 에린칭(亦隣眞) 등이 이 설을
지지하고 있다.

를 마쳤다고 했으면 더 완벽한 조작이 되었을 것도 같다. 이런 무리한 가설을 펴기보다는 차라리『알탄톱치』의 편찬자인 롭산단잔(Lübsan danzan)이 당시의 시대적 요구가 절박하게 오고데이칸系를 소외시키고 칭기스칸만을 부각시켜야 할 상황이어서 이에 부응해 칭기스칸만 강조하는『몽골비사』를 일부러『알탄톱치』라는 이름으로 재편찬했었다고 보는 것이 옳다고 여겨진다.『몽골비사』의 口述이 궁중시인에 의해 이루어졌든[19] 샤만인 베키(beki)들에 의해 이루어졌든[20] 그것은 그때그때 그 나름으로 구술되어 口碑史料나 문헌사료로 언제부터인가 몽골 칸국이 이룩되면서 정리되어 왔을 것임은 물론이다. 칭기스칸 때도 그랬고 오고데이칸 때도 그랬을 것이지만, 그것을 史書로 편집한 것은 그 시대상황으로 보아『몽골비사』의 말미에 기록되어 있는 대로 오고데이칸 말년일 가능성이 가장 크다 하겠다.

사실 漢文이 아닌 소리글자로 역사가 기록될 가능성은 이른바 漢北四帝時에 모두 있었다. 그러나 칭기스칸이나 오고데이칸 때와는 달리 구육칸이나 몽케칸 때는, 위구르 문자로 몽골국사를 기록하더라도, 그 시대상황이 판이하게 달랐다. 알탄우룩의 봉건화가 진행될 만큼 진행되어 계승전쟁이 치열해 空位時代가 연출되는가 하면, 마침내 유목系 오고데이칸의 혈통에서 농경系 톨루이의 혈통으로 칸의 정통이 뒤바뀌는 결정적인 사건이 벌어지던 시기였기 때문이다. 그러므로 1250년대에 들어 몽케칸이 오고데이系 本地派를 물리치고 칸위를 탈취하고 그 톨루이系 漢地派 중에서도 농경적인 성향이 비교적 강한 만주의 지역적 기반 위에 선 東方三王家와 연합하여[21] 유목계적인 성격이 강

---

19) 이쉬 가담바,「몽골비사의 漢字轉寫 原文과 몽골자 起源 문제」,『몽골학』1, 한국몽골학회, 1993, 151~170쪽(몽골글) 참조.

20) 村上正二,『蒙古秘史』3卷, 東京, 1976, 389쪽.

21) 杉山正明,「クビライ政權と東方三王家 - 鄂州之役前後の再論」,『東方學報』54, 1982 참조.

한 아릭부카를 다시 去勢하고 쿠데타로 奪權해 칸위에 올라, 마침내 몽골칸국이 붕괴되기에 이를 때까지 몽골칸국 중앙정부 元朝 칸위의 大統을 잇는 기반을 마련했던 쿠빌라이칸이, 2차에 걸친 쿠데타를 합리화고 정통성의 이데올로기적 기반을 확보하기 위해 1261년에 마침내 漢族의 전통을 답습하여 翰林國史院을 설립하기에 이르러서야 비로소, 구육칸과 몽케칸의 史實들이 漢族史家들의 손을 빌어 漢族의 전통적 방식에 따라 위구르 문자가 아닌 漢字로 정리되었던 것이 아닐까 한다.

요컨대 몽골국사가 오고데이칸 말기인 1240년에 한 번 소리글자인 위구르 문자를 빌어 유목계 본지파의 시각에서 본격적으로 편찬된 데 이어, 쿠빌라이칸이 칸위를 찬탈한 직후인 1261년에 이르러 다시 한 번 더 뜻글자인 한자로 농경계 한지파의 시각에서 한지인들의 전통방식을 본받아 새롭게 편찬되는 기본 틀을 짜게 되었던 것이라 하겠다.

따라서 실은 쿠빌라이칸의 潛邸時節부터 그를 에워싸고 있던 漢人 儒者들이 쿠빌라이칸의 시각에서 그 이전부터도 이 당시의 史實들을 漢字로 재편집해 왔을 가능성이 매우 높다고 볼 수 있다. 이럴 경우에 위구르 문자본『몽골비사』에서 구육칸 이후의 사실들이 탈락되는 것은 자연스러운 일이 된다.『원사』권137, 열전 제24 察罕전에

　　博覽强記 通諸國字書云云……又命譯脫必赤顔 名曰聖武開天記 及 紀年纂要 太宗平金始末等書 俱付史館

이라 하여 "脫必赤顔을 번역하여 성무개천기, 기년찬요, 태종평금시말 등이라고 이름을 짓고 사관에 갖추어 주었다"라 한 것을 보면『脫卜赤 顔(Tobchiyan)』의 내용이 역시 칭기스칸과 오고데이칸의 史實을 함께 적은 것을 알 수 있다. 그러나 元朝의 禁府에는 왕국유가 지적하듯이

이렇게 번역되어 史館에 준 것과 塔失海牙가 '不傳外人'한다고 한 脫卜赤顔이 별도로 존재했을 가능성이 있다.[22] 행여 明 洪武年間에 朔北 출신 大都人에 의해 이루어진 것으로 알려지고 있는 漢字 轉寫原本의 전사본인 四部叢書刊本(顧廣圻本)과 葉德輝本(이상 正集 10권 續集 2권)[23] 및 『永樂大典』 15권본이 明初까지 사관에 아직 존재하고 있었던 것이 아닌 脫卜赤顔이라면 이 또한 칭기스칸과 오고데이칸의 사실을 적은 내용이라는 점에서는 서로 일치하고 있음을 확인하게 되는 셈이다.

1240년 이후의 사실이 끼어들었다고 하여 『몽골비사』의 성서년대를 그 후로 내려 잡는 이러저러한 증거들에 대한 논쟁들은 앞으로도 더 계속될 가능성이 있지만, 잘라이르타이 코리치의 경우처럼 史實을 잘못 읽는 경우도 있고 최초의 漢字 전사본이 전하지 않는 상황하에서 사건들이 일어난 당시인 지난 각 시기의 몽골어를 제대로 모르고 그 당시의 史實들에 밝지 못한 후대의 漢人 학자들이 그들의 생존 당시의 시각과 언어로 필사와 재필사를 거듭하는 동안 문자의 出入이 있었을 가능성을 고려한다면, 이것이 반드시 1240년 성서설을 부정하는 방증으로만 존재하지 않을 수도 있다고 본다.

Ⅳ. 맺음말

이상에서 살펴본 내로 『몽골비사』 274절의 잘라이르타이 코리치가 『고려사』 관계기록의 札剌 곧 撒禮塔(Sartai)라면, 이 기사는 1254～1259년 몽케칸 때의 車羅大와 余愁達에 대한 기록일 수가 없고 1218

---

22) 王國維, 「『蒙文元朝秘史』跋」, 『觀堂集林』 권16, 中華書局, 1984 참조.
23) 小林高四郎, 『元朝秘史の硏究』, 東京, 1954 참조.

~1232년 칭기스칸 및 오고데이칸 때의 기록일 수밖에 없다. 따라서 『몽골비사』 269절 이후로 이어져, 274절의 撒禮塔 곧 잘라이르타이 코리치 기사에 이르고 다시 282절에 이르는 오고데이칸 때의 사실 기록 문맥으로 보아 282절에 나오는 쥐해 7월은 1240년 庚子년 7월이어야 한다.

오고데이칸이 죽고 나서 불과 몇 년이 안 되어 톨루이계의 거센 도전이 조치의 아들 바투의 세력과 연결되면서 있게 되는데, 그 후 오랜 칸위 계승전과 空位時代가 이어지면서 마침내 1250년대에 들면서 本地派 遊牧系인 오고데이系에서 칸권의 正統이 반대파인 漢地派 農耕系인 톨루이系로 넘어가는 결정적인 계기를 맞기에 이른다. 그 후 무려 35년간이나 지속되는 카이두의 오고데이家 復位 전쟁은 '유목몽골'의 正體性 死守라는 이데올로기와 연결되면서 당대의 몽골칸국 분열 문제에 본질적으로 심각한 영향을 끼친 것은 물론이다.

기왕에 칭기스칸 때부터 오고데이칸 때의 史實이 칸의 교체와 무관하게 연이어 쓰여져 있는 『몽골비사』이기도 하지만, 오고데이칸이 죽자마자 몽골세계칸국사의 판세를 근본적으로 판가름하는 대대적인 계승전쟁이 알탄우룩의 봉건화가 급속히 진행되면서 치열하게 전개되었고, 이를 전후해서 본지파 유목계인 오고데이가의 정통성 확립 문제가 자연스럽게 대두되었다. 그리고 이에 따라 오고데이칸의 죽음을 예감하면서 본격적인 역사편찬사업이 문제시되었던 것이라 하겠다.

칭기스칸 死後인 1228년 成書說도 설득력을 가지는 점이 없는 것은 아니지만, 위에서 언급한 대로 몽골칸국의 창업자 칭기스칸이 막강한 권위로 오고데이를 후계자로 직접 지명한 터이므로 1240년을 전후한 오고데이칸 사후처럼 정통성 확립을 위한 編史사업이 그토록 몽골칸국 칸권의 死活이 걸린 절박한 문제로 대두되어 오지는 않았었다고 보아야 할 것이다.[24]

24) 周采赫, 「札剌亦兒台(Jalairtai)와 『몽골秘史』成書年代」, 『몽골연구』 제1호, 한국몽골학회, 1999, 9~20쪽.

제7장 洪福源 一家와 몽골·고려관계

Ⅰ. 머리말

본장에서는 특히 1218(몽골 태조 13, 고려 고종 5)~1219년 江東城
戰役이라는 撒禮塔 1차 고려침공과 1231년(몽골 태종 3, 고려 고종 18)
의 撒禮塔 2차 고려침공, 그리고 1232년(몽골 태종 4, 고려 고종 19)의
撒禮塔 3차 고려침공기의 몽골·고려전쟁시 洪福源 一家의 동향을 개
괄해 복원, 고찰해 보고 그 역사적 의미를 되새겨 보려 한다.[1]

장기간에 걸친 몽골·고려전쟁에서 고려가 몽골의 침략에 대해 응
전하는 과정에서, 고려는 山城과 海島를 기지로 삼아 상당히 특이한
형태로 이루어진 自國의 지리적 이점과 이런 풍토에 역사적으로 익숙
해진 고려 軍民을 활용해 수립한 고도로 교묘한 작전으로 몽골군을 打
擊했다. 특히 당시 고려 나름의 역사적 시대상과 고려반도의 역사적인
항전전통이 배합된 것이라 할, 지휘체계가 일원화해 있지 않았던 고려
군민의 각개 내지는 소부대 항몽유격 방어전투는 몽골군을 크게 당혹

---

[1] 몽골 태종 5년(고려 고종 20)인 1233년 12월경에 崔瑀가 그의 가병 3000명을,
북계병마사 閔曦와 함께 보내 홍복원의 세력을 '北界四十餘城'에서 拔本塞
源한 이후로, 고려 주둔 洪福源 麾下 高麗系 몽골勢力圈이 일단 一網打盡돼
洪福源과 그의 휘하가 몽골을 향하여 도주해 遼藩地域으로 가서 몽·원제국
안인 그곳을 근거지로 삼고 살았던 그 이후의 홍복원 일가에 관한 연구는
「洪福源 一家와 몽골·고려관계(2)」에서 다룰 예정이다.

스럽게 만들었다. 이처럼 유격방어전 위주의 무력항전과 사대외교전이 적절하게 배합된 40여 년간에 걸친 고려의 지구적인 항몽전쟁은, 마침내 사상 무적의 전투력을 과시한 몽골군에게 고려에 대한 무력일변도의 慴伏意圖를 버리지 않을 수 없게 하고, 종전 후의 이른바 중원식 조공관계를 체결함에서도 징세와 징병권을 보장해주고 高麗라는 국명을 유지케 해 주는, 팍스몽골리카체제하의 유일한 특수사례를 빚게 했던 것이라 하겠다.[2]

이처럼 전황을 예측하기 쉽지 않은 지구적인 고려 군민의 유격항전에 맞부딪치게 된 몽골군이 홍복원 일가와 같은 투항한 고려의 군간부급을 鄕間으로 부려서 몽골의 고려정복전에 대처한다는 것은, '고려정복전의 고려화'라는 몽골군의 본질적인 작전구도로 보아서 매우 중요한 의미를 갖는 것이라 하겠다.

이처럼 투항한 고려군민을 앞세워 고려를 침략함으로서 몽골군은 一石二鳥의 戰果를 거두게 되었다. 첫째는 고려 內地의 사정에 밝은 이들 고려인 자신이 고려의 인적 자원과 물적 자원을 강탈케 해서 다수의 流民을 만들어낸 다음에 이를 다시, 식량과 保身을 미끼로 招諭해 들임으로써 고려가 그들 자신의 전투력을 스스로 상실케 하는 것이니, 이로써 몽골은 자체의 병력손실이 없이 고려를 장악하게 되는 것이다. 둘째는 이렇게 몽골에 降附한 고려군민으로 몽골에 항쟁하는 고려군민을 치게 하는 以夷制夷의 戰法을 씀으로써, 고려군민의 항전의식을 상실케 하고, 아울러 고려군민 상호간에 원수관계를 맺게 하여 離間시킴으로써, 고려측이 일체감을 가지고 몽골에 항전할 수 없게 한다는 것이다.

이처럼 적의 역량으로 적의 역량을 소멸시키는 '高麗征服戰爭의 高

2) 주채혁, 「初期몽골·고려전쟁 略考 - 兩軍의 作戰與件을 중심으로」, 『淸大史林』 3, 청주대 사학회, 1979 참조.

麗化'는 몽골이 백여 만의 소수민족으로서 한족을 비롯한 십수억의 유라시아의 다수민족을 정복하고 광대한 판도를 그들의 지배하에 넣을 수 있었던 '現地 征服戰의 現地化 전략'임은 두말 할 필요가 없다.[3]

이런 몽골·고려전의 전황을 배경으로 하여 몽골군의 비호 속에서 키워진 홍복원 일가는 그 후의 작전과정과, 원 세조의 정략적인 철군과정에서 이루어졌던 고려 왕권과 무인정권의 대립과정에서 이를 구실로 삼아 고려의 王政復古派를 지원하며 援兵로 고려에 進駐한 몽골군에 의해 고려가 일단 몽골의 세력하에 들어간 뒤에도, 몽골에서는 물론 고려에서도 그 세력을 구축하고 고려를 견제하는 역할을 도맡아 하였다.

그러니까 1218년(몽골 태조 13, 고려 고종 5) 맨 먼저 몽골군병을 迎降한 洪福源 일가[4]는 몽골·고려전쟁이 일어나면서부터 고려가, 고려를 장악했던 몽골의 세력을 거세하고 독자노선을 쟁취할 때까지 줄곧 이런 역할을 앞장서 맡아온 첨병적 존재이었다고 할 수 있다. 물론 이런 역할은 비록 30~40년 뒤이기는 해도 홍복원 일가를 표본으로 하여

---

3) 몽골·고려전쟁에서는 洪福源 一家를 鄕間으로 앞세워 운용한 것이 그 대표적인 事例이겠으나, 구체적인 실례로 다음과 같은 경우를 例擧할 수 있다. "蒙兵 驅北界諸城兵 攻龜州"(고서간행회 편, 『고려사절요』권16, 고종 18년 1월조)라는 기록에서 우리는, 몽골이 이때 고려의 포로들이나 降附 고려군민들을 앞세워 고려를 공격하고 있는 것을 볼 수 있다. '敵地 정복전의 敵地化' 원칙을 고려에서도 관철해가는 것이었다고 하겠다. 몽골군의 전술전략에 대해서는 『蒙韃備錄』, 「軍政」條 및 『黑韃事略』에 단편적으로 서술돼 있다. 王國維, 『蒙古史料校注四種』, 淸華學硏究所, 1926 참조.

4) 당시에 그들이 자리잡고 있던 근무지역인 義州 附近 국경 최전선인 麟州가 몽골의 興起에 관한 情報에 曉通할 수 있는 고려의 최첨단 지역일 수 있음을 고려할 필요가 있다. 물론 원말·명초에 옷치긴家 고려계 몽골군벌로 크게 성장해 있던 李成桂 一家가 당시의 동북아 정세를, 몸소 팍스몽골리카 체제 내에서 숨쉬고 살아오면서 가장 정확히 파악하고 있었을 수 있음도 충분히 주목돼야 할 것이다.

몽골에 자진 투항해 몽골 憲宗 5년(고려 고종 42)인 1255년에 몽골 首千戶 兼 다루가치職을 수여받은 李安社(이성계의 고조부)나 몽골 헌종 8년(고려 고종 45)인 1258년에 몽골군병을 迎降하여 和州 이북의 땅을 몽골군에 바친 趙暉와 卓靑에 이르기까지 그 일련의 맥을 이루고 있는 것이고, 그들은 몽골 치하인 팍스몽골리카체제하에서는 물론 元末明初나 麗末鮮初에까지 당시의 동북아시아 역사의 흐름을 좌우한 주류에 동참해 그들 나름의 利權 쟁취에 몰두했기 때문에, 당시의 역사를 복원하는데 이러한 일련의 맥락에서 이미 人質로 몽골에 가서 몽골에 降附한 고려 왕족 王綧 一家를 위시해서 이와 함께 홍복원 일가의 문제를 반드시 주목해야 할 필요가 있다.

물론 여기에서는 1218~1219년 강동성 전역이라는 撒禮塔 1차 고려 침공 과정에서 고려군의 일개 변방부대의 진술을 麟州都領이라는 직책을 맡아 이끌던 洪福源 一家가 도리어 몽골군을 迎降한 뒤부터, 몽골 태종 5년(고려 고종 20)인 1233년에 이들이 고려군의 逆襲에 쫓겨 遼東地方으로 逃走할 때까지의 문제만을 우선 고찰하려 한다.

II. 撒禮塔 1차 高麗侵攻時(1218) 洪大宣의 蒙兵 迎降

洪福源 其先中國人 唐遺才子八人 往教高麗 洪其一也 子孫世貴於 三韓 名所居日 唐城 父 大宣 以都領 鎭麟州 福源爲神騎都領 因家焉 (宋濂 等,『元史』[中華書局印本] 권154, 열전 제41 洪福源傳)

위에 보이듯이 당시에 洪大宣은 都領으로서 義州 附近 국경 최전선인 麟州를 鎭守하고 있었고 곧이어 그의 아들 洪福源도 이곳에서 神騎都領을 지냈던 것을 알겠다. 그의 아버지인 洪大宣에게는 都領 앞에 '神騎'가 붙지 않았는데 자식인 홍복원의 그것 앞에는 '神騎'[5]라는 형용어가 덧붙여져 있음이 이채롭다. 홍복원이 騎兵이었고 그가 탄 말이 果下馬인지 몽골말인지[6]는 알 수 없으나, 그가 일단 기병이었다는 사실은 확인된 셈이고, 당시(몽골 태조 1, 고려 熙宗 2, 1206)에 양떼와 동행하는 몽골輕騎兵이 몽골고원을 통일하고 유라시아를 향해 뻗어나가며 몽골유목세계제국 창업을 향해 용틀임을 치기 시작하던 때였으므로, 홍복원이 그러한 정보에 특히 정통했을 가능성이 있었기 때문이다. 그래서인지 그는 朝鮮王朝의 창업자 李成桂의 고조부 李安社보다도 무려 40년 정도를 앞서 몽골세력에 재빨리 歸順했다.[7] 물론 1218년 12월 1일경에 부친 洪大宣이 몽골군을 迎降했을 때는 洪福源의 나이가 어려 아직 軍에 징집되지도 않았을 정도이었으므로, 그 자신이 그러했다기보다는 그를 神騎都領으로 키우고 있던 그의 부친 홍대선이 몽골군의 군사력을 파악하는 그 나름의 남다른 眼目을 가졌을 가능성이 있을 수도 있다는 것이다.

그러면 당시 義州 부근 국경 최전선인 麟州를 鎭守하고 있었던 麟州都領 洪大宣이, 1218년(몽골 태조 13, 고려 고종 5)에 몽골元帥 哈眞

---

5) 神騎軍은 고려 군대조직의 하나로 고려 肅宗 9년인 1104년에 尹瓘이 女眞征伐에 대하여 別武班이라는 특수군대를 조직했는데, 신기군은 이 별무반에 속한 騎兵이다. 별무반에는 신기군 외에 보병으로 조직된 神步軍과 스님들로 조직된 降魔軍이 있었다.

6) 당시의 정황으로 보아 아랍말일 가능성은 적어보이지만, 이는 좀 더 구체적이고 깊이 있는 연구를 해봐야 할 문제이다.

7) 그러므로 洪福源 一家의 세력기반은 팍스몽골리카 체제하에서 元末 奇皇后 勢力 擡頭 이전까지는 그런 일련의 附蒙高麗勢力으로 고려 開城 王氏 왕족을 제외한 어떤 세력보다도 莫强한 것이었지만, 기황후 세력처럼 그 주된 기반이 어디까지나 元朝 直轄領 안에만 安住되고 麗末·鮮初의 정세변화에 自國 중심의 應戰을 제대로 해내지 못했기 때문에 그 후 한국사에서는 소외돼버리게 되었다. 이런 점이 李成桂 一家의 그것과 역사의 갈림길에서 뚜렷이 對應되는 側面이라 하겠다.

(Khajin) 및 副元帥 箚剌(札剌, Djala)가 군사 1만을 거느리고 당시의 고려의 北方 두만강지역 隣國 東眞國의 蒲鮮萬奴가 보낸 完顔子淵의 군 2만과 함께 거란賊을 친다고 聲言하고 和·孟·順·德州의 4城을 공격하여 이를 攻破하고 곧 江東城으로 향했을 때 어떻게 대응했었던가?

以哈眞爲元帥 札剌亦兒台副之 師蒙古軍兼督耶律留哥契丹軍 蒲鮮萬奴將完顔子淵軍討之 破和·孟·順·德四城 麟州都領洪大宣 帥其子福源迎降.(柯劭忞,『新元史』권132, 열전 제29 札剌亦兒台(Djarairtai) 豁兒赤(Khorchi)傳, 태조 12년)

위 기록은 이때 麟州都領 洪大宣(洪大純)[8]은 몽골군이 和·孟·

---

[8] 洪學鍾,『南陽洪氏世譜』(大邱府 京町 一丁目 敬信館, 1919年 7월 17일 인쇄 [조선총독부 도서관 소장본])에 보면 '洪大宣'은 그의 初諱로, '洪大純'은 역사서의 기록에서 쓰인 이름으로, '洪謹'은 그의 本名으로 돼 있다. 그런데『원사』나『元高麗紀事』와 같은 몽골측의 사료에서는 그의 初諱인 '大宣'으로 쓰인데 반해,『고려사』나『고려사절요』와 같은 고려측의 사료에서는 오히려 大宣의 音譯으로 보이는 '大純'으로 쓰고 있는 점이 흥미롭다. 이는 대체로 前者를 底本으로 後者가 이를 그대로 베껴 쓴 사실을 증언해 주는 것일 수 있다. 아울러 홍복원의 初名이 위의『南陽洪氏世譜』에는 '福民'으로,『원사』에는 '福良'으로 돼 있는데, 이는 '民'자와 '良'자가 글자 모양이 서로 매우 닮은 데서 저질러진 誤記로『南陽洪氏世譜』의 '洪福民'보다는『元史』의 '洪福良'이 '洪福源'이란 史書上의 이름과 관련시켜볼 때 더 타당한 것이 아닐까 한다. 이『南陽洪氏世譜』는 1970년경에 저자가 새로 발굴한 자료다. 본류『남양홍씨족보』에서는 떼어버렸거나 망실된 한 支派를 그 후 그 後孫들이 日政下의 3·1독립투쟁 직후인 1919년 문화정책이란 美名下에 독립투사를 검거하는 주요 정보자료로 충효사상을 旗幟로 지원금을 지급해 족보 발급을 장려하는 흐름 속에서 다시 발굴돼 간행된 것으로 보인다. 한국 국립중앙도서관의 前身이 이에서 비롯됐다고도 한다. 애초에는 치안관계 기관의 붉은 도장이 꽉꽉 찍힌 족보들을 분류해 정리하는 족보도서관이었을 수 있다는 것이다. 이런 인연으로 묘한 시기에 되살아난 사료지만, 그런대로 역사 復元에서

順·德州의 4城을 攻破할 무렵에 이와 맞서 싸우지 않고 반겨 맞아 투항했다고 했다. 홍복원 일가가 義州 부근 국경 최전선인 麟州를 鎭守하고 있었던 것으로 보아서, 그리고 이들 4성을 攻破하고 직접 西京의 江東城을 향해 進入해갔다는 다음 기사로 봐서 이들 4성은 대체로 두만강지역, 麟州와 江東城 근처에 자리잡고 있었음을 推定해 볼 수 있다. 또 '攻破'라는 표현으로 봐서, 가령 이들이 고려 내지에 亂入한 거란적을 추격해 토벌해준다는 명분으로 그런 기치를 들고 쳐들어왔었더라도 攻防戰이 없을 수 없었음을 확인케 된다. 3만여 명이나 되는 몽골군이 난입한 거란적인지 그 거란적 토벌을 구실로 삼아 고려에 쳐들어온 몽골군인지 구별을 할 수 없었을 경우 想定해 볼 수 있다. 그런데 騎兵으로 국경 최전선 요새에서 鎭守하고 있었던 홍복원 일가는 이런 몽골군의 동향에 대한 정보에 남달리 정통했을 수 있다. 그래서 기민하게 迎降에 앞장섰을 수도 있다.

蒙古元帥哈眞及札剌 率兵一萬 與萬奴所遣完顔子淵兵二萬 聲言討丹賊 攻和·孟·順·德四城破之 直指江東城(1955년 延禧大學校 영인, 『고려사』 세가 권22, 16ㄱ, 고종 5년 12월 己亥朔)

위에서 몽골군이 和·孟·順·德州의 4城을 攻破했던 것은 몽골 태조 13년-고려 고종 5년인 1218년 12월 1일(己亥朔)경이었던 것을 알 수 있다. 그런데 인주도령 홍대선이 몽골군을 맞이해 기꺼이 투항에 앞장섰던 것은 바로 이들 4성을 공파했던 때이었으므로, 거란적을 추

___
는 소중한 새로운 자료일 수 있다. 썩은 달걀의 푸른곰팡이에서 페니실린을 만들어내는 과학자에게는, 그것이 더럽고 깨끗하고는 별 의미가 없는 법이다. 그런데 저자는 1960년대 말에 고병익 교수님 연구실에서 논문지도를 받는 과정에서 '홍복원 일가'를 연구제목으로 결정하고 난 후 주위의 교수나 학생 사학도들에게 야릇한 嚬蹙을 샀던 기억이 있어 뒷맛이 씁쓸했다.

격해 討伐하는 중인 몽골군에게 이때 麟州城도 공파대상이 될 수도
있었겠지만 蒙兵을 迎降해 몽골군과 함께 거란적 討伐을 하며 몽골의
고려침공에 自進해서 앞장을 섰던 것으로 보인다. 몽골의 고려침공이
라고는 하지만 江東城 戰役을 통해 몽골과 고려가 힘을 합해 고려에
난입한 거란적을 모두 토벌한 이후에 兄弟盟約을 맺는, 겉으로는 적어
도 우호협력의 분위기였기 때문에 당시로서는 홍복원 일가의 몽병 迎
降이 반역행위로 여겨지지는 않았을 수도 있기는 하다. 그러나 고려측
에서는 거란적이나 몽골적이나 난입한 외적이라는 분명한 인식을 하
고 있었던 것이 이에 대한 후속 조치를 취하는 과정에서 여기저기에서
자주 드러나고 있었다. 그러니까 이런 당시 상황 속에서 홍대선-홍복
원 洪氏 부자 일가도 바로 1218년(몽골 태조 13, 고려 고종 5) 12월 1일
경에 몽골군에 자발적으로 귀순했음에 틀림없다.

그렇다면 洪大宣이 몽골군을 迎降할 때의 실상을 살펴보기로 하자.

> 麟州都領洪大純 帥其子福源迎降(柯劭忞,『新元史』권132, 열전 제
> 29 札剌亦兒台(Djarairtai) 豁兒赤(Khorchi)傳, 태조 12년)
> 率衆迎降(柯劭忞,『新元史』권176, 열전 제73 洪福源傳)

이처럼 홍대선이 그의 아들 홍복원을 거느리고 몽골군을 환영해 맞
아 투항했다거나 무리를 통솔하고 집단으로 환영해 맞아 투항했다는
기록으로 보아, 그가 妻子眷屬 및 예하의 軍民들을 거느리고 저항 없
이 몽골군에 집단으로 귀순했음을 알 수 있다.

> 詣軍降(『元高麗紀事』태조 13년(고려 고종 5)조)

이라는 기록은 그가 조금의 저항도 하지 않고 몸소 몽골군 陣營에 나

아가 이들을 迎降했음을 보여준다. 물론 이들이 쫓고 있는 대상이 다 같이 亂入한 거란적일 경우에 이는 있을 수도 있는 일이기는 하다. 그러나 3만여나 되는 몽골군이 고려 국경을 난입한 상황하에서 고려 지휘부의 특별한 명령도 없었는데 이런 독자적이 판단과 선택 및 결단-결행을 한다는 것은 고려군의 都領으로는 있을 수 없는 일이라 하겠다.

한 가지 의심쩍은 점은 "(홍대선이) 그의 아들 홍복원을 데리고 영항했다"는 기록이다. 이즈음 홍복원의 나이가 겨우 12~13세쯤밖에는 되지 않았었으니, 이때가 12월이었기에 다소 후하게 잡아보아도 그는 14세가 채 못 되는 어린아이였음을 알 수 있다.9)

그런데 당시 고려의 제도에는 남자 나이 16세가 돼야 비로소 나라의 賦役을 맡았으므로 홍복원은 이때 아직 정식으로 병역 징발대상이 되지 않았음을 알 수 있다. 그렇다면 그처럼 어린 나이로 그가 어떻게 전쟁터에 나아가 그의 부친 홍대선과 함께 몽골군을 迎降했단 말인가? 이는 무리를 이끌고 영항했다는 사료를 좀 더 구체적이고 분석적으로 따져가노라면 저절로 밝혀지겠기에 해당 문제의 論及時에 詳論키로 한다.

다만 여기서 한 가지 더 밝혀두어야 할 것은, 柯劭忞,『新元史』권

---

9) 宋濂 等,『元史』[中華書局印本] 권154, 열전 제41 洪福源傳에는 헌종 8년에 홍복원이 황제가 보낸 수십인의 장정들에게 발길로 채여 죽었을 때, '年五十二(52)'라 했다. 따라서 고종 5년에 그의 나이는 (몽골 헌종 8, 고려 고종 45, 1258년)45－(몽골 태조 13, 고려 고종 5, 1218년)5＝40해이시, 52 53세－40해＝12~13세로 계산돼 나온다. 柯劭忞,『新元史』권176, 열전 제73 洪福源傳에는 그가 살해당한 것이 그의 나이 53살 되던 해로 기록돼 나온다. 헌종이 洪福源 一家와 在元 고려 王族이라는 君臣間의 갈등관계를 증폭시켜서 고려 내부를 離間시켜 나누어 對立케하는 방법(Divide and rule)으로 高麗를 보다 더 쉽게 經營하려는 장기적이고도 고차원적 術數가 介在한 사건일 수도 있다고 본다.

214

132, 열전 제29 札剌亦兒台(Djarairtai) 豁兒赤(Khorchi)傳에서만

麟州都領洪大純 帥其子福源迎降

이라고 썼을 뿐이고 다른 사료들에는 이때 홍복원의 부친 홍대선의 降
附에 대해서는 썼지만 홍대선의 아들 홍복원이 아버지와 더불어 몽골
군을 迎降했다고는 쓰지 않았다는 점이다. 그러나 이는 그 당시에 그
의 나이가 병역에 징발되는 연령에 미달되는 어린 나이였음이 밝혀진
이상 더 이상 문제 삼을 것이 못된다. 그의 나이가 어려서 아직 별다른
영향력을 갖지 못했기 때문에 당시에나 그 직후에 편찬된 다른 사료들
에서는 당시의 그에 대한 기록이 빠졌던 것임에 거의 틀림이 없어 보
이기 때문이다. 근래에 다시 편집한 柯劭忞,『新元史』권132, 열전 제
29 札剌亦兒台 豁兒赤傳10)에서만 아직 나이 어린 홍대선의 아들 홍복
원을 굳이 끼워 넣은 것은, 그 후의 홍복원의 비중이 워낙 커지다 보니
이를 미루어 시대를 어림해 보지 못한 채 柯劭忞이 얼결에 그냥 끼워
넣은 듯하다.11)

　　이어서 "무리를 거느리고 迎降했다"는 記事를 고찰하기 위해서 이
즈음에 고려의 北界에서 일어나고 있었던 고려군의 契丹軍 토벌상황

10) 이 책의 초판이 1962년에 발행돼 나왔다. 이 책이 25사에 내포되는 과정에서
의 정치적 雜音은 잘 알려진 터이다. 그러나 생각보다는 더러는 그의 예리한
사료를 판독하는 眼目이 돋보이는 敍述도 눈에 띈다.
11) 柯劭忞,『新元史』권132, 열전 제29 札剌亦兒台 豁兒赤傳의 이 기사에는, 본
문에 인용한 기록에 보이듯이, 洪諲을 몽골측 원사료에서 쓰는 그의 初諱인
'大宣'으로 쓰지 않고 고려측 사료에서 썼던 '大純'으로 音譯한 것을 선택해
썼다. 이런 사실은 이 기록이 洪諲이 고려인이므로 고려측 기록이 참 원사료
라고 착각한 柯劭忞이 그 후 홍복원이 몽골에 투항해 크게 頭角을 나타냈을
때, 이때의 사실을 거슬러 올라가 고려의 사가가 썼던 것이나 그런 史料를
재인용했던 데서 비롯된 것이라고 하겠다.

을 잠깐 살펴보려 한다.

이때는 1214년(몽골 태조 11, 고려 고종 3)경부터 고려에 침입해오기 시작했던 契丹의 遺種 金山 王子와 金始[12] 王子의 무리들이 고려의 名將 金就勵 등에 몰려 뿔뿔이 흩어져 달아나다가, 다시 고려에 亂入한 3만여 몽골군의 追擊을 받아 江東城으로 들어가서 그 殘命을 보존키 위해 집결하고 있었다. 그러므로 당시에는 고려 내지에서 이미 2~3년간에 걸쳐 전투가 계속되고 있었던 터였다.

홍대선이 몽골군을 迎降하기 바로 전해인 1217년 9~10월경에는 麟州에 女眞의 黃旗子軍과 契丹兵이 끊임없이 쳐들어 왔고, 이들에 대한 토벌을 총지휘했던 서경병마사 趙冲은 여기서 크게 전공을 세워 그의 舊職을 다시 찾게 됐다.[13] 따라서 이때 조충의 麾下에 있었던 인주도령 홍대선도 한 몫을 맡아 조충을 도왔을 것은 물론, 이것이 인연이 되어 그 뒤에 잇달아 조충이 총지휘를 맡았던 몽골・고려 연합군의 강동성내 契丹賊 토벌작전에 동원되어 역할을 맡았을 가능성도 배제할 수만은 없다.

그러나 그보다도 이듬해인 1218년 11월에 西北面兵馬使 金君綏가 거란군이 肅州와 永靑의 境界에 쳐들어온 것을 아뢰어 西北面의 諸城軍을 引率하고 이를 들이쳤다는 기사가 눈에 띄는 것을 보면,[14] 江東

---

12) 여기서 '金始'란 撒禮塔 1차 고려침공시(몽골 태조 14, 고려 고종 6, 1219)에 강동성 전역에서 살해된 遼王 '喊舍'일 가능성이 크다. 구체적인 고증을 요한다.

13) 『高麗史』 세가 권22, 14ㄱㄴ, 고종 4년, "九月 辛巳 西北面兵馬使 報 女眞黃旗子軍 自婆速府 渡鴨綠江 來屯古義州城 丁酉 丹兵 入義靜麟 三州 及寧德城之界 十月 庚申 黃旗子軍 來屯麟龍靜三州之境 西北面兵馬使趙冲與戰斬獲五百餘級 卽復冲舊職 冲 又與黃旗子軍 戰于麟州暗林平 大敗之 擒殺溺江者 不可勝數級 僅三百餘騎遁去".

14) 『高麗史節要』 권15, 13ㄴ, 고종 5년 겨울 11월, "西北面兵馬使金君綏奏 丹兵 肅州永靑之境 率諸城軍擊之 斬首四百三十餘級 虜男女二十一人 獲馬五十

216

城 戰役이 있기 직전인 이해 11월에는 벌써 北界諸城의 병력이 총출동해 있었던 것을 알 수 있다.

따라서 이때 홍대선도 몽골군이 그랬던 것처럼 바로 거란군을 쫓고 있었으며 같은 지역인 북계에서 같은 적을 쫓고 있었던 홍대선과 몽골군이 서로 만났다는 것은 조금도 이상할 것이 없다.

이상에서 살펴본 바와 같이, 이때의 북계諸城은 거란군의 난동으로, 이미 전방과 후방이 없는 전면전 상태에 돌입해 있었다. 그러므로 홍대선의 아들 홍복원과 그 일가는 물론 그의 예하 麟州 軍民이 모두 함께 참전해 있었을 가능성이 매우 짙다. 따라서 "무리를 거느리고"라는 '무리'란 바로 이런 사람들을 가리키는 것으로 보아 틀림이 없을 것이다.

또한 홍대선이 거란군과 치열한 교전을 벌이고 있었을 경우에 몽골군이 이들과 마찬가지로 거란군을 토벌하는 입장이었다면, 그래서 서로 예기치 않은 합동작전으로 승전을 함께 쟁취했다면, 홍대선이 몸소 몽골군의 군영에 나아가 대군인 이들 몽골군을 반겨 맞아 의기투합해 하나가 됐다는 '詣軍降'의 기사도 충분히 이해가 갈 만하다.[15]

三匹".

15) 池內宏, 「蒙古の高麗征伐」, 『滿鮮地理歷史報告』 第十, 1924, 128~131쪽(『滿鮮史硏究』 中世 第3冊, 吉川弘文館, 1963 재수록)에서는 홍대선이 1218년(몽골 태조 13, 고려 고종 5, 강동성 전역 /撒禮塔 1차 고려침공시) 12월 1일경에 몽골군에 降附한 사실을 기록한 모든 史料를 모두 부정하고 있다. "哈眞과 札剌가 義州를 지나는 通路를 경유하지 않고 고려의 東北面으로부터 직접 江東城 아래에 이르렀으므로, 종래에 몽골과 무관했던 홍대선이 전혀 다른 방향인 麟州로부터 일부러 와서 몽골군을 迎降했다는 것은 있을 수 없는 일이다. 따라서 이는 誤傳된 기록이며, 홍대선 父子는 인주에서 거주하다가 1231년(몽골 태종 3, 고려 고종 18, 살례탑 2차 침공시)에 몽골군이 咸新鎭에서 鐵州로 향할 때 이를 영항한 것"이라고 간단한 견해를 펴가고 있다. 물론 이와 같은 이케우치 히로시의 엉뚱한 推理는 당시의 앞뒤 사정을 전혀 돌아보지 않고 총체적인 문제 파악을 論外로 한 채로 사료를 단편적으로 떼어내

그런데 몽골군을 迎降한 뒤의 홍대선의 역할을 밝히기 위해서는 먼

어 문자해석에만 沒頭한데서 저질러진 잘못임은, 본문의 서술을 읽다 보면 저절로 쉽게 간파될 수 있을 것이다. 물론 그는 東北面에서 江東城으로 직진하는 길을 통해 몽골군이 군사행동을 했다고 하지만, 그동안 공파한 和·孟·順·德의 4城이 모두 그런 통로에 일렬로 내포되는 것인지를 밝혀본 적이 없다. 당시에 거란賊은 麟州에도 隨時로 출몰했고 그렇다면 거란적을 추격하는 3만여의 몽골군이 방향이 좀 다르다고 해서 인주성은 전혀 거들떠 보지도 않았다고만 볼 이유도 물론 없다. 그러므로 인주에 있던 홍대선이 어떻게 전혀 다른 방향에서 오는 몽골군을 영항할 수 있었었느냐 하는 문제는, 이 케우치가 거란의 주력부대가 이미 후방 깊숙이 침투했다가 고려군에게 몰려오는 판에 이즈음에 몽골대군 또한 이에 加勢하는 과정에서 강동성에 집결해 保衛하며 殘命을 扶持하고 있는 터였다는, 당시의 구체적인 전황을 총체적으로 파악하지 못한 데서 생겨난 오류일 뿐이다. 이런 문제는 이렇게 1214~1218년까지 北界諸城이 戰亂에 휩싸여 현지 군민이 총동원되는 판국에 홍대선만이 인주만을 고수하고 있었으리라는 고정관념에 사로잡힌 데서 생겨난 것으로, 본문에 밝혀진 당시 북계제성 병력의 참전상황과 麟州 또한 그런 전란의 와중에 휩싸여 있었음을 염두에 두고 문제를 파악해 보면 저절로 해결되게 마련이다.

홍대선 일가가 1218(몽골 태조 13, 高麗 高宗 5)~1219년 강동성 전역-撒禮塔 1차 고려침공시에도 몽골군을 영항했고 1231년(몽골 태종 3, 고려 고종 18) 撒禮塔 2차 고려침공시에도 다시 몽골군을 再迎降했던 사실은 아래의 기록에서도 확인할 수 있다.

「十八年 撒禮塔大擧入侵 福源又迎降于軍」(『高麗史』 권130, 열전 권43, 叛逆 4, '洪福源'傳 권130, 3ㄴ)

위에서 (현재의 麟州神騎都領) 洪福源이 1218년 강동성 전역-撒禮塔 1차 침공시에도 아버지 麟州都領 洪大宣과 함께 몽골군을 영항하더니 1231년 撒禮塔 2차 고려침공시인 이번에도 「또 영항했다」고 기록한 것으로 보아도 이를 뚜렷이 확인할 수 있다. 정녕 1218년~1219년 강동성 전역에서 副元帥 札剌와 기왕에 知面이 있었을 홍복원 일가가 1231년 이미 부원수에서 元帥로 進級해 征高麗 총사령관으로 撒禮塔 2차 고려침공을 총지휘해온 札剌 곧 撒禮塔와 손을 잡는다는 것은 가능한 일이며, 몽골·고려전쟁이 수행되는 과정적인 성격으로 보아도 이는 충분히 뒷받침될 수 있을 것이다.(주채혁, 「麗·元間에 있어서의 洪福源一家의 구실과 그 位置」, 연세대학교 대학원 사학과 석사학위논문, 1970, 107~134쪽, 附編Ⅱ 「札剌亦兒台(Djarairtai) 豁兒赤(Khorchi)傳에 대한 考證」 참고.)

218

저 그가 거느렸던 軍民들의 수와 구성에 대해서 살펴볼 필요가 있다. 李基白과 스에마쓰 야스카즈(末松保和)의 계급별 내지 단위부대별 집계에 의하면, 麟州都領 예하에는 3,000명 가량의 병력이 있었다.[16]

이기백의 집계표에 의하면 麟州는 精勇의 수가 西京에 버금가며 다른 北界의 州·鎭·軍·城에 비해서도 월등히 많다. 左軍의 경우 그 수효가 가장 많은 것도 주목된다. 또한 그 부대의 완전 구성원 수에 대한 결원이 가장 적으며, 스에마쓰 야스카즈의 집계에 의하면 오히려 그 구성원수가 차고도 넘친다.

다음엔 구성원의 질에 대해서 살펴보자. 우선 麟州에 대해서는 다른 城들과 같이 ‘精勇’ 또는 ‘抄軍’이라는 말을 쓰지 않고 ‘抄精勇’이라는

---

16) 李基白, 「高麗州鎭軍硏究」, 『高麗兵制史硏究』, 一朝閣, 1968, 246~247쪽의 <표 1> 北界州鎭軍一覽表에 보면 麟州都領 麾下軍의 構成과 構成員 數는 아래와 같다.

계급	中郞將	郞將	別將	校尉	隊正	行軍	白丁	計
수	2	9	18	36	72	1893	36隊 (900)	2793名

部隊	抄精勇 (馬)(弩)	左軍	右軍	保昌	計	완전구성원 (대략)	實數	缺員
數	36隊	34대	4대	4대	78대	1950명	1893	57

한편 스에마쓰 야스카즈(末松保和), 「'高麗式目形止案'에 대해서」, 『朝鮮學報』 25~30집, 朝鮮學會, 1962~1964, 123~132쪽에 나타난 것은 아래와 같다.

계급	都領 (中郞將)	중랑장	郞將	別將	校尉	隊正	行軍	白丁軍	計
수	1	1	7	18	39	79	2230	36隊(821인 결원/ 79명)	3051명

部隊	抄軍	左軍	右軍	保昌	計	완전구성원(대략)	實數	남은 兵力
수	34隊	34대	4대	7대	79대	1975	2230	225

말을 특별히 쓰고 있다는 점이 유별나다. 이는 이기백의 견해대로 동일한 부대의 서로 다른 호칭으로도 볼 수 있겠지만,[17] 이와는 달리 '抄精勇'을 精勇 가운데서도 다시 뽑아낸 精勇이라고도 풀이할 수 있을 것이다. 이곳이 국경 최일선의 핵심 요새이므로 최정예병력을 배치했다고 보려는 것이다.

위의 사실들은 麟州가 고려의 국방상 가장 중요한 최일선 요새이며 당시에 麟州都領이 거느리고 있던 병력은 가장 뛰어난 정예부대였음을 말해준다.

그러면 홍대선이 이런 탁월한 인주도령 휘하 병력을 거느리고 몽골군을 迎降한 뒤에 어떤 활동들을 했는지 살펴보기로 하자.

  ……與哈只吉等一同圍攻　高麗王皞奉牛酒出迎王師　始行歸之禮
(『원고려기사』 태조 13년)

여기서 우리는 홍대선은 몽골군을 영향하자마자 곧 몽골군과 함께 契丹賊 토벌에 참전했으며, 마침내 몽골이 고려군 원수 趙沖 등과 교섭해 몽골·고려의 합동작전을 하는 등 줄곧 몽골군을 도와 거란군 토벌전에 동참했음을 알 수 있다. 생각건대, 인주도령 홍대선 휘하의 3,000여 정예 병력은 그가 몽골에 항부하는 즉시 대개 몽골의 예하 각 부대에 모두 또는 단위별로 나뉘어 배속돼 지형이나 풍토와 같은 고려 북계의 제반 사정에 낯선 몽골군의 길잡이 노릇을 했을 것으로 보이는데, 아래의 기록은 이와 같은 가실을 잘 입증해 주고 있다.

  太祖皇帝十三年 天兵討丹叛 至高麗 國人洪大宣降 爲嚮導 共攻其國 其王降(『櫟翁稗說』[1963년 許顈刊 木刻本] 前集 第一, 『經世大典』

---

17) 李基白, 「高麗州鎭軍研究」, 『高麗兵制史研究』, 一朝閣, 1968, 245~248쪽.

220

引用文)

   위 기록은 홍대선 일가가 1218~1219년 撒禮塔 1차 침공시에 몽골
군의 향도가 되어 거란군 토벌전에 참전했던 당시의 상황을 설명해 주
고 있다. 여기서 중요한 것은 몽골군측의 보고에 의한 기록임이 분명
한『經世大典』인용문인 이 기록은 몽골군이 거란의 반란을 고려 경
내에서 토벌했고 이를 홍대선이 도왔지만, 몽골군측은 홍대선과 함께
거란적을 공격했다고 하지 않고 홍대선의 조국 고려 그 나라를 같이
공격한 것으로 분명히 보고하고 있으며, 마침내 그 나라 임금(高麗王)
이 항복했다고 단정해 서술했다는 점이다. 말이 '형제맹약'이지 기실은
분명한 몽골의 고려 공격이고, 고려에 대한 戰勝 보고인 셈이다. 따라
서 이것을 '몽골의 고려침략'으로 올바로 摘示해[18) '1218~1219년 강동
성 전역, 撒禮塔 1차 고려침공'이라고 서술한 저자의 견해는 정곡을 찌
른 것이라 하겠다. 물론 고려 경내에 난입한 거란군 토벌을 원조한다
는 고려에 대한 몽골의 군사원조 형식을 빙자한 몽골의 고려 정복이고
고려왕의 투항 수용이다.[19) 그렇다면 이때의 인주도령 홍대선 일가의
몽골군 迎降은 명백히 고려에 대한 배반행위로, 팍스몽골리카체제를
구축해 가는 당시의 몽골의 대세를 발 빠르게 파악한 기민한 처세 행
각의 측면이 있었다고 하겠다.
   그런데, 전술한대로 이즈음 몽골군에게 쫓겨 고려지역에 침입해 있
었던 金山 왕자를 비롯한 거란의 패잔군들은 金就勵가 이끄는 고려군

---

18) 高柄翊,「蒙古・高麗의 兄弟盟約의 성격」,『백산학보』제6집, 백산학회,
    1969. 6/ 고병익,『동서교섭사의 연구』, 서울대학교 출판부, 1970, 136~183쪽
    재수록.
19) 결국 1259년경 이후에 고려는 고려의 王政復古를 支援하는 몽골 軍事援助에
    의해 武人 抗蒙勢力을 몽골・고려 연합군이 合同作戰으로 討滅하면서 몽골
    에 최종적으로 掌握되고 만다.

에 참패해 쫓기고 있었다. 그런데 이에 이르러 다시 몽골군의 추격을
당하게 되었으므로 거란군은 그야말로 막다른 골목에 들어서게 된 셈
이었다. 그렇다 해도, 거란군은 몽골군에 비해서는 몇 가지 작전상의
유리한 조건을 가지고 있었다.

첫째, 거란군은 몽골군보다 4년여나 앞서 먼저 이곳에 들어와 있었
으므로 北界의 전투기지들을 가능한 한 확보하고 전투에 임해 있었다.

둘째, 거란군은 이미 이들 성에서 여러 번 고려군과 교전한 경험을
가지고 있었기 때문에, 북계의 모든 전투요새지와 지형지물 및 풍토
등에 익숙해 있었다. 따라서 이곳의 사정에 낯선 몽골군에 대해 거란
군은 얼마든지 이런 이점들을 활용해 항전할 수 있었다. 그러니까 이
를 기반으로 해서 매복이나 기습 등의 유격전을 펼쳐 몽골군을 궁지에
몰아넣으면서 지구적인 산악방어전을 벌일 수 있었다는 것이다.

셋째, 거란군은 당시에 사방에서 모두 쫓기는 막다른 골목에 들어와
있었으므로 죽기로 저항할 수밖에 없었으니 그 기세가 자못 만만치 않
았으리라는 것이다.

　　十二月 皇元 哈眞·札剌 兩元帥 其兵一萬 與東眞完顔子淵兵二萬
　　聲言 討丹賊 指江東城 會天大雪 饟道不繼 賊 堅壁以疲之 哈眞患之
　　使者十二人 與我德州進士任慶和來 請兵與糧……(李齊賢,『益齋集』
　　「門下侍郎平章事判吏部使 贈諡威烈公行軍紀」, 古書刊行會, 1911)

위에서 보듯이 과연 거란군은 모든 작전상의 이점을 살려내어 몽골
군의 허점을 찌르는 항전을 펼쳤다. 결국 이와 같은 지구적인 거란군
의 산악항전은 몽골군을 크게 낭패케 하였음은 물론이다. 몽골군이 和
·孟·順·德의 4城을 공파하고 곧이어 강동성으로 쳐들어갈 때, 그
러니까 홍대선이 그의 예하에 있던 무리들을 거느리고 몽골군을 영항

할 무렵에 그들은 큰 눈사태를 만나서 병력의 생명선인 餉道가 끊기게 되었다. 거란군은 여러 요새들에서 더욱 굳게 持久的인 대몽방어태세를 강화하고 몽골군들이 제풀에 지쳐서 굶어 죽기를 기다리고 있게 됐다. 이에 크게 당황한 哈眞(Khajin)은 마침내 어느 과정을 거쳐서 고려군에 구원을 요청하게 되었던 것이다.

이처럼 거란군의 작전에 헤어날 수 없이 깊숙이 휘말려들어 절망적인 처지에 빠져 있었던 몽골군이, 이 지역에서 오랫동안 전투로 단련돼왔던 인주도령 홍대선의 3,000여 정예병력을 얻었다는 것은 몽골군 측에서 보면 상당히 중요한 사실이었음에 틀림이 없다. 그렇기 때문에 이 사실이 고려측 사료가 아닌 몽골측 사료에서 오히려 더 자세하게 다루어졌던 것이라 볼 수 있다.

이때 몽골군은 북계의 작전사정에 밝았던 인주도령 홍대선의 병력을 얻고서야 비로소 크게 활기를 띠고 다시 거란군을 토벌하는 한편, 사자를 보내어 고려군에 구원을 요청해 막다른 궁지에서 헤어나게 되었는데, 이러한 조처를 취하는데 몽골군을 迎降한 현지 고려군 지휘관 인주도령 홍대선과 그 휘하 군민들의 기여가 결정적으로 컸을 것임은 능히 짐작되는 터이다.

이상에서 밝혀본 바와 같이 이때의 洪大宣과 洪福源 부자의 몽골군 영향은 어디까지나 몽골과 고려의 공동의 적인, 고려 경내에 난입한 거란군을 토멸하기 위한 몽골군과 고려군의 제휴, 곧 상호간의 지원을 내포하는 요소가 매우 컸다. 상호간의 지원도 오히려 고려군이 몽골군을 위기에서 구원하는 차원에서 이루어진 것이라 봄이 마땅하다. 물론 강동성의 전역이 성공리에 끝나고 몽골과 고려 사이에 이른바 兄弟盟約이 체결되기에 이르러서는, 역시 고려가 몽골에 비해 국력이 크게 약한 당시로서는, 형제관계라는 도식적인 외형의 표방에도 불구하고, 정복자와 피정복자간의 노골적인 불평등조약은 아니더라도 거의 이에

준하는 내용의 '예비'조약을 맺었던 것이라 하겠다.

그러나 홍대선·홍복원 부자의 몽골군 영향이 비록 애초에는 서로 지원하는 합동작전 과정에서 이루어졌던 것이라고 하더라도, 위에서 살폈듯이 몽골군측에서는 엄연히 고려를 군사원조하는 전략으로 고려를 손쉽게 장악해 금나라를 협공하려는 일련의 작전계획하에 수행된 또 다른 형태의 일련의 고려 정복전일 뿐이었음은 명백하다. 그리고 몽골·고려의 攻거란賊 合同作戰을 빙자해 몽골군의 고려 경내 무단 침입을 합리화하면서 3만 대군으로 고려 영토를 유린하며 강동성 전역으로 상징되는 전투정찰을 하고, 그 후 재침작전 계획을 빈틈없이 짜고 있었음에 틀림이 없다.

二月己未 哈眞等還 以東眞官人及傔從四十一人留義州曰 爾等習高麗語 以待吾復來(『고려사』 세가 권제22, 고종 6년 2월 己未條)

위에서 東眞官人 및 傔從四十一人을 義州에 殘留케 해 정보수집과 정찰을 계속케 하면서 '吾復來'를 기다리라고 한 데는 당시의 몽골원수 哈眞(Khajin)은 물론 몽골 부원수 札剌(Djala) 곧 撒禮塔(Sartai)가 관여했음은 물론이다. 그리고 그들의 작전계획―약속대로 그로부터 13년 후인 1231년 이미 부원수에서 원수로 진급해 征高麗 총사령관으로 撒禮塔 2차 고려침공을 총지휘해온 札剌(Djala) 곧 撒禮塔가 '다시 쳐들어온' 것이 이를 증명하고 있다. 그래서 몽골·고려 攻거란賊 合同作戰을 빙자한 몽골군의 강동성 전역으로 상징되는 1218~1219년 당시의 고려 전투정찰전은 '撒禮塔 1차 고려침공전'이라 단호하게 지칭할 수 있다는 것이다. 따라서 麟州都領 洪大宣 일가도 자의든 타의든 이로부터 그들이 대를 이어 고려에 반역해 몽골에 영구 투항할 근거를 마련했던 것만은 틀림없는 사실이라 하겠다.

Ⅲ. 1231~1232년 撒禮塔 2~3차 高麗侵攻時
洪福源의 繼代 蒙兵 再迎降

1) 洪大宣의 아들 洪福源의 再投降

먼저 홍복원이 재투항한 날짜와 재투항시의 사정에 대해 살피려 한
다.

> 追討高麗殺信使之皇 遂圍新興鎭 屠鐵州 洪福源帥降民千五百戶
> 導札剌亦兒台 攻州郡之未附者 九月 至西京……(『新元史』, 札剌亦兒
> 台(Djarairtai) 豁兒赤(Khorchi)傳 太宗 3年)

이처럼 홍대선의 아들 洪福源은 1231년(몽골 태종 3, 고려 고종 18)
9월 이전에 곧 몽골군이 咸新鎭[20]을 항복받고 鐵州로 쳐들어갈 무렵
에 몽골군에게 투항했던 것을 알 수 있다.

당시에 홍복원이 관할하고 있던 麟州는 咸新鎭과 서로 마주 붙어있
을 뿐만 아니라 두 성은 모두 고려의 관문이라 할 수 있는 변방요새였
다. 따라서 몽골군이 함신진에 이르자마자 홍복원은 이내 몽골군과 접
촉했으리라 생각된다.

> 蒙古元帥撒禮塔 圍咸新鎭 屠鐵州(『高麗史』 세가 권23, 1ㄱ, 고종
> 18년 가을 8월 壬午)

위 기록은 몽골군이 咸新鎭에 이르렀던 것이 고종 18년 壬午日이었
음을 알려준다. 干支를 따져 日曆을 짜보면, 이해 8월은 작은 달이어
서 29일이 그믐날이 되고 壬午日은 바로 하루 전날인 28일로 계산돼

---

20) 위 사료의 '新興鎭'은 咸新鎭의 誤記다.

나온다. 그런데 앞에 밝혔듯이 『新元史』 札剌亦兒台(Djarairtai) 豁兒赤 (Khorchi)傳에는 홍복원의 투항이 9월 이전의 일로 되어 있다. 그렇다면 자연히 홍복원의 투항 날짜가 8월 28~29일 이틀 사이일 수밖에 없지 않은가?

대체로 홍복원은, 이해 8월 28일에 몽골군이 咸新鎭을 에워싸고 위협해 防守將軍 趙叔昌과 副使 全僴이 몽골군의 협박에 못 이겨 투항해서 朔州와 宣德鎭을 招諭해가며 鐵州에 이른 것과 거의 같은 형태로, 거의 같은 날짜에, 어쩌면 한날한시에 그들과 더불어 아니면 그들의 권유에 따라 몽골군을 맞아 재투항했을 것으로 보인다. 1218~1219년 당시의 고려 전투정찰전 곧 撒禮塔 1차 고려침공 당시에도 趙叔昌의 부친인 고려 원수 趙冲과 洪福源의 부친 인주도령 洪大宣은 형태는 달랐는지 모르지만 결국 침입자 몽골군과 협력했으니, 1231년 撒禮塔 2차 고려침공시에도 다시 반복하는 대를 이은 협력이라는 점에서도 양자간에는 유사점이 있었다.

조숙창은 홍복원과 그 鎭守하던 지역이 서로 같을 뿐만 아니라 咸新鎭 防守將軍과 麟州神騎都領이라는 직위로 보더라도 직책상 서로 유기적 관계를 맺고 있었을 가능성이 있다. 또한 그 뒤에 몽골·고려 관계에서 맡았던 그들의 활동 성격이나, 조숙창이 마침내는 홍복원과 畢賢甫의 반란사건에 연좌돼 참형당한 것은 이들의 투항 날짜, 투항 장소 및 투항의 사정이 서로 비슷했거나 같으리라는 사실에 대한 가능성을 더욱 짙게 해준다.[21] 다음에 홍복원이 몽골군에 재투항할 때에는

---

21) 『高麗史節要』 권16, 3ㄴ~4ㄱ 고종 18년 8월조, "蒙古元帥撒禮塔 將兵圍咸新鎭曰 我是蒙古兵也 汝可速降 否則屠城無遺 副使全僴懼 與防守將軍 趙叔昌謀曰 若出降 城中人 猶可免死 叔昌 然之 遂以城降……諭朔州·宣德鎭 使迎降……至鐵州城下……". 여기서 부사 全僴과 방수장군 趙叔昌이 함께 고종 18년 8월에 살리타이軍에게 투항했던 것을 알 수 있다. 이는, 『新元史』, 札剌亦兒台(Djarairtai) 豁兒赤(Khorchi)傳에 홍복원이 撒禮塔(Sartai)가 咸

226

어느 정도의 軍民이 붙좇았나에 대해 살펴보자.

　命薩里台　征其國　國人洪福源迎降于軍　得福源所率編民千五百戶
旁近州郡亦有來歸者(『元史』 권208, 열전 外夷傳 제95, 高麗傳 태종 3
년 8월)

　위 기록은 그가 몽골군에 투항할 때 編民 1,500호를 거느리고 降附
했으며 부근의 州郡에서도, 이에 來歸하는 자가 있었다는 것을 알려준
다.22)

_____

新鎭을 에워싸고 鐵州를 쳐들어갈 때에 투항했다는 기록과 그 사정과 날짜
및 장소가 서로 같다. 조숙창의 부친 조충과 홍복원의 아버지 홍대선의 관계
에 관해서는 이미 Ⅱ장에서 논급한 바 있다. 이들이 투항 후에 몽골의 嚮導
가 됐던 것이나, 몽골-고려간에 사자노릇을 하며 撒禮塔(Sartai)를 도운 일 등
은 대를 이어 서로 유사한 데가 있다., 특히 "三月甲辰 斬大將軍趙叔昌于
市"(『고려사』 세가 권23, 28ㄱ, 고종 21년 3월조)이라 한 기록과 "三月 斬大將
軍趙叔昌于市 因畢賢甫之言也"(『고려사절요』 권16, 18ㄱ, 고종 21년 3월조)
라고 쓴 기록에서 조숙창이 홍복원과 필현보가 일으킨 반란에 연좌돼 참형됐
다는 것을 알게 된다. 조숙창이 홍복원과 그만큼 밀착된 상호관계를 맺어왔
음을 보여주는 뚜렷한 實例라 하겠다.
22) 이에 대해서 "福源率先附州縣之民"(『元史』 권154, 열전 제41, 홍복원전 辛
卯 9월조)이라 기록되어 있는가 하면, "洪福源帥降民千五百戶"(『新元史』, 札
剌亦兒台(Djarairtai) 豁兒赤(Khorchi)傳)이라 적혀 있어서, 후자는 마치 종래에
는 홍복원과 무관했던 사람들이 전혀 새로이 항부했던 것인 양 쓰고 있고, 전
자는 1231년 8월 28일 쯤에 撒禮塔(Sartai)가 군사를 휘몰아오기 전에 진작부
터 몽골에 歸附해 있었던 사람들을 그가 거느리고 투항했던 것처럼 돼 있다.
그러나 본문에 밝혔듯이 이때 홍복원이 거느리고 투항했던 사람들은 바로 다
름아닌 당시에 麟州神騎都領인 그의 隷下에 있었던 編民이고 이와 함께 부
근의 來歸者가 조금 가세하는 정도였다. 그런가 하면 ⓐ "國人洪福源投降
附近州郡 亦有 來歸者"(『元高麗紀事』 태종 3년 9월조)라고 적은 기사도 있
어, 도무지 홍복원 예하 인주군민은 다루지도 않고 부근의 州郡 사람들이 붙
좇은 것만을 서술하고 있음을 본다. 그러나 이를 同書의 아래 기록에 접목시
켜 보자.

여기서 編民 1,500戶란, 대체로 Ⅱ장에서 살펴본 대로 당시 인주도령 홍복원 휘하의 건재 부대병력 및 그 군속으로 보아도 좋을 듯하다.

初 福率編民千五百戶來降 且有請曰 若大事底於成 天子當念臣愚忠 其或敗事 願就地弗敢辭(『元高麗紀事』 태종 6년 5월 1일조)

그런데 문제는, 위에서 보듯이 그는 편민 1,500호를 거느리고 투항하면서 "만약에 고려를 투항시키는 데 성공하면 천자께서는 臣의 충정을 마땅히 생각해 주시고, 이에 실패하더라도 도망해서 목숨을 부지할 땅을 허락해주옵소서!"하고 몽골측에 간청하고 있다는 점이다.

따라서 이 경우, 홍복원의 투항은 고려에 대한 엄연한 반역행위로서, 1218~1219년 강동성 전역-撒禮塔(Sartai) 1차 고려침공시의 그의 아버지인 홍대선의 몽골군 영합과도 그 성격을 크게 달리하는 것이었다고 하겠다. 그가 생사의 갈림길에서 모국 고려를 버리고 몽골 침공군을 붙좇게 된 데는 그 나름의 판단이 작용했음이 분명하다. 고려의 최전선 요새에서 麟州神騎都領으로, 몽골경기병의 위력이 얼마나 대단하며 당대를 변화시킬 엄청난 파괴력을 발휘할 수 있을 것이란 사실들을 남달리 객관적으로 파악할 수 있었을 것이다.

그런데 여기서 한 가지 이상한 일은 이때에 이르러서는, 洪大宣의 이름은 아주 자취를 감추고, 오로지 그의 아들 洪福源의 이름만 줄곧 오르내리고 있다는 점이다.

추측컨대 이는, 홍대선이 이때는 연령상 또는 그 밖의 이유로 제일선에서 물러나고, 그 대신 이미 자라서 당시 나이가 25~26살이 된 홍

ⓑ "初 福源率編民千五百戶來降"(『元高麗紀事』 태종 6년 5월 1일조)
ⓑ+ⓐ=ⓑⓐ형의 문장으로 이를 상호 보완해 보면 본문에 인용한 『원사』 권 208, 열전 外夷傳 제95, 高麗傳 태종 3년 8월조의 기사가 제대로 완성된 바른 記事임을 알 수 있게 된다.

228

복원이 麟州神騎都領으로서 인주의 병권을 틀어쥐고 있었던 때문인 것 같다.

그러면 홍복원이 몽골군에 투항한 뒤에 어떤 일들을 했나를 알아보기로 하자.

……導札剌亦兒台 攻州郡之未附者 九月 至西京 入黃·鳳州 克宣 ·郭州 取城邑四十餘 使阿兒禿與洪福源 招諭王皞 使其弟淮安公侹 請和(『新元史』, 札剌亦兒台(Djarairtai) 豁兒赤(Khorchi)傳 태종 3년조)

위에서 보듯이, 그는 투항하자마자 곧 몽골군의 길잡이가 됐다. 이에 그는 살리타이를 따라서 아직 降附하지 않은 州郡 40여 성을 攻破했다. 곧이어 그는 阿土 곧 阿兒禿와 더불어 개경에 사신으로 와서 몽골·고려간 강화조약을 체결하는데 일익을 맡았다.[23]

그렇다면 여기서 阿土와 홍복원이 개경에 이르러 고려와 강화외교를 벌이던 일에 대해 좀 더 구체적으로 다루어보기로 하자.

a) 時 撒禮塔屯安北都護府 亦遣使者三人 來諭講和 翼日 詣闕 王下太觀殿庭北面以迎 蒙使止之……蒙使 獻王文牒一道(『高麗史』 세가 권23, 3ㄴ, 4ㄱ, 5ㄱ·ㄴ, 고종 18년 12월 壬子朔)

또한 위 기사에 잇대어 몽골 사신이 가져온 文牒의 끄트머리에는

底使臣是阿土

23) 周采赫,「初期麗·元戰爭과 北界四十餘城 問題」,『史學會誌』합본 2집, 연세대 사학연구회, 1970, 212쪽 참조. 이에서는, 이때 洪福源이 撒禮塔와 함께 아직 투항하지 않았던 고려의 城들을 攻破해가는 상황에 대해서 자세하게 다루고 있다.

라고 씌어 있다. 이에서 사신 3명의 대표가 阿土라는 사실이 밝혀지고, 또,

　　丙辰 遣懷安公 以土物 遺撒禮塔(『高麗史』 세가 권23, 고종 18년 12월 丙辰條)

이라고 기록되어 있어, 淮安公 侹을 살리타이에게 보냈다는 것으로 보아 이 기록이 바로 아래의 기록과 서로 걸맞는 것임을 알게 된다.

　b) 又差阿兒禿與洪福源 赴其王京 招其主王暾 暾遣弟懷安公請和(『元高麗紀事』 태종 3년 辛卯 9月條)

　사료a)에서는 阿土를 포함한 3명의 사자가 王京에 이르러 왕을 뵙고 왕은 이에 그의 아우 淮安公 侹을 보내 講和를 요청했는데, 사료b)에서는 阿兒禿(阿土)와 洪福源이 함께 개경에 사신으로 와서 왕을 뵙고 고려왕은 이에 그의 아우 懷(淮)安公을 보내어 강화를 요청했다. 따라서 사료a)와 사료b)는 같은 사실에 대한 기록이며 사료a)의 사자 3명에는 阿土와 홍복원 및 그 밖의 한 사람이 포함되어 있었던 것을 알겠다.[24]

　c) 十二月 一日(壬子 : 저자) 高麗王暾 遣曦 詣元帥行營問勞 二日 曦與元帥下四十四人 入王城 付文牒 五日(丙辰 : 저자) 國王暾 遣懷安公 王侹(『元高麗紀事』 태종 3년 辛卯條)

　위의 사료c)에서는 閔曦와 살리타이 휘하의 44인이 개경에 들어가

──────────

24) 이에서 阿土=阿兒禿, '懷'安公은 '淮'安公 侹의 誤記임이 밝혀졌다.

왕께 文牒을 올린 것이 바로 2일로 되어 있다. 그런데 사료a)에서는 몽골사자가 왕께 문첩을 올린 것이 이튿날(翌日)이라고 하였으니, 몽골의 문첩이 왕께 전달된 것은 12월 2일(翌日)이고, 阿土와 洪福源 등의 使者 3人이 개경(王京)에 이르렀던 날은 이보다 하루 전날인 12월 1일(壬子)이었음을 알 수 있다.

그런데 사료a)에서 '亦遣使者三人'이라 하여 '亦'자를 써서 몽골측에서도 역시 사자 3인을 보냈다고 한 것을 보면 사료c)에서 보듯이 12월 1일에 고려왕이 먼저 閔曦를 몽골원수의 行營에 보내니, 이에 몽골측에서도 곧 응답하여 바로 같은 날에 阿土와 洪福源 등의 사자 3인을 고려의 王京에 보내왔고 몽골원수의 行營에 갔던 閔曦가 이들과 함께 돌아와서 이튿날인 12월 2일에는 阿土와 洪福源 등의 몽골사자 3인을 포함한 살리타이 휘하의 44인과 더불어 왕께 謁見하고 문첩을 전해주었던 것임을 알 수 있다.

이어서 사료a)와 사료c)에서 보듯이 이로부터 사흘 뒤인 12월 5일 丙辰日에는 고려왕이 그의 아우 淮安公 王侹을 몽골 군영에 보내서 土産物을 貢物로 바치고 강화를 청했던 것이다.[25] 따라서 이즈음에 벌써

---

25) 이케우치 히로시(池内宏), 「蒙古の高麗征伐」, 『滿鮮地理歷史報告』 第十, 1924, 127~128쪽 "그래도 3元帥의 병력이 이미 開京을 肉薄한 뒤에 安北都護府에 있는 撤禮塔(Sartai)의 陣營으로부터 開京에 使行한 事實에 대해서는 '進至王京'이라는 표현이 맞지 않는다. 차라리 이는 몽골군이 先鋒 黃·鳳州에 처음 들어올 때, 阿土 등이 고려의 항복을 재촉하기 위해서 開京에 가려고 平州에 이르렀던 경우에 걸맞는다고 하겠다. 대개 「홍복원전」의 "又與阿兒禿等 進至王京"이라 한 기록은 그것과 이것이 서로 엇갈리어 전하는 것이 아닐는지. 그렇다면 『원고려기사』의 "又差阿兒禿與洪福源 赴其王京招其主王皞"이라 한 기록은 洪福源의 이름을 떼어버리고 이를 阿土의 첫 번째 南行에 걸맞는 記事로 보아야 할 것이다. 그래도 이에 이어서 "皞遣弟懷安公請和 隨置王京及諸州郡達魯花赤七十二人鎭撫 卽班師"라는 記事를 쓰고 있는데, 이를 三元帥가 南下한 事實의 앞에 둔 것은 잘못이다. 이는 마땅히 그 事實의 뒤에 두어야 할 것이다."라고 하였다.

閔曦, 阿土와 洪福源 등이 서로 접촉을 가졌으리라는 것도 미루어 알
수 있다.

2) 洪福源과 北界四十餘城

여기서는 홍복원과 이른바 '北界四十餘城'과의 관계와, 그 관계가
그의 투항에서 갖는 의미에 대해서 간단히 살피고 지나가려 한다.

北界는 본래 홍복원이 태어나서 자라난 땅이며, 그가 고려의 軍官으
로 주로 활약하던 무대이기도 하다. 몽골군이 고려에 쳐들어 왔을 때

여기서 이케우치가 '進至王京'이라는 文字의 해석을 꼬집어 12월 1일 곧 三
元帥의 병력이 이미 開京의 四門外에 각각 나누어 駐屯해 있었던 때에 사신
이 '進至'-'나아가 이르러'라는 표현은 맞지 않는다고 했는데, 그렇다면 사료
ⓐ의 12월 2일(翌日)의 '詣闕'-'궁궐에 나아가'라는 표현은 어떻게 볼 것인가?
몽골측은 사신을 보내는 처지이니 元나라의 사료에는 마땅히 '進至' 또는 '差
……赴'라는 표현을 써야 했겠고, 고려측의 사신은 몽골 사신을 맞이하는 처
지에서 기록한 것이니 고려의 사료에는 응당 '遣……來'라고 서술해야 할 것
이 아닌가?
또한 『高麗史節要』 권17, 5ㄱ, 고종 39년 가을 7월조에 '通事洪福源'이라는
말이 보이는 것을 보아도 홍복원이 이미 재빨리 몽골어를 익혀 몽골어와 고
려어를 兼通하는 고려 본토인 출신 몽골의 고려인 통역관으로, 이때 사신으
로 왔던 阿土 등의 몽골사신 3인 중의 일인으로 끼어 있었을 가능성은 아주
높다. 따라서 위 『원고려기사』의 이에 대한 기록에서 홍복원의 이름을 굳이
떼어 없애가면서까지, 이 기록을 이해 10월 1일에 平州에 이르렀던 몽골사자
2인의 南行記事에 억지로 끌어다 붙일 이유는 조금도 없다. 또한 平州에 이
르렀던 사자의 경우라면 '進至王京'이라는 표현은 더욱 말이 안 된다. 이때
몽골인 1명과 여진인 1명으로 구성됐던 몽골의 사자는 10월 20일에 郞將 池
義深이 잡아가둬 가지고 그와 함께 겨우 도착했기 때문이다.
또한 11월 29일 3元帥가 南下한 기록 앞에 12월 1~5일에 걸친 몽골·고려
사이에 사신이 왕래한 사실과, 이듬해 정월에 몽골군이 歸還한 것을 모두 기
록한 것은 사실의 순서가 뒤바뀌어 기록된 잘못이 아니다. 그보다는 오히려
이는 『원고려기사』의 당년 9월조에서 홍복원에 대한 기사를 위주로 하여 몽
골군 철수까지의 그의 활동을 모두 한데 묶어 다루고, 다음에는 다시 그 밖의
기사들을 날짜순으로 다룬 것으로 보아야 할 것이다.

그는 바로 이곳에서 몽골군을 맞았으며 그가 몽골군의 길잡이가 되어 살리타이와 함께 고려에게서 빼앗았던 城壘들이 주로 이 '北界四十餘城'이었다.

그 뒤에도 그는 몽골의 고려지역 鎭守軍인 예수데르(也速迭兒) 휘하의 探馬赤軍部隊와 함께 北界에 남아 이곳을 鎭守하고 있었다. 그런데 1232년(몽골 태종 4, 고려 고종 19) 6~7월에 걸쳐 고려정부가 江華에로의 遷都를 단행하면서 이들 고려주둔 몽골세력권에 대해 치명적인 逆襲을 감행했을 때, 홍복원 일가는 北界諸城의 失散人民인 附蒙高麗軍民을 모아 데리고 있으면서 몽골군의 구원만을 기다리고 있었다. 또한 살리타이가 그해 12월 16일에 處仁部曲에서 스님 金允侯에게 사살되고 몽골군이 모두 그들의 관례에 따라 총사령관 전사 후에 철군했을 때에도 그만은 이곳에 남아 뒷수습을 할 책임을 떠맡고 있었다. 뿐만 아니라 홍복원 일가가 1233년(몽골 태종 5, 고려 고종 20) 겨울 12월 이후 고려의 맹렬한 반격으로 遼瀋地方으로 쫓겨 달아나서도

凡降附四十餘城民皆屬焉(『高麗史』 권130, 열전 제43, 홍복원전)

이라 하여, 항복한 40여 성의 軍民이 모두 그에게 속했다고 한 것으로 보아 그가 진작부터 살리타이에게서 예수데르 휘하의 探馬赤軍部隊와 함께 北界에 남아 '北界四十餘城'을 모두 다스리도록 책임을 맡고 있었음을 미루어 알게 된다.

復置西京留守官 自畢賢甫之亂 西京廢爲丘墟 至是始置(『高麗史節要』 권17, 고종 39년 10월조)

또한 위의 기록은 홍복원과 필현보의 반란 이후에 北界의 중심지인

서경이 폐허로 되었다는 소식을 알려주어, 홍복원과 '북계사십여성'과의 관계를 뚜렷이 드러내 준다.

살리타이는 2차 고려침공시인 1231년(몽골 태종 3, 고려 고종 18) 8월에 고려에 들이닥치자마자 고려 국방의 생명선인 '北界四十餘城'에 燎原의 불길과도 같이 전격적으로 쳐들어갔다. 이는 기선을 제압하는 한편, 병력을 성내에 고착시키고 王京을 장악하여 왕을 움직임으로써 고려를 장악하려는 작전계획에 따른 것이라 하겠다. 13년 전인 1218(몽골 태조 13, 고려 고종 5)~1219년 江東城 戰役 곧 撒禮塔 1차 고려침공시 전투정찰 이래로 몽골군 지휘부가 파악한 고려에 관한 작전정보에 기초한 작전계획임은 물론이다.

앞서 살펴본 대로 기왕에 몽골군은 이 지역에서 13년 전에 강동성 전역을 치렀고, 이들이 돌아갈 때 '東眞官人及傔從四十一人'을 재침 준비를 위해 義州에 남겼다. 東眞官人 및 이를 따르는 41인이라 한 것으로 보아 지휘체계를 갖춘 조직된 부대임을 짐작키 어렵지 않다. 그간 때때로 사신의 왕래도 있었다. 뿐만 아니라 살리타이가 1231년 8월에 2차로 고려에 再侵해 올 때는 洪福源이나 趙叔昌과 같은 고려 北界의 巨物 군간부급을 鄕間으로 곁에 두고 고려를 치는 데에 대한 작전문제를 諮問하며 이 지대 확보에 注力했다.

　　칭기스칸은 敵軍狀況을 밝혀내기 전에는 절대로 敵陣營에 침입하지 않는다(d'Ohsson, 佐口透 譯, 『蒙古帝國史』 권1, 東洋文庫 110, 34~35쪽)

여기서 우리는 몽골군이 작전에 얼마나 빈틈없는 준비를 하였던가를 잘 알 수 있다. 그들이 이처럼 出動 준비에 물샐 틈이 없었던 점으로 보나 그 후 北界가 東寧府로 되어 耽羅島와 함께 상당 기간 동안

元나라의 直轄領으로 됐던 것으로 미루어 보나, 몽골은 애초부터 고려를 장악하기 위해서 '北界四十餘城'을 철저히 그 거점으로 확보할 계획을 세우고 있었던 것이라 해야 할 것이다. 이 '北界四十餘城'은 '北界諸城' 또는 '西北面 北界四十餘城'이라고도 쓰였으며, 작전 면에서 이처럼 결정적으로 중요한 자리를 차지하는 요새인 만큼 몽골이 이곳에 '設官分鎭'을 했다는 것은 지당한 일이었다고 하겠다.[26]

몽골군은 그들이 고려를 들이치는 경우에 '北界諸城' 가운데 비록 한둘의 城壘라도 항복받지 않은 채로는 더 이상은 전면적으로 南進키 어렵게 되어 있었다. 일렬로 배치된, 다분히 시위용이라 할 중국의 萬里長城과는 달리 고려반도 산악지대에 입체적으로 작전 전용으로 구축된 고려의 山城과, 이를 근거지로 하는 고려 抗蒙軍民의 예측키 어려운 불의의 역습을 받아 補給路와 撤收路를 遮斷당할 위험성이 있기 때문이다. 이런 작전개념에서 보면 고려에게는 '北界諸城'은 곧 고려의 最後沮止線─작전상의 생명수호선으로 파악되었으며, 몽골에게는 몽골이 고려를 장악하는 데 빼놓을 수 없는 핵심 거점으로 되었음에 틀림없다. 따라서 살리타이가 고려를 들이칠 때, '北界四十餘城'을 할 수 있는 한 빠짐없이 攻取해 다루가치(達魯花赤)를 배치해 鎭守케 했던 것은 당연히 있을 수 있는 일이라 하겠다.

그러므로 홍복원이 이와 같이 北界의 요새에서 고려군의 中堅幹部級으로 자신의 세력 기반을 다지면서 막강한 당시의 몽골세력을 등에 업고 예수데르 휘하의 探馬赤軍部隊와 함께 일시나마 이 "西北面' 北界四十餘城"지대를 모두 다스렸다는 사실은, 그 뒤에 홍복원 일가가 고려계 몽골군벌로 크게 성장하는 데 결정적으로 중요한 의미를 갖는다는 것은 두말할 나위가 없다. 1250년대 중반에 몽골군에 투항해 주

26) 周采赫,「初期麗・元戰爭과 北界四十餘城 問題」,『史學會誌』합본 2집, 연세대 사학연구회, 1970, 209～212쪽 참조.

로 고려 '東北面'에서 고려계 몽골군벌로 大成해 元明革命이라는 격변기에 朝鮮朝를 창업하는 李成桂 일가와 대비해서 그 역사적 귀추와 그 역사적 배경 및 의미를 되새겨 보는 일은, 이 당시의 동북아시아사의 역사적 대세의 흐름을 파악하는 데 매우 중요한 기여를 할 것으로 기대된다. 大都에서의 권력 자장권의 원근과 그들 세력의 전개 양태 및 그 가능성을 함께 대비해 조명해 볼 수 있겠기 때문이다.

Ⅳ. 洪福源과 達魯花赤 72인 살해 사건

1) 洪福源과 達魯花赤 72인과의 관계

홍복원을 비롯한 附蒙高麗軍民과 達魯花赤 72인의 관계는 거의 서로간에 떼어놓을 수 없는 것으로, 같은 시기에 거의 같은 지대에서 계속해서 상호관계를 가지며 전개됐다. 이는 고려에서의 몽골다루가치의 활동전모를 밝혀가는 과정에서 다루어져야 할 문제이겠으나, 여기서는 우선 홍복원과 직접 관계를 갖는 사실만을 가려 이 문제를 고찰하려 한다.

홍복원은 1231년(몽골 태종 3, 고려 고종 18) 12월 23일에 몽골·고려 사이에 강화가 이루어질 때까지 계속 살리타이 휘하에서, '北界四十餘城'을 주무대로 그의 고려측 충복노릇을 해왔다. 그런데 이때 홍복원 휘하의 附蒙고려군민들 중에 얼마간은 그들이 살던 城에 그대로 머물러 예수데르 휘하의 探馬赤軍部隊와 함께 몽골군의 점령지구에 대한 경계와 軍政을 맡고 있었던 것으로 보이며,[27] 얼마간은 몽골군의

---

27) 『高麗史節要』 권16, 6ㄴ, 고종 18년 1월 1~10일조, "咸新鎭 報曰 國家 若遣舟楫 我當 盡殺留城蒙人小尾生等 然後 卷城乘舟 如京 乃命金永時等三十人 具舟楫以送 果殺蒙人幾盡 小尾生 先覺亡去 副使全僩率吏民入保薪島

236

길잡이로서 당시에 항쟁을 계속하고 있었던 고려의 城壘를 공파하는 데에 내몰렸을 것으로 짐작된다.

또한 몽골·고려 사이에 강화가 일단 성립된 뒤부터는, 北界를 중심으로 이곳에 배치되었던 72명의 達魯花赤 세력과 합세하여 이 지역을 장악하고 있었다. 특히 이곳의 주민들을 點戶해 이들을 고려의 北方 隣國 東眞國의 蒲鮮萬奴 征討軍으로 재편성하기 위한 준비에 혈안이 되어 있었을 것으로 보인다.[28]

『元高麗紀事』에 기록된, 태종 5년 4월 24일에 고려에 보낸 五罪를 문책하는 조서 가운데 "爾之境內 西京金信孝等所管十數城"이라는 문구가 나온다. 여기서 金信孝 等이란 이때 西京에서 항부한 고려군민 모두를 책임지고 있었던 홍복원 휘하의 사람으로 보아야 할 것이다. 왜냐하면 이때는 이미 몽골군은 모두 쫓겨가고 오로지 홍복원 일가와 그 휘하 고려군민만이 이곳에 남아 뒷수습을 하고 있었기 때문이다.

그 당시에 이들은 星火와 같이 민호를 點戶해 가다가 겨우 십여 성을 끝맺을 무렵에 고려측의 반격을 받아 이를 그만두지 않을 수 없었던 것으로 보인다. 그리고 김신효 등이 소관하는 십여 성을 그대로 남

後 個挈家乘舟還京 溺死". 여기서 홍복원과 거의 같은 날짜에, 거의 같은 장소에서, 거의 비슷한 형편으로 투항했던 것으로 보이는 함신진의 副使 全個이 몽골사람 小尾生 등과 함께 주둔해 몽골군의 점령지구를 책임지고 있는 것을 볼 수 있다.

28)『元高麗紀事』태종 5년조, "五年 癸巳 四月二十四日 諭王暾悔過來朝 詔日 ……又令汝等民戶俱集見數 爾稱若出城計數 人民懼殺 逃入海中 爾等嘗與 天兵協力征討 將爾等民戶誘說出城推稱計數 妄行誅殺 輒敢如此妄奏 此汝 之罪四也". 위에 보이듯이 고려측은 고려의 北方 隣國 東眞國의 蒲鮮萬奴軍 征伐을 위한 民戶를 點戶한다는 구실로 城內의 軍民을 끌어내어 몽골의 세력권내에 있는 고려 軍民을 들이쳐서 고려의 진영에 이끌어 들였다. 여기서 홍복원 등의 降附한 고려 군민으로 보이는 몽골에 협조하는 군민들이 마구 살해당한 것은 이를 잘 말해주고 있는 터라 하겠다.

겨둔 것은, 예상되는 뒷날의 몽골의 문책에 대해서 고려가 발뺌할 구실을 마련하기 위해서가 아니었나 생각된다.

그런데 이와 같은 고려의 반격이란 당시에 '北界四十餘城'을 주무대로 하여 본거지를 꾸리고 있었던 고려 주둔 몽골세력권 곧 達魯花赤의 무력 배경인 예수데르 휘하의 探馬赤軍部隊와 洪福源 휘하의 降附 고려군민들을 主攻目標로 삼는 것이었음은, 그들의 주둔지와 책임분야가 서로 매우 같다는 점을 미루어 생각해 보면 잘 알 수 있다.

이는 앞으로 본장의 서술이 좀더 진전되어 가면 더 자세하게 구체적으로 밝혀지겠지만, 그후에도 1232년(몽골 태종 4, 고려 고종 19) 7월 3일부터 6일 사이에 있었던, 內侍 尹復昌의 北界諸城 達魯花赤에 대한 무장해제사건이나, 이해 8월 1~14일 사이에 있었던 閔曦와 崔滋溫 및 密使將校들이 達魯花赤을 살해하려고 모의했던 사건 따위는 고려의, 고려 내지 駐屯 몽골세력권에 대한 일련의 중요한 역습과정이었다고 하겠다.

홍복원은 撒禮塔 1·2차 고려침공시나 몽골군이 그들의 총사령관이 사살돼 모조리 철군한 살리타이 3차 침공 이후에도 계속 北界에 남아 그 뒷수습을 책임지고 있었다. 따라서 다루가치가 모조리 죽거나 쫓겨갔을 경우에는 홍복원과 그의 휘하들이 다루가치의 임무까지 모두 도맡아 할 수밖에 없었다.[29]

---

29) 고려 사람으로 당시에 고려에서 達魯花赤의 직책을 맡아 있었을 가능성을 보여주는 것은, 우선 李峴의 예를 들 수 있다. 李峴이 몽골 헌종 4년-고려 고종 41년인 1254년 반란을 일으키면서 "自稱達魯花赤"(『高麗史節要』권17, 13ㄴ~14ㄱ, 고종 41년 정월조)라 하여 스스로 자기가 達魯花赤임을 공포했던 사실은, 이에 앞서서도 고려 사람으로 고려 땅에서 達魯花赤의 직책을 맡았던 先例가 있었음을 暗示해 주는 것이라 하겠다.
    "명년 을묘[1255]년에 散吉(Sanji)이 이 사실을 元朝 황제에게 알리니, 원조에서 穆祖를 위해 斡東(오동)千戶所를 세우고 金牌를 내려 주어 南京 等處 五千戶所의 首千戶로 삼고, 達魯花赤를 兼하게 했다."(『朝鮮王朝實錄』「태조

요컨대 達魯花赤의 임무가 몽골의 점령지구에 대한 경계와 軍政으로, 이곳에서 군량, 무기, 장비 등의 물적 자원과 병력이나 노동력 등의 인적 자원을 마련해 살리타이軍의 戰線에 보급하고 戰傷者를 치료하는 구호소의 책임 등을 지고 있는 전투 지원이었다면, 반드시 기왕에 이 지역의 지형, 풍토, 인물 등에 밝았던 鄕間을 절실하게 필요로 했을 것임에 틀림없다. 따라서 이즈음 여기서 이 지역 사정에 낯선 達魯花赤와 그 무력배경을 이루고 있는 예수데르 휘하의 探馬赤軍部隊와 洪福源 휘하의 降附고려군민들을 서로 짝지어 이런 임무를 수행케 했음이 분명하다고 하겠다.[30]

元初 平遼東 高麗國麟州神騎都領 洪福源 率西京 · 都護 · 龜州四十餘城來降 各立鎭守司設官 以撫其民(『元史』 권59, 지리지 제11 지리2)

위 기록은 이런 사실을 더욱 분명히 설명해 준다. 이는 홍복원이 撒禮塔 휘하의 몽골군이 麟州를 에워쌀 때, 麟州神騎都領으로서 투항했던 사실을 그린 것은 물론 아니다. 그가 몽골에 투항한 뒤에 西京 · 安北都護府 · 龜州 등 40여 성을 통솔할 수 있었던 지위를 확보하고 나서 그가 다시 투항했던 사실의 기록임은, 그가 40여 성을 거느리고 투

실록총서」) 물론 위 사료는 李成桂의 高祖父 李安社에게 "達魯花赤를 兼하게 했다"고 적은, 이를 실증하는 뚜렷한 자료라 하겠다. 뿐만 아니라 이로부터 훨씬 뒤인 몽골 세조 至元14년 · 고려 충렬왕 4년인 1278년의 일이기는 하지만 "(홍복원의 아들) 洪茶邱가 왕의 의사도 묻지 않고 제멋대로 南方에 達魯花赤을 두었다."(『高麗史』 세가 권28, 33ㄴ~34ㄱㄴ, 충렬왕 4년 가을 7월 甲申條)라고 한 사실은, 이에 앞서서도 고려인으로서도 몽골의 권력을 업고 고려에 達魯花赤를 置廢할 권한을 가질 수 있었던 것을 간접적으로 말해 주는 것이라고 하겠다.

30) 본장 주38) 참조.

항해 왔다는 위의 기사가 밝혀주고 있다.

　다음 절에서 홍복원의 직위문제를 다룰 때 다시 더 구체적으로 논급하겠지만, 홍복원이 이처럼 '北界四十餘城'을 관장할 수 있는 巨物로 급성장할 수 있었던 것은 1218(몽골 태조 13, 고려 고종 5)~1219년 강동성 전역·撒禮塔 1차 고려침공시의 전투정찰전을 통해 '北界四十餘城'의 작전상황을 직접 체험차원에서 파악하게 되었고, 이를 기반으로 살리타이는 撒禮塔 2차 고려침공시인 1231년(몽골 태종 3, 고려 고종 18) 8월 이후에 그가 몽골의 고려 '北界四十餘城' 경략에서 혁혁한 공을 세우면서부터라고 하겠다. 살리타이는 이때 고려에 들이닥치자마자 고려 국방의 생명선인 '北界四十餘城'을 요원의 불길과도 같이 전격적으로 쳐들어갔다. 이런 고려 경략과정에서 홍복원이 큰 전공을 세우면서 급부상한 것은, 達魯花赤의 몽골측 무력배경인 예수데르 휘하의 探馬赤軍部隊와 홍복원 휘하의 降附고려군민들을 서로 짝지어 이곳을 함께 진수하면서부터이다. 그렇다면 위의 기록은 마땅히 고려가 達魯花赤와 探馬赤軍部隊 및 이에 붙좇는 고려의 항부세력에 대한 치명적인 역습을 감행하고 江華島로 遷都했던 1232년(몽골 태종 4, 고려 고종 19) 7월 이후의 일, 곧 撒禮塔 3차 고려침공시의 일이 된다. 그런데 문제는 바로 잇따라 나오는 기록에 홍복원이 그 軍民을 거느리고 투항한 이 40여 성에 鎭守司를 두어 이곳의 인민을 鎭撫했다는 사실이다. 따라서 홍복원이 인솔할 수 있는 세력권과 鎭守司가 다스리는 勢力圈이 하나로 됨을 알 수 있다.

　　遂承制置京府及州縣達魯花赤七十二人 以也速迭兒 帥探馬赤軍 留
　　鎭之(『新元史』 札剌亦兒台(Djarairtai) 豁兒赤(Khorchi)傳 태종 3년조)

　여기서 1231년 撒禮塔 2차 고려침공시에 예수데르가 探馬赤軍을 거느리고 開京과 北界諸城을 鎭守했음을 알 수 있다. 그런데 다음해 1232년(고종 19) 6월을 전후하여 이들이 고려에게 치명적인 역습을 받고 쫓겨 들어갔다가 그해 다시 살리타이가 3차로 고려를 재침공해왔을 때, 이들은 또 한번 고려에 진주해 이곳을 鎭守했던 것이다. 아래의 기록이 이를 잘 설명해주고 있다.

> 此外 再先派去征討主兒扯惕(女眞) 莎郎合思(高麗) 等處的帶弓箭的 札剌亦兒台需要後援 至是再派帶弓箭的也速迭兒往後進征 就便任命 探馬赤鎭守該地(『몽골비사』 속집 권2, 제274절/ 姚從吾・札奇斯欽, 「漢字 蒙音 蒙古秘史 新譯並註譯」, 『文史哲學報』 第9・10・11期, 1938~1940)

따라서 이때 이곳을 鎭守한 것은 探馬赤軍이고 그들의 통솔자는 바로 예수데르임을 알겠다.

探馬赤軍이 곧 達魯花赤이고 예수데르가 곧 探馬赤軍의 인솔자인지, 아니면 예수데르 휘하의 探馬赤軍은 達魯花赤의 권력을 뒷받침해주는 무장력인지는 더 연구가 진척되어야 밝혀지겠으나, 이들의 임무가 모두 이곳을 鎭守하는 일이라는 점으로 보아 틀림없을 것이다. 이곳을 鎭守하는 임무가 예수데르 휘하의 探馬赤軍에 일임되었음을 보여주는 위의 사료들로 미루어보아 이들을 곧 하나의 체제로도 볼 수 있을 것 같다.

그렇다면 예수데르 휘하의 探馬赤軍과 洪福源 휘하의 降附한 고려 군민은, 같은 지역에서 같은 임무를 수행하는 같은 소속의 몽골군 또는 몽골관료체제로 편성됐던 것으로 볼 수도 있겠다. 探馬赤軍은 몽골인 이외의 다른 부족으로 편성되어 있으므로,[31] 홍복원 등의 降附고려

---

31) 『元史』 권98, 「병지」 제46 병1, "初有蒙古軍 探馬赤軍 蒙古軍 皆國人 探馬

군민도 예수데르 휘하의 探馬赤軍처럼 그들과 等格으로 探馬赤軍에
편입되었을 가능성이 높다.

그런데 이처럼 몽골인이 아닌 다른 부족으로 편성된 예수데르 휘하
의 探馬赤軍과 洪福源 등의 降附한 高麗軍民을 서로 연결하여 그 임
무를 수행하게 했던 것은 이들이 서로 협조해 능률을 높이려 했음은
물론, 아울러 이들 상호간에 견제와 감독을 하게 했기 때문으로 보인
다. 결국 몽골인 이외의 부족을 서로 이간하여 적대관계를 증폭시켜
이들이 함께 결속해 몽골에 대항하는 것을 미리 막을 수 있다는, 오랑
캐로 오랑캐를 막자는 속셈에서 이와 같은 편성과 배치가 이루어졌던
것 같다. 또한 홍복원 등의 항부고려군민을 내몰아 몽골에 항전하는
고려군민을 들이치게 함으로서 고려측이 항전의욕을 잃고 서로 원수
지게 하여 自滅케 한 뒤에 몽골은 그 뒷수습만 하는 것으로, 고려를 용
이하게 확고히 장악해 보려는 속셈도 내부에 도사리고 있었던 것으로
보인다.

도송(d'Dhosson)도 지적했듯이[32] 몽골은 대개 기왕에 이해가 상반되
는 적 진영 내부의 두 계층이나, 또 몽골이 그렇게 되도록 조종 내지
종용하여 그와 같이 된 두 계층의 極과 極－예컨대 지배층과 피지배
층, 부자와 貧者를 모두 틀어쥐고 적이 적을 들이치게 하고 서로서로
견제하고 감독하게 조작한다. 이렇게 하여 적을 손쉽게 잡아쥐고 다루

赤軍 則諸部族也". 여기서 探馬赤軍이 곧 蒙古人 以外의 諸部族으로 되어
있었던 것을 알겠다.
32) d'Ohsson, 佐口透 譯, 『蒙古帝國史』 권1, 東洋文庫 110, 平凡社, 1968, 35쪽 참
조 ; Abraham Constantin Mouradegea d'Ohsson, Histoire des Mongols, depuis
Tchingisiz Khan jusgu'à Timou bey ou Femerlan. Avec une carte de i' Asie au XⅢ
e ciècle. T. Ⅰ＝Ⅳ, èd. 2, La Haye et Amsterdam, "……칭기스칸은 적과 애써 내
통해 적의 불평분자를 선동해, 그들의 오랜 압박자이고 착취자인 기존 지배
계층을 약탈하게 해주고 높은 벼슬자리를 준다는 그럴듯한 미끼를 던져서 그
들을 앞잡이로 삼아 그들의 모국을 장악하려고 총력을 기울인다."

는 것이 元의 모든 지배체제를 꿰뚫는 원칙이라 할 수 있다.

따라서 고려에서도 이들은 대부분 천대받고 압박받는 고려서민들을 선동해 꾀어내기도 하고 또 공갈하고 협박하기도 하여, 고려체제에서 이들을 이탈시킨 다음, 몽골세력의 비호 하에 이들을 키워주고 馴致시켰다. 그런 다음에 몽골은 그들이 그들의 오랜 압제자에게 보복하고 착취자에게서 이권을 되찾도록 보장해주며, 그들을 부추겨 고려를 들이치게 했다. 어느 시대, 어느 사회나 그들 나름의 시대적 한계성을 갖게 마련이기는 하지만 이런 경우는 상대적으로 자기 국민을 개방적으로 포용할 수 있는 포용능력의 차별성을 검증받는 계기가 되었을 수도 있다고 하겠다. 몽골은 이처럼 고려 자체의 내부모순을 이용하여 고려측을 이간시키고 서로 싸우게 함으로써 고려의 自體崩潰를 시도하였는데, 홍복원 일가가 바로 이런 임무를 도맡아 했던 것이다. 그러니까 홍복원 예하 집단은 일련의 '脫高麗亂民集團'이라는 성격을 다분히 띠고 있었던 것으로 보인다. 바로 이런 난민들을 선동하고 조직해 몽골의 고려 경략에 동원하는 임무를 맡은 홍복원 등의 附蒙고려군민들의 후견인으로 고려에 파견되어 왔던, 예수데르 휘하의 探馬赤軍을 고려 주둔 몽골인의 무력배경으로 하는 軍政官인 벼슬아치가 達魯花赤라 하겠다.

2) 洪福源의 직위와 소속

여기에서는 주로 살리타이 고려침공시에 홍복원이 어떠한 직위를 맡았었는가를 고찰해 보려 한다.

우선 『元史』 권59, 地理誌 제11 地理2에 나오는 아래의 기사를 구체적으로 분석해 그 내용을 밝혀 보기로 하겠다.

a) 元初 平遼東 高麗國麟州神騎都領洪福源 率西京·都護·龜州四十
　 餘城來降 各立鎭守司設官 以撫其民
b) 後 高麗復叛 洪福源引衆來歸 授高麗軍民萬戶
c) 徙降民 散居遼陽瀋州 初創城郭 置司存僑 治遼陽故城

앞서 밝힌 바와 같이 1231년(몽골 태종 3, 고종 18) 8월 28일에 살리
타이가 고려의 咸新鎭에 첫발을 들여놓은 다음, 홍복원이 처음 그들을
맞아 투항했을 때는 홍복원은 編民 1,500호와 그를 붙좇는 부근 州縣
의 군민 약간을 거느리고 있었을 뿐이었다.

d) 福源 招集北界四十餘城遺民以待(『元史』 권154, 열전 제41 홍복원
　 전 여름 6월)

그렇다면 사료d)의 壬辰年(몽골 태종 4, 고려 고종 19, 1232년) 여름
6월에 "홍복원이 '北界四十餘城 敗殘軍民'을 모아 기다리고 있었다"
는 기록으로 보아 사료a)의 홍복원이 "西京·都護·龜州四十餘城을
거느리고 와서 투항했다"는 기록은 마땅히 최우가 왕을 협박해서 강화
도로 천도하던 壬辰년(1232) 6월 이후의 사실로 되어야 한다.
다음엔 '高麗復叛'이라 한 사료b)의 구절 내용에 대해 고찰해 보자.

e) 高麗復叛 殺所置達魯花赤 悉驅國人 入據江華(『元史』 권154, 열전
　 제41 홍복원전 태종 4년 여름 6월조)
f) 是年 高麗王復叛 再命撒兒苔火兒赤征收(『聖武親征錄』, 王國維
　 1926, 蒙古史料校注四種[淸華學校硏究所])

여기서 한 가지 공통되는 점은 1232년(몽골 태종 4, 고려 고종 19)에
撒禮塔의 3차 고려침공을 유발시켰던 고려의 達魯花赤 殺害事件 및

강화도 천도사건에 대한 사실을 위 두 사료e)와 f)에서 모두 '高麗復叛'
이라는 표현으로 기록하고 있다는 점이다. 따라서 사료b)의 '高麗復叛'
이라는 기록의 뒤에 잇따라 나오는 기록은 고려의 강화천도 이후의 일
들로 사료a)의 시기와 같은 것임을 알 수 있다.

  그렇다면 사료a)의 "率西京‧都護‧龜州四十餘城來降 各立鎭守司
設官 以撫其民"이라는 기록과 사료b)의 "引衆來歸"라는 기록은 본래
같은 하나의 내용을 기록한 것이며, 그 다음에 바로 사료b)의 "授高麗
軍民萬戶"라는 사실을 적었어야 할 것이었다.

  g) 高麗悉衆來攻西京 屠其民 劫大宣以東福源遂盡 以所招集北界之
     衆來歸 處於遼陽‧瀋陽之間 帝嘉其忠(『元史』 권154, 열전 제41
     홍복원전 태종 5년 癸巳 겨울 10月條)

  여기서 癸巳年(몽골 태종 5, 고려 고종 20, 1233) 12월에 최우가 그의
가병 3,000명을, 북계병마사 민희와 함께 보내 홍복원의 세력을 '北界
四十餘城'에서 拔本塞源한 이후로 홍복원이 요양과 심주지역으로 쫓
겨 달아나서 그곳에 자리잡을 때까지의 사실을 기록한 위의 사료g)가
사료c)의 "降附한 軍民을 遼陽과 瀋州에 옮겨 散居케 했다"는 기록과
같은 것임을 알게 된다.[33)]

  h) 特賜金符爲管領歸附高麗軍民長官(『元史』 권154, 열전 제41 홍복원
     전 태종 6년 甲午 여름 5月條)

_____

33) 『新元史』 권47, 지14, 지리지 「遼陽路」條, "太宗四年 高麗人洪福源 率西京
   ‧都護‧龜州四十餘城來降 立鎭守司 以撫其衆 六年徙其衆於遼陽 僑治遼
   陽故城". 따라서 위 사료에서 編著者 柯邵忞이, 이 사실을 분명히 年代를 몽
   골 태종 4년(고려 고종 19, 1232)과 몽골 태종 6년(고려 고종 21, 1234)으로 나
   눠 갈라서 쓴 것은 正鵠을 찌른 서술이라 하겠다.

위 기록은 홍복원이 甲午年(몽골 태종 6, 고려 고종 21, 1234) 5월 1일에 몽골조정으로부터 管領歸附高麗軍民長官이라는 벼슬을 받고 있었음을 알려준다.[34]

賜高麗降人 麟州探問神騎都領 洪福源金牌 俾領元降民戶於東京居住(『元高麗紀事』 태종 6년 5월 1일조)

위 기록에서 그가 '探問'이라고 지칭되는 神騎都領이었음이 주목되는데, 이로써 미루어보아 그는 몽골로부터 몽골 태종 6년(고려 고종 21, 1234) 5월 1일에 金符를 賜與받고 '管領歸附高麗軍民長官'이라는 새로운 직위를 얻게 되었음이 분명하다.

그렇다면 사료b)의 "홍복원이 高麗軍民萬戶란 벼슬을 몽골로부터 받았다"는 기록은 그가 遼陽·瀋州지방으로 달아나기 이전의 일에 대한 것임이 틀림없다. 사료b)의 기록에 의하면 고려가 1231년에 '復叛'하여 達魯花赤 및 항부한 고려군민에 대한 맹렬한 반격을 가할 때 홍복원이 北界의 失散人民을 收拾해 1232년 撒禮塔의 3차 고려침공시에 몽골에 다시 넘겨줌으로써 비로소 그가 몽골로부터 高麗軍民萬戶란 직위를 받았던 것인 양 쓰여 있으나, 사료a)에서 보듯이 그가 '北界四十餘城 失散人民'을 수습해 거느리고 와서 투항했다는 것부터가 그가 진작 그 이전부터 모든 '北界四十餘城 人民'을 손에 틀어쥘 수 있었다는 것을 말해 주며, 홍복원이 이런 일을 해낼 수 있었다는 것은 그가 그럴 수 있을 만한 직책과 권한을 이미 몽골로부터 부여받고 있었

---

34) 『元高麗紀事』 태종 6년 5월 1일조, "賜高麗降人 麟州探問神騎都領 洪福源金牌 俾領元降民戶於東京居住". 위 기록에서 그가 '探問'이라고 指稱되는 神騎都領이었음이 注目되는데, 이로서 미루어보아 그는 몽골로부터 몽골 태종 6년(고려 고종 21, 1234) 5월 1일에 金符를 賜與받고 '管領歸附高麗軍民長官'이라는 새로운 직위를 얻게 되었음이 분명하다.

다는 것을 뜻한다고 할 수 있다.

따라서 홍복원은 기왕에 1231년 撒禮塔 2차 고려침공전에서 그의 走狗役 수행에 대한 賞으로 몽골과 고려 사이에 강화가 이루어졌던 1231년(몽골 태종 3, 고려 고종 18) 12월 2일을 전후하여 몽골로부터 高麗軍民萬戶란 직위를 받고, 그 후 그가 遼藩地域으로 쫓겨 들어간 이후인 몽골 태종 6년(고려 고종 21, 1234) 5월 1일에 다시 몽골로부터 특별히 金符를 賜與받고 '管領歸附高麗軍民長官'이라는 새로운 직위를 얻기까지 줄곧 그는 高麗軍民萬戶란 직위를 맡아왔던 것으로 보아야 할 것이다.

그가 이러한 직위를 받고서야 비로소 몽골 태종 4년(고려 고종 19, 1232) 8월 撒禮塔의 3차 고려침공시에 '北界四十餘城 失散人民'을 수습해 거느리고 살리타이와 더불어 고려반도의 남쪽으로 침공해 내려올 수 있었다고 하겠다. 또한 이러한 배경을 토대로 1232년 處仁部曲에서 살리타이가 스님 金允侯에게 射殺되고 총사령관이 전사하면 전군이 다 철수하는 몽골군의 관행에 따라 副將 帖哥(Degu)가 也速迭兒(Yesüder) 휘하의 探馬赤軍部隊까지 모두 거두어 철수했던 엄혹한 시기에도, 洪福源이 거느린 降附한 高麗軍民만은 감히 고려의 北界에 남아 이곳을 死守하려 했던 것이라 해야 하겠다.

또한 이러한 官祿이 있었기 때문에, 1233년(몽골 태종 5, 고려 고종 20) 12월쯤에 홍복원이 崔瑀가 보낸 家兵 3,000명과 閔曦 등에게 쫓겨 가까스로 고려의 영역을 벗어나 탈출할 때에도 그가 '北界之衆'을 불러모아 몽골 영역으로 도피할 수 있었다. 그리고 그 후로는 이로 말미암아, 그가 北界를 총괄해 지휘했던 본거지인 西京이 폐허로 되는 지경에까지 이르렀던 터였다. 이러한 홍복원의 경력 때문에 몽골이 그로부터 몽골에 투항해오는 고려의 '北界四十餘城 人民'을 모두 그에게 管領하게 했던 것으로 볼 수 있다.

i) 福源爲西京郎將 與畢賢甫殺宣諭使大將軍鄭毅朴錄全 據城叛……
(『高麗史』 권130, 3ㄴ~4ㄱ 열전 권43, 叛逆4, 洪福源傳 고종 20년)

위 기록에서 우리는 한 가지 문제를 발견케 된다. 위 두 史料에서
보듯이 1233년(몽골 태종 5, 고려 고종 20) 12월[35] 이후, 洪福源이 畢賢
甫와 함께 반란을 일으켰다가 도망갈 무렵에 그의 지위가 西京郎將이
었다는 점이다. 그러니까 이때 홍복원은 분명히 高麗軍民萬戶와 西京
郎將이라는 직위를 동시에 함께 兼職하고 있었음에 틀림이 없다.

그렇다면 홍복원은 이즈음에 高麗軍民萬戶와 西京郎將이라는 2개
의 직위를 동시에 몽골과 고려에 양다리를 걸치고, 아니면 몽골의 고
려군민만호가 고려의 서경랑장이라는 직위를 강탈하는 차원에서 겸직
했을 가능성이 너무나 크지 않은가?

요컨대 1231년(몽골 태종 3, 고려 고종 18) 撒禮塔 2차 고려침공시의
戰功으로 몽골은 그에게 高麗軍民萬戶라는 직위를 주어 그의 몽골에
대한 충성심을 기리어, 그를 더욱 추켜세워서 효과적으로 부리려 하였
던 것 같다. 그리고 고려는 고려대로 자기들의 몽골에 대한 事大外交
戰을 수월하게 승리로 이끌기 위해서 그에게 西京郎將 직위를 주어
그를 달래려 했던 것이 아닌가 짐작된다. 물론 당시에 막강했던 고려
군민만호의 역량을 발휘해 서경랑장 자리마저 劫奪한 것을 고려가 잠
시 작전상 눈감아주었을 수도 있을 것이다.

위의 사료i)는 홍복원이 서경랑장 벼슬을 받은 시기를 1233년(몽골
태종 5, 고려 고종 20)이라 하였다. 그렇지만 전후 사정의 맥락으로 보

---

35) 『高麗史節要』 권16, 고종 20년 癸巳條에 겨울 12월에 崔瑀가 家兵 3천 명을
北界兵馬使 閔曦와 더불어 보내어 홍복원 휘하의 항부고려군민들을 쳐부수
고 필현보를 잡아 서울로 보내어 거리에서 腰斬하였눈데 홍복원은 몽골로 들
어갔음을 기록하고 있다.

아 이는 아무래도 좀 더 거슬러 올라가 撤禮塔 2차 고려침공시인 1231
년(몽골 태종 3, 고려 고종 18) 12월 23일을 전후해 강화외교가 제법 무
르익어가던, 그런 분위기 속에서 있었던 일로 봄이 옳을 듯하다. 이미
논술한대로 1231년(몽골 태종 3, 고려 고종 18) 12월 23일 이후부터
1233년(몽골 태종 5, 고려 고종 20)까지에 홍복원이 北界에서 西京을
중심으로 감행해왔던 활동의 성격이 麟州神騎都領이라는 직위를 가지
고서 해낼 수 있는 것이 이미 아니다. 麟州神騎都領에서 西京郞將으
로 급승진하지 않고는 감내할 수 없는 일대의 활동이었다는 것이다.
그러니까 홍복원이 몽골에 전공을 크게 세우면서, 그 본거지를 국경
변두리 방어 일선인 인주에서 일약 북계의 중심인 西京으로 옮겨, 거
침없이 북계를 주름잡는 몽골의 앞잡이로 크게 출세해 한 몫을 단단히
보기 시작하던 그 무렵에야, 비로소 그가 고려정부로부터도 西京郞將
의 벼슬을 받았던 것으로 보아 거의 틀림이 없을 것 같다.

그렇다면 그가 고려군민만호라는 벼슬을 받기 이전에는 어떤 벼슬
을 지내고 있었던가?

福源爲神騎都領 因家焉(『元史』 권154, 열전 제41 홍복원전)

여기서 우리는 그가 고려에서는 인주성에 수자리 사는 麟州神騎都
領이라는 官職을 받아 맡고 있었음을 알게 된다.

賜高麗降人 麟州探問神騎都領 洪福源金牌 俾領元降民戶於東京居
住(『元高麗紀事』 태종 6년 5월 1일조)

위 사료를 통해서 우리는 그가 고려에서 麟州神騎都領이라는 군관
직을 맡고 있을 때 몽골군에 투항한 이후부터는 동시에 몽골에서 探問

이라는 직책을 추가해 수여받게 되었던 것을 알게 된다. 양국에 동시
에 이중으로 복역한 셈이다. 물론 고려측에서 보면 고려의 군간부가
몽골군의 密偵이 되는 셈이다. 고려 침공시의 몽골 內間의 役을 동시
에 麟州神騎都領職 수행과 함께 兼行한 것이다.

이상의 모든 사실을 종합해서 간추려 보면, 홍복원은 그가 몽골에
처음 투항했을 때는, 몽골과 고려로부터 각각 探問과 麟州神騎都領이
라는 직책을 받았었다. 그 뒤에 그는 몽골의 고려 공략에 크게 공을 세
우면서 몽골과 고려에서 각각 高麗軍民萬戶와 西京郞將이라는 직위
를 맡고 있었다. 敵我 兩側에서 모두 다 벼슬자리를 그에게 주고 그는
또 그렇게 직위를 이중으로 동시에 받는 변칙적인 기괴한 현상이 일어
난 셈이다. 다시 홍복원이 遼瀋地方으로 탈주한 다음인 1234년(몽골
태종 6, 고려 고종 21)에는 몽골에서 金符를 賜與받고 '管領歸附高麗
軍民長官'이라는 새로운 직위를 얻기까지 했다. 이때 그는 通事[36]라는
역할도 함께 맡았던 것인데, 이는 고려어와 몽골어에 兼通한 그의 언
어능력에서 비롯된 것이라고 볼 수 있겠다. 그 뒤에 언제부터인지는
아직 밝힌 바가 없으나 東京摠管이라는 직위를 받았던 것도 눈에 띈
다.[37]

---

36) 蕭啓慶,「元朝的通事與譯史」,『元朝史新論』, 臺灣允晨文化出版公司, 1999
참조.

37)『元史』권154, 열전 제41 홍복원전 憲宗 元年, "憲宗卽位 改授虎符 仍爲前後
歸附高麗軍民長官". 여기서 홍복원이 몽골 헌종 1년-고려 고종 38년인 1251
년에 虎符를 고쳐 받고 여전히 前後歸附高麗軍民長官이 됐던 것을 알 수 있
다.
『高麗史節要』권17, 5ㄱ, 고종 39년 가을 7월조, "……東京路官人 阿母侃 通
事洪福源……". 위 기록에서는 그가 이듬해인 몽골 헌종 2년, 고려 고종 39년
인 1252년 가을 7월경에 通事를 겸직하고 있음도 확인케 된다.
『高麗史節要』권17, 37ㄱ, 고종 45년 가을 7월조, "蒙古誅東京摠管 洪福源…
…" ;『高麗史』권130, 3ㄴ~4ㄴ, 열전 제43, 홍복원전, "……福源 在元 爲
東京摠管 領高麗軍民……". 위의 두 사료에서는 홍복원이 몽골 헌종 8년, 고

250

끝으로 홍복원과 그의 휘하 항부고려군민은 살리타이 아래에서는 대개 어느 부대에 소속되었을까를 고찰해 보기로 한다.

앞서 밝힌 대로 고려 주재 몽골 達魯花赤들의 무력배경이 되어 주었던 것으로 보이는 예수데르 휘하의 探馬赤軍은 몽골사람 이외의 거란, 漢兒人 등의 諸部族으로 편성돼 있었다. 그런데 陶宗儀,『輟耕錄』氏族條의 '漢人八種' 중에 거란과 고려가 모두 參列되어 있는 것으로 보아, 이때 홍복원과 그 예하 항부고려군민도 대체로 探馬赤軍部隊에 소속됐을 가능성이 자못 짙다. 예수데르 휘하의 探馬赤軍과 홍복원 휘하 항부고려군민의 고려 경내 근거지가 거의 같은 지역으로 보인다거나, 그들 두 만호가 맡아 수행한 임무가 또한 대체로 같았던 것에 대해서는 기왕에 언급한 바가 있다.

요컨대 이들은 모두 함께 探馬赤軍으로 편성돼 홍복원은 고려군민만호로 항부고려군민을 거느리고, 예수데르는 좌수몽고군민만호[38]로 그의 휘하의 探馬赤軍을 거느리며 더불어 임무 수행에서 유기적으로 상호 보완작용을 하며 고려주둔 몽골세력권을 이루었던 것으로 볼 수 있다. 곧 두 만호와 그 휘하들이 서로 다른 探馬赤軍부대체제를 유지하며 같은 고려 북계에 주둔하며 거의 동일한 임무를 상보작용과 상호 견제작용을 동시에 하며 유기적으로 수행했던 것이라 하겠다.

려 고종 45년인 1258년에 誅殺될 때 東京摠管을 지내며 고려군민을 거느리고 있었음을 알려준다.

38) 錢大昕,『元史氏族表』, 1960/『二十五史補編』6권, 開明書局, 권1 蒙古 札剌兒氏編, 也速迭兒(Yesüder)條, "左手蒙古軍萬戶 河南行省平章政事 集賢大學士". 위 기록은 그가 左手蒙古軍萬戶를 역임하였음을 알려준다.

V. 洪福源 降附高麗軍民萬戶와 西京巡撫使
大將軍 閔曦 등의 反蒙 쿠데타

고려는 1231년(몽골 太宗 3, 고려 고종 18) 12월 23일을 전후하여 몽골과의 講和條約이 맺어진 이후에, 한편으로는 事大外交로 몽골의 요구에 순응하며, 다른 한편으로는 몽골에 대항하는 전투태세를 암암리에 갖추어 오다가 몽골군이 고려 경내에서 철군하는 즉시 항전을 개시했다.

특히 그 이듬해인 1232년 5~7월 사이에 몽골측에 대한 고려의 역습은 맹렬히 강행됐다. 그런데 이 節期는 盛夏期여서 樹林이 우거지게 되므로 몽골의 정규전에 비정규전을 위주로 抗戰하던 고려군민에게 작전상 유리했다는 점이나 몽골군이 한랭 건조지대 북쪽 고원의 군대이므로 군사들이 습기 찬 무더위에 약하고 활이나 砲車 등의 무기나 장비들이 습기에 취약하다는, 몽골군의 작전상의 약점도 있었다.[39] 그러나 무엇보다도 이때 고려의 逆襲은 몽골이 고려에 요청해온 고려의 北方 隣國 東眞國의 蒲鮮萬奴軍 征討軍 파병 요청에 대한 단호하고 화급한 거부가 절박했던 때문이라 해야 할 것이다. 고려군으로 고려의 北方 隣國 東眞國의 蒲鮮萬奴軍을 공략케 해서 몽골군의 병력손실을 최소화하면서 이들을 장악하고, 고려의 北方 隣國 東眞國의 蒲鮮萬奴軍과 고려를 적대관계로 만들어 고려군과 고려의 北方 隣國 東眞國의

---

39) 『高麗史節要』권16, 7ㄴ, 고종18년 11월조, "蒙兵 驅北界諸城兵 攻龜州 列置 砲車三十 攻破城廊五十間……". 위 기록에서 몽골군이 성을 공파하는데 砲 車를 주로 썼던 것이 보인다. 이때 이 砲車의 화약이 습기가 차면 폭파가 어 려웠을 것으로 짐작된다.
  『元高麗紀事』[國學文庫 第43編 ; 據廣倉學窘叢書重印] 中統 8년 5월조, "樞 日 今兇堅跳梁未可爭力 況夏暑方熾 海氣鬱蒸 弓力緩 卒難爲用……". 위에 서 몽골의 활은 耐濕力이 약해서, 여름 장마철에 접어들면 바다에 둘러싸인 한반도와 같은 무더위 속에서는 탄력을 상실해 쓰기가 어려웠음을 보여준다.

蒲鮮萬奴軍의 반몽연합항전 가능성을 없애는 동시에, 이런 과정에서 고려군을 지원하는 차원에서 고려를 확고하게 오래 親蒙體制內에 묶어두려는 몽골의 상투적인 전략전술에 대한 단호한 고려의 거부행위였다 할 것이다.

본론의 전개를 돕기 위해 여기서 당시의 작전에 대해 잠시 더 살피고 지나가려 한다.

대개 山岳戰에서는 공격하는 측보다 방어하는 측이 유리하고, 山岳防禦戰에서는 速戰速決戰보다 持久戰이 유리하게 되는 것이 通例다. 고려의 산성은 中原의 萬里長城처럼 일자로 길게 쌓아진, 상당히 展示效果를 고려한 비효율적인 戰線의 長成이 아니고 입체적으로 요소요소에 효율성을 고려해 쌓은 전쟁 전용 城들이어서 더욱 그러했다.

이때 고려는 산악과 海島를 근거지로 하는 자기의 국토인 고려반도 抗戰場에서 외래 침략자인 몽골군을 방어하는 전쟁을 하고 있었기에 우선 일단 유리했다.

그러므로 敵情의 정확한 파악과 함께 고려가 자신의 이런 이점을 잘 간파해내고 이용해서 전개해낸 다음과 같은 일련의 작전수행들은, 그 당시로서는 시의적절한 전술전략의 구사였다고 하겠다. 먼저 1231년(몽골 태종 3, 고려 고종 18) 撒禮塔 2차 고려침공시에 전격적으로 王京을 장악하고 왕을 앞세워 고려를 효율적으로 慴伏시킨 후에 다시 고려군민을 東北의 隣國인 東眞國의 蒲鮮萬奴軍 征討에 조직 동원함으로써 자체의 무력이 거세된 고려를 以夷制夷의 방법으로 확고히 장악하려 했던 몽골군의 시도에 대해 사대외교와 무력항전이라는 和戰兩面作戰을 교묘하게 구사해 몽골·고려전쟁을 持久戰化했던 점이 그렇다.[40]

---

40) 주채혁, 「高麗內地의 達魯花赤 置廢에 관한 小考」, 『淸大史林』 1, 청주대 사학회, 1974. 12, 89~119쪽에서 이때의 作戰狀況에 대해 고찰해보았다.

당시 몽골측의 전격적 기습으로 王京이 일단 장악된 상황하에서 彌封的인 강화조약을 맺어 1232년(몽골 태종 4, 고려 고종 19) 1월 11일경에 몽골군 주력을 철수시키고는 이내 점령지 고려 장악의 임무를 맡고 있던 達魯花赤 72인과 만호 예수데르 휘하의 探馬赤軍 및 만호 홍복원 휘하의 降附高麗軍民에 대한 일대의 역습을 감행해 고려 주둔 몽골세력권에 대한 機先을 제압해갔던 일련의 작전 驅使가 모두 당시로서는 최선의 선택이었던 것이라 할 수 있다는 것이다.

또한 고려가 이와 같은 작전 수행과정에서 일단 시간과 행동의 자유를 획득하고 난 다음에 1232년(몽골 태종 4, 고려 고종 19) 6~7월에 걸쳐서 江華에로의 遷都를 단행한 사실은, 1231년 撒禮塔 2차 고려침공시에 몽골군에게 王京을 기습, 점령 당해 山城과 海島 중심의 항몽작전이 일거에 수포로 돌아갔던 쓰라린 체험을 했던 고려로서는, 대몽항전의 자주노선을 견지하는 한은 불가피한 작전 선택이었다고 볼 수 있다. 물론 몽골의 常套的인 정복지 경영방식을 보면 정복된 민족을 또다른 민족의 정복전쟁에 조직 동원해 以夷制夷의 전략으로 정복지를 장악 지배하고 이런 기본 틀을 끊임없이 확대 재생산해가면서 몽골세계제국을 창출해 내가는 것이었으므로, 고려의 몽골에 대한 투항이 곧 終戰과 평화를 보증하는 것이 결코 아니었다. 금과 남송에 대한 몽골의 본격적인 대규모 정복전이 尙在했고, 결국 그 후 이들이 다 정복되면서 고려 또한 정복되어 함께 모두 일본정벌에 동원됐던 사실은 이를 입증하고 있다.

山城과 海島를 근거지로 삼은 고려의 대몽항쟁이 清野戰術로 몽골군 침략에 응전한 작전행위 또한 奏效한 것이었다. 외래의 몽골군이 역이용할 수 있는 고려의 인력과 물력을 모두 산성과 해도로 옮겨 그들의 管轄圈 밖에 두고 死守해 고려의 그것을 이용해 고려를 치는 고려 정복전의 고려화를 시도할 수 없도록 한 단호한 전투준비태세를 갖

254

춘 것이다.[41]

그런데 고려 내지에 주둔해 있던, 몽골세력권에 대한 고려의 역습과
정 중에서 중요한 것으로 尹復昌의 達魯花赤 武裝解除事件과 민희
등의 達魯花赤 殺害謀議事件을 들 수 있다. 몽골진영이나 고려진영에
게 모두 北界의 중앙본부로서의 서경의 지위는 결정적으로 중요한 것
이었다. 따라서 內侍 尹復昌의 達魯花赤 武裝解除事件이 그 변죽을
울린 거사였다면, 서경에서 일어난 西京巡撫使 大將軍 閔曦의 達魯花
赤 殺害謀議事件은 중차대한 일대 거사였다 하겠다.

西京巡撫使 大將軍 閔曦의 達魯花赤 殺害謀議事件을 다루기에 앞
서, 먼저 內侍 尹復昌의 北界諸城 達魯花赤 武裝解除事件에 대해 살
피고 지나가기로 하자.[42]

그런데『고려사』지리지 및『동국여지승람』北界조에 보면 거의 모
든 성의 인민들이 고종 18년(1231)에 몽골병을 피해서 섬으로 들어갔다
가 그 후 元宗 2(1261)~3년(1262) 사이에 다시 出陸했던 것으로 기록
돼 있다. 무려 30여 년에 걸친 기간 동안이나 피난 또는 抗戰 섬생활을
한 셈이다. 그렇다면 북계 제성민들은 이미 몽골군이 침공한 후 일정
한 시기부터 그들의 눈을 피해 그들 스스로, 아니면 고려정부와의 유
기적인 관계를 가지면서, 몽골군의 약탈을 피해서 또는 몽골 침공에
대적할 수 있는 전투기지를 작전상 유리한 지역에 새로이 구축하기 위
해서 저마다 海島로 들어갔던 것을 생각해 볼 수 있다.

그러다가 1231년(몽골 태종 3, 고려 고종 18) 撒禮塔 2차 고려침공시
에 몽골군 전위 특공대의 왕경 기습과 고려왕궁 장악으로 고려를 습복

41) 주채혁,「初期몽골・고려전쟁 略考・兩軍의 作戰與件을 중심으로」,『淸大史
林』3, 청주대 사학회, 1979 참조.
42) 주채혁,「高麗內地의 達魯花赤 置廢에 관한 小考」『淸大史林』1 청주대 사학
회, 1974. 12, 89~119쪽 所收. 여기에서는 서술상의 편의상 이 두 사건의 復
元 내용을 그대로 轉載했다.

시켜 1231년 12월 23일을 전후하여 몽골과의 강화조약이 맺어지고, 이에 따라 몽골 다루가치와 探馬赤軍 및 附蒙高麗軍民의 세력이 점차 이들 고려 현지군민에게 미치게 되자, 1232년(몽골 태종 4, 고려 고종 19) 정월 11일에 몽골군이 귀환하자마자 이들 스스로 또는 고려정부의 慫慂에 의해 이들 또한 고려 주둔 몽골세력권에 대한 역습에 가담함으로써 몽골세력의 간섭을 적극적으로 물리쳤던 것으로 짐작된다.

앞에서 살펴온 대로 이런 사실을 눈치챈 몽골은 1232년(고종 19) 2월을 전후해 이미 이에 대한 문책을 했고, 이어서 다음달 3월에는 通事 池義深과 錄事 洪巨源 등이 사신으로 갔다가 전에 문책한 사실을 해명하지 않았다 하여 살리타이에게 拘囚됐는가 하면,[43] 5월 30일에는 北界의 龍岡과 宣州 2城에 몽골 다루가치 4인이 增派됐다.[44]

그런데 아래에도 다시 서술되거니와 대체로 이러한 일들은 몽골에서 고려의 北方 隣國 東眞國의 蒲鮮萬奴 정토군을 징발하러 오려는 기미가 보이거나, 또는 이미 그런 임무를 띤 몽골사신이 고려에 이르렀을 때에 주로 이루어졌다. 결국 고려의 강화도에로의 遷都라는 노골적인 무력항쟁태세의 정비도 이런 분위기 속에서 이루어졌던 것이다.

　五月 帝 以將征蒲鮮萬奴 遣使九人 徵兵高麗(『新元史』 권132, 열전

---

43) 이에 대해서 『고려사』 권23, 고종19년 3월조에 "蒙使六人先還 遣通事池義深 錄事洪巨源等 賷國贐寄書于撒禮塔……"라고 기록하여 池義深 등이 살리타이에게 書牒을 전한 것이 보이고, 다시 『고려사』 권23, 고종19년 6월 15일조에는 "甲子 校尉宋得昌 自池義深行李逃來云 義深到撒禮塔所 撒禮塔怒曰 前送文牒內事件 何不辨來 執送義深于帝所 餘皆拘囚"라 하여 이들이 拘囚된 소식을 전해 준다. 여기서 文牒內의 사건에 대해서 밝히지 않은 것에 대하여 살리타이가 크게 노했다는 사실로 보아, 이때 이미 심상치 않은 일들이 벌어지고 있었음을 짐작할 수 있다.

44) 『高麗史』 권23, 고종 19년 5월 30일조, "己酉 北界 龍岡 宣州 蒙古 達魯花赤 四人來".

제29 札剌亦兒台豁兒赤傳)

몽골에서 고려에 北方 隣國 東眞國의 蒲鮮萬奴軍 征討를 위한 파병을 요청하는 임무를 띤 사자 9명을 파견한 것은, 1232년(몽골 태종 4, 고려 고종 19) 5월이다.

　　蒙古使九人來 王迎詔于宣義門外 留四日而還(『高麗史』권23, 14ㄱ, 고종 19년 秋7月 庚辰朔條)

위의 사료에는 이들 몽골사자 9인이 고려의 北方 隣國 東眞國의 蒲鮮萬奴軍 征討兵力 징발을 위해 파견됐다는 내용이 없다. 다만 왕이 宣義門 밖에서 몽골황제의 조서를 영접했다는 것뿐으로 그 조서의 내용도 알 길이 없다. 그런데 몽골과 고려 곧 카라코룸(和林)과 開京의 거리가 멀어 그 당시로는 오가기에 상당한 시간을 요구했다. 더군다나 1234년 金國의 멸망을 앞두고 고려의 北方 隣國 東眞國의 蒲鮮萬奴軍이 횡행하는 등으로 당시 이 지대의 군사나 정치적 상황으로 보아 내왕이 지극히 어려운 여건이었으므로 몽골에서 1232년 5월에 떠난 사자 9인이 1232년 7월 1일에 몽골황제의 조서를 받들고 고려의 開京에 비로소 도착했을 가능성은 충분히 있다고 하겠다. 그 사신의 숫자가 9인으로 서로 일치한다는 점을 보아, 이를 5월에 고려의 北方 隣國 東眞國의 蒲鮮萬奴軍 征討軍 파병을 요청하는 조서를 가지고 몽골을 떠난 9인의 몽골사자와 동일한 使行으로 보려는 것이다. 같은 1232년(몽골 태종 4, 고려 고종 19, 壬辰年)에 몽골이 고려에 그 北方 隣國 東眞國의 蒲鮮萬奴軍 征討軍 파병 요청을 했던 기록도 몽골측 사료에 분명히 존재하기 때문이다.

於壬辰年 令隨從撒禮塔征討萬奴 爾等 卽欲違背 遷入海島……(『元
高麗紀事』[國學文庫第43編；據廣倉學窘叢書重印] 己酉 8월 15일조,
고려 고종 36년인 1249년에 皇后太子가 고려 고종에게 보낸 詔書 중
에서)

壬辰年(고종 19, 1232)에 살리타이를 따라 동진국의 포선만노군을
征討하라고 명령했지만 고려는 도리어 이를 위배하고 海島로 遷入해
叛旗를 들었다는 것이다. 뿐만 아니라 태종 5년 4월 24일에 고종에게
보낸 '責五罪'의 詔書 중에도

朕命汝征討萬奴 爲何逗遛不進 此汝之罪三也(『元高麗紀事』[國學文
庫 第43編；據廣倉學窘叢書重印] 太宗 五年[1233] 4월 24일조의 고려
고종에게 보내진 이른바 '責五罪'의 詔書에서 拔引)

이라 하여, 이때 몽골 太宗 오고데이칸이 직접 고려에 고려의 北方 隣
國 東眞國의 蒲鮮萬奴軍 征討軍 파병을 요청했던 소식을 엄연히 전
해주고 있다.

분명한 사실은 고려의 내지 주둔 몽골 다루가치에 대한 본격적이고
도 노골적인 억습은 바로 이들, 고려의 北方 隣國 東眞國의 蒲鮮萬奴
軍 征討軍 파병 요청의 임무를 띠고 고려에 파견됐던 것이 거의 틀림
이 없는 몽골사자 9인이 1232년 7월 1~4일에 걸쳐 다녀가는 동안에
감행됐다는 것이다.

秋七月庚辰朔 蒙古使九人來……壬午……遣內侍尹復昌 往北界諸
城 奪達魯花赤弓矢 復昌 到宣州 達魯花赤射殺之 乙酉 王發開京 次
于昇天府 丙戌 入御江華客宮 八月 己酉朔 西京巡撫使大將軍閔曦
與司錄崔滋溫密使將校等 謀殺達魯花赤……(『高麗史』 권23, 14ㄴ, 고

종 19년 가을 7월 1일[庚辰朔]조 및 3일[壬午]조)

위에서 內侍 尹復昌을 北界에 보내 다루가치의 화살을 뺏는 등으로 그들을 무장해제해 나가다가 宣州에 이르러서 윤복창 집단이 몽골 다루가치의 반격을 받아 射殺되는 사건이 바로 1232년 7월 3~6일에 걸쳐 일어났다. 그 날짜가 서로 중첩돼 이 사건이 이들 몽골사자 9인이 아직 開京에 머물러 있거나 아니면 막 출발하면서 일어난 일임을 알 수 있다. 이어서 7월 丙戌日에 고려 고종이 江華客宮에 入御하여 江華遷都를 단행하고, 이내 8월 己酉朔에 西京 巡撫使 大將軍 閔曦 등의 達魯花赤 謀殺事件이 北界의 한 중심인 西京에서 연달아 발생한다. 물론 우연일 수가 없다.

又稱 達魯花赤交死卽死 留下來 如今你每拿縛者事 右達魯花赤 其在京邑者 接遇甚謹 略不忤意 大國豈不聞之耶 又於列城委令厚對 其間容或有不如國敎者 予不能一一知之 惟上國明考焉 其拿縛上朝使人 無有是理 後可憑勘知之(『東國李相國集』 고종 19년 壬辰年[1232] 9월조의 ‘荅蒙古官人書’ 중에서)

이를 抄譯해 보면 이러하다.

또한 이른바 ‘다루가치를 [너희들이] 죽인 자는 죽이고 남겨진 자는 돌아오고 지금 너희들이 拿縛해 있는 것 같은 일'[45]이란 이들 다루가

---

45) 이케우치 히로시(池內宏),「蒙古の高麗征伐」,『滿鮮地理歷史報告』제10, 145 쪽에 보면, "又稱達魯花赤交死卽死留下來 如今你每拿縛者事……"이라 하여, 저자가 "又稱 達魯花赤交死卽死 留下來 如今你每拿縛者事……"라 한 것과 본문의 떼어 쓰기를 저자와 달리하고 있다. 여기서 「你每」는 중국 白話文의 音譯이다. 대개 이때 몽골의 軍營과 고려의 군영간에 戰塵속에서 오고 간 몽골의 公文書나 기타 文牒들에는 중국의 白話文體 글귀가 상당히 많이

치에 대해서는 京邑에 있는 자에게는 대우를 잘 하여 뜻을 어긴 일이
없으니 大國이 어찌 이를 듣지 못했으랴. 또 列城을 책임 맡아 있는
자들도 푸대접하지는 않았으나, 그동안 혹 國敎[몽골 태종 오고데이의
敎旨]와 같지 못한 것이 있었는지도 모른다. 그러나 이러한 일들은 내
가 하나하나 그것을 모두 알지 못하니 오직 上國에서 밝히 살펴 주시
오.

라는 것이다.

　이는 『동국이상국집』 몽골 태종 4년(고려 고종 19, 1232) 壬辰 2월조
의 「國銜行莟蒙古書」의 내용과 별로 다를 것이 없다. 고려에 주둔해
있던 몽골세력권에 대한 고려의 역습은 계기적으로 일어나면서 더욱
치열해졌기 때문이다. 다만 1232년 9월에 몽골군이 다시 쳐들어와서
고려 주둔 다루가치 역습사건에 관하여 구체적으로 추궁한 점과 고려

섞여 있는 것으로 보인다.
백화문이 唐朝에서 이미 쓰였던 것을 고려한다면 이는 마땅히 있을 수 있는
일이며 또 무식한 武人들 사이에서 오간 티가 나는, 戰場인 현장의 對話인 현장
의 즉흥적인 대화의 直譯體 문장으로서라면 더욱 그럴 가능성이 많다.
여기에서도 '留下來'의 '留下'를 백화문체로 해석한다면 '剩下的'가 '남긴 것'
이라고 해석되는데 대해, '留下的'가 '남겨진 것'이라고 풀이되는 것으로 보아
'留下'는 '留下來'라는 複合動詞가 아니라 '交死卽死 留下(卽)來'([너희들이]
죽인 자는 죽고 남겨진 자는 돌아오고)라고 해 副動詞로 봄이 옳을 듯하다.
이는 史料의 史實로 보아도 문맥상 타당하다. 그 때 達魯花赤가 죽은 자는
죽고 예수데르와 같이 살아남은 자는 몽골로 돌아가 撒禮塔 3차 고려침공을
시도하도록 중용했고 고려에 붙잡혀 있는 자는 붙잡혀 있다가 거의 모두 죽
었던 것이다. 따라서 저자는 이에 이케우치 히로시의 위에 든 원문의 띄어쓰
기를 "又稱 達魯花赤交死卽死 留下(卽)來 如今你每拿縛者事……"로 구체적
으로 바로잡아 두려 한다. 그 해석은 다시 정리하면 "또한 이른바 '다루가치
를 [너희들이] 죽인 자는 죽고 남겨진 자는 돌아오고 지금 너희들이 拿縛해
있는 것 같은 일'"이 된다. 당시의 고려 內地 駐在 達魯花赤에 관해서는, 周
采赫, 「高麗內地의 達魯花赤 置廢에 관한 小考」, 『淸大史林』 1, 청주대 사
학회, 1974. 12, 89~119쪽을 참조할 수 있다.

가 이에 대하여 잘 모르겠다는 식으로 얼버무려 대답한 사실은, 암암리에 고려의 다루가치 세력권에 대한 역습이 있었음을 보여주는 것이라 할 것이다. 그런데 몽골사자에 대한 拿縛事件은 새롭게 제기되는 문제로 고려가 이를 완강히 부정하고 있음에도 불구하고, 은연중에 그 사건의 실상을 엿볼 수 있게 하는 측면이 분명히 있다.

> 俄又聞 北界一二城逆民等 妄諭其城達魯花赤殺戮平民 又殺臣所見內臣 此人 是候上國使佐値行李則迎到京師者也 而乃殺之 因以作亂 聲言大國兵馬來也(『高麗史』권23, 고종 19년 11월조의「荅沙打官人書」;『東國李相國集』권28, 고종 19년 壬辰 11월조의「同前狀」)

위의 사료는 1232년 9월에 고려가 몽골에 보낸 문첩에 이어서, 고려가 같은 해인 1232년 11월에 몽골에 보낸 몽골측의 문책에 대한 고려측의 荅書다.

여기서 "다루가치가 평민을 죽이고 臣[고종]이 보낸 內臣을 죽였다"고 허위보고를 했다는 것은, 그 내용으로 보아 몽골사자 9인이 돌아갔던 1232년 7월 4일을 전후해 고종이 내시 윤복창을 보내어 北界諸城 다루가치의 弓矢를 빼앗아 무장해제했던 사건에 대한 몽골측의 추궁에, 발뺌하는 고려측의 답변으로 보아야 할 것이다. 여기서 살육된 평민이란 대개 윤복창을 따라 이들 北界諸城 주둔 몽골다루가치 세력들을 거세시키는 데 동원되었던 고려의 평민으로 볼 수 있고, 이런 일들은 내시 윤복창이 다루가치에게 사살되고, 反다루가치 세력권이 다루가치 세력권에 의해서 제압되는 과정에서 일어나갔던 것으로 보인다. 따라서 위의 사료에서 거론한 '北界一二城'에는 宣州를 내포하는 것임을 알 수 있다.

또 한 가지 주목되는 점은 바로 이런 逆民들이 몽골사자를 살해했다는 사실을 고려측이 자인했다는 것이다. 여기서 살해된 몽골사자란 대체로 1232년 7월초에 고려 북방 東眞國의 蒲鮮萬奴 征討軍 파병 요청차 왔던 것으로 보이는 몽골사신 9인으로 볼 수 있다. 고려가 1232년 9월에 몽골측에 보냈던 「荅蒙古官人書」에서는 몽골사신 拿縛 사실까지도 부정하던 고려측이, 같은 해인 1232년 11월의 「荅沙打人書」에서는 몽골사신의 살해 사실까지 시인하고 있는 점은 놀라운 일이다. 그해 11월경에는 몽골군이 고려 전국을 휩쓸고 있을 때이므로 사실이 사실대로 탄로난 급박한 상황 속에서 이와 같은 일이 추진될 수밖에 없었을 것으로 짐작된다. 여기서는 몽골의 問罪에 대하여 발뺌하기 위하여 그 책임을 애매모호하게도 '北界一二城逆民' 등 곧 몽골에 降付하지 않고 저항하던 고려軍民에게 돌리고 있으나, 실은 이즈음에 몽골의 '고려 북방 東眞國 蒲鮮萬奴 征討軍 파병' 요청을 거절할 것을 결심한 고려가, 당시 抗蒙 분위기로 어수선했던 고려의 형편을 모두 살피고 돌아가는 이들 몽골사신들을 비밀리에 살해해 버림으로써, 滅口를 기도했을 가능성이 많다.

이와 같은 고려의 강력한 反蒙抗爭 과정에서 抗蒙高麗人들은, 필연코 당시에 고려의 軍民을 '計點見數'하여 蒲鮮萬奴軍 征討에 조직·동원하는 일을 주선하기에 바빴던 현지 주둔 몽골 다루가치와 探馬赤軍 및 附蒙고려군민에 대해서 집중적인 반격을 가하지 않을 수 없었다.

又令汝等民戶俱集見數 爾稱若出城計數 人民懼殺 逃入海中 爾等嘗與天兵協力征討 將爾等民戶誘說出城 推稱計數 妄行誅殺 輒敢如此妄奏 此汝之罪五也……(『元高麗紀事』[國學文庫 第43編 ; 據廣倉學窘叢書重印] 太宗 5年[1233] 4월 24일조, 고려 고종에게 보내진 이른바 '責五罪'의 詔書에서 拔引)

262

여기서 고려가 東眞國 蒲鮮萬奴軍 정토군을 징발한다고 附蒙고려
군민을 꾀어내어 오히려 이들을 海島로 몰아넣고 이곳을 모두 비워 淸
野戰術로 몽골군의 재침공에 대비하는 한편, 이에 반항하는 附蒙고려
군민에 대해서는, 실로 무자비하게 誅殺을 감행했던 것을 알 수 있
다.46) 이러한 조건 하에서 몽골 다루가치나 探馬赤軍 및 附蒙고려군민
에 대한 고려의 대처가 어떠했겠는가는 불을 보듯 뻔하다. 그러니까
몽골이 고려를 이용하려던 계략을 고려가 도리어 역이용해 附몽골세
력을 討滅해 갔던 것이다.

그런데 앞에서 내시 윤복창이 1232년 7월 3~6일 사이에 걸쳐 북계
제성 다루가치에 대한 무장해제를 추진하다가 宣州에서 몽골 다루가
치 세력에 의해 살해당한 문제를 다루었지만, 이는 고려의 고려내 몽
골세력에 대한 일련의 역습과정에서 있었던 핵심적인 사건의 하나로
파악돼야 할 것이다.

윤복창의 다루가치 무장해제 사건이 있은 지 한 달이 채 못 되어 고
려정부의 江華遷都가 단행되면서 바로 다음 달인 1232년 8월 1일에
몽골 다루가치나 探馬赤軍 및 홍복원 휘하 附蒙고려군민 세력권의 심
장부라고 할 수 있었던 西京에서 반몽 쿠데타 모의가 진행되고 있었
다. 西京巡撫使 大將軍 閔曦와 司錄 崔滋溫 및 密使將校 등의 거사
계획이 바로 그것이다. 이는 바로 在高麗 몽골세력권의 본거지인 서경
에서 있었던 다루가치 살해모의였던 만큼 아주 그들의 세력권을 一網

<hr/>

46) 『高麗史』권130, 열전 崔坦傳, "是 蒙古使 脫朶兒 來在此城 問其故 坦等 詭
言曰 高麗卷土將入海島 盡殺北界諸城人 故吾等殺諸城守 欲入告上國"이라
는 기록이 이런 상황을 상기시켜 준다. 元 世祖 至元 6년(고려 元宗 10, 1269)
겨울 10월에 반란을 일으킨 후에 최탄이 몽골사자 脫朶兒로 하여금 당시
(1232년)에 고려가 거의 '北界諸城人을 盡殺'하다시피 치명적으로 附蒙勢力
을 족치고 海島로 들어간 일을 상기케 하여 그를 격분케 했던 사실도, 이를
미루어 짐작케 한다(『高麗史節要』권18, 元宗 順孝大王 己巳 冬十月條).

打盡하려 했던 결정적인 圖謀였음을 알 수 있다.

그런데 이러한 정보가 미리 새어나가자, 反쿠데타 세력인 몽골세력권 하의 軍民들은 이에 정면으로 맞서게 된다. 마침내 이로부터 13일 뒤인 1232년 8월 14일에는 몽골세력권 하의 군민이 일어나 崔滋溫을 잡아 가두자 留守 崔林壽와 判官 分臺御使 六曹員 등이 모두 楮島(安岳)로 도망해 숨게 된다. 이렇게 해서 閔曦 등의 쿠데타 모의는 流産됐고 西京은 다시 몽골세력권 아래에 놓이게 됐다.

西京巡撫使大將軍閔曦 與司錄崔滋溫密使將校等 謀殺達魯花赤 西京人聞之曰 如是則我京必如平州 爲蒙兵所滅 遂叛 壬戌 執滋溫囚之 留守崔林壽及判官 分臺御使 六曹員等 皆逃竄于楮島(『高麗史』 세가 권23, 고종 19년 8월 己酉朔條)

위의 기록이 이 사건의 전모를 적은 사료다. 이런 일들은 생각건대, 1232년 8월이라는 같은 달에 곧 이어 쳐들어왔던 몽골군 재침공(撒禮塔 3차 고려침공)의 첩보가 항간에 흉흉하게 나돌고 있는 그런 분위기 속에서 이루어졌음에 틀림이 없다. 그러니까 고려 주둔 현지 몽골세력권이 이런 막강한 몽골군의 위력을 등에 업고 있었던 것이라 하겠다.

윤복창의 북계제성 다루가치에 대한 무장해제 사건에 이어서, 바로 在高麗 몽골세력권의 핵심부인 西京에서 이런 사건이 있었다는 사실은 당시에 있었던 일련의 단호한 고려의 반몽항쟁과 연결시켜 볼 때 실로 중차대한 의미를 갖는다고 하겠다. 고려 주둔 몽골 세력권의 심장부인 西京이 이러할 때, 여타지역의 다루가치에 대한 고려의 역습 상황은 능히 짐작할 수 있기 때문이다.

이 사건이 당시의 몽골·고려관계사 상에서 그만큼 중요한 의미를 갖는 것이기 때문에, 몽골은 그 후 몽골 태종 4년(고려 고종 19, 1232)

264

8월에 이 사건이 난 이후부터, 그 후 원 世祖 中統 2년(고려 元宗 2, 1261)~원 세조 중통 3년(고려 원종 3, 1262) 사이에 다시 入朝出陸하기까지 근 30년간에 걸쳐, 이 사건의 진상 규명에 대한 추궁을 끈질기게 계속했다.

> ……將爲首始謀萬戶 千戶官員人等 仰捉拏發遣前來 爾等旣稱一國 一國之中 豈有此事 彼處被刮落後流移人數 盡數 刷集分付 如將行刮之人 不行捉拏發遣 及將流移民戶 故不起發 豈爲出力供職之事 如爾等敎令殺掠 故不捉拏 若不曾敎令 必捉拏分付(『元高麗紀事』[國學文庫 第43編 ; 據廣倉學窘叢書重印] 太宗 12년[1240] 5월조의, 몽골이 고종에게 보낸 詔書 중에서 拔引)

이 무렵 홍복원의 직위는 '고려군민만호'요 예수데르의 직위는 '좌수몽골군만호'이었다. 따라서 위의 기록에서 萬戶란 곧 당시 西京에 주재하고 있었던 홍복원과 예수데르를 가리키는 것이라 하겠다. 이즈음에 降附한 고려군민을 모두 거느리고 있었던 홍복원이 예수데르와 더불어 北界諸城의 정치와 군사의 중심지인 서경에 본거지를 두고 있었음은 물론이다. 특히 홍복원의 경우에 그가 그 후 1233년(몽골 태종 5, 고려 고종 20) 12월쯤에 崔瑀가 家兵 3,000명을 북계병마사 閔曦와 함께 보내 단행한 북계토벌로 遼瀋지방으로 쫓겨 들어갈 무렵에 西京에 그의 근거지를 두고 있었던 점이나, 그가 당시에 고려측에서 除授받고 있었던 직위가 西京郎將이었다는 사실은 이를 잘 방증해 주고 있다고 하겠다.

또한 여기서 千戶나 官員人이란 다루가치나 이들 萬戶 밑에 있었던 벼슬아치로, 探馬赤軍을 포함하는 것으로 짐작된다.

이러한 당시의 정황들로 보아 이는 閔曦 등의 다루가치 謀殺事件에 해당하는 그런 기록일 수 있다. 특히 그 사건이 謀議로 끝났다거나 그 대상이 總頭領級에 미치고 있다는 점에서 그러하다. 당시에 고려의 고관이 주도한 이처럼 본격적인 큰 사건은, 민희 등의 다루가치 살해모의사건이 그 대표적인 것이어서도 그러하다.

　在高麗 몽골세력권의 근간을 이루는 서경의 다루가치를 고려의 고관이 주도하여 살해하려 모의했다거나, 그 통솔을 맡았을 萬戶를 도모하려 했다는 것은, 그 밖의 다른 휘하 몽골세력권에게는 이미 치명적인 타격을 가했다는 것을 암시해 준다. 결국 이런 일련의 계기적인 고려의 항몽역습 사건들을 치르는 과정에서 몽골 다루가치가 대부분 고려에서 죽거나 고려측에 사로잡히거나 몽골을 향해 도망치는 사태가 벌어졌던 것이었다.[47] 결국 이러한 몽골측의 기록이나

　　敞盡殺朝廷所置達魯花赤七十二人(『元史』권208, 열전 外夷傳 제95 高麗傳 태종4년 6월조)

이라 한 다루가치 72인을 '盡殺'했다는 기록들은 모두, 재고려 몽골세력권에 대해 당시에 있었던 고려측의 끈질기고도 맹렬한 역습풍경을 묘사해낸 것이라 하겠다.

　　本國叛 殺各縣達魯花赤 率王京及諸州郡人民竄於海島拒守 洪福源 集北界四十餘州縣失散人民保聚 俟天兵來援(『元高麗紀事』[國學文庫 第43編 ; 據廣倉學窘叢書重印] 太宗 4년 6월조)

　위의 사료 또한 당시 북계의 이 같은 사정을 잘 설명해 주는 기록이

---

47) 李奎報, 『東國李相國集』, 고종 19년 壬辰(1232) 9월조의 「荅蒙古官人書」 참조.

라 하겠다. 몽골 다루가치(達魯花赤)와 探馬赤軍은 대부분이 살해됐거나 아니면 高麗軍民에 의해 拿捕됐다가 형벌이나 배고픔과 질병으로 죽어갔고, 몇몇은 겨우 목숨을 부지하여 본국으로 도망쳤으며 오직 몽골의 고려인 走狗인 홍복원 일가만이 40여 성의 失散人民들을 이끌고 殘命을 이어가며 몽골군이 재침해오기만을 기다리고 있었다.[48]

결국 홍복원만이 뒤에 남아 북계 40여 성의 失散人民들을 이끌고 잔명을 부지하며 몽골군이 재침해 오기를 기다렸다는 것은, 고려 내지에서 모든 몽골 자체의 세력 곧 다루가치 및 예수데르 휘하의 探馬赤軍 부대들은 이에 이르러 일단 모두 거세되었다는 말이 된다. 따라서 그 형태가 어떤 것이든 고려 안에 있었던 저들 자체의 인원들은 일단 거의 모두 제거됐음으로 다루가치 72인도 북계제성인[49]도 '盡殺'이라는 표현이 가능했을 것으로 짐작된다.

여기서 降附高麗軍民萬戶 홍복원과 함께 權皇帝 몽골征東元帥 살리타이 휘하에서 兩翼을 이루고 있었던 고려 주재 探馬赤軍의 총지휘자 좌수몽골군만호 예수데르의 살리타이 2~3차 고려침공시의 動靜을 잠깐 살피고 지나가려 한다. 홍복원의 그것과 불가분의 관계가 있다고 보아서이다.

이즈음 撒禮塔 2차 고려침공시(1231년)에 예수데르가 남겨져 돌아온 다루가치 가운데 끼어 있었던 것은 그가 곧이어 감행된 撒禮塔 3차 고려침공(1232년)을 도와 다시 고려에 파병돼온 아래의 기록을 보아 알 수 있다. 그는 대개 이때에 몽골에 돌아가서 이러저러한 몽골의 高麗

---

48) 홍복원은 1232년(몽골 태종 4, 고려 고종 19) 8월경에 있었던 살리타이 3차 침공이 실패로 돌아간 이후에도 똑 같은 임무를 맡아 고려 내지에 남게 된다.

49) 『高麗史』 권130, 열전 崔坦傳, "……坦等 詭言曰 高麗卷土將入海島 盡殺北界諸城人 故吾等殺諸城守 欲入告上國". 이는 1269년 겨울 10월경에 崔坦이 반란을 일으킨 후에, 1232년 당시의 상황을 몽골사자에게 상기시키는 詭言이다.

經略 현지상황을 보고해 몽골이 다시 고려를 침공케 유도했던 것으로
보인다.

> 此外 在先派去征討主兒扯惕(女眞) 莎郎合思(高麗)等處的帶弓箭的
> 札剌亦兒台 需要後援 至是 再派帶弓箭的也速迭兒往 後援進征 就便
> 任命爲探馬赤鎭守該地(『蒙古秘史續編』 권2, 제27절)[50]

위 기록에서 이미 살리타이가 점령해 있던 고려에서 후원을 요구하
므로 다시 예수데르를 파견해서 고려 內地의 探馬赤 鎭守로 임명했다
는 것으로 보아 이것이 撒禮塔 3차 고려침공시 기록인 것을 알게 된
다. 그런데 達魯花赤 謀殺事件이 8월 14일 쯤에 매듭지어졌던 것으로
보나 9월에는 「苔蒙古官人書」[51]가 몽골 살리타이 진영에 보내지고 있
었던 것을 보나 살리타이가 예수데르와 더불어 다시 쳐들어왔던 시기
는 대체로 예수데르 2차 고려침공시와 같은 8월말쯤이었던 것으로 생
각된다.

그런데 이 사건은 고려가 고려 주재 몽골세력권의 총본부인 西京을
들이쳐서 아주 몽골세력을 고려에서 송두리째 뽑아버리려 했던 것인
만큼, 그 뒤 몽골은 한편으로는 무력침공으로 고려를 위협하고 다른
한편으로는 사자를 보내어 이 사건의 顚末을 기어코 규명하고아 말려
했다. 바로 1240년 5월에 고려 고종에게 보낸 몽골 태종의 詔書[52]에
보이듯이, 몽골은 고려왕에게 그 主謀者를 잡아 보내라고 星火와 같이
督促하면서 "만약에 잡아 보내지 않으면 이는 고려 임금이 직접 敎令

---

50) 姚從吾·札奇斯欽, 「漢字蒙音 蒙古秘史 新譯幷註釋」, 『文史哲學報』 제9·
    10·11期 所收, 國立臺灣大學, 1938~1940.

51) 李奎報, 『東國李相國集』, 고종 19년 壬辰年(1232) 9월조의 「苔蒙古官人書」.

52) 『元高麗紀事』[國學文庫 第43編 ; 據廣倉學窘叢書重印] 太宗 12년(1240) 5월
    조의, 몽골이 고려 高宗에게 보낸 詔書.

을 내려 恣行한 짓임에 틀림이 없다!"고 했다. 고려왕 고종을 직접 처벌하겠다고 마구 윽박지르고 있었던 것이다.

그러면 洪福源과 이 사건의 주모자 閔曦와의 관계를 잠깐 되짚어 살펴보자.

우선 1231년(몽골 태종 3, 고려 고종 18) 11월 11일을 전후하여 閔曦가 분대어사로 몽골군영에 갔을 때,[53] 당시에 살리타이의 곁에서 探問으로 있으면서 몽골의 對高麗作戰에 대한 전반적인 작전을 諮問해 주고 있었던 홍복원과 기왕에 서로간에 안면이 있었을 것으로 보인다. 다시 다음 달인 12월 2일에 민희가 홍복원이나 阿土 등의 살리타이의 사자와 더불어 고려 고종을 謁見[54]하는 따위로 외교상의 接見이 자못 잦았을 것으로 보아야 할 것이다.

뿐만 아니라 그 뒤에도 홍복원은 좌수몽골군만호 예수데르와 더불어 西京에 주재하면서 降附高麗軍民萬戶 및 西京郞將이라는 벼슬살이를 하고, 민희 또한 西京巡撫使 大將軍으로 서경에서 벼슬살이를 하고 있었다. 따라서 같은 시기에 같은 장소에 머물러 있었던 이들이, 때로는 敵으로 또는 때로는 敵對的인 同僚로 각각의 업무에 종사하는 과정에서 서로 상대방의 사정을 비교적 잘 파악하고 있었으리라는 것은 미루어 짐작할 수 있다.

그렇다면 이처럼 高麗駐在 몽골세력권 핵심부의 실정에 밝았던 閔曦 등이 당시 현지 政局의 推移를 보아 이들에 대해 쿠데타를 謀議할 수 있었던 것은 결코 우연한 일만은 아니었다고 하겠다. 아울러 이처럼 풍부한 이들과의 다양한 상관관계 經驗을 구체적으로 몸소 쌓아온 터에 敵情判斷에 정확을 期할 수 있었던 민희가, 그 뒤에 서경에 잔류해 있던 홍복원 일가의 附蒙高麗軍民勢力을 拔本塞源하는 北界討伐

---

53) 『高麗史』세가 권제23, 고종 18년 11월 癸巳條.
54) 『高麗史』세가 권제23, 고종 18년 12월 壬子 翌日條.

作戰을 총지휘해서 일단 승리를 거두었던 것은 당연한 일이라고 할 수
있다.

VI. 洪福源 一家와 고려의 北界 주재 몽골勢力圈 討伐

1232년(몽골 태종 4, 고려 고종 19) 12월 16일에 마침내 몽골의 정동
총사령관인 權皇帝 몽골元帥 살리타이가 處仁部曲에서 스님 金允侯
에게 射殺됐다.[55] 이에 총사령관이 戰死하면 撤軍한다는 몽골군의 관
행에 따라 몽골군이 모두 뿔뿔이 흩어져 敗走하게 되자, 마침내 홍복
원 일가와 그 휘하들만 다시 鎭守地에 남아 있게 됐다.

이 당시 北界의 형편을 살펴보면 몽골군은 거의 모두 철수하고, 고
려는 아직 몽골-고려전쟁의 뒷수습을 못한 채로 남아 있었다. 그래서
고려군민은 여기저기서 몽골의 패잔세력을 산발적으로 討伐하고 있었
을 따름이었다. 그러니까 이즈음의 고려는 거의 통제력의 진공상태에
놓여있는 셈이었다. 그런데 고려 내지의 附蒙 몽골세력권은 끈이 떨어
진 연처럼 표류하고는 있었지만, 그래도 그 세력이 아주 꺾여버렸던
것은 아니었다. 다음의 기록은 이때의 형편을 잘 설명해 준다.

遣司諫崔璘 奉表如金 路梗 未至而還(『高麗史』세가 권23, 26ㄴ, 고
종 20년 봄 정월조)

이처럼 이즈음 北界와 滿洲 일대에는 몽골 및 그들에게 降附한 세
력이 아직도 남아 있어 금과 反몽골 유대를 다시 맺으러 갔던 것으로

---

55) 周采赫, 「撒禮塔(Sartai)와 몽골·고려전쟁」, 『고려시대의 용인』, 용인시·용인
문화원, 1998. 12, 71~101쪽 참조.

보이는 고려 사신 崔璘 등의 길을 막을 수 있었던 것이다.

그러면 이런 상황하에서 이즈음 홍복원 일가와 그 휘하의 형편은 어떠했나에 대해 살펴보자.

> ……西京人 畢賢甫 洪福源等 殺宣諭使大將軍鄭毅·朴錄全 擧城叛(『高麗史』 세가 권23, 27ㄱ, 고종 20년 5월조)

위에서 필현보와 홍복원 등이 5월에 城을 들어 叛亂을 일으켰다는 것은 바꿔 말하면 이들이 반란을 일으키기 시작했던 5월 이전에는 이들이 틀어박혀 있었던 西京等地가 모두 고려의 장악 아래 있었다는 이야기가 된다.

> 皦復遣兵 攻陷已附西京等處降民 亦刦洪福源家……(『元高麗紀事』[國學文庫 第43編 ; 據廣倉學窘叢書重印] 太宗 5년 10월조)

또한 여기서 고종(王皦)이 이때 '다시 병력을 파견해'라고 기록한 것을 보면, 撒禮塔의 3차 고려침공시 이전에는 물론, 그 직후에도 北界에 얼마간의 이들 殘敵을 끊임없이 토벌해 왔던 것이라고 볼 수 있다.

이때 몽골에서 派兵되어 온 예수데르가 거느렸던 探馬赤軍까지도 모두 철수시킬 수밖에 없었던 것으로 보면 이즈음의 사태는 홍복원 일가와 그 휘하들에게 대단히 불리했던 것으로 보인다. 어쩌면 主客이 顚倒돼 이들은 이즈음에 抗戰高麗軍民 대신 險山窮谷에 숨어 가까스로 그 잔명을 부지해가고 있었을 것만 같다.

그런데 바로 1233년 4월 24일에, 몽골사자가 '五罪'를 問責하는 詔書를 가지고 고려에 들이닥쳤다. 이런 사실은 극도로 궁지에 몰려 숨을 죽이고 있던 홍복원 일가와 그 휘하들을 크게 선동하고 고무하게 됐음은 두말 할 나위가 없다. 이처럼 어수선한 판국에 고려에 들이닥친 몽골사자는 적어도 호신용 무장병력을 대동했을 것으로 보인다. 뿐만 아니라 이 詔書의 이른바 '五罪' 가운데 홍복원이 거느렸던 北界諸城의 항부고려군민을 마구 쳐서 죽인 데에 대한 죄목도 엄연히 끼어 있는 것을 보면, 그들이 오가는 도중에 北界에 움츠리고 숨어 있던 당시의 홍복원 일가와 그 휘하들에게 어떤 配慮를 돌렸을 가능성도 없지 않다. 그래서인지 이해 5월에 접어들면서부터, 홍복원 일가와 그 휘하들은 차츰 고개를 들고 다시 북계제성을 席捲하려는 움직임을 보이기 시작했던 것이 사실이다. 이로부터 그들의 세력은 날로 커져서 이해 10월쯤에 이르러는 마침내 고려정부에서 그대로 눈감아 둘 수 없을 만큼 확대되었던 것으로 보인다. 이는 아래의 사료에 보이는 대로 이해 10월쯤에 고려정부측에서 먼저 宣諭使를 파견했던 것을 보아도 알 수 있다.

a) ……高麗人 畢賢甫與洪福源等 殺高麗宣諭使鄭毅 以西京降 高麗將崔瑀攻畢賢甫斬之 福源來奔(『新元史』 세가 권4, 태종 5년 10월 甲申條)

b) ……西京人 畢賢甫 洪福源等 殺宣諭使大將軍鄭毅·朴錄全 擧城叛(『高麗史』 세가 권23, 27ㄱ, 고종 20년 5월조)

위 사료 a)와 b)에서 필현보와 홍복원 등이 이해 10월 11일(甲申)경에 이즈음에 서경에서 반란을 일으키고 있었던, 이들을 타일러 반란을 鎭撫하러 갔던 대장군 정의와 박록전을 죽이고 노골적으로 고려정부에 대항해 무력행사를 했던 것을 알 수 있다.

그런데 여기서 사료 b)에는 사료 a)에서 10월 11일조에 기록된 것과는 달리 이 사실이 5월조에 기록돼 있는데, 이는 위에서 살펴보았듯이

1233년 4월 24일 몽골사자가 '五罪'를 問責하는 詔書를 가지고 고려에 들이닥쳤던 이후에 이들이 고개를 들기 시작했던 시기부터 이 사건을 한데 뭉뚱그려 기록했던 때문이 아닌가 한다.

  c) 暾復遣兵……(『元高麗紀事』太宗 5년 10월조)

위 사료 c)는 또한 宣諭使 살해사건이 일어난 시기가 1233년 10월 11일(甲申)쯤이었음을 재확인해 준다. 여기서 고려 고종이 이때 군대를 보냈다는 것은 정의와 박록전이 얼마간의 무장병력을 데리고 갔던 것을 일컫는 것일 가능성이 크다. 이는 당시 이곳의 상황이나 정의의 직위가 대장군이었음을 고려하면 대개 수긍이 가는 사실이라 하겠다.

> 初 大臣聞賢甫之亂 議招安 以賢甫嘗爲顗用 卽擧顗馳傳諭 旣至大同江 從者 請無遽入……(『牧隱集』・『牧隱文藁集』 권20, 傳11, 鄭氏家傳 ;『고려사』 권121, 열전 제34 忠義 10ㄴ~11ㄱ・ㄴ, 鄭顗傳)

아울러 위 기록에서 鄭顗가 畢賢甫의 亂을 宣諭하러 갔을 때에 從者를 대동하고 있었던 것은 위에 든『元高麗紀事』의 '遣兵'이라는 기록이 바로 대장군 정의와 박록전 및 그 종자를 파견한 것일 가능성을 더욱 짙게 해준다. 여기서 파견된 병력이 최우가 家兵 3,000명을 北界兵馬使 閔曦와 함께 보내어 畢賢甫와 홍복원의 근거지를 아주 뿌리 뽑던 때의 그것이 아닌 것은 뒤의 서술을 기다려 밝혀지지만, 이 경우 고려왕이 병력을 파견한 것은 10월경이요 崔瑀가 閔曦와 함께 家兵 3,000여명을 보낸 것은 그보다 2개월 뒤인 12월경으로 그 날짜가 뚜렷이 구분되는 터이다.

그렇다면 여기서 문제가 하나 생긴다. 고려는 왜 진작, 이해(1233년)

5월에 접어들면서부터 반란의 기미를 보여 왔던, 이들에 대해 서둘러 손을 쓰지 않았느냐 하는 점이다. 물론 앞서 언급한 대로 그 존재가 보잘 것 없었다는 데도 원인이 있었겠으나 이에 못지않게, 이즈음의 국내외 정세도 고려의 이러한 조처에 크게 영향을 끼쳤을 것으로 생각된다.

먼저 고려 내부의 정세를 살펴보자. 1231~1232년에 걸친 撒禮塔의 2~3차 고려침공이라는 일대의 兵禍가 고려를 온통 휩쓸고 지나간 뒤에, 아직 채 뒷수습을 못하고 있었던 이해 봄과 여름에 걸쳐, 고려에서는 여기저기서 亂賊들이 크고 작은 亂을 일으키고 있었는데 이것이 당시 고려정부의 戰後 수습에 적지 아니 영향을 끼치고 있었던 것으로 보인다.

특히 1233년 5월과 6월에 걸쳐 일어났던 東京賊의 亂은 "僵屍가 수십 리에 흩어져 있었다"거나, 이들이 官軍과 交戰하기에 앞서 "이미 모든 郡에 通牒해 서로 날짜를 정해서 모이기를 기약했는데 李子晟이 갑자기 들이닥쳤다는 말을 듣고 모두 헤어졌다"는 점 및 또는 中軍兵馬使 上將軍 李子晟이 몸소 병력을 거느리고 출동하지 않을 수 없었던 것으로 보아 그 규모가 상당히 컸던 것을 알 수 있다.[56]

이러한 국내정세가 홍복원과 필현보 일당의 움직임과 서로간에 영향을 주고받았음은 물론일 터이고 보면, 자연히 고려정부가 필현보와

---

56) 『高麗史節要』권16, 16ㄴ, 고종 20년 여름 4월 ; 『고려사』권103, 38ㄴ, 열전 제39 李子晟傳, "命上將軍李子晟 爲中軍兵馬使 討龍門倉賊 獲其魁居卜·往心等 誅之". 여기에서 1233년 4월 龍門倉에서 亂이 일어났음을 알 수 있다.
『高麗史節要』권16, 16ㄴ~17ㄱ, 고종 20년 5월, "又遣李子晟 討東京賊 崔山·李儒等 六月 子晟 帥師倍道 趣永州 入據州城……奮擊大敗之 僵屍數十里 斬山等數十人 下令曰 脅從罔治 民大悅 東京遂平 子晟之未至永州也 賊已移牒諸郡 刻日期會 聞子晟猝至 皆解". 여기에서는 이해(1233) 5~6월에 걸쳐 東京에서 크게 난이 일어났던 사정을 알 수 있다.

홍복원 일당을 토벌하는 데도 당연히 일정한 영향을 끼쳤을 것으로 짐작된다.

이어서 당시 몽골측의 동향을 살펴보려 한다. 몽골 征東軍側의 중앙부에서는 1233년(몽골 太宗 5, 고려 고종 20) 2月에 제왕이 모여앉아 고려 북방 東眞國의 蒲鮮萬奴軍의 토벌을 의논하고, 곧 이어 이를 결행한다. 그리고 遼陽의 石城 等處에서 토벌을 계속하다가 마침내 이해 9月에는 蒲鮮萬奴를 사로잡았다.[57) 金朝가 멸망하는 1234년의 바로 전해인 1233년에 東眞國의 중앙부도 드디어 몽골군에 함락되었던 것이다.

그런데 몽골군이 바로 요양의 석성 등에서 蒲鮮萬奴軍 토벌전을 격렬하게 벌이고 있던 1233년 9月까지는 아무래도 고려가 홍복원이나 필현보 등의 附蒙고려군민 세력권을 다루는데, 이와 같은 인근 지대에서의 몽골군의 대규모 군사행동에 마음을 쓰지 않을 수 없었을 것으로 생각된다.

그래서 그런지, 고려진영은 몽골군이 1233년 9月에 東眞國의 蒲鮮萬奴를 사로잡아 돌아간 이후인 1233년 10月부터서야 비로소 홍복원과 필현보 등 고려 北界주재 附蒙세력권에 본격적으로 손을 대기 시작한다.

---

57) 가)『元史』권2, 본기 제2, 太宗 5년 2月條 ; [ ]은 楊家駱 主編, 中國學術類編 鼎文書局 印行, 1977,『元史』의 내용, "幸托里圖[鐵列都之]地 詔諸王議伐萬奴 遂命皇子庫裕克[貴由]及諸王阿齊台[按赤帶] 將左翼 軍討之".
   나)『元史』권2, 본기 제2, 太宗 5년 9月條, "擒萬奴".
   위 사료 가)와 나)에서, 1233년 2~9월 사이에 걸쳐 몽골군이 東眞國의 蒲鮮萬奴軍 征討를 하고 있었던 것을 알겠고,『東國李相國集』의「密告女眞漢兒文」에 보이듯이 이런 일들은 蒲鮮萬奴軍의 최후거점이었던 遼陽의 석성을 중심으로 이루어졌던 것임을 알 수 있다.

高麗悉衆來攻西京 屠其民 劫大宣以東福源遂盡 以所招集北界之衆
來歸 處於遼陽·瀋陽之間 帝嘉其忠(『元史』권154, 열전 제41 홍복원
전, 태종 5년 癸巳 겨울 10月條)

여기서 우리는 이즈음 몽골군의 동향이 고려의 홍복원 일가와 그 휘
하들의 토벌에 크게 영향력을 미쳤던 것을 알 수 있다. 이때 고려가 홍
대선이 자리잡고 있던 서경 이동까지만 공격했던 것은 대개 직접적으
로 몽골과의 전쟁을 도발하지 않고, 교묘하게 고려 내지에 머물러 있
는 몽골세력 및 附蒙고려군민 세력을 타격하려는 데에 그 목적이 있었
던 것이었다고 하겠다. 고려의 이런 대몽 제한전쟁은 홍대선 이서지역
을 그대로 보류한 채로 방치해 둠으로써, 몽골군과의 직접 충돌을 피
하고 고려와 동진국의 연맹항전전선 결성의 가능성에 대한 몽골의 염
려도 덜어주어 몽골군이 마음놓고 金朝 및 만주지역의 그 잔여세력 공
격에 전념하게 간접적으로 고려가 협조하는 결과를 가져왔을 것으로
보인다.

그러면 다시, 鄭毅가 畢賢甫와 洪福源 등의 반란을 宣諭할 때의 홍
복원 일가와 그 휘하들의 사정을 좀 더 구체적으로 살펴보고 나서, 閔
曦 등의 홍복원 일가와 그 휘하라는 北界 駐在 降附高麗軍民 세력권
討伐戰에 관한 문제를 취급해 보기로 하겠다.

……旣見賢甫 賢甫得大將軍(顗) 欲以大將軍爲主 且誘且脅 大將軍
(顗)竟不屈遇害(『牧隱文藁集』권20, 傳11, 鄭氏家傳)

위에 보이듯이 叛賊들은 정의를 얻은 것을 크게 기뻐해서 그를 반
란의 주동자로 삼으려고 꾀어보기도 하고 협박해 보기도 했다. 정의가
끝내 이를 받아들이지 않아 정의는 살해되고 그들의 의도는 실패로 돌

아가고 말았다. 그런데 문제는 이즈음에 항부고려군민만호이자 서경랑장을 지내고 있던 항부고려군민들의 두령격인 홍복원이 엄연히 있었는데도 불구하고, 왜 하필 西京 宣諭使로 대장군인 鄭毅[58]를 반란의 주동자로 내세우려 했었던가 하는 점이다.

생각건대 몽골군의 세력을 배경으로 삼고서만 北界의 고려군민을 자기 휘하에 이끌어 넣을 수 있었던 홍복원이, 1232년 12월 16일에 권황제 몽골원수 살리타이가 전사해 몽골군이 총퇴각한 이후에는 몽골의 지원을 받지 못하고 끈이 떨어진 연처럼 상당히 표류하고 있었던 것 같다. 그러므로 고려정부의 권력배경을 등에 업고 정식으로 북계에 군림해온 대장군인 그의 威名을 앞에 내세워 자기들의 반란 명분을 세우고 자기들의 행동을 합리화해, 풀이 죽어 있던 휘하의 세력들을 다시 묶어 세우려 했던 것으로 보인다. 그 후 홍복원과 필현보 휘하 세력들은 약 반달 남짓 더 버티다가 1233년 12월에 최우가 북계병마사 민희와 함께 보낸 家兵 3,000명의 토벌로 초토화되고 만다. 몽골무력의 배경을 잃은 홍복원 휘하는 이처럼 무력한 잔여세력으로서만 당시에 겨우 명맥만을 유지하고 있었던 것이 드러난 셈이다. 이 토벌과정에서 필현보는 붙잡혀 저자거리에서 허리가 잘려 죽는 참형을 당했고, 洪福源은 遼陽·瀋陽 쪽으로 도주했으며, 그의 아버지 洪大純[宣]과 아우 洪百壽 및 그 자녀는 모두 사로잡히게 된다.

崔瑀 家兵三千 與北界兵馬使閔曦 討之 獲賢甫送京 腰斬于市 福源 逃入蒙古 擒其父大純 弟百壽及其子女 悉徙餘民於海島 西京 遂爲丘 墟(『高麗史』 세가 권23, 27ㄱ·ㄴ, 고종 20년 12월조)

고려는 이렇게 하여 마침내 홍복원 일가와 그 휘하를 일망타진하고,

---

58) 『牧隱文藁集』 권20, 傳11, 鄭氏家傳에는 鄭顗로 표기되어 있다.

남은 백성은 모두 섬으로 옮겨 西京을 깨끗이 비움으로써, 이들이 몽골 및 항부한 고려군민에게 다시는 더 역이용당하지 않도록 단호한 대비책을 세웠던 것이다.

> 賞西京征討軍士有差(『高麗史』세가 권23, 27ㄴ, 고종 21년 봄 정월 庚戌條)
>
> 遣兵部侍郎洪鈞 安撫西京(『高麗史』세가 권23, 27ㄴ, 고종 21년 봄 정월 壬戌條)

위에서, 그 이듬해인 1234년(고려 고종 21) 1월 11일(庚戌)에 이르러서야 비로소 홍복원과 필현보 휘하의 叛賊 소탕전에 대한 논공행상이 있었고, 그달 23일(壬戌)이 되어서야 겨우 병부시랑 洪鈞을 보내 서경을 按舞했던 것을 알게 된다. 따라서 이들에 대한 소탕전은 대개 1234년 正初까지 계속되고 있었던 것으로 볼 수 있다.[59] 이 모두가 당시까

---

59) 이상의 서술을 통하여, 나는 여기서 이케우치 히로시(池內宏)의 고려의 北界 討伐에 대한 所見을 간략하게 비판해보려 한다. 池內宏, 「蒙古の高麗征伐」, 『滿鮮地理歷史報告』第十, 151~152쪽에 보면,

"'고종세가'와 '홍복원전'에서 홍복원 등이 宣諭使를 살해한 것은 5월조 끝에, 최우의 가병이 서경에 출정한 것은 12월조에 있어서, 이 두 가지 사실이 반년이나 간격이 있는 것은 긍정하기 어렵다. 또한 그 사이에 다른 기사가 없다는 것도 주목해야 할 일이다. 다만 이듬해 정월 이에 대한 논공행상 및 뒤처리를 기록한 기사에 庚戌과 壬午로 그 날짜를 밝힌 것으로 보아, 이 기사만은 날짜의 정확성을 보장할 수 있는 것으로 된다. 생각건대 그 밖의 기사는 『고려사』의 編者가 이를 기준으로 해서 적당히 날짜를 기록해 넣은 것 같다. 또한 이로 미루어보아 최우의 가병이 서경에 출정한 사실이 12월조에 기록돼 있는 것은 대강 맞는다고 하겠다. 『元高麗紀事』와 『元史』 '홍복원'전에는 '瞰復遣兵 攻陷已附西京等處降民 亦刦洪福源家'라고 해서 이를 10월조에 기록하고 있는 바, 이는 본서가 날짜의 오기가 많은 것으로서 새삼스러이 신빙성이 없다는 것을 느끼게 된다."라고 했다.

본 논문을 읽어오면서, 이케우치가 오류를 범하고 있음을 자각케 될 터이다. 사료들의 날짜 오판과 오기에 따른 오류가 아니라, 도리어 이케우치가 사료

지의 군사 최강국 금나라가 신흥 몽골제국군에게 멸망당한 1234년 전
야에 벌어진 일들이었다.

VII. 맺음말

이상에서 서술한 내용을 간추려보면 아래와 같다.

홍대선이 아들 홍복원과 그의 隸下 軍民을 거느리고 맨 처음 蒙兵
을 迎降했던 것은 1218년(몽골 태조 13, 고려 고종 5) 12월 1일경이었
다. 이때 몽골元帥 哈眞(Khajin)과 副元帥 箚剌(札剌, Djala)-撒禮塔
(Sartai)는 金山 왕자와 金始 왕자 등이 거느린 거란의 敗殘兵을 추격하
여 고려의 和·孟·順·德 4城을 攻破하면서 이들 거란군의 고려 境
內 최후 보루이었던 江東城을 향해 進軍하는 참이었다. 이즈음 고려
도 북계병마사의 지휘 아래, 1216년(몽골 태조 11, 고려 고종 3)경부터
줄곧 고려에 들어와 소란을 피우고 있던, 거란의 잔여병력을 토벌하고
있던 참이므로 北界에서 鎭守를 맡고 있던 洪福源의 아버지 인주도령
洪大宣도 당연히 이에 동원됐다. 따라서 이런 경우에 같은 지대에서
같은 적을 쫓고 있던 고려군과 몽골군이 마주치게 된 것은 결코 우연
이 아니었다. 바로 이런 상황하에서 고려의 北界 鎭守軍 麟州都領 홍

만을 각각 단편적으로 따로 떼어 모아 당시의 국내외 정세와 상호 유기적으
로 작용하는 가운데 생겨난 사실들을 총체적인 역사적 흐름 속에서 파악해
읽어내지 않고, 간편하게 떼어낸 조각 문자 해석에만 치중한 데서 저질러진
매우 잘못된 견해임을 알 수 있게 된다.

또한『元高麗紀事』및『元史』홍복원전에 10월에 "고종이 다시 병력을 파견
해……"라고 쓴 기사는 정의와 박록전이 홍복원과 필현보의 반란을 宣諭하
러 갔던 사실을 기록한 것이지, 1233년 12월경에 최우가 민희와 함께 가병
3,000여 명을 보내 그들을 拔本塞源했던 기사는 아니다. 이는 바로 위의 上記
본문에서 이미 論證해보았던 터이다.

대선과, 고려 경내의 거란賊을 쳐준다는 군사원조의 명분을 들고 고려에 들어와 차후의 본격적 침공을 위한 전투정찰차 고려에 침공한 哈眞(Khajin)과 札剌(Djala)-撒禮塔(Sartai) 휘하의 몽골군이 처음 마주치게 된 터였다.

그런데 이즈음의 몽골군은 이곳의 풍토나 지형지물 등에 전혀 낯이 설었던 터이므로, 현지의 작전수행상 커다란 난관에 부딪치지 않을 수 없었다. 그들은 이때 공교롭게도 고려 北界의 유명한 요새지인 강동성 부근에서 엄청난 눈사태를 만나 兵站線이 끊기게 되었다. 이에 이르러 마침내 그들은 當地 거란賊의 지구적인 산악방어전에 깊숙이 말려들게 되어, 추위와 굶주림 속에서 막다른 골목을 헤매고 있었다.

이러한 절망적인 처지에서 몽골군은 인주도령 홍대선이 거느린 고려의 3,000여 정예부대를 만나게 되었다. 추측컨대 이로부터 고려 경내에 침공한 몽골군은 비로소 다시 활기를 띠고 고려측에 구원을 청해 당면한 위기를 극복하는 한편, 고려와 합세하여 마침내 강동성에 入保한 거란 잔여세력을 소탕할 수 있었던 것으로 보인다.

이처럼 홍대선의 몽골군 영합은, 어디까지나 고려와 몽골의 합동작전과정에서 이루어졌던 서로간의 提携였다. 그러나 몽골의 고려 침공이 바로 고려 경내에 3만여 병력을 무단 진공시킨 몽골군과 고려군의 합동 거란적 토벌전에서 비롯되고, 이 강동성 몽골·고려 연합의 거란적 토벌전이라는 구실하에 몽골군의 고려 북계 전투정찰 수행에서부터 그 서전을 연 것이 확실한 이상, 이들 홍대선·홍복원 일가도 이것이 빌미가 되어 그 후 계속 고려에 반역해 몽골에 항부하며 몽골의 고려침공의 첨병역을 맡게 됐던 것이라 하겠다.

뿐만 아니라 실은, 그들의 鎭守地域인 麟州城이 고려의 북방 邊界 최전선 주요 관문인 咸新鎭과 지근 거리로 인접해 있었던 만큼 1218년 당시의 인주도령 홍대선과 그의 아들로, 1231년경에는 이미 麟州神騎

都領이 돼서 아버지의 뒤를 이어 인주성의 진수를 맡았던 洪福源으로 대표되는 이들 洪氏 일가가, 당시의 몽골세력의 돌풍과 같은 흥기를 가장 잘 감지하고 있었을 수도 있다. 더군다나 홍대선이 그의 아들 홍복원을 神騎都領으로 키울 만큼 기병의 위력에 대해 숙지하는 존재였다면 당시 몽골경기병의 폭풍노도와도 같은 군사행동의 위용을 몰랐을 리가 없다고 하겠다.

몽골과 고려의 첫 충돌이 벌어진 것은 몽골이 금나라 공격을 시작한 1211년(몽골 태조 6, 고려 熙宗 7)이다. 金이 고려 희종의 생신 축하사절로 完顔惟孚를 보내오자 이에 대한 감사의 답례로 장군 金良器외 수행원 9인을 보냈는데 金의 通州에 이르러 김량기가 사살되고 나머지도 모두 몰살돼 金이 유골을 거두어 보내는 慘事[60])로 첫 관계가 이루어진 것이다. 그러니까 몽골의 1211~1214년에 걸친 제1차 금조침공기의 일로, 이는 敵情에 밝은 몽골군의 통례로 보아 伐金征服戰爭의 일환으로, 특히 金朝의 기원지인 만주 일대를 공략하고 고려반도 내지 일본열도를 정벌하는 征東의 전역을 치르면서 먼저 금-고려 抗蒙連帶 가능성을 사전에 차단하려는 의도적인 공격행위였다고 보아야 할 것이다.

그로부터 7년 후인 1218년(몽골 태조 13, 고려 고종 5)에 몽골元帥 哈眞(Khajin) 및 副元帥 箚剌(札剌, Djala)가 군사 1만을 거느리고 고려의 東北方 隣國 東眞國의 蒲鮮萬奴가 보낸 完顔子淵의 군 2만과 함께 거란적을 친다고 聲言하고, 和·孟·順·德州의 4城을 공격하여 이를 破하고 곧 江東城으로 향했다. 물론 고려 경내에 틈입한 거란 餘賊을 토벌해 준다는 명분으로 뒷날에 미화했지만, 7년 전에 金-高麗間의 고려사신 일행을 몰살한 데 이어 이유야 어쨌든 남의 나라 국경을

---

60)『高麗史』세가 熙宗 5월조.

사전에 허락도 없이 무려 3만 대군을 거느리고 쳐들어와서, 4城이나
공파하며 강동성에 이른 것은 명백한 전투행위가 아닐 수 없다. 물론 4
성이 공파되는 과정에서 전투가 있었는지, 있었다면 얼마나 참담했는
지는 기록이 없어 알 길이 없지만, 성을 쌓고 방어를 하는 요새지임에
는 틀림이 없고 보면 그냥 통과했을 수만은 없었을 것으로 보인다. 물
론 당시의 몽골측 기록에는 예외 없이 이를 몽골의 고려정벌과 고려왕
의 降附로 적고 있다. 당연히 고려 內地에 침입한 고려의 거란적을 토
벌하는 군사원조과정을 통해서, 몽골이 병력의 손실이 거의 없이 고려
의 北界要塞를 전투정찰하는 한편 고려를 몽골 편으로 끌어들여 중간
에 있는 특히 金朝의 기원지인 만주를 고려와 함께 협공하는 것이 당
시 몽골측의 최상의 대응책이 된다.

　바로 이러한 동북아시아의 전황판도 속에서, 인주도령으로 고려 서
북면 최일선 요새지대 鎭守를 책임지고 있어 당시의 동북아정세를 꿰
뚫어보고 있었을 홍복원 일가의 선택은 그들 나름의 先見之明으로 감
행한 다분히 의도적인 것일 수도 있었다.

　그 후 몽골은 1225년의 이른바 몽골사자 著古與 살해사건을 트집잡
아, 마침내 당시에 이미 征東軍 元帥로 진급해 權皇帝의 자격을 자칭
하는 막강한 지위에 오른 箚剌(札剌, Djala)-撒禮塔(Sartai)의 지휘하에
1231년(몽골 태종 3, 고려 고종 18)에 - 강동성 전역으로 상징되는 撒禮
塔 1차 고려침공이 있은 지 13년 만에 - 다시 본격적으로 撒禮塔 2차
고려침공을 결행하게 되었다. 元帥 哈眞(Khajin) 및 副元帥 箚剌(札剌,
Djala)-撒禮塔(Sartai) 휘하의 3만 대군은 回軍하면서 東眞官人 및 그 휘
하의 41인을 義州에 留屯케 하고 그들에게 고려어를 익히면서 저들이
다시 쳐들어올 때까지 기다리라고 명령했다.[61] "다시 쳐들어오마!" 하

---

61)『高麗史』세가 권제22, 고종 6년 2월 己未條, "二月己未 哈眞等還 以東眞官
　　人及傔從四十一人留義州曰 爾等習高麗語 以待吾復來".

던 살리타이가 그 언약 - 고려침공 작전계획 - 을 실행에 옮긴 것이다.

　그런데 이때의 몽골元帥 權皇帝 살리타이가 바로 13년 전 강동성 몽골·고려 합동 거란적 토벌전역 때의 몽골 부원수 箚剌(札剌, Djala) 그 사람이었으므로,[62] 당연히 기왕에 洪福源 一家와 知面의 사이였다. 그러므로 箚剌(札剌 : Djala)-撒禮塔(Sartai)가 몽골군을 거느리고 咸新鎭에 쳐들어오자 홍복원 일가는 이내 그들을 다시 迎降하게 됐던 것이다. 이때 이미 성장해 그의 아버지 홍대선을 대신해 麟州神騎都領이라는 고려의 軍官으로, 인주의 병력을 지휘하던 洪福源은 編民 1500호와 부근의 붙좇는 軍民을 이끌고 몽골진영에 再投降했다.

　그런데 문제는, 1231년(몽골 태종 3, 고려 고종 18)의 撒禮塔 2차 고려침공시의 인주신기도령 홍복원의 蒙兵 영향은 그의 아버지 인주도령 홍대선이 13년 전 강동성 전역으로 상징되는 撒禮塔 1차 고려침공시에 蒙兵을 迎降한 것과는 그 성격이 크게 다르다는 점이다. 고려 군관 麟州都領 洪大宣은 강동성 전역에서 고려 경내에 進攻해온 몽골군을 도와 고려 내지에 闖入해 있는 거란賊을 쳤지만, 그로부터 13년 후에 그의 아들인 麟州神騎都領 洪福源은 고려 군관으로 휘하를 거느리고 몽골군영의 探問노릇을 해가며, 자기 조국 고려를 침공하는 전투를 직접 돕게 되었기 때문이다. 이는 洪福源의 명백한 故國 고려에 대한 정면적이고 노골적인 반역행위였던 것이다.

　마침내 홍복원이 거느린 병력은 살리타이의 예하부대에 배속되어 몽골군의 고려침공전에 嚮導兵으로 동원되었고, 홍복원 그 자신은 주

---

62) 周采赫, 「札剌와 撒禮塔」, 『史叢』 제21·22합집, 姜晉哲교수화갑기념한국사학논총, 고려대 사학회, 1977. 10, 283~302쪽 참조. 여기에서는 야나이 와다루(箭內亘)가, 札剌(Djala)와 撒禮塔(Sartai)가 別個의 두 인물이라고 지적한 데(箭內亘, 「蒙古의 高麗經略」, 『滿鮮地理歷史硏究報告』 4, 東京帝大, 1918, 277~280쪽 및 296~297쪽의 註65)에 대하여, 그의 견해를 구체적으로 조목조목 비판하여 이들이 同名同人의 異稱들에 불과함을 고증하고 있다.

로 살리타이의 곁에서 그의 고려침공작전을 몸소 돕게 되었다. 또 얼마간의 그의 예하 병력은 전투가 진행됨에 따라 몽골이 점령한 지역에 남아 예수데르 휘하의 探馬赤鎭守軍을 도와 점령지의 경계와 軍政을 함께 맡는 전투지원임무를 수행하기도 했다.

그리고 몽골군이 북계 40여 성을 휩쓸고 그 선봉부대가 개경 부근에 이르게 되면서, 홍복원은 몽골사자를 도와 고려정부와의 협상에 참여하기도 했다. 곧 1231년 12월 1일에는 阿土와 더불어 開京에 와서 이튿날인 12월 2일에는 고려 고종을 謁見하고 살리타이의 文牒을 전했던 것이다. 이에 고려측에서는 12월 5일에 고종이 왕족 淮安公 王侹을 살리타이의 주둔지에 보내어 講和를 요청하게 되었다.

여기서 그들이 점령했던 이른바 40여 성이란 대체로 北界諸城을 가리키는 것이다.63) 이는 고려를 장악하는 데서 결정적으로 중요한 요새들로 여기에 몽골 達魯花赤가 배치되어 戰後에 이곳을 확고하게 틀어쥐려 苦戰했다는 것은 오히려 당연한 일이라고 하겠다.64)

---

63) 주채혁, 「初期麗·元戰爭과 北界四十餘城 問題」, 『史學會誌』 합본 2집, 연세대 사학연구회, 1970, 209~212쪽에서는 北界諸州縣 또는 北界諸城은 약 40여 성으로 통칭되고 있다는 점을 밝혔다. 여기서 京府까지 합하면 그 성수에 비해 72인 곧 완전편제에서의 36개조의 다루가치는 결코 많은 숫자가 될 수는 없다. 이 논문에서는 특히, 이케우치 히로시(池內宏), 「蒙古の高麗征伐」, 『滿鮮地理歷史報告』 第十, 1924, 134~137쪽 및 150쪽에서 그가 撒禮塔(Sartai)가 攻取해 '設官分鎭'했다는 이른바 '北界四十城'에 대한 기록을 誤記로 보고 이 史實을 부정한 데에 대하여, 이를 일일이 비판하고 그 기록이 實在했던 史實임을 뒷받침하는 고증을 매우 자상하게 전개하고 있다.

64) 주채혁, 「高麗內地의 達魯花赤 置廢에 관한 小考」, 『淸大史林』 1輯, 청주대 사학회, 1974. 12, 89~119쪽에서는 李齊賢, 『益齋集』, 「櫟翁稗說」 前集 第1 ; 이케우치 히로시(池內宏), 「蒙古の高麗征伐」, 『滿鮮地理歷史報告』 第十, 145쪽, 주36) ; 那珂通世, 『那珂通世遺稿』 ; 柯劭忞, 『新元史考證』 권4, 國立北京大學 硏究院 文史部 등에 의해서 부정되고 있는 北界諸城의 '設官分鎭' 達魯花赤 置廢 문제에 대하여, 그들의 견해를 비판하고, 이 기록을 당시의 상황과 연관시켜 그 實在 可能性 儼存을 실증하고 있다. 그러니까 史料에 나

따라서 洪福源이 바로 고려의 要塞地帶인 北界에서 태어나서 그동 안 이곳에서 주로 군사활동을 해왔다는 사실은, 그의 투항 이후의 역할에 결정적으로 중요한 의미를 부여하는 사실일 수 있다.

홍복원은 몽골에 투항하면서부터 그가 고종 20년 12월경에 당시에는 몽골권에 든 遼瀋地方으로 쫓겨 들어갈 때까지 계속해서 이 고려의 북계제성을 본거지로 삼아 일련의 어떤 활약을 했던 것은 사실이다. 征高麗 戰役에서 몽골이 노리는 주공 목표가 개경 이전에는 당연히 북계제성이었다는 사실은 고사하고라도, 일단 점령한 고려의 북계제성을 鎭守하는 데서의 홍복원 일가 예하 세력의 위치는 그 점령과정 이상으로 더 절실히 중요한 것일 수밖에 없었다. 그래서 達魯花赤 72명을 뒷받침하는 무장력이었거나 아니면 다루가치 세력권 그 자체이었을 예수데르 휘하의 探馬赤鎭守軍도 홍복원 휘하의 항부고려군민들과 함께 남아서 북계제성의 진수를 공동으로 맡았던 것이다. 探馬赤軍이 몽골인 이외의 사람들로 편성된 부대라면, 홍복원 휘하부대도 애당초 이에 소속된 부대이었을 가능성이 있기도 하다. 그런데 예수데르 휘하의 探馬赤鎭守軍이 모두 몽골권역 내로 철수한 이후에까지 끝내 몽골 치하의 北界를 고려의 거센 逆襲 속에서 鎭守하는 데 결정적인 역할을 한 것은 역시 홍복원 휘하의 항부고려군민이었다.

홍복원은 몽골군영에 투항한 이래로 몽골군 쪽에서 麟州 探問이라는 역을 맡아오다가 1231년(몽골 太宗 13, 고려 고종 18) 12월 23일경에 몽골과 고려간에 정식으로 講和가 이루어짐에 따라 그의 몽골군영에서의 지위가 크게 달라졌다. 몽골정부에서 마침내 그에게 管領歸附高麗軍民萬戶라는 높은 벼슬을 주었고, 다른 한편으로 고려측에서도 오히려 麟州神騎都領이었던 그를 일약 西京郎將으로 特進시켰다. 몽골

타나는 '設官分鎭'의 기록은 誤記가 아니라는 反證을 위한 考證을 해낸 것이다.

정부에서 그에게 이런 직위를 내린 것은 그간 그가 몽골의 고려 經略에서 세운 공로에 대한 논공행상의 성격을 갖는 것이겠지만, 고려정부에서 그를 서경랑장으로 특진시킨 것은 양 진영의 강화외교에서 막강한 실무역을 담당하고 있던 그의 직능을 직시하고 이 일을 처리하기 위한 균형감각을 잃지 않은 행위였던 것으로 보인다. 물론 장래에 있을 수 있는 몽골과의 사대외교를 원만히 수행해내기 위한 豫備 布石일 수가 있다.

이런 과정을 통해서 일단 강화조약이 체결되었지만, 점령지역을 강화조약 체결로만 放置해 둘 몽골군은 물론 아니었다. 그들은 잇달아 다음 수순으로 北界諸城의 民戶를 點呼해 새로이 편성함으로써, 이들을 고려의 북방 東眞國의 蒲鮮萬奴 征討軍으로 동원하려 했다. 이 일에 앞장을 서서 星火와 같이 민호의 점호를 서둘렀던 것은 당연히 고려 駐在 몽골세력권이었다.

몽골은 고려의 병력을 蒲鮮萬奴 征討軍으로 동원해 이들을 討滅함으로써 몽골국의 병력 손실이 없이 蒲鮮萬奴軍을 장악할 수 있을 뿐만 아니라, 더욱 중요한 것은 이렇게 함으로써 고려군이 蒲鮮萬奴軍 征討戰에서 그들의 전투력을 소모하고, 고려와 東眞國간의 적대관계를 심화시켜 그들이 몽골에의 자진 예속을 불가피하게 유도해가는 것이었다. 以夷制夷의 전략으로 自國 국력 손실을 최소화 하며 적을 가장 효과적으로 손에 넣는 확고한 방법을 몽골이 선택하고 있었던 것이라 하겠다.

그렇지만 이를 눈치채지 못했을 리가 없는 고려는, 몽골군의 철군과 거의 동시에 즉시 고려 주재 몽골세력권에 대한 맹렬한 逆襲을 감행케된다. 이렇게 하여 北界에 머물러 있던 홍복원 휘하 항부고려군민 세력과 예수데르 휘하의 探馬赤鎭守軍이 일대 타격을 받게 되었다. 이때 몽골 다루가치와 예수데르 휘하의 探馬赤鎭守軍이 거의 전멸상태에 이르게 되었던 것이다.

이에 대하여 그 후 몽골이 끈질기게 고려에 그 책임을 추궁해 왔던 것은 그 후 몽골-고려간에 오갔던 문첩들에 그 내용들이 잘 기록돼 있다. 몽골은 지속적으로 고려에 대해 문책을 다그치는 한편, 얼마간의 達魯花赤를 다시 더 파견해 그 진영을 보충·보강하며 고려의 역습에 대응했다.

이에 應戰해 고려는 몽골측의 虛實을 살펴가면서 事大外交와 逆襲戰鬪를 和戰兩面으로 적시 적절하게 펼쳐가다가 마침내, 1232년(몽골 태종 4, 고려 고종 19) 5~7월에 걸쳐서 蒲鮮萬奴軍 征討軍 파병을 요청하러 왔던 것이 틀림없는 몽골사자 9명이 開京에 왔다가는 것을 전후해 노골적인 反蒙武力抗戰의 旗幟를 치켜들게 된다.

그 결정적인 措置는 물론 이들 몽골사자 9명의 來往을 전후해 이루어졌던 1232년 6월 16일의 고려의 江華遷都다. 물론 이와 동시에 고려는 고려 주둔 몽골세력권에 대한 치열한 反擊戰을 개시했다. 예컨대 1232년 7월 3~6일 사이에 있었던 內侍 尹復昌이 北界諸城 達魯花赤의 무장을 해제해 가다가 宣州에 이르러 오히려 그들에게 射殺된 일이라든가, 8월 초~중순경에 西京에서 일어났던 大將軍 閔曦 등의 反蒙쿠데타謀議 등이 이를 잘 말해 주고 있다. 前者는 몽골사자가 다녀간 바로 그 당시에 일어난 일이며, 後者는 그 후 약 한달 남짓 시간이 경과한 뒤에 생겼던 사건이다. 특히 후자의 경우는, 그것이 비록 1232년 가을 撒禮塔 3차 고려침공의 풍문이 떠도는 분위기 속에서 附蒙勢力의 反抗으로 流産되기는 했지만 左手蒙古軍萬戶 예수데르(也速迭兒, Yesüder)와 管領歸附高麗軍民萬戶 洪福源이 주둔하는, 바로 고려 주재 몽골세력권의 심장부인 北界의 중앙 西京에서 있었던 擧事謀議라는 점에서 본질적이고 결정적인 큰 의미를 갖는 것이라고 할 수 있다.

요컨대 이즈음의 고려는 우선 事大外交로 몽골사자의 파병 요청을
실천하는 형식을 취해 北界 諸城民을 點呼한다는 구실로 그들을 이끌
어낸 다음에, 達魯花赤와 현지 주둔 몽골세력권을 맹렬히 타격하는 가
운데 淸野戰術을 驅使해, 이들 북계제성 軍民을 데리고 海島와 山城
으로 들어가 持久的인 抗蒙戰爭戰列을 가다듬었던 것이라 하겠다. 征
高麗戰役의 고려 현지화라는 몽골의 常習的인 以夷制夷의 전략에 대
응해 淸野戰術을 써서 몽골군이 역이용할 수 있는 인력과 물력을 모
두 다 현지에서 제거해버렸던 것이다.

이에 이르러는 마침내 고려 주둔 達魯花赤와 몽골세력권이 대부분
다 살해되고 두 萬戶 등의 지도부만 겨우 殘命을 扶持해, 左手蒙古軍
萬戶 예수데르 등은 고려 현지를 벗어나 몽골영향권 내로 도망해서 몽
골본영에 征高麗 戰役의 재개와 이에 필요한 지원병력을 요청하게 되
었고, 管領歸附高麗軍民萬戶 홍복원 등은 그대로 현지에서 겨우 명맥
을 유지한 채로 고려군의 토벌전에 쫓기면서 북계제성의 '失散人民'을
收拾하는 가운데 몽골군의 고려 재침공, 구원만을 고대하고 있었다.

마침내 1232년 8월말경에 撒禮塔 3차 고려침공이 再開되자, 홍복원
과 그 휘하세력들이 이에 편승해 몽골의 고려침공전에 다시 加擔하게
됐다. 그런데 거칠 것이 없이 남하를 계속하던 몽골군이 이해인 1232
년 12월 16일에 몽골의 총사령관인 權皇帝 撒禮塔(Sartai)가 고려 水州
의 屬邑 處仁部曲에서 스님 김윤후에게 사살되자, 몽골군은 총사령관
이 戰死하면 전군이 撤退하는 몽골군의 관행에 따라 고려 현지 戰場
에서 몽골군이 모두 몽골쪽으로 撤收해 가게 됐다. 그러나 홍복원 휘
하 附蒙고려군민들은 여전히 고려 현지 전장에 남아 그 뒷수습을 도맡
았다. 몽골군이 모두 철수한 몽골군사력의 공백상태가 되어버린 고려
전장. 현지에 남은 홍복원 휘하세력은 1231년 撒禮塔 2차 고려침공시
처럼 다시 그런 임무를 담당하고 잔류했던 것이다. 물론 금번 그들의

몽골군 전면 철수 후의 사후수습 상황은, 이전의 1232년 8월말경에 撒禮塔 3차 고려침공시의 그것과는 크게 달랐다. 이내 고려의 역습을 치명적으로 당하지 않을 수 없었기 때문이다.

바로 이듬해인 1233년(몽골 태종 5, 고려 고종 20) 4월 24일에 몽골의 총사령관인 撒禮塔(Sartai)를 사살한 몽골 征東戰役史上의 일대 사건을 위시하여, 그간 고려가 몽골에 대해 저지른 이른바 5개의 큰 죄악 −'五罪'를 문책하는, 몽골사자 일행이 고려에 왔다. 당시 고려의 맹렬한 포위토벌전으로 거의 死境을 헤매고 있던 홍복원 휘하세력들은 이에 고무되어 고개를 들기 시작했음은 물론이다.

그렇지만 당시 고려의 국내외 정세는 이들의 준동을 간섭할 겨를이 없었다. 대외적으로는 몽골군이 고려 北方의 東眞國 蒲鮮萬奴軍을 토멸하는 막바지 전쟁을 대대적으로 치열하게 벌이고 있었고, 이런 토벌전은 1233년 9월까지 계속되고 있었다. 이런 판국에 고려가 고려국내 잔존 몽골세력권인 홍복원 휘하 세력권 토멸전을 본격적으로 벌인다는 것은 몽골군의 고려 침공을 새삼 유도할 가능성이 있었다. 바로 다음해인 1234년에 당시 동아시아 최강대국인 金帝國을 멸망시킬 만큼 이즈음 몽골군의 위세는 천지를 뒤덮고 있었다. 대내적으로는 물론 고려 자체 내에서도 敵我가 갈려 몽골과의 결사항전을 벌여온 터에, 그 전쟁 뒷수습이 적지 않은 국내문제로 남아 있었다. 고려는 이런 국내외 정세하에서 국내 附蒙세력인 홍복원 휘하집단의 이런 준동에 대응할 수밖에 없었기 때문이다.

그 후 1233년 9월에 몽골군이 고려의 인접국인 東眞國 蒲鮮萬奴 토멸전을 끝내고 金帝國 중앙부 陷落에 총력을 집중하는 상황하에서, 고려내 전후수습도 점차로 가닥이 잡혀가게 되면서 마침내 고려는 1233년 10월 11일경에 대장군 鄭毅와 朴錄全을 宣諭使로 보내어 이들을 招安하려 했다. 그렇지만 홍복원 휘하 반적들은 자기들을 招撫하러 온

高麗 大將軍인 鄭毅를 도리어 반란의 주동자로 내세워 지난해 몽골군의 전면철수로 상당히 거세된 자기들의 세력을 만회하려 했다. 바로 다음해인 1234년에 당시의 최강대국 금제국을 함락시킨, 거칠 것이 없는 몽골군의 무서운 위력을 등에 업은 이들의 초강경 도발행위였다. 정의의 단호한 거절로 정의는 殉國하고, 洪福源과 畢賢甫 등의 국내 고려계 몽골세력의 이런 시도가 실패로 돌아가자, 그들은 朴錄全 등 고려정부측 일행을 모두 살해하고 고려에 대해 본격적으로 叛旗를 들었다.

이에 고려는 1233년 12월경에 崔瑀가 보낸 家兵 3,000명과 北界兵馬使 閔曦로 하여금 이를 討滅케 하였다. 그리하여 畢賢甫는 저자거리에서 腰斬되고 洪福源은 북쪽으로 도주했으며, 그의 아버지 홍대선과 그의 동생 홍백수 및 자녀들은 모두 고려군에게 사로잡히고 말았다. 이렇게 홍복원 휘하 고려 국내의 몽골세력권은 일단 일망타진되는데, 이 정도 규모의 토벌전으로 뿌리가 뽑힐 만큼 당시에는 대단치 않았던 홍복원 등의 몽골세력권이 대담하게 고려에 반역 기치를 들 수 있었던 배경에는, 金帝國의 함락을 목전에 둔 몽골군의 팍스몽골리카 구축을 향한 시대적 흐름이 자리잡고 있었다.

이상의 서술을 통해 저자는 아래와 같은 몇 가지 결론을 나름대로 내려 보려 한다.

첫째, 고려半島의 山城과 海島를 근거지로 하는 反蒙抗爭의 특수성이 고려의 반외세 항전 전통과 접맥된 고려 軍民들의 각개 내지는 소규모 遊擊抗戰은, 구체제 해체기·사회기반 격변기와 맞물리면서 중앙본영과의 유기적 관계는 어떤 형식으로든 갖되 지휘체계가 일원화해 있지는 않아 전황을 예측키 어려웠던 征高麗몽골군으로 하여금 洪福源 일가와 같은 군간부급의 鄕間 운용이 더욱 절실히 필요하게끔 했다. 특히 홍복원 일가가 대륙의 거대세력 침략에 맞서 고려를 鎭守

하는 주요 전투 요새지인 북계제성에서 대를 이어 진수군의 중견간부로 성장한 것은 그런 경우 큰 의미를 갖게 마련이다. 더군다나 홍복원 자신은 麟州神騎都領으로 몽골 경기병이 역사를 주도하는 당시 시대의 흐름에서 기마사술의 위력을 감지하는 감각을 가졌음을 감안할 때, 征高麗 鄕間役으로서의 그의 자질은 몽골군에게 남다른 것일 수 있었다.

둘째, 몽골군이 적을 정복하고 지배하는 모든 과정을 꿰뚫어 적용하고 있는 以夷制夷의 전략, 곧 정복지 정복전의 현지화-'고려 정복전의 고려화'-에 홍복원 일가가 前衛隊로 선정되었다. 몽골·고려전쟁 과정에서의 홍복원 일가의 이런 기능은 대체로 이래와 같이 요약될 수 있다.

(1) 고려군 일선의 중견 간부급인 인주 신기도령 홍복원을 통해 몽골군이 고려군민을 초유케 함으로서, 고려군 내에 상호적대세력을 조성하여 군사력을 내부에서 스스로 消盡케 유도하는 동시에, 고려계 몽골군의 조성으로 몽골군 병력자원을 보강할 수 있었다.

(2) 고려계 몽골군인 홍복원 등을 앞세워 고려를 치게 함으로써, 고려군민의 항몽 전투의욕을 상실케 하고 내부 이간을 조장케 했다.

(3) 몽골군 총사령관인 權皇帝 살리타이 예하부대로 고려계 몽골군인 管領歸附高麗軍民萬戶 홍복원 휘하 降附고려군민 부대와 몽골인 이외의 부족으로 구성된 左手蒙古軍萬戶 예수데르의 探馬赤鎭守軍 부대를 함께 조직하여, 점령한 고려지역을 진수케 함으로써, 이들 서로 간의 견제와 감독은 물론 상호 합동작전을 동시에 펴게 해, 고려를 더욱 완벽하게 지배하려고 하였다.

(4) 몽골達魯花赤 및 고려계 몽골군인 管領歸附高麗軍民萬戶 홍복원 휘하 降附고려군민 부대와 몽골인 이외의 부족으로 구성된 左手蒙古軍萬戶 예수데르의 探馬赤鎭守軍 부대 등 고려주재 몽골세력권의

軍政 역량을 기반으로 삼아 고려의 북계 고려군민을 東眞國 蒲鮮萬奴
軍 토벌전투에 동원함으로써, 고려와 동진국의 抗蒙 연대 가능성을 사
전에 철저히 차단하고, 양국간 전쟁에서 고려의 몽골에의 군사적 예속
을 심화케 하며, 이를 통해 고려의 자주적인 항몽역량을 쇠잔케 유도
하려 했다.

그러니까 홍복원 일가는 대를 이어, 1218∼1219년 강동성 전역으로
상징되는 撒禮塔 1차 고려침공 및 1231년 撒禮塔 2차 고려침공, 1232
년 撒禮塔 3차 고려침공에 모두 적극적으로 관여해 동참했다. 이후
1233년 12월경에 崔瑀가 보낸 家兵 3,000명과 북계병마사 민희의 토멸
로, 홍복원의 고려주둔 고려계 몽골세력권이 일단 일망타진될 때까지
남아 고려내 몽골세력권의 권역을 진수하는 데 진력했다. 1218∼1233
년까지의 撒禮塔 1, 2, 3차 고려침공에 전위대로서 세운 공적으로 인
해, 홍대선과 홍복원 부자로 상징되는 일가를 대표해서 홍복원 자신은
당시의 교묘한 정세를 타고 고려의 西京郞將과 몽골의 管領歸附高麗
軍民萬戶라는 양국의 고위 군관직에 동시에 特進한 특이한 인물이 되
었다.

蒙元제국 내에서 그의 후예들이 펼친 나름의 일정한 역할들 또한
적잖게 주목할 만한 사실로 남아 있지만, 이는 여기서는 논외로 할 터
이다. 다만 본장에서는 그들의 주된 기반이 이런 역사적 과정 위에 놓
여졌는데, 그 생존무대가―후일의 李成桂 일가와는 달리―고려와 조
선에서 벗어난 권역에서 전개되어 오늘날의 한국역사에서는 소외되었
다는 것을 지적해 두려 한다.

당시의 몽골·고려전쟁―1218∼1233년까지의 撒禮塔 1·2·3차 고
려침공시―에 몽골이 홍복원 일가를 운용한 것은 크게 보면 몽골제국
의 東征 戰役에서의 以夷制夷(Divide and Rule)의 전략이요, 작게 보면
'高麗征服戰爭의 高麗化' 전략의 일환이라 할 수 있다. 결국 몽골군

292

정복전쟁사를 일관하는 이런 전략전술은 몽골군이 100여만 인구와 10여만 경기병 정예로 팍스몽골리카체제를 구축한 세계몽골제국 창출의 한 구심축을 이룰 수 있었던 원리와 접목되는 것이기도 하다.

한편 고려반도를 놓고 보면 실로 광범위하게 압록강으로 휘몰아쳐 들어오는 새로운 대륙세력에 맞서 응전해온 고려군민의 오랜 반외세 항전 전통, 경직된 방식의 지휘체계로 一元化되지 않고 산성과 海島를 근거지로 삼은 고려군민들의 각개, 소규모 집체 유격방어전, 고려정부의 사대외교전과 淸野戰術 등의 대응을 통해 몽골군의 침공 의도는 대부분 꺾여버렸다. 그렇지만, 몽골·고려 전쟁에서 갖는 고려의 핵심 요새인 북계 제성에 기반을 둔 고려군 중견간부급인 홍복원 일가의 代를 이은 고려계 몽골군으로서의 침공첨병·전위대 활동이 우리 역사에서 갖는 의미는 실로 深重한 것이었다고 하겠다.[65]

65) 周采赫, 「洪福源一家과 麗元關係」, 『사학연구』 24, 한국사학회, 1981, 1~53쪽.

제8장 管領歸附高麗軍民萬戶 洪福源 一家의 世系 復元 연구

Ⅰ. 머리말

'洪福源 一家'라고 하면, 대체로 1233년(몽골 태종 5, 고려 고종 20) 12월경에 崔瑀가 북계병마사 閔曦와 함께 보낸 家兵 3,000명의 討滅로, 일망타진되어 遼瀋지역으로 도주하여 가서 그곳을 근거지로 삼고 살았던 고려내 附蒙세력 홍복원의 후예나 그 휘하 고려군민들만 떠올리기 쉽다. 1234년에는 당시 동북아시아의 군사최강국인 금나라를 몽골군이 멸망시키며 기염을 토하는, 세계사적인 事變이 일어난 터이고, 이로부터 사실상 팍스몽골리카체제의 기틀이 놓여졌다. 고려계 몽골정동군 패잔병 홍복원은 바로 이 거대한 폭풍의 핵을 이루는 몽골의 한 중앙권을 이루면서, 대만주지역의 중심지인 遼瀋地帶에 둥지를 틀게 되었던 것이다.

그러나 본장에서 제시하는 다음의 「洪福源 世系表」에서 보듯이, 홍복원의 부친 洪諲 곧 洪大宣과 그의 작은 아들 洪百壽 및 그의 자녀들은 모두 이때 고려군에게 사로잡혀 고려에 남게 됐다. 물론 그 후 南宋조차 틀어쥔 몽골이 팍스몽골리카체제를 완결지으면서 고려 또한 그 속에 고려 나름대로 성공적으로 편입되자, 홍복원과 그 휘하가 몽원제국의 권력 중앙부에서 기반을 잡게 되면서, 고려에 잔류했던 이들 세력은 크게 득세해 고려조정에서도 적지 않은 세력기반을 다지게 됐

294

다. 홍복원의 딸이 張暐[1]와 맺어지고, 洪茶丘의 딸이 李梴[2]과 맺어지
는 등, 고려 집권세력내 유력가문과 얽히고 설킨 결혼관계를 맺음으로
서 고려조정에서 상당한 권력을 틀어쥐었다. 동시에 遼藩地域의 홍복
원 일가 및 그 휘하들과 상호유기적인 관계를 가지면서 팍스몽골리카
체제 내의 몽골 · 고려 관계에 일정한 역할을 하게 되었다.

그러므로 IT · BT시대에 들어 당시의 이러한 역사를 복원하는 데에
서 홍복원 일가의 蒙元과 고려내 일련의 가계를 밝혀 기본 사료로 활
용하는 일은 매우 긴요하다고 하겠다.

II. 「洪福源 世系表」 복원 문제

이와 함께 傍系이기는 하지만 당시에 고려조정에서 상당한 권력을
쥐고 있던 洪東周系와 비교하여 그 상호관계를 살펴보는 것도 고려에
서의 원 중앙세력의 침투상황을 파악하는 데 유용한 작업이 될 것이
다.[3] 당시에는 혈연관계가 오늘의 우리가 생각했던 것보다 훨씬 더 중

---

1) 張華三, 『興城張氏世譜』, 全北 長水郡 山西面 乾艾里 1925[조선총독부 도서
관 소장본] 및 『고려사』 권130, 열전 권43, 叛逆4, 洪福源傳. 그는 1248년(몽
골 정종 3, 고려 고종 35)에 祗侯의 벼슬을 했고, 1278년(元 至元 15, 고려 충
렬왕 4)에 密直副使에 임명되었으며, 1295년(元 成宗 元貞 元年, 고려 충렬왕
21) 7월에 僉議中贊 致仕로 죽었다. 홍복원의 아들 洪君祥이 그의 처남이어
서 원나라 황실과의 외교문제가 있을 때 副使로 동참하곤 했다.
2) 『高麗史』 권123, 23ㄱ, 24ㄴ, 열전36, 嬖幸1, 李英柱傳, "忠烈王爲世子 開鞋工
金准之妻美 納之 時 有身以數月 養於宮中 如已出 英柱棄其妻娶之時稱國
婿 及忠烈王卽位 以內園丞 超拜郎將 出入宮禁 權勢日熾 多行不義……二
十六年 拜密直副使". 그런데 위에 적은대로 李英柱는 충렬왕의 딸에게 장가
든 嬖臣으로 당시 고려조정에서 대단한 권력을 쥐고 있었고, 密直副使에 오
르기까지 하였다. 李梴은 바로 이런 李英柱의 아들이다. 李秀永, 『陽城李氏
世譜』, 咸鏡南道 咸興府 有可樂町 1936(조선총독부 도서관 소장본) 참조.

요하게 작용하고 있었음을 배려할 필요가 있기 때문이다. 지연이나 학연보다 혈연이 더 중요하게 작용할 수밖에 없는 '廣域少數'를 특징으로 하는 유목적 생태상, 생산이나 전투에서 모두 血緣이 유별나게 강조되는 지배세력이 주도하던 시대권의 영향하에서, 당시 동북아시아 사회가 경영되었기에 더욱 그러하다.

아래의 <표 1>「洪福源 世系表」는 홍복원 일가의 家系가 중핵을 이루는 洪學鍾,『南陽洪氏 世譜』(大邱府 京町 一丁目 敬信館, 1919年 7월 17일 인쇄, 조선총독부도서관 소장본)를 중심으로 삼고 그 밖의 『南陽洪氏族譜』들을 이와 비교 검토해가며 종합적으로 정리한 것이다. 물론 이런 족보들에서 미비된 점들은 다시 당시의 사료와 대조해 보충하고 訂正했다. 姻戚關係는 李秀永,『陽城李氏世譜』(咸鏡南道 咸興府 有可樂町, 1936, 조선총독부도서관 소장본), 張華三,『興城張氏世譜』(全北 長水郡 山西面 乾艾里, 1925, 조선총독부도서관 소장본)나 趙義門,『平壤趙氏世譜』(京城 平壤趙氏大同譜 編纂所, 1929, 조선총독부도서관 소장본) 등으로 보충했다.

---

3) 南陽 洪氏 洪殷悅의 諸子中의 洪東周系(洪奎나 洪子藩의 선조)와 洪東晉系(洪福源의 선조)를 아울러 살펴보았다. 그렇게 하여, 9대 : 洪諲=洪大純=洪大宣과 洪斯胤/ 10대 : 洪系晉, 洪福良=洪福源, 洪百壽/ 11대 : 洪奎, 洪子藩, 洪茶丘, 洪熊三, 洪君祥, 張暐, 洪詵/ 12대 : 洪戎, 明德太后, 洪敬, 洪順, 洪璘, 洪重喜, 洪重慶, 李梴, 洪波豆兒, 洪遭, 洪綏, 洪鐸, 洪翊, 洪明理和尙/ 13대 : 洪澍, 洪彦博, 洪云遂, 洪姒, 洪尙載, 洪開道, 和妃, 洪仁信, 順和翁主 등의 그룹별 同行列이 縱橫으로 어떻게 혈연적으로 유기적인 상호작용 또는 역작용을 하면서 私的 또는 公的 관계를 통해 어떻게 역사적인 史實들에 반영되느냐를 고찰하기 위한 기초자료를 제공하려 했다.

<表 1> 洪福源世系表

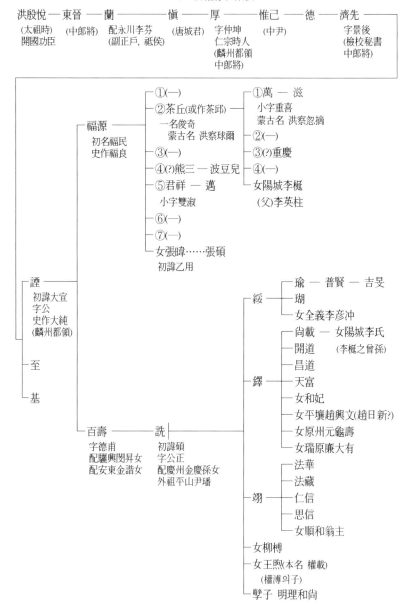

**洪福源 世系 관계 자료4)

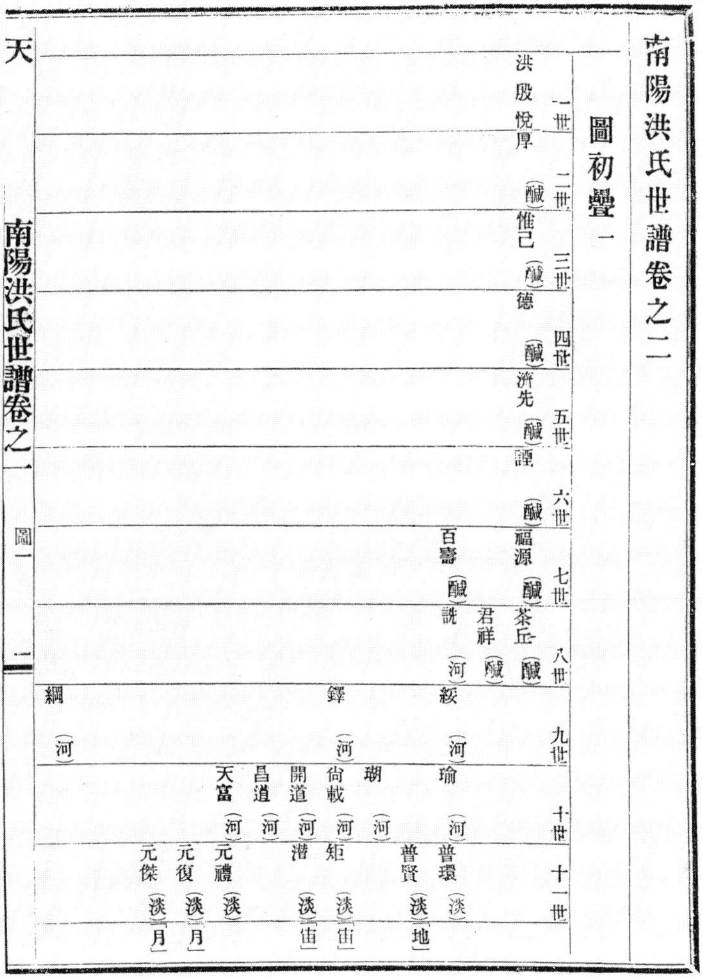

南陽洪氏世譜卷之二

圖初疊一

一世　二世　三世　四世　五世　六世　七世　八世　九世　十世　十一世

洪殷悅厚　惟己(醞)　德(醞)　濟先(醞)　諲(醞)　福源(醞)　詵(醞)　綏(河)　瑜(河)　普環(河)　澱地

茶丘(醞)　百壽(醞)　君祥(醞)　普賢(河)

天

南陽洪氏世譜卷之一

圖一　一　二

綱(河)　鐸

瑚(河)

尙載(河)　倬(河)　矩(河)　澱宙

開道(河)　濬(河)　澱宙

昌道(河)　元禮(淡)　元復(淡)月

天富(河)　元傑(淡)月

---

4) 洪學鍾, 『南陽洪氏 世譜』, 大邱府 京町 一丁目 敬信館, 1919年 7월 17일 인쇄, 조선총독부 도서관 소장본.

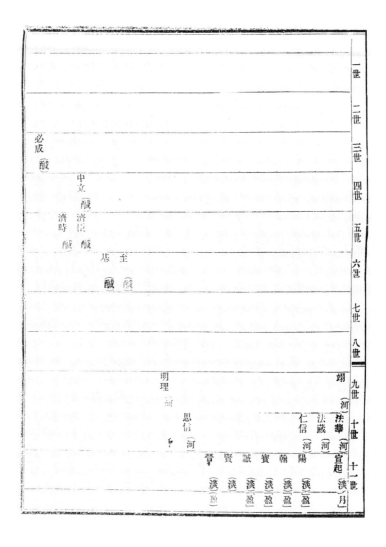

南陽洪氏世譜卷之六

譜一

一世

洪殷悅〔天〕高麗匡翼效節獻襄定難弘濟奮庸亮采保乂開國功〔下〕臣三重大匡太師○墓兎山吹笛峯丙坐○配金交卿

夫人金氏父沙粲元甫公南

二世

殷悅〔上〕後孫厚〔天〕字仲坤中郎將麟州都領仁宗時人○中〔下〕間世次失傳著代一遵乙未大同譜例

三世

厚〔上〕子惟巳〔天〕中尹追封必成〔天〕〔下〕三重大匡中立〔天〕

四世

惟巳〔上〕子德〔天〕字得之中郎將麟〔下〕州都領明宗時人中立〔天〕

咸

南陽洪氏世譜卷之六　譜一　二

五世
德〔上〕子濟先〔天〕字景後檢校秘書中郎〔下〕將〇配文氏父申祐
〇中立〔上〕子濟臣〔天〕濟時

六世
濟先〔上〕子諲〔天〕初諱大宣史作大純〇字公一正臣銀青光祿大夫尚書左僕射鷹揚上將軍一云列衛尉寺事高
至〔天〕基〔天〕宗時人

七世
諲〔上〕子福源〔天〕初名福民仕于元爲東宗戊午被誅百壽〔下〕京德管高宗戊午被誅〔天〕字德甫金紫光祿大夫樞密院副使

八世
福源〔上〕子荼丘〔天〕元遼陽〔河〕右丞君祥〔天〕中贊臨安公子張瑋中贊純靖公子百壽
工部尚書〇配驪興閔氏父國子祭酒昇〇配安東金氏父監察御史譜

〔天〕子詵〔下〕初諱碩字公正奉節翊亮功臣三重大匡僉議贊成事
門下平章事文莊公台信祖樞密副使慶孫曾祖樞密判事平山尹璠女柳榑人晉州軍
配慶州金氏父密直承旨信祖樞密副使慶孫曾祖樞密判事平山尹珝女柳榑

簿摠郎父密城尹玕密直承旨琚○
子判開城尹玕密直承旨琚○

九世

茶丘〔天〕女李梴
前室○陽城人三重大匡陽城君父判密直邦海女判三司事一直孫洪亮○
柱○子判密直邦海女判三司事一直孫洪亮○

說〔天〕子綏〔下〕字泰之江寧君○配陽川許氏父檢校政承陽川君祖樞密副使逖外祖
少傅瑞原廉守藏生一男○配嘉州韓氏恭愍王丙申正月生甲辰卒○配安東權氏父太學士吉昌府院君
氏父三重大匡祖太學士永嘉府院君文正公溥曾祖太學士成事文清
鐸〔下〕一名鐸號義軒都僉議侍中益城府院君

河

十世

公祖外祖密直綱〔天〕贊成翊〔天〕壽興府院君女王煦明理〔天〕
府院君使實城吳仁永〔下〕院君文正公
溥○子同知密直獻公父重貴女監察御使王尙載本姓權氏名載安東人右政丞鶴林

南陽洪氏世譜卷之六　譜一　二三

十世

經

子瑜〔天〕字仲寶奉翊大夫密直副使○配原州元氏父僉議中贊文純公傳外祖區定○全義人父師理文義公洪奎本宗人

〔天〕贊成事祖都僉議贊成事權曾祖僉議中贊

瑚〔天〕尚書大司成子蓋○子主簿俊傑

上源三寶女三司判官州元翊揔郎杷溪尹希子主簿俊傑

女李彥冲父大司成○子鐸〔天〕子尙載

甫承旨河陰奉文后室持平朴蕃瑠城君盧失名○

僉議師理唐城君河中祖城君河○配平康蔡氏父都僉議事平康君洪哲曾祖耶將誠

府院君河○政丞順天君洪順天哲曾祖耶將

開道〔天〕密直司右代言恭愍王巳亥十二月甲戌被禍河陰君文諡公天祐祖版圖正郎

君弼曾祖監察御史公胤外祖楊州崔墓楊州

師開道〔天〕密直陰奉氏父政堂文學河陰君文諡公

宰臣全州崔守全墓楊州

女和妃趙興門王妃王妃惠忠○僉議贊成事碎父元龜壽父原州元判州元僉議評理

昌道〔天〕尚書天富〔天〕典書判州元書巨甫○配文氏

楊州女和妃趙興門王妃惠

女順和翁主

廉大有瑠原人密直副使○子陵直子卷南朴尙璂開

吾之子左尹偁典客令女長潘南朴尙璂開

信女代言陽城李光富中耶將坫女直

墓楊州女和妃趙興門〔天〕僉議贊成事碎父

州墓全州崔守全墓楊州

城王綱主簿○翊〔天〕子法華〔天〕卿法藏〔天〕典書仁信〔天〕檢校恩信〔天〕

麗興閔麟生

判女順和翁主

十一世

瑜(河) 子普環[天]左尙侍○先后 普賢[天]字思齊嘉靖大夫中樞院副使○[下]配淑寧宅主德水李氏父司空欒

安伯良簡公千巻祖販圖判書允蓋曾祖典法判書劭外祖文佐郞陽川許冠 ○尙載(河) 子矩[天]典[下]書 女李

沃 陽城人留後靖節公父侍中春富○子牧使思謹判事思恥知中樞思儉漢城尹思任 李穗 星州人摠制父平理仁敏

○子叅贊堅基叅議啓基判官延基女文叅判淸州韓惠前室正郞全義李直幹 李勲 固城人判密直父三司左使忠靖公

希泌○子同樞中至司直中正女府尹淸州韓承舜前室 ○開道(河) 子潛[天]資憲大夫叅贊門[下]下府事甲午閏九

月十八日卒○配驪興閔氏戊子正月九日卒父密直驪興君愉祖大提學文順公頔曾祖贊成事驪興君忠順公宗儒外祖政堂

文學順興安牧○墓楊州廣石事文峴 ○昌道(河) 女崔安海 海州人漢城尹父司宰介洪○子少尹荷 奇

興寶 幸州人太僕卿父郡面元義 ○天富(河) 子元禮[天]郞將 元復[天]郞將○配驪(麟)興閔氏父令

同正離生○墓廣石面文峴 元傑[天]別(麟)將 ○法華(河) 子宣起[天]進士文科工曹典(麟)書○配密陽庾氏

○墓堤川末涯洞同原乾坐○配坡平尹氏○墓新月里 ○仁信(河) 子陽[天](麟) 翰[天]縣(麟)監 寶[天]庚申(麟)文科

判官○配仁川李氏父監正允立 誠[天]縣(麟)監 賢[天]別侍 晉[天](麟) 女李孝儉 子錫祚昌祚

淡 南陽洪氏世譜卷之六 譜一 三

十二世

普賢〔淡〕子吉旼〔淡〕

〔地字〕明夫生貝洪武丙辰文科書集賢殿大提學本朝純忠奮義

氏壬寅十二月十七日卒父禮儀判書中貞烈公復興忤全州人文知完城事

南陽君謚文景永樂丁亥二月十五日卒○配閒靜宅主清州慶

祖密直代言斯萬外祖文化柳君文化柳

鎮○墓長湍板浮里癸坐雙墳君文化君有表石

乙義○女府尹坡平尹敞觀察使晉山姜淮

仲軍司正○配茂松尹氏父文漢城尹會宗祖三司副鄭仁讚

君郡守○女閭老后室尹敞觀察使晉山鄭之夏

君諱生曾祖贊成事文貞公澤外祖鄭仁讚女崔寧矩〔淡〕子興祖

使龜生曾祖贊成事文貞公澤外祖父同知密直完城

〔宙司正〕

配晉州柳氏父監察孝生父全州人文知完城事

判事漢城孝生〇潛〔淡〕子汝簡興善〔宙司正〕

祖〇配晉州柳氏父監察重大匡璟城君縣監〇配清州李

判事祖曾祖重大匡璟城君〔宙〕氏父密直承源祖

〇配文化氏閏直提學都承旨永樂癸未七月十六日卒父觀察

大提學琅娀君邦知郡事慶州李德林〔潛齋〕號靜庵一名仲剛

正憲公李珹外祖提學贈都承旨永樂癸未七月十六日卒父觀察

祖〇墓居道典書○墓尚州機池山子坐有碣汝剛〔潛〕氏父洪武癸丑生

文化晛癸坐外祖金氏己卯正月二十六日卒父觀察〔宙〕一名仲剛號靜

癸酉道祖癸坐元理曾祖尚州機〇潛祖丁巳生洪武

使居城尹結城張夏○墓尚州機池山子坐有碣汝恭〔潛〕日字子壤洪武

城尹結城張夏○墓尚州機池山子坐有碣〔澄〕癸坐有碣○

縣令正統庚申卒○墓楊州廣石面文成里加尺洞外祖

配東萊鄭氏丙辰生庚申正月三日卒父密直南鎮外祖

鱗　十三世　南陽洪氏世譜卷之六　譜一　五一

川仁君輔○墓加尺洞庚坐有碣○孝婦旌閭○夫人以下有八傷

孝旌文漢城左尹尹致成撰八孝序文大司成沈敎永撰八孝傷

文泰判黃浩民撰八孝記文漢城沈○配東州崔氏父

庶尹弘文提學申鐻愚撰八孝跋　汝溫[潛]奉禮祖漢城尹渡曾

大護軍潭外祖殷中鄕淸州李德○配東州崔氏父

祖固城人文密直文敬公碣中鄕淸州李碣　女朴希文奉禮寀○子李原室

潤公坤○子皎然直長慶州金○先育君坡平人判漢城尹父坡平君昭

憲公同城李郁事桐參議垠倉使增郡守光州鄭禹女延安人郡安東

襄公判城子敬公鐵城府院君　李義文尹希齊坡平人判漢城破尹父坡平君昭

參判同城李文靖公自知州學論部令嚴進士女金仍安

烯公坤子文靖公自知州學論部令嚴進士女縣監嵩署安東槴

事判文縣監是州李潤文承旨忠文公昌女縣監安東槴

令嶠女縣監是州李潤文承旨忠文公昌女縣監安東槴

○元復[淡]子自和[月]后自溫[月]女吳命仁李光言代○元傑[淡]

子孝誠[月]○宣起[淡]子有溫[潛]正副司女吳命仁李光言代

子致宗[潛]○翰[淡]子處明[盈]主簿處敬[盈]令○處剛[盈]○寶[淡]子處

生[潛]主簿○配安東○誠[淡]子繼祖[盈]○晋[淡]子孝貞[盈]

有良[盈]○有儉[潛]○有讓[盈]○陽

自溫[潛]正女吳命仁李光言○元傑[淡]

櫃氏父司直衡

十二世

吉旼（淡）子汝方

汝方（潛）地字子圓洪武辛酉八月生司馬兩試建文辛巳資憲大夫吏曹判書寶文閣大提學贈左議政諡文良戊午十月十三日卒○墓板浮良坐有坤道碑○良坐判漢城尹贈貞敬夫人東萊鄭氏庚申己卯三月卒壽八十父判漢城尹符祖重大匡蓬原君良度公生曾祖蓬山君珊外祖三司左使固城李希泌○墓長淵金多里酉坐　汝圓（重）女　子敬童監

尹向　坡平人判書昭度公父判開城尹鈴平君承順○義人叅議父漢城尹士寬○乙　察孝童鈴平尉李童女鈴制使雲峯朴從智同中樞申自修　子敬童監

興祖（淡）女李禮長　未譜云公全義人叅議父大護軍宇○興善（淡）子繼重　室○全有二子五女而所生前後未分　繼重（重）部將○配原州金○崔　繼常（羽）○崔

允亨　○子洌女蓬山副正諄　東州崔氏父郡事敦祖判中郎將五福曾祖判書原州金乙辛　繼庸（重）氏父判中樞戴州金敬

女茂林君善生　茂林君善生定宗王子○子明　室宗王子昭公○子明

尹終生　考增源譜初非前后室又有一子四女云川都正長孫新平從孫○乙未譜四女云得雨祖泰昌寧成道牧使公連枝祖○乙辛曾祖祖判事守廉外祖判書原州金乙辛　柳柔文化人護軍父安東權韞祖察軍父呂允粲司直陽川許錫直　女安東權韞祖察尉司直　汝簡（淡）子禹緒○正陽川許錫大女李益朴

安慶會　侍衛人監察事別○子川許錫大女崔

孝基子全州人郡守父郡守女柳莢　全州人郡守父郡守女柳莢○

汝剛[洪]　子禹成[宙]直長○配咸陽朴氏父書雲正子開城王信

明[宙]　闓永樂丙戌二月二十九日辛壽七十七○

德山人觀察使父文箕○子殿直楷都事桓縣監㯖

金備　延安人司直父文判書文靖公自知○子敬臣郡守世臣○

禹傳[洪]梁

禹成[宙]直長○曾祖樞密使良桂外祖雲正子柔祖副使信禹

祖左議政腰德府院君配霽曾祖大臣驪興閔氏父麗城君文城君清州无疾

一日卒父判中樞載敬公連枝祖判乙辛曾祖牧使乙卯外祖三月二十

得雨外祖僉贊昌寧成發道祖金氏曾祖文度公忤外祖清州无疾

萬戶成化乙酉生員伯齊○配鎭川林氏辛卯二月

二十三日卒父文左議政翼成公○墓機川酉坐合窆有碣女黃保身

長水人少尹父文左縣監光山府院君貞公光州兄友金國光收使縣

敬兄恭○子草溪鄭允楊○子郡守友金國光

監敬兄恭○曾祖監張崇女○汝恭[洪]子孟阜[日]生員魁司諫○配江陵崔氏

李希信郡守○曾祖監張崇女叔阜[日]郡守○配慶州崔氏父孫州

趙　父文判郡守金曾祖草溪鄭允楊○子孟阜[日]郡守○配江陵崔氏

祖三司左尹元亮外祖縣令江陵鄭希安咸華　季阜[日]字賢三生員○配宜寧南氏

外祖内侍添書曾祖驪興閣中理雲　女許逖[子陽川人父牧使珥副知門下沙川]○崔庵

伯乙珍曾祖郡贈侍中夫老子坐合窆有碣

墓楊州文覩子贈侍中大老○女許逖子陽川人父副正綿○崔庵

潛　南陽洪氏世譜卷之六　譜一　五二

우선 <표 1>「洪福源 世系表」에 대해서 몇 가지 史實을 考證해 보고자 한다.[5]

1) 洪學鍾, 『南陽洪氏世譜』(大邱 1919년, 권6, 1ㄴ)에 張暐와 홍백수가 홍복원의 아들로 되어 있는 것은 『고려사』, 『고려사절요』, 『新元史』의 관계 기록들 및 洪學鍾, 『南陽洪氏世譜』(大邱 1919년, 권2, 圖初疊1)에 의거해서 바로잡아 수정, 복원했다. 아울러 洪學鍾, 『南陽洪氏世譜』(大邱 1919년, 권6, 1ㄱ)의 洪厚에 대한 조항에 그를 막연하게 洪殷悅의 후손이라고 하고, 그 중간의 世次가 失傳되었다고 했는데, 이를 『남양홍씨파보』(춘천 남양홍씨파보소 1935, 조선총독부도서관 소장본)를 비롯한 다른 남양홍씨 족보들의 기록을 典據로 해서 그 世系를 구체적으로 복원해 보았다.

2) 洪學鍾, 『南陽洪氏世譜』(大邱 1919)에 보면 洪諲의 初諱는 大宣이다. 몽골측 사료인 『元史』와 『元高麗紀事』에서는 그의 初諱인 大宣을 그대로 쓰고 있는데, 오히려 고려측의 사료인 『고려사』, 『고려사절요』, 『동국통감』에는 그 音譯으로 볼 수 있는 大純이라는 이름을 쓰고 있는 점은 주목된다. 이 경우에 후자는 전자의 기록을 그대로 傳寫해

---

5) 1960년대 말에 국립중앙도서관에서 이들 자료를 찾아보고, 40년 후인 2009년 2월에 다시 찾아보며, 저자는 깜짝 놀랐다. 1919년대 출간된 대량의 한국인의 족보들에 일률적으로 찍혀있던 총독부 경무국인가 무슨 치안관계부서의 시뻘건 檢證印이 다 말끔하게 지워졌기 때문이다. 저자가 이제 나이가 들어 기억이 잘못 정리된 건가? '조선총독부도서관 소장본'이라는 도장만 세련되게 정리되어 남아 있다. 그 후신이 현재 한국의 국립중앙도서관인 셈이다. 이들 족보자료들이 3·1독립운동에 연루된 독립투사를 검거하는 수사자료로, 충효사상이라는 허울을 쓰고 총독부 지원금을 받아 대거 출판되었다. 바로 그 신상정보자료를 보관하는 곳으로 조선총독부 도서관이 세워졌음을 잊게 하는 참으로 무서운 역사말살이, 그간에 한국인 도서정보분야 일꾼들에 의해 이루어진 것은 아닌지? 3·1절을 3일 앞두고 현장에서 기록해 두었다.

쓴 것을 알 수 있기 때문이다.

물론 최근에 다시 편찬한『新元史』에서 洪大純으로 쓰고 있는 것은
이에 대한『新元史』의 기록이 적잖이 고려측의 사료를 참고하고 있음
을 말해준다. 이는 기록의 내용이나 柯劭忞의『新元史考證』(北京大學
硏究院 文史部)에서 밝힌 참고문헌으로 미루어보아 알 수 있다.

3) 洪學鍾,『南陽洪氏世譜』(大邱 1919년, 권6, 譜1, 1ㄱ)에는 洪福源
의 初名이 洪福民으로 되어 있다. 史書에서 그의 초명을 洪福良이라
고 기록한 것은 대개 '民'자를 '良'자로 잘못 쓴 것이 아닐까 한다. 그러
므로 본장에서는 그의 初名을 '洪福民'으로 訂正해 두려 한다.

4) 洪茶丘를『新元史』에서는 洪茶邱로 썼다. 대체로 洪茶丘로 쓴
것은 초반부의 자료에서이고 洪茶邱로 쓴 것은 그 후반부에 주로 쓴
것으로 보인다. '丘'자는 '邱'자와 同音이요 同意다. 그가『元高麗紀
事』(國學文庫 第43編 ; 據廣倉學宭叢書重印, 4쪽) 헌종 8년 3월조에서
첫선을 뵐 때

命洪茶丘 從筍剌觥 東征高麗

라고 '丘'字로 쓰인 후에 줄곧 '丘'자로 쓰이고 있는 것으로 보아 처음
에는 '丘'자로 쓰이다가 후에 '邱'자로 고쳐 썼던 것으로 짐작된다.

5)『新元史』에 '洪波立兒'라고 쓴 것은 '洪波豆兒'를 잘못 기록한 것
으로 보인다. 波豆兒는 몽골어 Bagatur의 音譯이다.『新元史』의 '波立
兒'는 '立'자와 '豆'자 字樣이 비슷한 데서 오는 혼동으로 보인다.[6]

6) 趙興門과 趙日新에 대해 잠깐 살펴보자. 洪學鍾,『南陽洪氏世
譜』(大邱 1919년, 권6, 譜1, 2ㄴ)에는 洪澤의 딸 가운데 하나가 平壤人

---

6) 白鳥庫吉,「高麗史に見えたる蒙古語の解釋」,『東洋學報』 18권 제2호, 1929,
   160~162쪽 참조.

趙興門에게 시집간 것으로 되어 있고, 『平壤趙氏世譜』에도 趙仁規의
손자 곧 趙瑋의 아들인 趙興門이 洪鐸의 딸에게 장가든 것으로 기록
되어 있다. 그런데

    鐸 日新妻父也(『高麗史』 권131, 열전 권44, 叛逆4, 趙日新傳)

라고 썼고,

    鐸 日新妻父也(『高麗史節要』 권26, 18ㄱ, 恭愍 元年 겨울 10월조)

라고 기록된 것으로 보아, 趙興門은 바로 다름 아닌 趙日新의 다른 이
름인 것임에 틀림이 없다고 하겠다. 여기서 洪澤과 洪鐸은 '澤'자와
'鐸'자가 서로 混入돼 쓰인 것이라 하겠다. 물론 『平壤趙氏世譜』에는
趙日新이 반역한 사실을 적지는 않았다.

Ⅲ. 맺음말

  몽골·고려전쟁사 상의 고려에 대한 반역자 일가로 그 첨병적 자리
를 차지하면서 초반부 최대 세력으로 기틀을 잡은 것은 洪福源 一家
이다. 몽골측에서 보면 征高麗戰役의 일등공신으로 자리매김될 수 있
을 것이다. 몽골·고려전쟁 후반부에 와서는 趙暉와 卓靑이 이에 가세
하고, 심지어는 조선왕조의 창업자 李成桂 一家도 이에 동참한다. 고
려의 東北面이나 西北面을 각각 그들의 근거지로 한 것과 蒙兵迎降
또는 蒙兵에의 歸順 시기가 서로 다를 뿐이다. 뿐만 아니라 40여 년간
몽골·고려전쟁이 지구적으로 펼쳐지면서 결국은 각종 내부 모순과

갈등이 드러나는 가운데, 武人政權에 대한 고려의 王政復古가 몽골·
고려전쟁과 상호유기적인 관계를 가지게 되었다. 결과적으로는 高麗
王政과 文臣集團이 몽골을 끌어들여 항몽주체인 무인정권을 합동작전
으로 섬멸하는 과정에서, 적어도 형식상으로 가장 철저하게 고려에 叛
逆한 집단은 왕정복고파 실세들이라고 할 수 있다. 물론 그들 내에서
도 자주적 기운이 일어나기도 하고, 원말의 시세변동에 따라 反元鬪爭
도 전개하지만, 큰 흐름으로 보아서는 고려 元宗 이후는 降附高麗王
廷이라고 보아야 할 것이다.

　베트남의 대몽항쟁 경우에는 고려와 다른 생태적 내지는 지정학적
조건 속에서 자주적으로 이를 극복하면서 자신들의 역사를 지켜냈다.
그래서 영광스러운 역사일 수는 있을지 모르나, 당시의 팍스몽골리카
체제 속에서 고립되고 소외되어 세계인류역사에 기여할 만한 역사를
창조하지는 못했던 것 같다. 같은 기간 동북아시아사의 일대 격동을
같이 겪고 나서도 그 결과로 베트남사에서는 고려-조선사에서처럼 한
글이나 금속활자나 거북선 같은 독창적인 창작품을 만들어내어 인류
사에 기여한 바가 거의 없기 때문이다. 진실로, 역사의 한 중심 激浪의
도가니 속에서 이를 맞받아 겨루면서 역경을 역이용해 살아남아가며
나름으로 역사를 창조해낸 이들이 세계사 속에서 실체적 기여를 할 수
있었던 것이라 하겠다.

　노선이 같은 세력끼리는 서로 혈연적, 실리적인 유대관계를 가지면
서 생태역사의 추이에 따라 離合集散하며, 그들 나름의 역사를 만들어
내게 마련이다. 어떤 선입관이나 고정관념, 기성가치관도 개입치 않은
'述而不作'의 차원에서 이들의 世系들을 복원해 기초자료로 제공함으
로써, 역사를 가능한 한 '있는 그대로' 다시 쓰는 데 기여하는 일은 그
래서 긴요한 것이라 하겠다. 洪福源 一家의 가계도 그렇게 복원되고,
그런 역사가 빚어낸 후예들의 역사도 그런 차원에서 가능한 한 엄정하

게 있는 그대로 복원될 수 있어야겠다. 물론 李成桂 一家의 그것도 그러하고, 홍복원 일가와의 비교연구 및 그 역사적 의미도 진지하게 반추해 볼 필요가 있다 하겠다.[7]

---

7) 周采赫,「麗·元間에 있어서의 洪福源一家의 구실과 그 位置」, 연세대학교 대학원 사학과 석사학위논문, 1970, 99~106쪽.

참고문헌

1. 문헌사료

『高麗史』(國故叢刊 제1, 연세대 동방학연구소, 1955)

『高麗史節要』(고전간행회 ; 동국문화사, 1960)

『國朝文類』(蘇天爵編, 四部叢刊本)

『南陽洪氏世譜』(洪學鍾, 大邱府 京町 一丁目 敬信館, 1919年 7월 17일 인쇄, 조선총독부 도서관 소장본)

『남양홍씨파보』(춘천 남양홍씨파보소, 1935, 조선총독부 도서관 소장본)

『東國李相國集』(李奎報 著, 고전간행회 ; 동국문화사, 1960 ; 一潮閣, 2000)

『마르코 폴로의 동방견문록』(마르코 폴로 저, 김호동 역주, 서울, 사계절, 2000)

『滿洲蒙古文獻資料叢書』(서울 : 民俗苑, 1992)

『蒙古秘史』(額爾登泰・烏云達賚, 校勘本, 呼和浩特, 內蒙古人民出版社, 1980)

『蒙古史料校注四種』(王國維 ; 淸華學硏究所, 1926)

『蒙古遊牧記』(張穆石州撰, 須佐嘉橘譯, 東京, 開明堂出版部, 1939)

『몽골비사』(유원수 역주, 혜안, 1994)

『蒙韃備錄』(王國維 編著, 蒙古史料四種, 臺北, 正中書局, 1962)

『モンゴル秘史』(村上正二 譯註, 東京, 平凡社, 1976)

『蒙兀兒史記』(屠寄, 鼎文書局, 1977)

『北巡私記』(元劉・鄭明, 文般閣書莊, 1933)

『武備志』(茅元儀 編輯, 刊寫者未詳, 1664)

『부족지』(라시드 앗딘 지음, 김호동 역주, 서울, 사계절출판사, 2002)

『史集』(拉施特, 余大鈞・周建奇 漢譯本, 商務印書館, 1992)

『三國史記』(金富軾, 光文會 간본)

『三國遺事』(一然, 고서간행회본)

314

『三國志』『魏書』「東夷傳」

『西遊錄』(耶律楚材)

『世界征服者史』(志費尼 著, 何高濟 譯, 呼和浩特, 內蒙古人民出版社, 1980)

『聖武親征錄』(王國維 編著, 1926, 蒙古史料四種, 淸華學校硏究所 ; 臺北, 正
中書局, 1962)

『新元史』(元史二種本, 上海, 上海古籍出版社, 1989)

『新元史』(柯劭忞, 中國書店, 影印本)

『新增東國輿地勝覽』

『櫟翁稗說』(李齊賢, 1963년 許穎刊 木刻本)

『陽城李氏世譜』(李秀永, 咸鏡南道 咸興府 有可樂町, 1936, 조선총독부 도서
관 소장본)

『五洲衍文長箋散稿』(李圭景, 1839(朝鮮 憲宗 5년 己亥) 「果下馬牛辨證說」,
고전간행회, 1959)

『遼東志』(任洛 等編, 高木亥三郎 校, 高木亥三郎, 1912)

『元高麗紀事』(國學文庫 第43編 ; 據廣倉學窘叢書重印本. 王國維 校注)

『元代白話碑錄集』(蔡美彪, 北京, 科學出版社, 1955)

『元史』(中華書局 標點校勘本, 1976)

『元史』(宋濂 等, 標點校勘本, 北京, 中華書局, 1997)

『元史紀史本末』(陳邦瞻著, 臺北, 三民書局, 1966)

『元史氏族表』(二十五史補編 6卷, 錢大昕, 開明書局)

『元史氏族表』(錢大昕 著, 廣雅書局, 1894)

『元典章』(臺北, 國立故宮博物館印行, 1976)

『元朝秘史』,『四部叢刊』三編本

『元朝秘史全釋』(小澤重男 譯註, 東京, 風間書房, 1987)

『益齋亂藁』(李齊賢,『韓國文集叢刊』2)

『益齋集』(李齊賢,『韓國文集叢刊』2)

『長春眞人西遊記』(王國維 編著, 蒙古史料四種, 臺北, 正中書局, 1962)

『重峰集』(趙憲, 朝鮮朝 宣祖時, 20권 20책)

『輟耕錄』(陶宗儀)

『칭기스칸기』(라시드 앗딘 지음, 김호동 역주, 서울, 사계절출판사, 2003)

『칸의 후예들』(라시드 앗딘 지음, 김호동 역주, 서울, 사계절출판사, 2005)

『平壤趙氏世譜』(趙義門 京城 平壤趙氏大同譜 編纂所, 1929, 조선총독부 도
서관 소장본)

『한국금석문추보』「崔瑞墓誌銘」「笑軒居士墓誌」
『海東金石苑』,『石刻史料新編』23(劉喜海, 新文豊出版公司, 1986)
『黑韃史略』(彭大雅 著, 東京, 國光社, 1903)
『興城張氏世譜』(張華三, 全北 長水郡 山西面 乾艾里, 1925, 조선총독부 도서
　　　관 소장본)

Blobzang bztan jin, *Altan toči*

Boyle, John A, tr, *The Successors of Genghis Khan*, Translated from the Persian of
　　　Rashid-Al-Din. New York, 1971.

Гаадамба, Монголын Нууц Товчоо, Улаанбаатар, Улсын Хэвлэлийн.

Газар, 1990.

Juvayni, Boyle J.A.(tr.), *The History of the World Conqueror*, Cambridge, Massachusetts,
　　　Harvard University Press, 1958.

Rashid al-din, Boyle J.A.(tr.), *The Successors of Genghis Khan*, New York, Columbia Univ.
　　　1971.

Рашид Ад Дин, Сборник Летописей Том Ⅰ, Академия Наук Ссср Москва, 1952.

Sagang Sečen, *Erdeni-yin toči*.

2. 연구서

1) 國文

高柄翊,『東亞交涉史의 硏究』, 서울, 서울대 출판부, 1970.
국사편찬위원회,『한국사 – 고려후기의 사회와 대외관계』20, 국사편찬위원회,
　　　1994.
金塘澤,『元干涉下의 高麗政治史』, 一潮閣, 1998.
金庠基,『新編高麗時代史』, 서울대 출판부, 1985.
金日宇,『高麗時代耽羅史硏究』, 圖書出版新書苑, 2000.
김한규,『遼東史』, 문학과 지성사, 2004.
盧啓鉉,『高麗外交史硏究』, 甲寅出版社, 1994.
라츠네프스키 지음, 김호동 역,『칭기스칸』, 서울, 지식산업사, 1992.
룩관텐 著, 宋基中 譯,『遊牧民族帝國史』, 서울, 民音社, 1984.
르네 그루쎄 지음, 김호동・유원수・정재훈 옮김,『유라시아 유목제국사』, 서
　　　울, 사계절, 1998.
馬大正 지음, 李永玉 역,『중국의 동북변강연구』, 서울, 고구려재단, 2004.
朴元吉,『몽골古代史硏究』, 서울, 혜안, 1994.

白山學會,『大陸關係史論考』, 서울, 白山資料院, 2000.

Б.Я. Владимирцов 著, 주채혁 譯,『몽골사회제도사』, 서울, 대한교과서주식회사, 1990.

수미야바타르 編著,『中世韓蒙關係史』, 서울, 檀國大學校出版部, 1992.

스기야마 마사아키 저, 임대희・김장구・양영우 역,『몽골세계제국』, 서울, 신서원, 1999.

尹龍爀,『高麗對蒙抗爭史硏究』, 서울, 一志社, 1991.

李基白・閔賢九,『韓國文化史(高麗篇)』, 一志社, 1995.

張東翼,『高麗後期外交史硏究』, 서울, 一潮閣, 1994.

張東翼,『元代麗史資料集錄』, 서울, 서울대 출판부, 1997.

全海宗,『韓中關係史硏究』, 一潮閣, 1970.

周采赫,『元朝官人層의 硏究 - 征服王朝期 中國社會身分構成의 한 分析』, 정음사, 1986.

周采赫,『순록유목제국론 - 고조선・고구려・몽골제국의 기원 연구』, 백산, 2008.

蔡尙植,『高麗後期佛敎史硏究』, 一潮閣, 1991.

彭世乾 著, 金舜圭 編譯,『몽골軍의 戰略戰術』, 서울, 國防軍史硏究所, 1997.

카자노프(Khazanov)著, 金浩東 譯,『遊牧社會의 構造 - 역사인류학적 접근』, 서울, 지식산업사, 1990.

  2) 中文

柯劭忞,『元史地理地圖』.

金渭顯 編著,『高麗史中中韓關係史料彙編』, 臺北, 食貨出版社, 1983.

內蒙古自治區 蒙古族古代軍事思想硏究會編,『蒙古族古代軍事思想硏究論文集』, 內蒙古軍區印刷, 1990.

盧啓鉉 著, 紫荊・金榮國 共譯,『高麗外交史』, 延邊, 延邊大學出版社, 2002.

多桑 著, 馮承鈞 譯,『蒙古史』上冊, 臺灣, 臺灣商務印書館, 1966.

達力扎布,『明淸蒙古史論考』, 民族出版社, 2003.

譚其驤 主編『中國歷史地圖 7 - 元・明時期』, 中國地圖出版社 1982.

羅伊果・樓占美,『元朝人名錄』, 臺北, 1988.

留金鎖, Monggol-un tobči teüke, 內蒙古人民出版社, 1985.

莫久愚・趙英,『蒙古民族通史』, 內蒙古大學出版社, 2002.

蒙古族簡史編寫組,『蒙古族簡史』, 內蒙古人民出版社, 1985.

蒙古民族通史編寫組,『蒙古民族通史』, 內蒙古大學出版社, 1991.

蒙古族通史編寫組,『蒙古族通史』, 民族出版社, 1991.

蒙思明,『元代社會階級制度』, 中華書局, 1980.

方衍,『黑龍江小數民族簡史』, 北京, 中央民族學院出版社, 1992.

蕭啓慶,『元朝史新論』, 台北, 允晨文化, 1999.

蕭啓慶,『元朝史新探』, 台北, 允晨文化, 1983.

蘇赫巴魯,『成吉思汗傳說』, 吉林, 吉林人民出版社, 1982.

孫進己,『東北亞民族史論研究』, 鄭州, 中州古籍出版社, 1994.

阿・馬・波玆德涅耶夫,『蒙古及蒙古人』, 內蒙古人民出版社, 1987.

楊志玖,『元史三論』, 北京, 人民出版社, 1985.

王國維,『蒙文元朝秘史』跋『觀堂集林』卷16, 中華書局, 1984.

亦鄰眞,『亦鄰眞文集』, 內蒙古大學出版社, 2001.

姚從吾,『姚從吾先生全集』, 臺北, 正中書局, 1982.

魏國忠,『東北民族史研究』, 鄭州, 中州古籍出版社, 1994.

李健才,『東北史地考略』, 吉林, 吉林文史出版社, 1986.

李治安,『元代分封制度研究』, 天津, 天津古籍出版社, 1992.

李則芬,『成吉思汗傳』, 臺灣, 中華書局, 1769.

臧勵龢 等編,『中國古今地名辭典』, 商務印書館, 1960.

張博泉・蘇金源・董玉瑛,『東北歷代疆域史』, 吉林, 吉林人民出版社, 1981.

曹永年,『蒙古民族通史』第三卷, 內蒙古大學出版社, 1991.

周良霄, 顧菊英 著,『元史』, 上海, 上海人民出版社, 2004.

周淸樹 主編,『內蒙古歷史地理』, 內蒙古大學出版社, 1994.

中國北方民族關係史編寫組,『中國北方民族關係史』, 中國社會科學出版社,
        1987.

中國史稿 編寫組,『中國史稿』5冊, 北京, 人民出版社 1983.

陳得藝,『蒙元史研究叢稿』, 北京, 人民出版社, 2005.

叢佩遠,『中國東北史』第3卷, 吉林, 吉林文史出版社, 1998.

波小布 主編,『黑龍江民族歷史與文化』, 北京, 中央民族學院出版社, 1993.

韓百詩 著, 張國驥 譯,『元史・諸王表箋證』, 湖南大學出版社, 2005.

韓儒林 主編,『元朝史』, 人民出版社, 1986.

韓儒林,『穹廬集－元史及西北民族史研究』, 上海, 上海人民出版社, 1982.

韓儒林 主編,『中國大百科全書・中國歷史元史』, 北京・上海, 中國大百科全
        書出版社, 1985.

318

忽滑谷快天, 朱謙之 譯, 『韓國禪敎史』, 中國社會科學出版社, 1995.

3) 日文

旗田巍, 『元寇』(中公新書 80), 中央公論社, 1968.

今西龍, 『高麗史研究』, 國書刊行會, 1970.

伊藤幸一, 『蒙古經濟史序說』, 日本 名古屋市 風媒社, 1975.

那珂通世, 『那珂通世遺稿』.

杉上正明, 『大モンゴルの世界 : 陸と海の巨大帝國』, 東京, 角川書店, 1992.

杉上正明, 『遊牧民から見た世界史』, 東京, 日本經濟新聞社, 1997.

箭內亘, 『蒙古史研究』, 東京, 東京刀江書院, 1930.

前田直典, 『元朝史の研究』, 東京, 東京大學出版會, 1973.

田村實造, 『中國征服王朝の研究』中, 京都, 東洋史研究會, 1982.

小林高四郎, 『元朝秘史の研究』, 東京, 1954.

池內宏, 『滿鮮地理歷史研究報告』10-1, 東京帝大文學部, 東京, 1924.

池內宏, 『元寇の新研究』, 東京, 東洋文庫, 1931.

池內宏, 『滿鮮史研究』(中世 第三冊), 吉川宏文館, 1963.

村上正二 譯註, 『蒙古秘史』, 東京, 平凡社, 1976.

村上正二, 『モンゴル帝國史研究』, 東京, 風間書房, 1993.

護雅夫・神田信夫 編, 『北アジア』, 東京, 山川出版社, 1981.

和田淸, 『東亞史研究(蒙古篇)』, 東洋文庫, 1959.

4) 기타

Д. Гонгор, Халх Товчоон, УБ., ШУА., 1970.

Н. Ишжамц, Монголын эзэнт гүрний гадаад харицаа(XⅢ-XⅣ), УБ., ШУА., 1995.

Ч. Далай, Ц. Ишдорж, Монгол улсын Түүх, УБ., ШУА., 2003.

Ш. Гаадамба, Монголын Нууц Товчооны Судлалын зарим асудал, УБ., УНГ., 1990.

Ш. Нацагдорж, Монголын феодализмын үндсын замнал, УБ., УНГ., 1978.

Abraham Constantin Mouradegea d'Ohsson, Histoire des Mongols, depuis Tchingisiz Khan jusgu'à Timou bey ou Femerlan. Avec une carte de i' Asie au XⅢ e cièscle. T. Ⅰ=Ⅳ, èd. 2, La Haye et Amsterdam. / 佐口透 譯, 『蒙古帝國史』(東洋文庫110), 平凡社, 1968.

Bertold Spuler, *History of the Mongols-Based on Eastern and Western accounts of the Thirteenth and Forteenth centuries*, University of California press, Berkeley and

Losangels ; Translated from the German by Helga and Stuart Drummond 1972, Bacon Elizabeth, Obok, N.Y, 1958.

Chi-ching Hsiao, *The Military Establishment Of The Yuan Dynasty*, Cambridge, Massachusetts, Harvard University Press, 1978.

Čoyiji, *Monggol-un burqan-u šašin-u teüke*, 內蒙古人民出版社, 1998.

F. W. Cleaves, *The Secret History of the Mongols*, Cambridge, Massachusetts, Harvard University Press, 1982.

H. Desmond Martin, 『成吉思汗之興起及征服華北史實』 *The Rise Of Chingis Khan And His Conquest of North China*, 台北, 虹橋書店, 合興彩色印刷有限公司, 1950.

J. A. Boyle, *The Mongol world Empire(1206-1370)*, London, Variorum Reprints, 1977.

M. Rossabi, *Khubilai Khan : His Life and Times*, Berkely and Los Angeles, University of California Press, 1988.

Owen Lattimore, *Inner Asian Frontiers of China*, Boston, Beacon Press, 1940.

Thomas T. Allsen, *Mongol Imperialism*, Berkely and Los Angeles, University of California Press, 1987.

W. E. Henthorn, *Korea - The Monglol Invasions*, Leiden E. J. Brill, 1963.

3. 연구논문

1) 國文

姜晉哲, 「한국토지제도사(상)」, 『한국문화사대계』, 고려대 민족문화연구소, 1965.

姜晉哲, 「몽골침입에 대한 抗爭」, 『한국사』 고려편, 국사편찬위원회, 1974.

高柄翊, 「蒙古·高麗의 兄弟盟約의 性格」, 『東亞交涉史의 硏究』, 서울대 출판부, 1970.

高柄翊, 「이슬람敎徒와 元代社會」, 『동서교섭사의 연구』, 서울대 출판부, 1970.

高昌錫, 「"元高麗紀事" 耽羅關係記事의 檢討」, 『慶北史學』 21, 1998.

高昌錫, 「元麗와 耽羅와의 關係」, 『濟州大論文集』 17, 제주대학교, 1984.

金九鎭, 「麗元의 領土紛爭과 그 歸屬問題 - 元代에 있어서 高麗本土와 東寧府·雙城總管府·耽羅摠管府의 分裂政策을 中心으로」, 『國史館論叢』 7, 국사편찬위원회, 1989.

金九鎭, 「元代 遼東地方의 高麗軍民」, 『李元淳教授華甲紀念史學論叢』, 1986.

金庠基, 「三別抄와 그의 亂에 就하야」, 『震檀學報』 제7~15권, 진단학회,

320

1938(上)・1939(中)・1941(下)/ 1973년 景仁文化社 合本.

金映遂, 「曹溪禪宗에 대하야」, 『진단학보』 9집, 진단학회, 1938.

金容燮, 「고려시기의 量田制」, 『동방학지』 제16집, 연세대학교 동방학연구소, 1975.

金浩東, 「구육(定宗)과 그의 時代」, 『近世 東아시아의 國家와 社會』, 서울대 동양사연구실편, 서울, 지식산업사, 1998.

金浩東, 「蒙古帝國의 形成과 展開」, 『講座 中國史』Ⅲ, 서울대 동양사연구실 편, 서울, 지식산업사, 1989.

金浩東, 「칭기스칸의 子弟分封에 대한 再檢討 -『集史』<千戶一覽>의 分析 을 중심으로」, 『中央아시아 硏究』 9, 서울, 관악사, 2004.

金渭顯, 「麗元日本征伐軍의 出征과 麗元關係」, 『국사관논총』 9, 국사편찬위 원회, 1989.

金潤坤, 「江華遷都의 背景에 대하여」, 『大丘史學』 15・16合輯, 대구대학교, 1978.

박원길, 「몽골비사 195절의 표현방식을 통해본 13-14세기 몽골군의 전술」, 『몽 골학』 제14호, 서울, 한국몽골학회, 2003.

方東仁, 「雙城總管府考」, 『관동사학』 1, 관동대 사학회, 1982.

方東仁, 「東寧府置廢小考」, 『關東史學』 1, 관동대 사학회, 1984.

方東仁, 「麗・元關係의 再檢討」, 『국사관논총』 17, 국사편찬위원회, 1993.

변태섭, 「고려의 귀족사회」, 『사학연구』 제13호, 한국사학회, 1962.

孫賢淑, 「蒙古의 相續慣行에 대하여 - 특히 蒙古 帝國期를 中心으로」, 『東洋 史學硏究』 16, 서울, 동양사학회, 1981.

수미야바타르, 「몽골과 고려와의 관계」, 『한・몽골교류 천년』, 한・몽골교류 협회, 1996.

에르덴 바타르, 「濟州道의 칭기스칸 後裔들에 관하여」, 『몽골학회 98년 춘계 학술대회 발표 논문집』, 몽골학회(C.A.M.S.), 1998년 5월 23일.

柳昌圭, 「李成桂勢力의 軍事的 基盤 - 東北面을 中心으로」, 『진단학보』 58, 진단학회, 1984.

尹龍爀, 「三別抄 珍島政權의 성립 및 발전」, 『韓國史硏究』 84, 한국사연구회, 1994.

尹龍爀, 「1232년 처인성에서의 대몽승첩」, 『'고려시대의 용인' 학술대회 발표 논문집』, 용인시・용인문화원, 1998.

尹銀淑, 「蒙・元帝國期 옷치긴家의 東北滿洲 支配 - 中央政府와의 關係 推

移를 중심으로」, 강원대 대학원 사학과 박사학위논문, 2006. 8.

李玠奭, 「元朝의 南宋倂合과 江南支配의 意義」, 『慶北史學 - 金燁교수정년 기념사학논총』 21, 경북사학회, 1998.

李玠奭, 「郝和尙拔都(1204-1252)傳記資料 속의 1240年代 大蒙古國 中央權力 의 殘影」, 『東洋史學硏究』 제78집, 서울, 동양사학회, 2002.

李玠奭, 「『高麗史』元宗, 忠烈王, 忠宣王世家 중 元朝關係記事의 注釋硏究」, 『동양사학연구』 88, 서울, 동양사학회, 2004.

이광규, 「몽골족의 婚姻考」, 『역사교육』 제10, 역사교육연구회, 서울대 사범대 학, 1967.

李基白, 「高麗州鎭軍硏究」, 『高麗兵制史硏究』, 一朝閣, 1968.

이쉬 가담바, 「몽골비사의 漢字轉寫 原文과 몽골자 起源 문제」, 『몽골학』 창 간호, 한국몽골학회, 1993.

李佑成, 「고려조의 吏에 대하여」, 『역사학보』 23집, 한국역사학회, 1964.

李益柱, 「'1232년 용인 처인성에서의 대몽승첩'에 대한 토론요지」, 『고려시대 의 용인 학술대회 발표논문집』, 용인시·용인문화원, 1998.

周采赫, 「初期麗·元戰爭과 北界四十餘城問題」, 『사학회지』 16, 연세대 사학 연구회, 1970.

周采赫, 「麗·元間에 있어서의 洪福源一家의 구실과 그 位置」, 연세대학교 대학원 사학과 석사학위논문, 1970.

周采赫, 「高麗內地의 達魯花赤 置廢에 관한 小考」, 『청대사림』 1, 청주대 사 학회, 1974.

周采赫, 「札刺와 撒禮塔」, 『사총』 21·22, 고려대 사학회, 1977.

周采赫, 「初期麗·元戰爭略考 - 兩軍의 作戰與件을 중심으로」, 『청대사림』 3, 청주대 사학회, 1979. 12.

周采赫, 「洪福源一家과 麗元關係」, 『사학연구』 24, 한국사학회, 1981.

周采赫, 「몽골-고려사 연구의 재검토 - 몽골-고려 전쟁사 연구의 시각 문제」, 『애산학보』 8, 애산학회, 1989.

周采赫, 「몽골-고려사 연구의 재검토 - 몽골-고려사의 성격 문제」, 『국사관논 총』 8, 국사편찬위원회, 1989.

周采赫, 「몽골·몽골사람」, 『제민일보』 1991년 9월 21일자, 3쪽.

周采赫, 「몽골 다리강가지역의 훈촐로와 제주도의 돌하르방에 대하여 - 답사 보고를 중심으로」, 『역사민속학』 제2호, 역사민속학회, 1992.

周采赫, 「제주도 돌하르방 연구의 몇가지 문제점 : 그 기능과 형태 및 계통 -

동몽골 다리강가 훈촐로와 관련하여」, 『강원사학』 9집, 강원대 사학회, 1993. 12.

周采赫, 「제주도 돌하르방 연구의 몇가지 문제점 : 그 명칭과 개념정의 및 존재시기 - 동몽골 다리강가 훈촐로와 관련하여」, 『청대사림』 6집, 청주대 사학회, 1994. 12.

周采赫, 「이지르부카 藩王」, 『동아시아의 인간상 : 황원구교수정년기념논총』, 도서출판 혜안, 1995.

周采赫, 「撒禮塔(Sartai)와 몽골·고려전쟁 - 處仁部曲 大捷의 의미」, 『고려시대의 용인』, 용인시·용인문화원, 학연문화사, 1998.

周采赫, 「札剌亦兒台(Jalairtai)와 『몽골秘史』 成書年代」, 『몽골연구』 제1호, 한국몽골학회, 1999.

崔在晉, 「高麗末 東北面의 統治와 李成桂 勢力 成長 - 雙城總管府 收復以後를 中心으로」, 『사학지』 40, 1993.

  2) 中文

陶晉生, 「南宋利用山水寨的防守戰略」, 『食貨月刊』 復刊 第七卷 第一, 二期, 台北, 食貨月刊社, 1977.

羅賢佑, 「元朝的邊疆政策」, 『中國古代邊疆政策史研究』, 中國社會科學出版社, 1990.

白拉都格其, 「貴由汗卽位的前前後後」, 『元史論叢』 3輯, 北京, 中華書局, 1986.

白拉都格其, 「成吉思汗時期斡赤斤受封的時間和範圍」, 『中國蒙古史學會論文選集』, 呼和浩特, 內蒙古人民出版社, 1983.

白拉都格其, 「元代東道諸王勳臣封地槪述」, 『東北地方史研究』 19, 1988.

阿達, 「耽羅隸元考述」, 『中國邊疆史地研究』 1, 1997.

安京, 「蒙古國初期的水軍與水戰」, 『內蒙古社會科學』 1, 2001.

楊建新, 「論忽必烈稱汗及蒙古統治集團內鬪爭」, 『西北民族研究』 1998-1, 西北民族學院, 1998.

楊通方, 「五代至蒙元時期中國與高麗的關係」, 『韓國學文集』 3, 東方出版社, 1994.

嚴聖欽, 「高麗與蒙元的政治軍事關係」, 『韓國學論文集』 4, 1995.

葉新民, 「弘吉剌部的封建領地制度」, 『內蒙古大學 校慶二十五周年學術論文集』, 1987.

葉新民,「斡赤斤家族與蒙元朝庭的關系」,『宋・遼・金・元史』, 北京, 中國人
　　　民大學書報資料中心, 1988.
葉新民,「斡赤斤家族與蒙元朝廷的關係」,『內蒙古大學學報』2, 1988.
葉新民,「頭輦哥事蹟考略」,『內蒙古大學學報』4, 1992.
蕭啓慶,「蒙元水軍之興起與蒙宋戰爭」,『漢學研究』8-2, 1990.
蕭啓慶,「元朝的通事與譯史」,『元朝史新論』, 臺灣允晨文化出版公司, 1999.
王民信,「蒙古入侵高麗與蒙麗聯軍征日」,『中韓關係史論文集』, 1983.
王頲,「耽羅更化」,『聖王肇業』, 上海, 學林出版社, 1998.
姚從吾・札奇斯欽,「漢字蒙音 蒙古秘史 新譯并註釋」,『文史哲學報』 제9・
　　　10・11期, 國立臺灣大學, 1938~1940.
陸峻嶺・何高濟,「從窩闊台到蒙哥的蒙古宮廷鬪爭」,『元史論叢』第1輯, 元
　　　史研究會, 北京, 中華書局, 1982.
李天鳴,「宋元戰爭中的元軍的興起與蒙宋戰爭」,『國際宋史研究會論文集』, 1988.
張興唐,「元初對高麗經略」,『中韓文化論集』, 1983.
周良宵,「元代分封制度初探」,『元史論叢』2, 中華書局, 1983.
周淸澤・李鵬貴,「從蒙金戰爭看成吉思汗的戰略戰術」, 『中國蒙古史學會論
　　　文選集』, 呼和浩特, 內蒙古人民出版社, 1983.
陳高華,「論元代的軍戶」,『元史論叢』第1輯, 北京, 元史研究會, 1982.
陳得藝,「元嶺北行省建置考(下)」,『元史及北方民族史研究集刊』, 南京, 南京
　　　大學出版社, 1990.
陳祝三,「蒙元和濟州馬」,『中韓關係史國際研討論會文集』, 1983.
郝時遠,「蒙古東征高麗概述」,『蒙古史研究』2, 1986.
黃時鑒,「木華黎國王麾下諸軍考」,『元史論叢』第1輯, 北京, 中華書局, 1982.

3) 日文
岡田英弘,「元の藩王と遼陽行省」,『朝鮮學報』14, 朝鮮學會, 1959.
堀江雅明,「帖木哥 斡赤斤」,『蒙古學資料與情報』, 呼和浩特, 內蒙古社會科
　　　學院情報硏究所, 1987.
堀江雅明,「テムゲオツチギとその子孫」,『東洋史苑』, 第24・25合, 京都, 龍谷
　　　大學東洋史學硏究會, 1985.
堀江雅明,「モンゴル=元朝時代の東方三ウルス研究序説」,『東方學論文集』,
　　　京都, 龍谷大學東洋史學硏究會, 1982.
吉田順一,「モンゴル族の遊牧と狩獵」,『東洋史研究』40-3, 京都, 東洋史研究

324

會, 1981.

丹羽友三郎, 「達魯花赤に關する一考察 - 特に任務と設置の理由について」, 『三重法經』25-38.5, 三重短期大學法經學會, 1956. 1.

白鳥庫吉,「高麗史に見えたる蒙古語の解釋」,『東洋學報』18-2, 1929.

末松保和, 「'高麗式目形止案'について」, 『朝鮮學報』 25~30輯, 朝鮮學會, 1962~1964.

村上正二,「蒙古來牒の飜譯」,『朝鮮學報』17, 朝鮮學會, 1960.

村上正二,「元朝の達魯花赤に關する一考察」,『史學雜誌』88(3), 53-7, 1974. 7.

杉山正明, 「モンゴル帝國の原象 - チンギス・カンの一族分封をめぐって」, 『東洋史研究』37-1, 京都, 東洋史研究會編, 1978.

杉山正明,「クビライ政權と東方三王家 - 鄂州の役前後再論」,『東方學報』54, 1982.

野口周一,「元代世祖・成宗期の王號授與について」,『中國史における亂の構圖』, 東京, 雄山閣出版, 1986.

宇野伸浩,「モンゴル帝國のオルド」,『東方學』76, 東京, 東方學會, 1988.

原山煌,「モンゴル狩獵考」,『東洋史研究』31-1, 京都, 東洋史研究會, 1972.

箭内亘,「蒙古の高麗經略」,『滿鮮地理歷史研究報告』4, 東京帝大, 1918.

井戸一公,「元朝侍衛親軍の成立」,『東洋史論集』10, 1982.

周采赫,「クビライの海上制覇を止めた三別抄」,『統一日報』1996年 7月 23~26日, 日本 統一日報社.

池内功, 「アリクニブカ戰爭と汪氏一族」,『中國史における亂の構圖』, 東京, 雄山閣出版, 1986.

池内宏,「高麗に駐在した元の達魯花赤について」,『東洋學報』18-2, 1929.

池内宏, 「金末の滿洲」,『滿鮮地理歷史研究報告』 10-1 東京, 東京帝大文學部, 1924.

池内宏, 「蒙古の高麗征伐」,『滿鮮地理歷史報告』 第十, 1924(『滿鮮史研究』中世 3, 吉川弘文館, 1963).

萩原淳平,「木華黎國王下の探馬赤軍について」,『東洋史研究』36-2, 京都, 東洋史研究會編, 1977.

坂本勉, 「モンコル帝國における必闍赤=bitikči - 憲宗メングの時代までを中心として」,『史學』42, 1970.

護雅夫, 「元初の'探馬赤部族'について」,『北亞細亞學報』 127~205, 3(1944. 10)

和田淸,「元代の開元路に就いて」,『東洋學報』17-3, 1928.

4) 기타

Gari Ledyard, Two Mongol Documents from the Koryŏsa, *J.A.O.S.* 83/2, 1963.

G. Ledyard, The Mongol campaign in Korea and the Dating of the Secret History of the Mongols, *Central Asian Journal*, 9 No1. 1954.

찾아보기

332